Ralf Georg Reuth
Hitler

Ralf Georg Reuth

Hitler

Zentrale Aspekte seiner Gewaltherrschaft

PIPER

Mehr über unsere Autorinnen, Autoren und Bücher:
www.piper.de

Von Ralf Georg Reuth liegen im Piper Verlag vor:
Hitler. Zentrale Aspekte seiner Gewaltherrschaft
Goebbels. Eine Biographie
Hitlers Judenhass. Klischee und Wirklichkeit
Rommel. Das Ende einer Legende
Hitler. Eine politische Biographie
Das erste Leben der Angela M.
Annäherung an Helmut Kohl

MIX
Papier aus verantwortungsvollen Quellen
FSC® C014496

ISBN 978-3-492-07047-8

Satz: Eberl & Kœsel Studio GmbH, Krugzell
Gesetzt aus der Minion Pro
Litho: Lorenz & Zeller, Inning am Ammersee
Druck und Bindung: GGP Media GmbH, Pößneck
Printed in Germany

Inhalt

Einleitung

Dieses Buch handelt von den düstersten Jahren der deutschen Geschichte und von der Person, deren Name für sie steht. Die Rede ist von Adolf Hitler. Er brachte mit dem von ihm entfesselten Zweiten Weltkrieg Verwüstung und millionenfachen Tod über die Menschheit. Das schwerste Erbe jedoch, das Hitler und die zwölf Jahre seiner Gewaltherrschaft ihr hinterlassen haben, gründet in der ungeheuerlichen industriellen Vernichtung von Millionen Menschen, für die Auschwitz zur Chiffre geworden ist. Die aus dem Völkermord an den europäischen Juden resultierenden mentalen Verheerungen scheinen unauslöschlich zu sein. Er hat die Fundamente der Zivilisation erschüttert. Ihm kommt damit eine universale Bedeutung zu.

Weit mehr als die russischen und chinesischen »Vernichtungsuniversen«, wie der Philosoph Peter Sloterdijk die drei Menschheitsverbrechen des 20. Jahrhunderts nennt,[1] ist das deutsche in den Fokus des Interesses gerückt. Dies hat nicht zuletzt damit zu tun, dass sich die Bundesrepublik wie kein zweites Land ihrer problematischen Vergangenheit stellte, aber auch damit, dass die jüdische Gemeinschaft, also diejenigen, die ein besonderes Interesse an der Aufarbeitung dieses Abschnitts der Geschichte haben, über den gesamten Globus verstreut ist. Die Folge von beidem ist eine Fülle an Literatur zum Nationalsozialismus, die inzwischen selbst von denen kaum noch zu überschauen ist, die sich mit ihm professionell auseinandersetzen.

Der Blick zurück ist der Veränderung unterworfen. Denn Geschichte ist nichts Statisches. Sie wird vielmehr durch die sich wandelnde politische Gegenwart bestimmt. An den Hochschulen der liberalen Demokratien, besonders an denen in Deutschland, hat dies die historische Forschung seit den 1970er Jahren in immer stärkerem Maße sozialwissenschaftlich geprägt. Historische Zäsuren werden dabei oft eingeebnet, menschliches Planen, Entscheiden und Handeln treten zurück. Vor allem die gesellschaftlichen Strukturen sind es, die den Lauf der Geschichte bestimmen, lautet diese Lehrmeinung. Hinzu tritt in neuerer Zeit ein Geschichtsverständnis, wonach zusammenfassende Deutungen vergangener Epochen und Ereignisse unzulässig sind. Historiker könnten lediglich wiedergeben, wie die einzelnen Quellen von der Vergangenheit berichteten. Neben sozialgeschichtlich dominierter Betrachtung und Dekonstruktivismus hat sich als Antwort darauf im Internet – abseits des akademischen Glashauses – noch ein neuer, zu vernachlässigender Vulgärrevisionismus ausgebreitet.

Bei all diesen Varianten tritt die substanzielle Auseinandersetzung mit der historischen Figur Hitler zunehmend in den Hintergrund. Wenngleich das Sujet Biografie ohnehin nur schwerlich mit der sozialgeschichtlichen Betrachtung vereinbar ist, hat diese auch hier Einzug gehalten. Stand in der großen, zu Beginn der 1970er Jahre erschienenen Hitler-Biografie Joachim C. Fests noch ganz die handelnde Person im Mittelpunkt,[2] so disputierten spätere, sozialgeschichtlich orientierte Werke nahezu jegliche gestaltende Rolle des Menschheitsverbrechers weg.[3] In der heute als wegweisend geltenden Hitler-Biografie des britischen Historikers Ian Kershaw[4] ist der Diktator vor allem Projektionsfläche und Sammelpunkt gesellschaftlicher Strukturen. Und in der unlängst erschienenen Arbeit Volker Ullrichs ist dies nicht viel anders.[5] Wolfram Pyta gehört zu denen, die einen anderen Ansatz wählten. In seiner *Herrschaftsstudie* gelangt er zu dem Ergebnis, dass Hitlers Aufstieg und sein mörderisches Regime in der radikalen Anwendung ästhetischer Prinzipien gründeten.[6]

Nicht überall ist die sozialgeschichtlich dominierte Historiografie so unumstritten wie in Deutschland. In Frankreich zum Beispiel gibt es einen ungleich freieren zeitgeschichtlichen Diskurs. So schreibt der linkssozialistische Geschichtswissenschaftler François Furet, der ein Standardwerk über den Kommunismus, *Das Ende der Illusionen,* verfasst hat,[7] »dass die Historiker unserer Epoche, die vom Determinismus und dem soziologischen Verständnis der Geschichte besessen sind, [...] gerne die [...] Rolle [übersehen], die bestimmte Persönlichkeiten darin gespielt haben«.[8] Der Franzose, der glaubt, dass ohne Hitlers »politisches, dem Bösen zugewandtes Genie [...] wohl alles anders verlaufen« wäre,[9] hat zweifellos recht, denn der Mensch ist eben nicht nur bloßer Spielball anonymer Geschichtsprozesse, sondern zur Gestaltung historischer Entwicklungen befähigt. Für den britisch-österreichischen Philosophen Karl R. Popper ist diese Fähigkeit ein elementarer Bestandteil der offenen und pluralistischen Gesellschaft, deren Grundzüge er als Gegenmodell zu jeglicher Ideologiekonstruktion entwarf.[10]

Was die Gestaltung historischer Prozesse angeht, gilt dies im negativen Sinn in ganz besonderem Maße für Hitler, denn er war die geschichtsmächtigste Figur des 20. Jahrhunderts. Er veränderte das Antlitz der Welt wie kein Zweiter. Das Ende des alten Europas als ihr Machtzentrum, die beiden antagonistischen Supermächte USA und Sowjetunion, die es beerbten, die Teilung des Kontinents und Deutschlands, den Kalten Krieg, den Fall der Berliner Mauer und die Wiedervereinigung – das alles hätte es nicht gegeben, wenn Hitler auf irgendeinem Schlachtfeld des Ersten Weltkriegs geblieben wäre. Die Nachgeborenen sind sich dessen oft nicht bewusst.

In der Geschichte ist alles mit allem verknüpft. Umso unhistorischer ist es, wenn Hitler und vor allem sein Menschheitsverbrechen aus dem geschichtlichen Zusammenhang gerissen werden, was immer häufiger der Fall ist. Die Folge einer solchen Isolierung ist die Emotionalisierung, die bereits in der Forderung gipfelte, doch ganz auf eine historische Darstellung des Völkermords zu verzichten, weil sie das schlechthin Unbegreifliche begreiflich zu machen versuche und deshalb zwangsläufig scheitern müsse. Fest, dessen Werk vor dem Kershaws die Deutung Hitlers bestimmte, sprach in diesem Zusammenhang von einer »Art dämonologischer Verdrängung«, die eher Mythen und Legenden Vorschub leiste, nicht aber zu einem Verständnis des Geschehenen beitrage.[11] Dafür braucht es neben der sachlich-nüchternen Betrachtung vor allem dessen Einbettung in den historischen Kontext der deutschen und europäischen Geschichte. Nur dadurch ist die politische und moralische Dimension Hitlers zu ermessen.

Dieser Historisierung, die namhafte Historiker bereits in den 1980er Jahren forderten,[12] wird in diesem Buch Rechnung getragen. Es behandelt zehn zentrale Aspekte von Hitlers Gewaltherrschaft, die in ihrer Gesamtheit dem historisch interessierten Leser einen Überblick über das Thema »Hitler und der Nationalsozialismus« geben sollen – kurz, übersichtlich und verständlich. Es beginnt mit einer kleinen Tour d'Horizon durch die Welt des europäischen Rassismus und Antisemitismus, die in die Frage mündet, ob der Judenhass in Deutschland in der Zeit, bevor Hitler die politische Bühne betrat, stärker ausgeprägt war als anderswo. Im Anschluss daran geht es darum, ob die »unvollendet« gebliebene Novemberrevolution des Jahres 1918 und die Spaltung der Arbeiterklasse den Januar 1933 erst ermöglicht haben, wie es von den Linksintellektuellen heute noch vertreten wird. Seit dem Ende des Zweiten Weltkriegs wird aus dem entgegengesetzten politischen Lager der Versailler Friedensvertrag dafür verantwortlich gemacht und damit zumindest eine Teilschuld an

Hitler den Siegermächten des Ersten Weltkriegs zugewiesen. Doch lässt sich solches aufrechterhalten?

Worüber deutsche Historiker in den 1980er Jahren erbittert stritten, nämlich ob der Rassenmord der Nationalsozialisten die Antwort auf den Klassenmord der Kommunisten gewesen war, wie der Geschichtsphilosoph Ernst Nolte zu wissen glaubte,[13] ist ein weiterer, auch heute noch aktueller Aspekt, der behandelt wird. Dem folgt die Auseinandersetzung mit der Frage, wie es sein konnte, dass ein Politiker, der einer fanatischen Rassenideologie das Wort redete und Szenarien von einer »jüdischen Weltverschwörung« entwarf, Reichskanzler wurde. Und es geht auch darum, warum ihm die Nation trotz der von ihm verantworteten brutalen Ausschaltung jeglicher Opposition und trotz der menschenverachtenden Rassenpolitik folgte. Rechneten die Deutschen dies mit seinen Triumphen bei der Revision von Versailles auf – nicht zuletzt, weil sie den Mann mit dem exaltierten Sendungsbewusstsein nicht verstanden? War es etwa dieses Unverständnis, das ihn wie ein Erlösung verheißendes wagnerisches Wesen aus einer anderen Welt erscheinen ließ und in besonderem Maße der Verklärung Vorschub leistete?

Der Zweite Weltkrieg, ohne den es wohl keinen Völkermord gegeben hätte, nimmt in diesem Buch einen breiten Raum ein. Er begann mit dem Polenfeldzug, dem der Hitler-Stalin-Pakt vorausging. Was hat es mit dem Bündnis der beiden Todfeinde wirklich auf sich gehabt, das heute vom russischen Präsidenten Wladimir Putin demagogisch geschickt als Selbstschutzmaßnahme einer friedliebenden Sowjetunion dargestellt wird?[14] Und warum folgten die Deutschen ihrem »Führer« dennoch bis in den totalen Untergang? Vor dem Hintergrund, dass zwischen dem Frühsommer 1944 und der bedingungslosen Kapitulation der Wehrmacht im Mai 1945 doppelt so viele Deutsche starben als in den vier Kriegsjahren zuvor, erhält diese Frage ihr Gewicht.

»Wie konnte das geschehen?«, sind die Ausführungen

überschrieben, in denen es um den Völkermord an den europäischen Juden geht. Kompensierte Hitler mit dem Genozid seine militärische Niederlage? War er die furchtbare Realisierung seines frühen rassenideologischen Wahns? Apropos rassenideologischer Wahn. Die Auseinandersetzung mit seiner Weltanschauung zieht sich wie ein »roter Faden« durch den gesamten Text. Dabei wird ein besonderes Augenmerk darauf gelegt, inwieweit sie auf seine Politik und Kriegführung einwirkte oder sie sogar bestimmte, was der Historiker Andreas Hillgruber bereits vor einem halben Jahrhundert glaubte nachweisen zu können,[15] wofür er von den frühen Sozialhistorikern um Hans-Ulrich Wehler erbittert bekämpft wurde.

Das Buch endet mit einer kritischen Betrachtung des deutschen Umgangs mit der nationalsozialistischen Vergangenheit. Es ist eine neue Geschichte, eine Geschichte von Verdrängung, Instrumentalisierung, des Sichstellens, des Selbsthasses und der Übermoral, aber auch des Aufflackerns von überwunden Geglaubtem. Es ist eine kurze Geschichte einer auseinanderdriftenden Gesellschaft. Denn ein Dreivierteljahrhundert »danach« hat es den Anschein, dass das Erbe Hitlers stärker denn je auf dieses Land einwirkt und an den Grundfesten seiner Demokratie rührt, der besten Form des Zusammenlebens, die die Deutschen je hatten, wie es der Blick auf ihre düsterste Vergangenheit umso augenfälliger macht.

Schließlich muss noch Dank gesagt werden – Dank für eine sich inzwischen über dreieinhalb Jahrzehnte erstreckende Zusammenarbeit mit dem Piper Verlag. Er gilt der Verlegerin, Felicitas von Lovenberg. Genannt werden müssen aber auch Anne Stadler, die Programmleiterin des Sachbuchs und die Pressechefin Eva Brenndörfer, die von Anfang an mit dabei war. Dieses Buch betreute Charlyne Bieniek. Sie legte eine beachtliche Professionalität an den Tag. Nicht nur ihre Kompetenz ist hervorzuheben, sondern auch ihre behutsame und sachliche Art, diese mit einzubringen. Dafür sei ihr besonders gedankt.

1 Der Antisemitismus in Europa

War er in Deutschland besonders ausgeprägt?

Der Blick zurück auf die Geschichte von Antisemitismus und Rassismus in Deutschland ist heute in aller Regel von seinem Ende her bestimmt, also vom ungeheuerlichen Völkermord an den europäischen Juden. Dies impliziert einen moralisch-emotionalen Blickwinkel, sozusagen aus dem Grauen heraus, der dazu verleitet, Bezüge und Kontinuitäten zu sehen, auch dort, wo es sie gar nicht gibt. Denn jede antisemitische Äußerung (und von denen gibt es viele) wird vor dem Hintergrund des abscheulichen Menschheitsverbrechens gesehen. So entsteht gleichsam automatisch ein Zerrbild, das oft mit der historischen Wirklichkeit wenig zu tun hat. Tritt noch eine isolierte Betrachtung hinzu, ist das Urteil über den deutschen Antisemitismus vor Hitler klar.

Ganz anders verhalten sich die Dinge, wenn dieser sachlich nüchtern in den europäischen Kontext und in die jeweilige Zeit gestellt wird, das heißt, wenn die damaligen Wertvorstellungen und Horizonte der Menschen berücksichtigt werden. Diese unterschieden sich von unseren heutigen fundamental. So bestimmte – als Hitler 1889 in Braunau am Inn geboren wurde – auf beiden Seiten des Flusses, also in der österreichisch-ungarischen Doppelmonarchie und im deutschen Kaiserreich, ein überbordender Nationalismus den Zeitgeist.

In den anderen Monarchien des alten Europas war es nicht anders: Die eigene Nation stand über allem in der Welt. Sie wetteiferte mit anderen Völkern. Der Krieg war dabei die legitime Fortsetzung der Politik mit anderen Mitteln, wie es schon der preußische Militärtheoretiker Carl von Clausewitz (1780 – 1831) geschrieben hatte.

Und auch das Bild vom Menschen war ein völlig anderes. Sie wurden in »Rassen« unterteilt. Da war zunächst die weiße Rasse, die Europäer, unter denen die Juden, als »semitische Rasse«, eine Sonderrolle spielten. Da waren die »Gelben«, also die Asiaten, und die Naturvölker, zu denen die »Neger« gerechnet wurden, womit Afrikaner und Afroamerikaner gemeint waren. Und da war noch eine Reihe anderer Naturvölker. Völlig unbestritten war aus europäischer Sicht, dass die eigene, die weiße Rasse die am weitesten entwickelte war und es nur ihr zukam, die Welt zu kolonialisieren und damit zu beherrschen. Wenn zum Beispiel der englische Kolonialpolitiker Cecil Rhodes (1853 – 1902), der in der zweiten Hälfte des 19. Jahrhunderts das Monopol über zahlreiche Gold- und Diamantenminen in Britanniens südafrikanischen Territorien besaß, die britische als die »erste Rasse der Welt« bezeichnete[1] und in den Eingeborenen »billige Sklavenarbeiter« zur Rohstoffgewinnung sah, dann entsprach dies ganz und gar dem Zeitgeist.

Ein gutes Jahrhundert vor Rhodes, an den heute noch – nun in die Kritik gekommene – Denkmäler in Großbritannien erinnern, war es der »Rohstoff« Mensch selbst, der von den Engländern über den Atlantik in ihre dortigen Besitzungen verkauft worden war. Er war eine Handelsware. Bei den anderen Kolonialmächten wie Spanien, Frankreich, Belgien, Portugal und den Niederlanden war dies nicht viel anders. Sie alle betrieben Sklavenhandel. Gleichwohl war dieser, wie heute immer wieder glauben gemacht wird, keineswegs eine europäische Erfindung, die mit dem Kolonialismus aufgekommen war. Mit Menschen Handel zu treiben hatte seine

Ursprünge bereits im alten Mesopotamien und wurde später von den Arabern in Afrika etabliert. Über viele Jahrhunderte hinweg besaßen sie das Monopol in Afrika. Der Anthropologe Tidiane N'Diaye kommt in seinem Buch *Der verschleierte Völkermord* zu dem Fazit, »dass der von den arabomuslimischen Räubern betriebene Sklavenhandel [...] weitaus verheerender für Schwarzafrika war als der transatlantische«.[2]

An Deutschland ging dieser Kelch vorbei, denn der europäische Sklavenhandel war abgeschafft, als es in den 1880er Jahren zur Kolonialmacht wurde. Das war ein verspäteter »Platz an der Sonne«, den es sich in Afrika, in der Südsee und in China verschaffte. Denn die Welt war zu diesem Zeitpunkt schon weitgehend zwischen den europäischen Mächten aufgeteilt. Das Deutsche Reich stand dann in seinem kolonialen Gebaren den anderen keineswegs nach. Auch hier war alles bestimmt vom Geist einer kulturell-rassischen Überlegenheit. Die Eingeborenen aus den acht Kolonien wurden im Reich als Exoten bestaunt, mitunter auch leibhaftig, etwa in Hagenbecks Hamburger Tierpark. In Büchern wurden ihre Eigenschaften beschrieben. So hieß es zum Beispiel in einem Band über die deutschen Überseebesitzungen, dass der »Togoneger mit vielen anderen Naturvölkern den Hang zur Lüge« teile. Er kenne nicht das Rad, den Pflug, die Windkraft und den Hebel. »Um Jahrtausende ist er in diesen Dingen hinter der weißen und hinter der gelben Rasse zurück.«[3]

Die Kolonialmächte sahen sich demzufolge vor einer Erziehungsaufgabe. Der britische Schriftsteller Rudyard Kipling (1865–1936), der den Konflikt zwischen Abend- und Morgenland, zwischen Technik und Natur thematisierte, schrieb sogar von einer Bürde.[4] Nach den Vorstellungen der Zeit galt es nämlich, die Eingeborenen an die Standards des weißen Mannes heranzuführen. Dazu gehörten ihre Missionierung sowie die Übernahme europäischer Lebensformen. Wer sich dagegen auflehnte, wurde mit brutaler Gewalt zur Räson gebracht. Dies galt für die Aufständischen gegen die Herrschaft der Britischen Ostindien-Kompanie 1857 ebenso wie für die Hereros und Namas in Deutsch-Südwestafrika, die sich 1904 gegen die Kolonialmacht erhoben und daraufhin von der deutschen Schutztruppe niedergemacht wurden.

Eine Sonderrolle spielten in der Welt der »Rassen« – wie bereits erwähnt – die Juden. Denn sie lebten nicht irgendwo auf fernen Kontinenten, sondern inmitten der europäischen Völker. Und sie waren auch keineswegs kulturell unterlegen. Das Gegenteil war allzu oft der Fall, weshalb bei Nichtjuden mitunter ein Gefühl der Unterlegenheit aufkam. Dies und ihr abgegrenztes Anderssein machten die Juden in besonderem Maße als Sündenböcke geeignet, zumal diese Rollenzuweisung eine lange Tradition hatte. Die Rede ist vom christlich motivierten Judenhass, dem Antijudaismus. Manche, wie zum Beispiel der Führer der zionistischen Weltbewegung, Theodor Herzl (1860–1904), sahen darin den eigentlichen Kern des Rassenantisemitismus. In seinem Buch *Der Judenstaat* schrieb er am Ende des 19. Jahrhunderts: Die Judenfrage sei »ein verschlepptes Stück Mittelalter, mit dem die Kulturvölker auch heute beim besten Willen noch nicht fertig werden konnten«.[5]

Tatsächlich liegen die Wurzeln des modernen Rassenantisemitismus im christlich motivierten Judenhass des Mittelalters, genauer gesagt: des Hochmittelalters. Die amerikanische Judaistin Talya Fishman erklärt dies mit der Einführung des Talmuds, jenes Auslegungsbuchs, das auf die erbitterte Kritik des katholischen Klerus stieß, das die Inquisition auf den Plan rief und das auf Scheiterhaufen verbrannt wurde.[6] Die Juden – es handelte sich um einige Hunderttausend, die in Europa lebten – wurden von der Kirche nun nicht mehr als verblendete ältere Brüder angesehen, sondern als Ketzer. Hinzu kam neben strukturellen Veränderungen in der ständisch-feudalen Gesellschaft des Mittelalters auch ein Wandel in der Darstellung Christi vom Pantokrator, vom Weltenherrscher, zum Schmerzensmann am Kruzifix. Da die Juden es waren, die aus christlicher Sicht die Schuld am Leid Christi trugen, wurden sie zu den Gottesmördern. In einer durch und durch christlich-metaphysisch geprägten Welt war solches unverzeihlich. Von den Kanzeln der Kirchen wurden sie deshalb verdammt und bald von marodierenden Banden als Freiwild verfolgt. Im Zuge der großen Pest in der Mitte des 14. Jahrhunderts kam es in der Schweiz, im Elsass und am Niederrhein, an Main und Mosel zu Pogromen, in deren Verlauf Hunderte von Dörfern niedergebrannt und Tausende Juden getötet wurden. Ihre blutige Austreibung brachte dem christlichen Volk und seinen weltlichen Herren viele materielle Vorteile. Da die Juden aber von diesen gebraucht wurden, nahm man sie später zu schlechteren Bedingungen wieder auf.

Der Antijudaismus eines Martin Luther (1483–1546) stand ganz in der Tradition seiner Zeit. Hinzu kam, dass sich der Reformator als der Wortführer der Christen, des »wahren Gottes Volk«, begriff. Er hatte sich Rom widersetzt, und nun galt es für ihn, das »auserwählte Volk«, das sich hartnäckig weigerte, in Christus den Messias zu sehen, kraftvoll zurückzudrängen. In seiner bekannten Schrift *Von den Juden und ihren Lügen*[7] tat er das, indem er von den Landesherren forderte, ihre Synagogen und Schulen niederzubrennen, jüdisches kulturelles Leben zu zerstören und die Juden auszutreiben, so wie es in den Ländern der böhmischen Krone und besonders in Spanien geschehen war. Auch wenn Luthers Forderungen nicht umgesetzt wurden, die eng mit dem Klerus oder mit der Reformation verbundene weltliche Macht grenzte die Juden ohnehin aus, weshalb sie weitgehend rechtlos in eigenen städtischen Quartieren lebten und sich in als unchristlich geltenden Berufen, wie dem des Geldverleihers, verdingen mussten. Ein mehr oder weniger starker Antijudaismus mit Verfolgungen und Pogromen prägte so über die Jahrhunderte hinweg das Leben der europäischen Juden.

Dann kam die Aufklärung. An die Stelle der christlichen Weltdeutung, nach der die Menschen im Wesentlichen in

Gläubige und Ungläubige unterteilt wurden, trat jetzt diejenige, Menschen nach physiologischen und geistigen Kriterien zu betrachten und zu klassifizieren. Im Zuge des neuen Universalismus waren theoretisch zwar alle Menschen gleich, befanden sich aber auf unterschiedlichen Entwicklungsstufen. Diese neue Sicht auf den Menschen, die so neu gar nicht war, ging sie doch auf Aristoteles (384–322) zurück, begann sich seit Ende des 17. Jahrhunderts durchzusetzen. François Bernier (1620–1688) verfasste damals eine Schrift von der *Neuen Einteilung der Erde nach den unterschiedlichen Arten oder Rassen, die sie bewohnen.*[8] Eine solche Klassifizierung der Menschheit wurde von nahezu allen europäischen Geistesgrößen der Aufklärung geteilt. Immanuel Kant (1724–1804) schrieb: »In den heißen Ländern reift der Mensch in allen Stücken früher, erreicht aber nicht die Vollkommenheit der temperirten Zonen. Die Menschheit ist in ihrer größten Vollkommenheit in der ›Race‹ der Weißen. Die gelben Inder haben schon ein geringeres Talent. Die Neger sind tiefer und am tiefsten steht ein Theil der amerikanischen Völkerschaften.«[9]

Weitgehend ausgeklammert wird beim Blick auf die Geschichte des Rassismus, dass auch der rassisch begründete Antisemitismus ein Kind der Aufklärung war. In dieser wandelte sich der theologisch hergeleitete Antijudaismus allmählich in eine weltliche Judenfeindschaft. Aus den rechtlosen, ausgegrenzten, randständigen Juden, die ohnehin schon aufgrund ihrer Diskriminierung längst nicht mehr nur als eine Religionsgemeinschaft angesehen wurden, wurden nunmehr die Angehörigen der »semitischen Rasse«. Als solche bezeichnete sie zum Beispiel der französische Philosoph und Schriftsteller Voltaire (1694–1778). Für ihn waren die Juden eine »minderwertige Menschenart«, die vom »Willen nach Fortpflanzung und zum Geld bestimmt sei«. Er schrieb ihnen »Unwissenheit, barbarische Sprache, Hass auf andere Völker, Grausamkeit, Aberglaube und verschiedene sexuelle Perversionen zu«.[10]

Kant polemisierte unter modernen Vorzeichen gegen die Gesetzmäßigkeit des jüdischen Glaubens mit seinen starren Regeln und bewegte sich damit noch ganz in der Tradition des Antijudaismus. Doch er beließ es nicht dabei, sondern er bediente sich auch gängiger Klischees, wenn er die Juden »Vampyre der Gesellschaft« nannte und ihren »Wuchergeist« geißelte. Er meinte, der Ruf, dass sie Betrüger seien, sei nicht unbegründet.[11] Voltaire und Kant waren nur zwei von vielen Denkern der Aufklärung, die ein negatives Bild der Juden zeichneten. Doch es gab auch diejenigen, die dem Judentum mit einer gewissen Toleranz gegenübertraten, wie Montesquieu (1689–1755), oder sogar mit Akzeptanz, wie Gotthold Ephraim Lessing (1729–1781). Mit seinem 1783 uraufgeführten Schauspiel *Nathan der Weise* proklamierte er erstmals die damals alle Schranken einreißende Idee von der friedlichen Koexistenz der drei monotheistischen Religionen, von denen keine die »einzig wahre« sei.

Wenngleich die Aufklärung den modernen Rassismus und Rassenantisemitismus hervorbrachte, so ebnete sie doch gleichzeitig den Weg zu deren Überwindung. Voltaire war es, der das neue Denken verbreitete. Kant revolutionierte mit seiner *Kritik der reinen Vernunft* die Philosophie wie kein Zweiter. Montesquieu erdachte die Gewaltenteilung, wie sie heute noch die moderne Demokratie ausmacht. Ohne diese Männer ist die Französische Revolution von 1789 nicht zu denken. Mit dem so folgenreichen Ereignis wurde dann nicht nur der feudal-absolutistische Ständestaat abgeschafft, sondern auch die Durchsetzung der unveräußerlichen universellen Menschen- und Bürgerrechte unter dem Motto »Freiheit, Gleichheit, Brüderlichkeit« proklamiert.

Inspiriert worden waren die französischen Revolutionäre vom Unabhängigkeitskampf der 13 amerikanischen Kolonien, wo 1776 die »Virginia Declaration of Rights« niedergelegt worden war. Doch wie schon dort, wo die Menschenrechte die Grundlage für die Emanzipation der weißen Siedler (und Sklavenhalter) von der britischen Kolonialmacht bilden sollten, dienten sie im revolutionären Frankreich dem Dritten Stand – vor allem dem städtischen Bürgertum, aber auch den abhängigen Bauern –, die Herrschaft von Adel (Zweiter Stand) und Klerus (Erster Stand) zu brechen. Was die alte Ordnung niederriss und ein Quantensprung hin zum modernen Verfassungsstaat war, änderte also noch nichts an der Unterteilung der Menschheit in ungleichwertige Rassen, entzog aber zumindest der Sklaverei diesseits und jenseits des Atlantiks recht bald die Legitimation.

Den französischen Juden brachte die Revolution die Emanzipation. Sie erhielten die Bürgerrechte. Mit der napoleonischen Besatzung kamen die Ideen von 1789 dann in die deutschen Länder, und mit diesen wurde das Ende des minderen Rechtsstatus der hier lebenden Juden eingeleitet. In den Fürstentümern Anhalt-Bernburg und Anhalt-Köthen erhielten sie 1810 beziehungsweise 1812 die volle Gleichberechtigung. Im Königreich Bayern, im Großherzogtum Baden und in Frankfurt ergingen Emanzipationsgesetze. Außerdem schafften die deutschen Staaten Sondersteuern für Juden ab. In Preußen wurden sie mit dem »Edikt betreffend die bürgerlichen Verhältnisse der Juden« vom März 1812 Staatsbürger. Sie waren damit den übrigen Untertanen Friedrich Wilhelms III. (1770–1840) formaljuristisch gleichgestellt, die Ausübung ständischer politischer Rechte wurde ihnen jedoch noch vorenthalten.

In Preußen war schon vor Ausbruch der Französischen Revolution über eine Besserstellung der Juden diskutiert worden. Der Kriegsrat Christian Dohm (1751–1820) legte 1781 auf Anregung des Philosophen der Aufklärung Moses Mendelssohn (1729–1786) eine Schrift mit dem Titel *Über die bürgerliche Verbesserung der Juden*[12] vor. Danach sollte Zug um Zug eine rechtliche Gleichstellung der Juden mit den Christen erfolgen, was freilich nicht unumstritten war. Zu Beginn des 19. Jahrhunderts forderte dann der im preußischen

Dienst stehende Alexander von Humboldt (1769–1859) ihre Gleichstellung. Seiner Auffassung zufolge sollten die Juden durch »Verschmelzung«, »Zertrümmerung ihrer kirchlichen Form« und »Ansiedlung« von ihrem »Nationalcharakter« befreit werden.[13] Auch Humboldt, der ein gutes Verhältnis zu den Juden pflegte, sah in ihnen also nicht etwa nur eine Religionsgemeinschaft, sondern Angehörige einer eigenen Nation, sprich Rasse, die auf die Entwicklungsstufe der preußischen Nichtjuden gebracht werden sollte.

Als Rasse begriffen sich die Juden aber auch selbst. Sie hatten sich nicht der mit der Aufklärung vorgenommenen neuen Klassifizierung der Menschen entgegengestellt. Mit ihrer Emanzipation entwickelte sich zwar eine jüdische Kritik am Universalismus der Aufklärung, aber nicht an der Unterteilung der Menschen in Rassen und schon gar nicht an der Existenz einer jüdischen Rasse. Der Historiker Philipp Lenhard schreibt dazu: »Die Aneignung des Rassebegriffs war Ausdruck eines selbstbewussten Umgangs mit der eigenen Jüdischkeit. Gerade Juden, die nicht besonders religiös waren oder gar säkularen Ideen anhingen, bot der Rekurs auf die ›Rasse‹ eine Möglichkeit, sich weiterhin als Juden zu definieren. […] Im Gegensatz zum antiken und mittelalterlichen Judentum trat in der Neuzeit die Einheit von Abstammungs- und Religionsgemeinschaft auseinander. In diesem Zusammenhang gewann auch der Rassebegriff fundamentale Bedeutung für die jüdische Identitätsbildung.«[14] Die Begrifflichkeit »jüdische Rasse« war also bei den Juden nicht erst seit dem ausgehenden 19. und beginnenden 20. Jahrhundert in Gebrauch, als Assimilationsbefürworter und Zionisten in ihrem Disput ebenso damit hantierten wie jüdischstämmige Anthropologen im Rahmen der Biowissenschaften.

Nicht zuletzt die Betonung jüdischer Eigenständigkeit in der christlichen Gesellschaft erschwerte ihre Emanzipation, die in Preußen nach dem Sieg über Napoleon (1769–1821) nicht so recht vorankommen wollte. Idealismus und Romantik hoben im Gegensatz zur Aufklärung die Unterschiede zwischen den Menschen und Religionen wieder hervor. Johann Gottlieb Fichte (1762–1814), der Philosoph des Idealismus, bezeichnete die Juden als »Staat im Staat«[15] – dieselben Juden, von denen viele soeben noch in den Befreiungskriegen für Preußen gekämpft hatten. Das Klima bewirkte dann, dass in den auf dem Wiener Kongress dazugewonnenen Gebieten die Regelungen des Edikts von 1812 nicht angewandt wurden. Für Preußens Juden galten so 22 verschiedene Rechtsordnungen. Während im ehemaligen Königreich Westfalen zumindest theoretisch die völlige Gleichstellung gewährleistet wurde, bestanden in den Provinzen Posen und Westpreußen, in denen um 1830 etwa 30 Prozent der preußischen Juden ansässig waren, die aus russisch-polnischer Zeit stammende Rechtlosigkeit und der Gettozwang fort. Erst von 1833 an änderte sich das.

In den Jahren vor der Märzrevolution von 1848 wurde die Judenemanzipation zu einer zentralen politischen Streitfrage, eben zur »Judenfrage«. Der sogenannte »Vormärz« war in Deutschland die Zeit, in der Liberale, bürgerliche Demokraten und Nationale sich gegen die Restauration formierten und Einheit, Recht und Freiheit für alle Deutschen forderten. Mit dabei waren auch Juden. Doch sie blieben vielen fremd, wurden mitunter als Widerpart zur neuen Bewegung angesehen. Nationalliberale Judenfeinde, wie Ernst Moritz Arndt (1769–1860), vertraten die Auffassung, dass die Juden »ein verdorbenes und entartetes Volk« seien[16] und deshalb in einem zu schaffenden deutschen Nationalstaat nichts zu suchen hätten. Antisemitismus gab es auch in der Bewegung des »Turnvaters« Friedrich Ludwig Jahn (1778–1852) und in den Burschenschaften, die sich im Mai 1832 unter den Farben Schwarz-Rot-Gold zum Hambacher Fest einfanden. Doch alles in allem waren die Ideen des »Vormärz« keineswegs antisemitisch-ausgrenzend, sondern eher integrativ. Dies war in den deutschen Landen nicht anders als bei den antirestauratorischen Bewegungen in Österreich, Italien oder Ungarn.

Zur selben Zeit war in Europa mit dem sozialistischen Gedankengut ein sozial motivierter Antisemitismus aufgekommen, bei dem der jüdische Reichtum und die Protagonisten desselben, die Bankiers, in den Fokus rückten. Sie waren zumeist Angehörige der orthodoxen Judenheit, die nun der Ausbeutung des Volkes bezichtigt wurde. Protagonisten dieses Antisemitismus waren in Frankreich die Frühsozialisten, Leute wie Pierre Leroux (1797–1871) oder Charles Fourier (1772–1837), im Deutschland des »Vormärz« die Junghegelianer, allen voran Bruno Bauer (1809–1882). Er agitierte gegen die Judenemanzipation, weil diese lediglich die Privilegienstruktur des Staates stärke. Unter dem Einfluss des Philosophen und Religionskritikers Ludwig Feuerbach (1804–1872) schrieb auch Karl Marx (1818–1883), selbst jüdischer Abstammung, lange vor seiner Analyse des Kapitals 1843 einen Beitrag »Zur Judenfrage«.[17] In diesem Traktat, in dem er den Glaubensjuden ihre Existenzberechtigung absprach, vertrat er die Auffassung, dass eine Emanzipation der Juden zwar wünschenswert sei, aber keine echte Emanzipation sein könne, weil sie ohne die vollständige und widerspruchslose Lossagung vom Judentum möglich sei. Einfacher ausgedrückt: Die Emanzipation kapitalistisch-orthodoxer Juden in einer ebenso kapitalistischen Gesellschaft brächte die Entwicklung in Richtung auf eine klassenlose Gesellschaft nicht voran.

Der Klassenhass der ersten Kommunisten auf wohlhabende Juden war jedoch nicht frei von rassenantisemitischen Elementen. So beschimpfte Marx seinen Widersacher, den Arbeiterführer Ferdinand Lassalle (1825–1864), der im Gegensatz zum internationalistischen Marxismus preußischnationalstaatlich orientiert war, als »jüdische[n] Nigger«. »Es ist mir jetzt völlig klar, dass er, wie auch seine Kopfbildung und sein Haarwuchs beweist, von den Negern abstammt, die sich dem Zug des Moses aus Ägypten anschlossen (wenn nicht seine Mutter oder Großmutter von väterlicher Seite sich mit einem Nigger kreuzten). Nun diese Verbindung von Judentum und Germanentum mit der negerhaften Grundsubstanz müssen ein sonderbares Produkt hervorbringen. Die Zudringlichkeit des Burschen ist auch niggerhaft«, schrieb Marx.[18]

Daneben produzierte der Marxismus wenig bekannte, aber umso bemerkenswertere Gedankenspiele. Während sich vereinzelte radikal-nationalistische Antisemiten in wütenden Gewaltfantasien gegenüber der jüdischen Rasse verstiegen, vertraten führende Marxisten die Auffassung, dass Völker beziehungsweise Volksgruppen, die nicht reif für den Klassenkampf seien, keine Existenzberechtigung hätten. Friedrich Engels (1820–1895) schrieb in der von Marx seit Sommer 1848 herausgegebenen *Neuen Rheinischen Zeitung,* »diese Völkerabfälle [...] bleiben bis zu ihrer gänzlichen Vertilgung oder Entnationalisierung die fanatischen Träger der Konterrevolution«.[19] Und Marx meinte, dass diese Völker »im revolutionären Weltsturm unterzugehen« hätten.[20] Der Cambridger Literaturhistoriker George Watson sieht deshalb in Marx den »Stammvater des modernen politischen Völkermordes«.[21]

Während also das aufkommende sozialistische Denken einerseits den Antisemitismus beförderte, lieferte es im Zusammenwirken mit dem Liberalismus und der bürgerlichen Demokratiebewegung andererseits die Grundlage für die weite Teile Europas erfassende Revolution von 1848. Deutschland brachte diese die vollständige Judenemanzipation. Das Vorparlament der Frankfurter Paulskirche, in dem auch Juden vertreten waren, beschloss, dass die »bürgerlichen und staatsbürgerlichen Rechte« der Bürger durch ihr religiöses Bekenntnis weder »bedingt noch beschränkt« werden dürften. In zahlreichen deutschen Kleinstaaten wurden nun

Gleichstellungsgesetze erlassen. Im Dezember 1848 gewährte die neue preußische Verfassung die vollständige Emanzipation der Juden. Auch wenn nach dem Scheitern der Revolution vieles wieder rückgängig gemacht wurde, so führten doch die beginnende Industrialisierung und die wirtschaftliche Entwicklung Deutschlands die Einschränkung der Rechte der Juden zunehmend ad absurdum. Im Preußischen Landtag und im Norddeutschen Reichstag wurde die Judenemanzipation im Juli 1869 formal beschlossen und nach der Gründung des Deutschen Reiches im April 1871 als Reichsgesetz übernommen.

Gleichzeitig befeuerten die rasanten gesellschaftlichen Umbrüche der Zeit und der überall in Europa aufkeimende Nationalismus den Rassenantisemitismus, der vor allem in antiliberalen Kreisen seinen Nährboden fand. Für Diskussionsstoff sorgte dort Arthur Graf Gobineaus (1816–1882) *Versuch über die Ungleichheit der Menschenrassen,*[22] der Mitte der 1850er Jahre erschienen war, aber erst zur Jahrhundertwende in deutscher Sprache vorliegen sollte. Der französische Aristokrat brachte darin als Erster die vermeintliche Bedeutung der »Rassereinheit« ins Spiel, die später ein Kernelement der nationalsozialistischen Ideologie werden sollte. Die Rassereinheit war für Gobineau deshalb von zentraler Bedeutung, weil für ihn der einzig wesentliche Faktor in der Geschichte das Naturgesetz und damit die Rasse war. Die jüdische Rasse ordnete er – sozusagen als Unterrasse – der weißen Rasse zu. Er brachte den Juden sogar einen gewissen Respekt entgegen, blieben sie doch unter sich und schufen damit die Voraussetzung für den Fortbestand ihrer Rasse – eine Voraussetzung, die zwar der französische Adel erfülle, nicht aber die Deutschen. Diese waren für den Rassentheoretiker eine Mischrasse aus Kelten und Slawen. Der Publizist Joachim Fest, der 1973 sein Standardwerk über Hitler vorlegte, schrieb über Gobineau, er habe »erstmals die Angst vor dem Rassenwirrwarr der Neuzeit formuliert und den Untergang aller Kulturen mit der Promiskuität des Blutes verknüpft«.[23]

Gobineaus Vorstellungen wurden befördert durch die bald die Welt in den Bann ziehende Theorie des Briten Charles Darwin (1809–1882) vom Überleben des Stärkeren (survival of the fittest),[24] die eigentlich auf dessen Landsmann, den Philosophen und Soziologen Herbert Spencer (1820–1903), zurückging.[25] Die Evolutionslehre wurde nunmehr trivialisiert und auf die Rassenlehre übertragen. Dem ewigen Daseinsgesetz der natürlichen Selektion zufolge mussten nun auch die jeweiligen Rassen einem gnadenlosen Existenzkampf ausgesetzt sein. Solches schien zu Beginn des 20. Jahrhunderts dann einen erhöhten Stellenwert zu erhalten, als es in Asien zu antikolonialen Revolten, wie zum Beispiel dem Boxeraufstand, kam und nicht nur in Deutschland das Wort von der »gelben Gefahr« die Runde machte. Wer allerdings angesichts des Postulats von der Rassereinheit die größte Bedrohung für die nordische beziehungsweise arische Rasse darstellte, lag für eingefleischte Antisemiten auf der Hand. Es war diejenige Rasse, die inmitten dieser nordischen lebte und der zunehmend ein parasitärer Grundzug nachgesagt wurde, die jüdische.

Einer, der die rassenantisemitischen Strömungen seiner Zeit geradezu in sich aufgesogen hatte, war der 1848er-Revolutionär Richard Wagner (1813–1883), der mit Gobineau mehrmals zusammentraf. Sein antisemitisch-germanisch-mythisches Weltbild und eine geniale Befähigung als Komponist und Musikdramatiker verschmolzen bei dem späteren Bayreuther miteinander, für dessen Bühnenwerke sich der junge Hitler schon in Linz begeisterte. Dem Antisemitismusforscher Wolfgang Benz zufolge habe Wagner einen »verhängnisvoll[en] Einfluss« ausgeübt, indem er in seinen Opern und in seinem »ebenso wirkungsvollen wie irrationalen Aufsatz« »Das Judenthum in der Musik« aus dem Jahr 1850 seine antisemitischen Überzeugungen verbreitet habe.[26] Wagner schrieb darin, dass der Jude »unfähig« sei, sich künstlerisch auszudrücken, weder mittels der Sprache noch durch seinen Gesang. In seinem Tagebuch hielt er später ergänzend dazu fest: »In der Natur ist es so beschaffen, dass überall, wo es etwas zu schmarotzen giebt, der Parasit sich einstellt«, und fügt hinzu, »ein sterbender Leib wird sofort von den Würmern gefunden, die ihn vollends zersetzen und sich assimilieren. Nichts anders bedeutet im heutigen europäischen Culturleben das Aufkommen der Juden.«[27]

Der Antisemitismus Wagners spiegelt sich auch in seinen Opern wider. Immer wieder thematisierte er darin den Widerstreit zwischen Materialismus und Seele. Die Helden seiner Musikdramen sind germanische Erlöserfiguren, wie Lohengrin, der die Welt vor dem Materialismus retten will, oder wie Parsifal, der die als jüdisch gekennzeichnete Antipodin Kundry durch den Tod erlöst. Den Musikwissenschaftler Hartmut Zelinsky veranlasste dies zu der Feststellung, Wagner habe damit »dem exterminatorischen Antisemitismus des Holocaust Vorschub geleistet«.[28] Andere erwiderten darauf, dass Wagner unter dem Einfluss von Gobineaus Blutrassismus seinen Antisemitismus zugunsten einer alle Gegensätze überwindenden Revitalisierung durch das Blut Christi hinter sich gelassen habe, wie er es in seinen »Regenerationsschriften« festhielt.[29] Micha Brumlik sieht beide Tendenzen in Wagners Werk.[30] Darüber hinaus finden sich bei Wagner, in dem Hitler die »größte Prophetengestalt« sah, die das deutsche Volk besessen habe,[31] nahezu alle Motive, die den späteren Weg des Diktators ausmachten, von der Erlösung über die Vernichtung bis zum Untergang.

»Klärung« in der »Judenfrage« brachte dann für Europas Antisemiten zur Wende zum 20. Jahrhundert Wagners Schwiegersohn Houston Stewart Chamberlain (1855–1927), den Hitler noch persönlich kennenlernte und abgöttisch verehrte. Als britischer Privatgelehrter mit einem Faible für alles Deutsche legte er 1899 eine Schrift vor, die zum Standardwerk des theoretischen Rassenantisemitismus wurde. Auf mehr als 1000 Seiten fasste er in den *Grundlagen des 19. Jahrhunderts*[32] die bislang gängigen antisemitisch-rassistischen »Erkenntnisse« in einer Art Kulturgeschichte zusammen. Für ihn war der Arier die »Seele der Kultur«, denn er trage das Vermächtnis des Altertums in sich – die griechische Kunst und Philosophie, das römische Recht und das ursprüngliche Christentum. Diese Arier seien als »Herrenrasse« dazu auserwählt, ein neues Weltalter herbeizuführen. Voraussetzung dafür war auch für Chamberlain die »Reinhaltung« der Rasse, denn »edle Menschenrassen werden durch das semitische Dogma des Materialismus, das sich [...] frei von allen arischen Beimischungen erhalten hatte, für immer entseelt und aus dem ins Helle strebenden Geschlecht ausgeschlossen«.[33] Zu den Bewunderern Chamberlains, der mit seinem Traktat die europäischen Literatursalons eroberte, gehörten neben Hitler unter anderen auch Kaiser Wilhelm II. (1859–1941), Winston Churchill (1874–1965) und Albert Schweitzer (1875–1965).

Die weitverbreiteten *Grundlagen* wurden im deutschen Sprachraum ergänzt durch einen verstärkten Rückgriff auf die germanische Mythologie, wie er schon bei Wagner stattfand. Der Österreicher Guido von List (1848–1919) verknüpfte diese mit einer theosophischen Kosmologie und der Forderung nach einer unbedingten »Rassenhygiene«, wie sie schon Gobineau verlangt hatte. Alles wurde zu einer Art »arischer Religion« verschmolzen, bei der die altgermanischen Gottheiten, wie Wotan, zu neuem Leben erstanden und den Runenzeichen eine magische Kraft zugeschrieben wurde. List beeinflusste auch einen anderen Ariosophen, wie die Vertreter dieser Weltsicht genannt wurden: Jörg Lanz von Liebenfels (1874–1954). Auch er wollte mithilfe einer neuen »arischen Religion« die Voraussetzungen schaffen, eine »arische Herrenrasse« heranzuzüchten, die für den Kampf der Rassen, vor allem den Kampf gegen die jüdische, gewappnet sein sollte.[34]

Die (pseudo-)wissenschaftliche Auseinandersetzung mit

den Rassen im Allgemeinen und der »Judenfrage« im Besonderen ging im letzten Viertel des 19. Jahrhunderts mit einer immer stärker werdenden politischen Instrumentalisierung des Antisemitismus einher. Ein Paradebeispiel dafür ist das rückständige Russland, wo bis 1861 ein Drittel der Bevölkerung Leibeigene war und der alte Antijudaismus ungleich länger als anderswo in Europa fortlebte. Etwa fünf Millionen Juden lebten dort im sogenannten Ansiedlungsrayon, einer Art Riesengetto, in den westlichen und südlichen Gebieten des Zarenreiches, also in Litauen, Polen, der Ukraine, Wolhynien, Bessarabien, Teilen Galiziens und am Schwarzen Meer. Benz vergleicht ihre Situation bis zum Ersten Weltkrieg mit der der Juden Mitteleuropas im 18. Jahrhundert, wenn er schreibt: Sie seien eine »randständige, von jedem gesellschaftlichen Status und damit von adäquaten Erwerbs- und Aufstiegschancen ausgeschlossene rechtlose Minderheit« gewesen.[35]

Die russischen Juden mussten immer wieder als Sündenböcke für die politischen Fehlentwicklungen und die notorisch katastrophale Versorgungslage herhalten. So war es nach der Ermordung von Zar Alexander II. (1818–1881) in den 1880er Jahren zu einer Reihe von Pogromen gekommen. Unter dem letzten Zaren, Nikolaus II. (1868–1918), verschlimmerte sich die Situation der Juden noch. Viele von ihnen schlossen sich den neu entstandenen liberalen und später auch sozialistischen Parteien an. Sie hofften, ihre emanzipatorischen Wünsche so durchsetzen zu können. Aber auch andere Motive spielten eine Rolle. So schreibt der Kommunismusforscher Gerd Koenen, dass es auch die Vorstellung gegeben habe, »der stickigen Welt der Vorfahren in eine neue Form des Modernseins zu entkommen, nicht durch bürgerliche Assimilation, sondern durch die imaginäre Symbiose mit einem Proletariat [...]«.[36] Die Antwort auf ihr politisches Aufbegehren war eine von Sankt Petersburg inszenierte Welle von Übergriffen und Pogromen, deren schlimmste 1903 in Gomel und Kischinew sowie 1905 in Odessa stattfanden.

In diesem Kontext entstand das wohl übelste aller antisemitischen Machwerke, das im Zuge der bolschewistischen Revolution von 1917 eine explosionsartige, millionenfache Verbreitung über den gesamten Globus finden sollte, sahen doch viele in ihm die Blaupause der die Welt erschütternden Ereignisse: *Die Protokolle der Weisen von Zion.*[37] Sie sind eine zusammenhanglose Collage, die es aus heutiger Sicht schwer nachvollziehbar macht, dass sie von den damaligen Zeitgenossen ernst genommen wurden, wenn es etwa heißt, das Ziel der »Weisen von Zion« sei es, eine »jüdische Weltherrschaft« aufzurichten. Diese sollte auf der »Allmacht des Goldes« gründen, aber auch auf der Unterdrückung der Arbeiterschaft. Aufgerichtet werden sollte diese Weltherrschaft durch die Zerstörung der Völker. Lüge, Betrug und Täuschung, politische Ideen wie der Liberalismus oder die Demokratie, die Prostitution und die unterwanderte Presse, aber auch Wirtschaftskrisen und bloßer Terror seien die Mittel, mit denen die Herrschaft verwirklicht werden sollte.

Bei den *Protokollen* handelte es sich angeblich um die Sitzungsprotokolle des ersten Zionistenkongresses, der im Jahr 1897 unter Führung des Begründers der zionistischen Weltbewegung, Theodor Herzl, in Basel stattgefunden hatte. Dort war es um die Schaffung einer gemeinsamen, auf dem Prinzip der Gleichheit gründenden und damit in gewissem Sinne sozialistischen Heimstätte der über alle Länder verstreuten Juden gegangen. Herzl begründete die Notwendigkeit eines Judenstaates in seinem 1896 erschienenen Buch *Der Judenstaat* mit »dem Verlust unserer Assimilierbarkeit«. Sie würden »nach unten hin zu Umstürzlern proletarisiert« und stellten »die Unteroffiziere der revolutionären Parteien«, während gleichzeitig »nach oben« ihre »furchtbare Geldmacht« wachse.[38]

In diese Zeit wird die Entstehung der *Protokolle* datiert, die freilich keinerlei realen Bezug zu der Zionistenkonferenz hatten. Dies schloss übrigens auch Hitler nicht aus, der sie aber in ihrer inhaltlichen Tendenz für überaus zutreffend ansah.[39]

Tatsächlich waren sie das Werk des zaristischen Geheimdienstes. Erstmals veröffentlicht wurden sie 1903 als Neunteiler in einer Sankt Petersburger Gazette unter der Überschrift »Das jüdische Programm zur Welteroberung«.[40] Kurz darauf erschienen sie in Buchform mit dem Titel *Das Große im Kleinen* unter der Herausgeberschaft eines russisch-orthodoxen Schwärmers namens Sergei Nilus (1862–1929). Später gelangte das Traktat unter der Überschrift *Der bald herannahende Antichrist* an die russische Öffentlichkeit. Die Anspielung auf die Apokalypse verstärkte dessen wohlkalkulierte antisemitische Wirkung in der mythisch-religiösen Welt des Zarenreiches noch um ein Vielfaches, denn die vermeintliche jüdische Verschwörung wurde mit dem Kampf des Bösen gegen die göttliche Ordnung gleichgesetzt.

Der eskalierende Judenhass in Russland mit seinen Gewaltexzessen trug dazu bei, dass in den letzten drei Jahrzehnten vor Ausbruch des Ersten Weltkrieges mehr als zwei Millionen Menschen mosaischen Glaubens das Zarenreich verließen. Sie emigrierten vor allem in die Vereinigten Staaten, in die Donaumonarchie und ins Deutsche Reich. In die weiter westlich gelegenen Länder Europas kamen nur wenige. Auch diesem Umstand ist es zuzuschreiben, dass Juden zum Beispiel im Frankreich des 19. Jahrhunderts nur 0,2 Prozent der Bevölkerung (das waren etwa 80 000 Menschen) stellten. Und dennoch gab es auch dort einen Antisemitismus, der unterschiedliche Ursachen hatte und mit der Abgegrenztheit der jüdischen Volksgruppen zusammenhing. Während die vor allem von der Iberischen Halbinsel stammenden sephardischen Juden in Südfrankreich gut integriert waren, waren – laut Benz – die aus Russland gekommenen aschkenasischen Juden, die im Nordosten Frankreichs lebten, »verschiedenen Anfeindungen ausgesetzt, die teils aus christlich-katholischen Wurzeln kamen, teils auf dem Rassismus gründeten, wie ihn Gobineau vertrat und Édouard Drumont ihn in seiner Schrift *La France Juive* 1886 propagierte, und teils […] von den Sozialisten ausgingen«.[41] Ein Beispiel dafür, wie der Antisemitismus gegen eine Zukunft, die nicht mehr von Blutsbanden und Traditionen bestimmt war, instrumentalisiert wurde, bildete ein Justizskandal, der die Dritte Republik über Jahre hinweg spaltete: die sogenannte Dreyfus-Affäre, die 1894 mit dem Landesverratsprozess gegen einen jüdischen Hauptmann, der zu Unrecht schuldig gesprochen wurde, ihren Ausgang nahm. Erst 1906 setzte sich das republikanische Frankreich gegen Nationalisten und Klerikale durch, die in Alfred Dreyfus (1859–1935), dem Fabrikantensohn aus dem Elsass, den Protagonisten eines neuen, verderblichen Zeitalters sahen: Der jüdische Offizier wurde voll rehabilitiert.

Auch die österreichisch-ungarische Doppelmonarchie wurde in der zweiten Hälfte des 19. Jahrhunderts von Wellen des Antisemitismus heimgesucht. Dieser wurde auch hier aus unterschiedlichsten Richtungen gespeist, also vom christlichen, sozialistischen und völkisch-nationalistischen Standpunkt aus, der auf den großen und kleinen Rassentheoretikern von Gobineau über Chamberlain bis zu Lanz von Liebenfels gründete. Lautstärkster Vertreter des politischen Antisemitismus in Österreich war der Alldeutsche Georg Ritter von Schönerer (1842–1921), der im Wiener Reichsrat saß, dem Vielvölkerparlament. Er verband den Judenhass mit einem großdeutschen, antiklerikalen Nationalismus: »Durch Reinheit zur Einheit – Ohne Juda, ohne Rom wird gebaut Germaniens Dom«, lautete eine der Parolen des Mannes,[42] der früh für den Anschluss der deutschen Teile der Donaumonarchie an das Deutsche Reich eintrat. Instrumentalisiert im Sinne seiner antiliberalen und antisozialistischen Politik wurde der Antisemitismus auch vom wortgewaltigen christlich-sozialen Karl Lueger (1844–1910), was dazu beigetragen haben soll, dass er 1897 zum Bürgermeister Wiens avancierte.

Auch wenn die Metropole der Donaumonarchie als das europäische Zentrum des Antisemitismus galt, spielte dieser nicht die alles beherrschende Rolle. Diese wurde ihm nicht zuletzt wegen der Anwesenheit des späteren Menschheitsverbrechers Hitler, der sich zwischen 1908 und 1913 dort aufhielt, aus der Perspektive des Holocaust im Nachhinein zugeschrieben. Tatsächlich war der Antisemitismus in Wien eine von vielen Strömungen der Zeit. So erzielten zum Beispiel die judenfeindlichen alldeutschen und radikal-deutschnationalen Parteien bei den Wiener Wahlen des Jahres 1907, an denen erstmals alle Männer teilnehmen durften, gerade einmal 2,8 Prozent – und dies, obgleich der Anteil der aus dem Osten zugewanderten Juden an der Wiener Bevölkerung – es waren im Jahr 1910 175 000 – nicht gering war (sie stellten 90 Prozent aller Juden in der Monarchie) und diese den Antisemiten wegen ihrer Fremdartigkeit einen geeigneten Anknüpfungspunkt für deren Agitation lieferten.

Im Vielvölker-Schmelztiegel lebte die Masse der Bürger unterschiedlichster Nationalitäten und Religionen friedlich miteinander oder nebeneinander. Die Juden, deren Emanzipation in der Donaumonarchie 1867 vollendet worden war, gehörten meist dem Kleinbürgertum an. Viele brachten es aber auch zu beträchtlichem Wohlstand, ob beim Eisenbahnbau oder im Textilhandel. Unübersehbar war ihr Anteil am Geistesleben in der damaligen europäischen Kulturmetropole. Untrennbar damit verbunden sind Sigmund Freud (1859–1939), Gustav Mahler (1860–1911), Arthur Schnitzler (1862–1931) oder Hugo von Hofmannsthal (1874–1929) – um nur einige zu nennen. Die jüdische Community, die sich angesichts der seit dem Ende des 19. Jahrhunderts kursierenden Ideen vom Zionismus teilweise der Assimilation widersetzte, war ein selbstbewusster Teil des gesellschaftlichen Lebens in Wien. Sie verfügte sogar mit der »Union österreichischer Juden« über eine eigene Partei und mit »Kadimah« über eine jüdisch-nationale Studentenverbindung.

Es klingt wie ein Treppenwitz der Geschichte, dass ausgerechnet Hitler ein Beispiel für dieses friedliche Nebeneinander lieferte. Die Historikerin Brigitte Hamann weist das in ihrem Buch *Hitlers Wien*[43] nach. Das Ergebnis ihrer Forschungen, in deren Verlauf sie auch das gesamte Umfeld Hitlers systematisch untersuchte, lautet zusammengefasst in etwa so: Hitler, die verkrachte Existenz aus dem Waldviertel, sei in Wien zwar mit der »Judenfrage« konfrontiert worden und habe in den Juden eine eigene Rasse gesehen, sei aber alles andere als ein Antisemit gewesen. Er habe vielmehr Bewunderung für die kulturelle Leistung der Juden – zum Beispiel für die Komponisten Mahler, Mendelssohn-Bartholdy und Offenbach – aufgebracht, die Wohltätigkeit jüdischer Einrichtungen gewürdigt und nach seinem sozialen Absturz außerordentlich gute Kontakte zu jüdischen Männerheimbewohnern, Handwerkern und kleinen Händlern unterhalten. Sie hießen Neumann, Robinson, Löffner, Altenberg, Landsberger und Morgenstern.

In Deutschland, wohin Hitler im Mai 1913 zog, war seine Haltung zunächst keine andere. Den etwas über einer halben Million dort lebenden Juden (1,2 Prozent der Bevölkerung) war – wie schon erwähnt – mit der Reichsverfassung von 1871 die rechtliche und politische Gleichstellung gewährt worden, auch wenn ihnen Führungspositionen im öffentlichen Dienst und in den Stäben des kaiserlichen Heeres noch verwehrt blieben. Viele stiegen so in der fulminant wachsenden Wirtschaft, der Finanzwelt und auch in den freien Berufen auf. Sie waren auch hier zu einem Teil der Gesellschaft geworden.

Das änderte freilich nichts daran, dass die Juden immer dann, wenn Krisen das Gemeinwesen erschütterten, vor allem vom antiliberalen Bürgertum und Kleinbürgertum, aber auch von der Arbeiterschaft zu Sündenböcken gemacht wurden. Dies war zum Beispiel der Fall, als das Land im Zuge der sogenannten Gründerkrise von 1873, einer weltweiten Überproduktionskrise, die durch den Wiener Börsencrash vom Mai desselben Jahres ausgelöst wurde, in wirtschaftlicher Depression zu versinken drohte. Konservative Blätter wie die *Kreuzzeitung* instrumentalisierten Bismarcks (1815–1898)

»jüdische Verbindungen« zu seinem Privatbankier Gerson von Bleichröder (1822–1893) gegen die Politik des Reichskanzlers. Und die volkstümliche *Gartenlaube*, die von Otto Glagau (1834–1892) gegründet worden war, beschimpfte die Juden gemäß ihrer vermeintlichen Rassemerkmale kontinuierlich als »Kapitalisten« und »Spekulanten«. Glagaus überspitztes Credo lautete: »Die soziale Frage ist die Judenfrage.«[44]

Auf der anderen Seite wurden die aus dem Osten zugewanderten Juden – bis zur Jahrhundertwende stieg ihre Zahl auf 46 000 – sogar von ihren assimilierten Glaubensgenossen als »Fremdkörper« und soziales Unruhepotenzial angesehen. Besonders sie beförderten in den stürmischen Zeiten des technologischen und gesellschaftlichen Umbruchs Zukunftsängste, durchaus vergleichbar mit denen von heute. Befeuert wurden diese 1879 durch einen Artikel des angesehenen Historikers Heinrich von Treitschke (1834–1896), in dem er sich gegen eine befürchtete Einwanderungsflut osteuropäischer Juden ins Reich aussprach und gleichzeitig die vollkommene Assimilation der deutschen Juden einforderte, »denn wir wollen nicht, dass auf die Jahrtausende germanischer Gesittung ein Zeitalter deutsch-jüdischer Mischkultur folge«.[45]

Neben Treitschke, von dem der Satz stammt, »die Juden sind unser Unglück«,[46] tat sich 1880 ein linker Journalist namens Wilhelm Marr (1819–1904) nicht nur mit der Gründung der ersten antisemitischen Vereinigung des Kaiserreiches, der »Antisemitenliga«, hervor, sondern auch mit einer Hetzschrift unter dem Titel *Der Sieg des Judenthums über das Germanenthum. Vom nichtconfessionellen Standpunkt aus betrachtet.*[47] Das Judentum habe die »Führerschaft der goldenen Internationale übernommen […] Ein Volk von geborenen Kaufleuten unter uns, die Juden, hat eine Aristokratie, die des Geldes, geschaffen, welche alles zermalmt von oben her, aber zugleich auch eine kaufmännische Pöbelherrschaft, welche durch Schacher und Wucher von unten herauf die Gesellschaft zerfrisst und zersetzt«, ist darin zu lesen.[48]

Marr unterhielt beste Kontakte nach Bayreuth, wo sich um Richard und Cosima Wagner (1837–1930) das über die Reichsgrenzen hinaus wirkende Zentrum des deutschen Antisemitismus herausgebildet hatte. Dort gaben sich auch Glagau und der Göttinger Altphilologe Paul de Lagarde (1827–1891) ein Stelldichein. Der Gelehrte verglich die Juden mit »Trichinen und Bazillen«.[49] Lagarde und die anderen trugen dazu bei, dass im Bayreuther Kreis, in dem sämtliche Formen des Antisemitismus zusammenliefen, der Judenhass delirienhafte Dimensionen annahm. Der Philosoph Friedrich Nietzsche (1844–1900), der Wagner einmal bewundert hatte, aber bald zum scharfen Kritiker seines Antisemitismus wurde, bezeichnete in seinem *Ecce Homo* den Bayreuther Kreis als eine »haarsträubende Gesellschaft«.[50]

Kontakte zu dieser unterhielt auch der protestantische Berliner Hofprediger Adolf Stoecker (1835–1909). Er rief eine Partei ins Leben, die nicht nur gegen die »verjudete Linke«, sondern auch gegen den »verjudeten Großkapitalismus« zu Felde zog. Stoeckers »Berliner Bewegung«, die der Linken die Arbeiterschaft entfremden wollte, folgten weitere Organisationen, die sich eine konsequent rassenantisemitische Weltsicht auf ihre Fahnen schrieben. Der »Deutsche Volksverein« verfasste 1881 eine radikal-antisemitische Petition, mit der nicht nur die Rücknahme der Judenemanzipation gefordert wurde, sondern auch ein Einwanderungsverbot für Juden aus dem Osten. 76 namhafte Wissenschaftler, darunter der Historiker Theodor Mommsen (1817–1903) und der Mediziner Rudolf Virchow (1821–1902), protestierten mit einer offenen Erklärung gegen die »Wiederbelebung eines alten Wahns«.[51] Doch der blieb, wenn auch in überschaubarem Rahmen. Auf Betreiben des Marburger Bibliothekars Otto Böckel (1859–1923) und Theodor Fritschs (1852–1933), des Gründers des berüchtigten Hammer-Verlags, formierten sich 1886 mehrere Kleingruppen zu einer »Deutschen Antisemitischen Vereinigung«. Sie bildete den Kern der drei Jahre später entstehenden »Deutsch-Sozialen Partei«, die bei den Reichstagswahlen des Jahres 1893 allerdings nur auf 2,9 Prozent der Stimmen kam.

Allen voran stand der »Alldeutsche Verband«, der 1891 in Berlin als Pendant zu Schönerers »Alldeutscher Bewegung« gegründet wurde. Das Ziel der Organisation, die zur Jahrhundertwende etwa 20 000 Mitglieder zählte, war neben der Förderung der deutschen Expansion durch eine Flottenaufrüstung die »Belebung der deutschnationalen Gesinnung, insbesondere Weckung und Pflege des Bewusstseins der rassenmäßigen und kulturellen Zusammengehörigkeit aller deutschen Volksteile«.[52] Bei aller heutigen Fixierung auf den Antisemitismus im Kaiserreich und dessen Großmachtträume kann auch dieser Organisation kaum ein Einfluss auf die Politik nachgewiesen werden. Gleichwohl trug sie sicherlich dazu bei, einen unterschwelligen Antisemitismus zu fördern.

Dieser machte auch nicht vor Kaiser Wilhelm II. halt. Und dennoch war dieser kein Judenhasser. Er äußerte einmal: »Daß die Juden den Heiland umgebracht, das weiß der liebe Gott noch besser als wir, und er hat sie demgemäß bestraft. Aber weder die Antisemiten noch Andere noch ich sind von ihm beauftragt und bevollmächtigt, diese Leute nun auch auf unsere Manier zu kujoniren in Majorem Dei Gloriam.«[53] Der Monarch beabsichtigte sogar in den späten 1890er Jahren, Herzls Projekt von einem Judenstaat in Palästina gegenüber Konstantinopel durchsetzen zu helfen und sich selbst als Schirmherr eines solchen auszurufen. Zum einen glaubte der Kaiser, auf diesem Weg das sozialistische Unruhepotenzial im Reich loszuwerden. Zum anderen meinte er, »daß bei der gewaltigen Macht, die das internationale jüdische Kapital nun einmal in aller seiner Gefährlichkeit repräsentirt, es doch für Deutschland eine ungeheure Errungenschaft wäre, wenn die Welt der Hebräer mit Dank zu ihm aufblickt!?«.[54] Obgleich Wilhelm II. bei seiner Jerusalemreise im November 1898 mit Herzl zusammentraf, verwarf er das Projekt wieder – offenbar nach dem Einspruch des osmanischen Sultans, der über Palästina gebot. Und der war für den Kaiser wichtiger als Herzl und der Judenstaat.

Im Bayern König Ludwigs III. (1845–1921), in dessen Hauptstadt Hitler seit Mai 1913 lebte, war der Antisemitismus eher eine Randerscheinung. Natürlich gab es auch hier die Alldeutschen, deren Vorsitzender Heinrich Claß (1868–1953) im Jahr 1912 eine antisemitische Tendenzschrift unter dem Titel *Wenn ich Kaiser wär …*[55] verfasst hatte, die am rechten Rand der Gesellschaft auf Resonanz gestoßen war. Und es gab auch hier einen intellektuellen Salonantisemitismus, der auf den gängigen Rassentheorien fußte. Die Verknüpfung mit völkisch-großdeutschen Vorstellungen kam angesichts des bayerischen Separatbewusstseins, das sich aus dem preußischen Vormachtanspruch im Deutschen Reich speiste, weniger an. Die Ressentiments der Bevölkerung gegenüber den alteingesessenen Juden, sofern sie überhaupt existierten, gründeten eher auf den gängigen Klischees.

Anders verhielt es sich mit den Ostjuden mit ihrem so fremd anmutenden Erscheinungsbild, die auch in Bayern eine neue Heimat suchten. Ihnen gegenüber existierte eine gewisse Abwehrhaltung. Für Hitler, den aus Wien Zugereisten, galt das alles eher nicht. Er begriff sich in seiner kurzen Münchner Zeit als Künstler und verkehrte in den einschlägigen Schwabinger Szenelokalen, also dort, wo eine eher liberale Gesinnung herrschte und für völkischen Antisemitismus ohnehin kein Raum war, nicht zuletzt, weil zum dortigen Publikum nicht wenige Juden gehörten. Kein Zeitzeuge erinnert sich, dass Hitler in seiner Münchner Zeit vor dem Ersten Weltkrieg als Antisemit aufgefallen wäre.

Als im Sommer 1914 die leitenden Staatsmänner in Europa ihre Völker wie »Schlafwandler« in den Ersten Weltkrieg führten, wie es der australische Historiker Christopher Clark treffend analysierte,[56] interessierte es in Deutschland, wo der Antisemitismus seit der Jahrhundertwende abgeebbt war, niemand, wer Jude war und wer nicht. Sie zogen begeistert in den Krieg – auch Hitler, der sich freiwillig zum Dienst in einem bayerischen Infanterieregiment gemeldet hatte. Für viele Soldaten mosaischen Glaubens hatte es den Anschein, als vollende sich nunmehr ihre Emanzipation. Sie lasen in den Zeitungen, dass der jüdische Industrielle Walther Rathenau (1867 – 1922) zum Leiter der Kriegsrohstoffabteilung aufstieg, der Reeder Albert Ballin (1857 – 1918) zum Chef der Reichseinkaufs-Gesellschaft. Und sie sahen, dass immer mehr Juden Offiziere wurden. Viele glaubten, im Kriegsdienst nunmehr eine Art letzter Probe für ihre vollständige gesellschaftliche Anerkennung abzulegen. So kämpften und starben jüdischstämmige Männer Seite an Seite mit ihren nicht jüdischen Kameraden auf den Schlachtfeldern in Ostpreußen, in Flandern, in der Champagne, an der Somme, der Marne oder vor Verdun.

Erst als die weitgespannten Hoffnungen der Nation an der grausamen Wirklichkeit des blutigen Grabenkrieges zerstoben, als Hunderttausende gefallen waren und eine Krise das Reich erfasste, brachen sich antisemitische Ressentiments wieder zunehmend Bahn. Die Juden wurden nun von ultranationalistischen Kreisen für den sich ausbreitenden Defätismus verantwortlich gemacht. Außerdem wurden sie der Drückebergerei bezichtigt. Dies veranlasste den preußischen Kriegsminister Adolf Wild von Hohenborn (1860 – 1925) im Herbst 1916, der Sache nachzugehen. Mit seiner als »Judenzählung«[57] bekannt gewordenen Erhebung sollte der Anteil der Soldaten jüdischen Glaubens an den Frontkämpfern ermittelt werden. Heraus kam, dass dieser – gemessen am Bevölkerungsanteil – nicht geringer war als der ihrer nicht jüdischen Kameraden.

Die »Judenzählung« wurde zunächst vom Kriegsministerium geheim gehalten, war doch der um Integration und Assimilation bemühten Reichsregierung rasch klar geworden, was man mit einer solchen Sache anrichten würde. Man versuchte stattdessen, alles unter den Teppich zu kehren, worin die Antisemiten die Bestätigung der angeblichen jüdischen Drückebergerei sahen. Erst im Januar 1917 erklärte der neue Kriegsminister Hermann von Stein (1854–1927) gegenüber dem Verband der deutschen Juden, dass »das Verhalten der jüdischen Soldaten und Mitbürger keine Veranlassung zu der Anordnung meines Herrn Vorgänger gegeben hat und damit nicht in Beziehung gebracht werden kann«.[58]

Ob Hitler von dieser »Judenzählung«, die heute aus der Perspektive von Auschwitz als eine Wegmarke hin zur Radikalisierung des Antisemitismus in Deutschland überbewertet wird, wusste und – wenn ja – was er davon hielt, ist nicht bekannt. Antisemitismus ist für seine Militäreinheit nicht überliefert, ebenso wenig wie herablassende Äußerungen über Juden aus dieser Zeit von ihm selbst. Hitler war während des Ersten Weltkrieges kein Judenhasser, wie zuletzt der deutsch-schottische Historiker Thomas Weber in seinem Buch *Hitlers erster Krieg*[59] nachweisen konnte. Der Regimentsadjutant Fritz Wiedemann (1891–1970), der wie Hitler Meldeläufer und täglich mit ihm zusammen war, sprach demnach für viele andere, wenn er später, nach dem Krieg, als Hitler Politiker und als solcher ein fanatischer Antisemit geworden war, erklärte: Er habe »lange gerätselt«, wo die Ursache für dessen fanatischen Judenhass gelegen habe. Aber »die Erfahrungen mit jüdischen Offizieren während des Weltkrieges konnten dazu wenig beigetragen haben«.[60] Das hatte auch damit zu tun, dass Hitler sein geliebtes Eisernes Kreuz Erster Klasse, das er im Herbst 1917 an die Brust geheftet bekam und zeit seines Lebens mit Stolz trug, einem jüdischen Landwehrleutnant verdankte. Mit dem aus Nürnberg stammenden Hugo Gutmann (1880–1962) soll er sogar ein von Sympathien geprägtes Verhältnis gehabt haben, er erledigte für diesen auch Außerdienstliches.

Es mutet sonderbar an: Hitler war noch kein Antisemit, während in Deutschland der Antisemitismus mit der wachsenden Unzufriedenheit zunahm. In Zeiten, in denen von den Fronten nur noch schlechte Nachrichten kamen und in der Heimat Not und Elend grassierten, verlangte das Volk lauter nach Schuldigen. Für die einen waren es der Kaiser und das aristokratische Offizierskorps, für die anderen die Kapitalisten, die am Krieg verdienten, und für wieder andere die Linke, der nachgesagt wurde, sie hintertreibe den heldenhaften Abwehrkampf einer ganzen Nation. Und für diejenigen, die schon immer Antisemiten gewesen waren, musste der kriegsgewinnlerische Kapitalist natürlich ein Jude sein, genauso wie der umstürzlerische Sozialist.

Tatsächlich waren auch in Deutschland unter Letzteren zahlreiche Juden. Sie waren Wortführer bei den Streiks, die seit 1916 den »Burgfrieden« zerbröckeln ließen. Sie waren unter den Sozialdemokraten, die sich im April 1917 von ihrer Partei abspalteten und sich zu den Unabhängigen Sozialdemokraten (USPD) formierten und als solche für ein schnelles Kriegsende eintraten. Sie gehörten in der radikalen Spartakusgruppe zu den Wortführern, die als marxistische Sozialisten für die Weltrevolution des internationalen Proletariats eintraten und sich der USPD anschlossen. Und sie waren in der Russischen Revolution des Jahres 1917, die der aufbegehrenden radikalen Linken so viel Auftrieb gab, in der vordersten Reihe dabei. Das bot den Stoff für antisemitische Verschwörungstheorien. Dass 12 000 Juden an den Fronten des Weltkrieges für ihr deutsches Vaterland gefallen waren, änderte nichts an der hässlichen Fratze des Antisemitismus.

Das wiederum änderte aber auch nichts am Gesamtbild des deutschen Antisemitismus. Er hatte nicht über die Jahrhunderte kontinuierlich zugenommen. Vielmehr wechselten Phasen des Aufbrandens und moderate Phasen, wie nach der Revolution von 1848 oder der Zeit von der Jahrhundertwende bis tief in den Weltkrieg hinein, miteinander ab. Die Zeiten der Umbrüche und der Krisen waren die des zunehmenden Antisemitismus. Doch auch dann blieben diejenigen, die ihn vertraten, kleine Minderheiten, die sich mit ihren Vorstellungen in der Politik nicht durchsetzen konnten. Groß wurden sie erst durch die Zeitgeschichtsbetrachtung, die sie nach der deutschen Katastrophe in den Mittelpunkt rückte.

Der Antisemitismus in Deutschland war nicht stärker ausgeprägt als in anderen europäischen Ländern, ganz zu schweigen von demjenigen im zaristischen Russland. Er war also kein spezifisch deutsches Charakteristikum, sondern ein europäisches, das seine Wurzeln in der langen abendländischen Geschichte hatte und nicht in der verspäteten Entstehung des deutschen Nationalstaates. Die Juden waren in diesem emanzipiert wie nirgendwo anders. Damit korrespondiert auch die frühe Geschichte des Mannes, der später den Befehl zur »Endlösung«, zur Ermordung der europäischen Juden, geben sollte. Hitler, der bei einem Gasangriff in Flandern verwundet worden war und Mitte Oktober 1918 in ein Lazarett ins hinterpommerische Pasewalk gebracht wurde, wo er die Novemberrevolution erlebte, ist zu diesem Zeitpunkt – wie neuere Forschungen ergeben – alles andere als ein Antisemit gewesen, vielmehr ein »orientierungsloser politischer Nobody«.[61]

2 Der Bürgerkrieg nach dem Weltkrieg

Trugen Ebert & Co. eine Mitschuld an Hitler?

Die Niederlage Deutschlands im Ersten Weltkrieg wird von der vorherrschenden Lehrmeinung für das Erstarken der Reaktion verantwortlich gemacht, also jener Kräfte, die schon vor 1914 den Ton angaben. Gespeist worden sei alles von dem in der Kaiserzeit gründenden nationalistisch-antijüdischen Geist der Revanche und dem Willen, Deutschland jetzt erst recht zur Weltmacht zu führen. Dagegen habe die Novemberrevolution von 1918 gestanden, mit der das geschlagene Land die Chance auf eine wahrhaft demokratische Zukunft gehabt hätte. Stattdessen sei es in den Hitler-Faschismus und damit in die Katastrophe des Zweiten Weltkriegs und des Holocaust abgedriftet. Der Mehrheitssozialdemokratie wird dabei eine Mitverantwortung gegeben, sei sie es doch gewesen, die die Vollendung der Revolution im Bündnis mit dem alten Heer vereitelt und so Hitler und dem Nationalsozialismus den Weg gebahnt habe.

Der Schlüssel zum Verständnis der Ereignisse im revolutionären Deutschland 1918/19 ist der Faktor Russland beziehungsweise wie die Zeitgenossen Strahlwirkung und Einfluss der bolschewistischen Revolution bewerteten. In dem östlichen Riesenreich, von dem schon vor dem Ersten Weltkrieg angenommen wurde, ihm werde aufgrund seiner gewaltigen

Rohstoffressourcen die Zukunft gehören, tobte seit Ende 1917 ein brutaler Bürgerkrieg, der Millionen das Leben kostete. Der Bolschewistenführer Lenin und seine Gefolgschaft wollten jedoch nicht nur diesen zu einem siegreichen Abschluss bringen. Sie begriffen sich als Avantgarde eines weltweiten Klassenkampfes und Russland als die »Fackel der Weltrevolution«. Ihr Hauptgegner war die kapitalistische Entente, also Großbritannien, Frankreich und die Vereinigten Staaten, die Truppen nach Russland entsandt hatten, die auf der Seite der »Weißen« gegen die »Roten« kämpften. Die »Siegergruppe der imperialistischen Mächte« – so Lenin – sehe ihre Hauptaufgabe darin, »den Weltbolschewismus zu erwürgen«.[1]

Um sie mit Blick auf den Bürgerkrieg im eigenen Land in die Defensive zu zwingen, beabsichtigte er, die Revolution nach Mitteleuropa zu tragen. Dass Lenins Hauptaugenmerk dabei auf Deutschland gerichtet war, verstand sich von selbst. Das Land war im Begriff, den Weltkrieg zu verlieren. Zwei Millionen waren gefallen, kaum weniger in der Heimat verhungert. Angesichts von Not und Elend in jeder erdenklichen Form hatten die Menschen im Reich genug vom Krieg und von denen, die nicht in der Lage zu sein schienen, ihn zu beenden. Aus der Sicht Moskaus war Deutschland revolutionsreif. Es bedurfte nur noch eines Anstoßes, und es würde wie eine reife Frucht in die Hände des Bolschewismus fallen und damit in die Front gegen die »imperialistischen Mächte« eingereiht werden können.

Gesteuert und koordiniert werden sollte der Umsturz von der Berliner Botschaft Russlands, namentlich vom dortigen Botschafter Adolf A. Joffe, einem politischen Weggefährten des Bolschewistenführers und Gründers der Roten Armee, Leo Trotzki. Über ihn wurden im großen Stil Propagandamaterial und Waffen für die radikale Linke besorgt, die entschlossen war, der Monarchie ein gewaltsames Ende zu bereiten. Auch hatte Joffe seinem deutschen Rechtsbeistand Oskar

Cohn, einem Reichstagsabgeordneten der USPD, beträchtliche Geldsummen zur Finanzierung der anvisierten Revolution gegeben. Es gehört dabei zu den Eigentümlichkeiten der Geschichte, dass das Spiel der Reichsregierung im Weltkrieg, die bolschewistische Revolution nach Kräften zu schüren und den Kriegsgegner Russland damit ins Chaos zu stürzen, überraschend schnell auf Deutschland zurückschlug. Lenin erklärte auf einer Sitzung seiner Partei: »Ich werde öfters beschuldigt, in der Revolution mithilfe deutschen Geldes gesiegt zu haben. Diese Tatsache habe ich nie geleugnet – noch tue ich das jetzt: ich will jedoch hinzufügen, dass wir mit russischem Geld eine ähnliche Revolution in Deutschland inszenieren werden [...].«[2]

Bereits Mitte Oktober 1918 hatte es ein geheimes Treffen in der Rosta, der russischen Telegrafenagentur in Berlin, gegeben, bei dem Joffe und andere Bolschewisten mit linksradikalen Rädelsführern, USPD-Leuten und Vertretern der Spartakusgruppe, zusammentrafen. Deren Wortführer Rosa Luxemburg und Karl Liebknecht waren nicht anwesend, saßen sie doch in Haft, wie schon öfters in den zurückliegenden Kriegsjahren. Die konspirative Versammlung verständigte sich nach ausführlicher Diskussion über die Lage in Deutschland auf einen Revolutionsaufruf, in dem Enteignungen, Verstaatlichungen, Sozialisierungen, Mindestlöhne und so weiter gefordert wurden. Verfasst und mit Lenin abgestimmt worden war das Papier von Joffe.

Die russischen Bolschewisten sahen angesichts der sich konkretisierenden Zusammenarbeit mit den deutschen Genossen zunehmend optimistischer in die Zukunft. Sven Felix Kellerhoff und Lars-Broder Keil, die mit ihrem bemerkenswerten Buch *Lob der Revolution. Die Geburt der deutschen Demokratie*[3] zu den ganz wenigen gehören, die diese Kooperation thematisieren, schreiben, dass Karl Radek, der Berater Lenins, verkündet habe, dass von nun an der Bolschewismus in Deutschland existiere. Es sei eine Kraft – so Radek –, »die ideenmäßig alles übersteigt, was die Feinde in den Händen haben«.[4] Die radikale Linke und Spartakus ließen den Worten des Bolschewisten Taten folgen und versuchten mit russischer Hilfe alles, die Bevölkerung aufzuwiegeln. Doch es blieb relativ ruhig, obwohl der inzwischen aus der Haft entlassene Liebknecht den Augenblick für gekommen hielt, nunmehr »den entscheidenden Schlag zu tun«.[5]

Erst das Vorgehen des »Klassenfeinds«, also von Kaiser, Militärs und der Regierung Max von Baden, brachte die Dinge ins Rollen. Dabei war der liberale Fürst, mit dem ein Anhänger eines Versöhnungsfriedens Reichskanzler geworden war, durchaus offen für Reformen. Er stützte sich auf ein Kabinett, in dem erstmals mit Philipp Scheidemann und Gustav Bauer Mehrheitssozialdemokraten Verantwortung trugen. Unter seiner Regie war dann auch ein Waffenstillstandsgesuch an den amerikanischen Präsidenten gegangen. Von Woodrow Wilson versprach sich die Reichsregierung einen gerechten Frieden, hatte dieser doch in seinen Vierzehn Punkten vom Januar 1918 unter anderem die Schaffung eines auf dem demokratischen Gedanken basierenden Europas gefordert, in dem die Staatsgrenzen im Wesentlichen identisch mit den Nationalitätengrenzen sein sollten.

In den Noten, die bald zwischen Washington und Berlin ausgetauscht wurden, verlangte die amerikanische Seite als Voraussetzung für einen Frieden: die Beendigung des uneingeschränkten U-Boot-Krieges, die Räumung des von deutschen Truppen besetzten Gebietes sowie die Demokratisierung des Reiches, was nichts anderes bedeutete als die Abdankung des Kaisers. Bei dessen dritter Oberster Heeresleitung (OHL) unter Paul von Hindenburg und Erich Ludendorff wurde dies mit Empörung aufgenommen. Die Militärs, die im September 1918 fast ultimativ ein Ende des Krieges gefordert und die Geschicke des Reichs in die Hände der Politik zurückgegeben hatten, schwenkten nun wieder um und verlangten angesichts der als maßlos angesehenen Friedensbedingungen Wilsons, den Kampf fortzusetzen. Ludendorff, der Urheber der Intervention, wurde daraufhin entlassen, ihm folgte Wilhelm Groener als Generalquartiermeister.

Der Rauswurf Ludendorffs wurde von der Marineführung missbilligt. Die Admiräle hatten nämlich den Vorstoß des Generalquartiermeisters, den »Kampf bis zum Letzten« fortzusetzen, begrüßt. Denn die Flotte lag seit den Tagen der Skagerrakschlacht vom Mai/Juni 1916 untätig in den Häfen und rostete vor sich hin. Schon am 22. Oktober 1918 hatte der Chef der Seekriegsleitung Reinhard Scheer dem Flottenbefehlshaber Franz von Hipper mitteilen lassen, nunmehr die Entscheidungsschlacht mit den Briten in der Nordsee etwa auf Höhe der westfriesischen Insel Terschelling suchen zu wollen. Ein Operationsplan war rasch ausgearbeitet und sollte Ende Oktober in die Tat umgesetzt werden. Weshalb die Marineführung jetzt alles auf eine Karte setzen wollte, ist ungeklärt. Hoffte sie, das Ruder doch noch herumreißen zu können, um die Voraussetzungen für Friedensverhandlungen zu verbessern? Seekriegshistoriker billigen dem Unterfangen trotz der britischen Überlegenheit durchaus Chancen zu.[6] Andere glauben, die Marineführung habe ein Signal setzen wollen, indem sie sich in einem heldenhaften Kampf für das Vaterland aufopfere. Was die Admiräle damit erreichten, lag ganz und gar nicht in ihrem Sinne: Sie provozierten nämlich eine Revolte der Matrosen, die zur Initialzündung für die Revolution wurde.

Das Vorhaben vom Endkampf mit den Briten wurde nämlich durch Indiskretionen bei den Besatzungen der Kriegsschiffe bekannt. Und bei diesen war die Neigung gering, sich jetzt, da das Ende des Krieges unmittelbar bevorzustehen schien, »verheizen« zu lassen. Die Matrosen meuterten. Sie löschten die Feuer in den Kesseln, öffneten Flutventile, um das Auslaufen der Schiffe zu verhindern. In den Kriegshäfen Kiel und Wilhelmshaven zogen sie auf den auf Reede liegenden »Pötten« rote Fahnen auf und solidarisierten sich mit den

Arbeitern auf Kundgebungen und Massendemonstrationen. Soldatenräte wurden gebildet. Innerhalb kürzester Zeit war dort die militärische und zivile Gewalt in den Händen der Aufständischen, die die sofortige Beendigung des Krieges und die Abdankung des Kaisers forderten. Die Flottenführung und die schwindende Staatsmacht versuchten vergeblich, Ordnung und Disziplin wiederherzustellen. Was in den norddeutschen Kriegshäfen mit dem heraufziehenden November 1918 seinen Ausgang genommen hatte, wuchs sich rasch zu dem aus, was als Novemberrevolution in die deutsche Geschichte einging.

Dabei handelte es sich – anders als in Russland – vor allem um eine Friedensrevolution. Dies sahen aber nicht die radikale Linke und ihre russischen Hintermänner, die die Revolution hatten in Berlin entfachen wollen. Geblendet von den Parallelen – hatten doch die Kanonenschüsse des Panzerkreuzers *Aurora* das Fanal zur bolschewistischen Revolution mit dem Sturm auf den Petersburger Winterpalast geliefert –, hielten sie ihre Stunde für gekommen. Liebknecht sah den 4. November als den geeigneten Tag für den Umsturz. Doch alles musste verschoben werden, denn die Vorbereitungen waren bis dahin nicht abzuschließen. Ungleich folgenschwerer für die Revolutionäre war die peinliche Panne, die die bolschewistischen Drahtzieher entlarvte. Denn auf einem Berliner Bahnhof gingen Kisten für die russische Botschaft zu Bruch. Sie enthielten Propagandamaterial in deutscher Sprache für Spartakus. Die Reaktion der Reichsregierung war entsprechend. Die diplomatischen Beziehungen zu Russland wurden abgebrochen, Botschafter Joffe und seine Diplomaten mussten Deutschland verlassen. Geschlossen wurde auch die russische Telegrafenagentur Rosta. Die logistische Unterstützung für die deutschen Umstürzler, die sich als Teil der bolschewistischen Weltrevolution begriffen, musste fortan über andere, verborgene Kanäle erfolgen.

Die Reichsregierung unter Max von Baden und vor allem

die SPD-Führer Friedrich Ebert und Philipp Scheidemann fürchteten nun – nicht zuletzt der gewonnenen Erkenntnisse wegen –, dass die von Moskau unterstützte radikale Linke in Berlin die Initiative an sich reißen könnte. In Braunschweig, Leipzig und andernorts war dies bereits der Fall. Die Mehrheitssozialdemokraten gingen deshalb nun ihrerseits in die Offensive und verlangten vom Reichskanzler ultimativ die Abdankung des Kaisers, der sich im Großen Hauptquartier im belgischen Spa aufhielt. Doch der weigerte sich, woraufhin die Politiker der Mehrheitssozialdemokratie (MSPD) aus dem Kabinett ausschieden. Um die Monarchie zu retten, trat Max von Baden am 9. November die Flucht nach vorne an. Da auch er wusste, dass Wilhelm II. bei den meisten Deutschen seinen Kredit verspielt hatte und von diesen für alles verantwortlich gemacht wurde, erklärte er kurzerhand dessen Abdankung, der sich der Kaiser jetzt beugte und sich darauf ins niederländische Exil absetzte. Gleichzeitig trat der Prinz als Kanzler zurück und ernannte Friedrich Ebert zu seinem Nachfolger.

Die Mehrheitssozialdemokratie verfügte damit über die institutionelle Voraussetzung, den demokratischen Umbau voranzubringen, wobei Ebert noch mit dem Gedanken spielte, Deutschland zu einer konstitutionellen Monarchie zu machen. Um sich nicht den Wind aus den Segeln nehmen zu lassen, beabsichtigte Liebknecht nun, seinerseits zu handeln und die Räterepublik auszurufen. Als Scheidemann davon erfuhr, entschloss er sich, dem Spartakisten zuvorzukommen. Am frühen Nachmittag dieses 9. November 1918 trat er an ein Fenster des Reichstagsgebäudes und rief der zusammengetrommelten Menschenansammlung zu, »das Alte und Morsche, die Monarchie ist zusammengebrochen. Es lebe das Neue; es lebe die deutsche Republik!«[7] Kurz darauf sprach Liebknecht von der Pritsche eines Lastwagens im Berliner Lustgarten und dann noch einmal von einem Balkon des Stadtschlosses zu seinen Anhängern. Er proklamierte die »freie sozialistische Republik Deutschland« und forderte die Wiederaufnahme der abgebrochenen diplomatischen Beziehungen zu »den russischen Brüdern« sowie das Bekenntnis zur sozialistischen Weltrevolution.[8] Indem Scheidemann kurz entschlossen gehandelt hatte und die MSPD nun trotz aller Gegensätze der zerrissenen USPD das Angebot unterbreitete, bis zur baldigen Wahl einer verfassunggebenden Nationalversammlung eine provisorische Regierung, den Rat der Volksbeauftragten, zu bilden, hatte sie den Anspruch auf die Führung der revolutionären Bewegung für sich reklamiert und damit der radikalen Linken die Spitze genommen.

Oberste Priorität musste für die Mehrheitssozialdemokraten nun die Beendigung des Krieges haben, denn die Revolution hatte inzwischen ganz Deutschland erfasst. So wurde in Compiègne zwischen dem Deutschen Reich und Frankreich, Belgien, Großbritannien, Italien und den Vereinigten Staaten ein Waffenstillstand geschlossen, der von der Bevölkerung im Reich zunächst nicht so recht als Kapitulation empfunden wurde, auch wenn das, was 60 Kilometer von Paris entfernt am 11. November 1918 besiegelt wurde, de facto einer solchen gleichkam. Danach war nicht nur die zügige Räumung der besetzten Gebiete vorgesehen, sondern auch diejenige des damals deutschen Elsass-Lothringen und des linken Rheinufers. Unmengen von Kriegsmaterial sollten abgeliefert und die modernen Kriegsschiffe interniert werden. Pardon, um das der deutsche Unterhändler, der von der Reichsregierung entsandte Zentrums-Politiker Matthias Erzberger, im Eisenbahnwagen angesichts der revolutionären Wirren im Reich bat, gab es nicht. Dies sei das Problem der Besiegten, meinte der französische Oberbefehlshaber Marschall Ferdinand Foch lapidar.[9] Der Triumph und der Hass auf die Besiegten hatten seine Regierung dafür blind gemacht, dass die Revolution in Deutschland das Land an die Seite des bolschewistischen Russlands treiben könnte. Einzig der britische Premierminister David Lloyd George warnte beständig vor einer solchen Entwicklung und den damit verbundenen Folgen für Europa.

Eben dafür kämpften die Spartakisten und ihre Verbündeten. Sie taten dies bei Aufmärschen und in Versammlungen und nicht zuletzt in ihrem neu gegründeten Kampfblatt, der *Roten Fahne.* Ebert warfen sie in dem Organ vor, er wolle die alte Ordnung wiederherstellen. Sie setzten dem eine einheitliche sozialistische Republik entgegen, in der die Schlüsselindustrien zu verstaatlichen seien. Der Reichstag und alle übrigen deutschen Parlamente sollten unverzüglich aufgelöst werden. Arbeiter- und Soldatenräte sollten sämtliche zivilen und militärischen Behörden sowie Kommandostellen übernehmen. Um schlagkräftiger zu werden, gründete Liebknecht mit dem Spartakusbund eine reichsweite Kampforganisation.

Doch noch wurden die unüberbrückbaren Gegensätze der deutschen Revolution verdeckt. So war es auch am 20. November 1918, als die Berliner Toten der Revolution zu Grabe getragen wurden und auf der Großkundgebung auf dem Tempelhofer Feld Ebert, Scheidemann, Liebknecht, Emil Barth und andere anwesend waren. Zeuge des sich anschließenden gewaltigen Trauerzugs, der am Stadtschloss vorbeiführte, wurde offenbar auch der soeben aus dem Pasewalker Lazarett entlassene Hitler. Er befand sich auf der Durchreise nach München, wo er sich beim Ersatzbataillon seines Regiments zu melden hatte.[10]

Bald kam es zu gewaltsamen Zusammenstößen einer von den Spartakusführern angestachelten, wild zusammengewürfelten Revolutionstruppe mit den Gemäßigten. Anfang Dezember starben dabei 14 Menschen, nachdem der Berliner Stadtkommandant, der Mehrheitssozialdemokrat Otto Wels, der im März 1933 mutig seine Stimme gegen Hitlers Ermächtigungsgesetz erheben sollte, reguläres Militär hatte rufen lassen. Dieses hatte in Eberts Kalkül von Anfang an einen festen Platz. Er wusste, dass Millionen heimkehrende Weltkriegskämpfer ein riesiges Unruhepotenzial darstellen würden. Sie mit einzubinden beim Aufbau des neuen Staates war damit für ihn von zentraler Bedeutung. Doch noch wichtiger war für den Volksbeauftragten, dass er im Falle eines Bürgerkriegs den von Moskau unterstützten Linksrevolutionären etwas entgegenzusetzen haben würde. Bereits nach Ausrufung der sozialistischen Republik durch Liebknecht hatte er sich der Unterstützung Groeners und des Offizierskorps versichert. Als Ebert, der zwei Söhne im Weltkrieg verloren hatte, dann Mitte Dezember die heimkehrenden Berliner Truppen am Brandenburger Tor begrüßte, war dies auch ein Zeichen an die Heeresführung. In seiner Ansprache würdigte er nämlich den Heldenmut der Armee beim Schutz des Vaterlandes, indem er den Männern zurief, dass kein Feind sie überwunden habe, ehe er sie aufforderte, »mitzuschaffen an dem großen Werk einer neuen deutschen Zukunft«.[11]

Für Spartakus und die Linksradikalen war der Auftritt Eberts der letzte Beleg dafür, dass es sich bei den Mehrheitssozialdemokraten um verkappte Revanchisten und Handlanger der alten Eliten handelte. Ihr Schlachtruf lautete nun: »Fegt hinweg […] die Verführer der unaufgeklärten Soldatenmasse, die Wels, Ebert und Scheidemann mit Genossen!« Als »Volksverräter« diffamiert, sollten sie »mit eiserner Faust« niedergemacht werden.[12] Die Radikalen brachen nun auch mit der nach wie vor zerstrittenen USPD.

In einem von der inzwischen aus Breslauer Haft entlassenen Rosa Luxemburg verfassten und in der *Roten Fahne* veröffentlichten Manifest unter dem Titel »Was will der Spartakusbund?«[13] forderte die Sozialistenführerin nunmehr, alle Polizisten, Offiziere, nicht proletarischen Soldaten und Angehörigen der herrschenden Klasse zu entwaffnen und das gesamte Proletariat als Miliz zu bewaffnen, um den Sieg des Spartakusbundes und damit den Sieg des Proletariats herbeizuführen. Es waren dies die Worte einer hasserfüllten Kämpferin für die Umsetzung einer bolschewistischen Diktatur im Rahmen der Weltrevolution – auch wenn sie noch kurz zuvor

Unterschiede zwischen der deutschen Revolution und der russischen hervorgehoben hatte. Für Luxemburg war Letztere »das gewaltige Faktum des Weltkrieges« und Aufgabe zugleich, denn: »In Russland konnte das Problem nur gestellt werden. Es konnte nicht in Russland gelöst werden, es kann nur international gelöst werden. Und in diesem Sinne gehört die Zukunft überall dem ›Bolschewismus‹.«[14]

Am Heiligen Abend 1918, nachdem Angehörige der Volksmarinedivision, die sich als Avantgarde der Revolution verstand, unterstützt von Spartakisten Reichskanzlei und Schloss besetzt hatten und zu Hilfe gerufene regierungstreue Truppen die Lage nur zum Preis von fast 70 Toten konsolidieren konnten, kündigte die USPD der MSPD die Zusammenarbeit auf und verließ den Rat der Volksbeauftragten. Die zum Jahreswechsel 1918/19 aus dem Spartakusbund, Teilen der USPD und anderen linksradikalen Gruppierungen in Anwesenheit der Gesandten Lenins – Radek und Friesland (Ernst Reuter) – im Festsaal des Preußischen Landtags gegründete Kommunistische Partei Deutschlands (KPD) entschied mit einer Zweidrittelmehrheit, sich nicht an den Wahlen zur Nationalversammlung zu beteiligen. Sie beschloss damit, den Weg der revolutionären außerparlamentarischen Opposition zu gehen. Es war der gleiche Weg, den Lenin 1917 in Russland beschritt, nachdem er erkannt hatte, dass seine Bolschewiki auf demokratischem Weg nicht die Macht erringen konnten.

Bemerkenswert in diesem Zusammenhang war die Wendung Liebknechts und Luxemburgs. Entgegen ihrer bislang hartnäckig vertretenen Haltung, die Wahlen zur Nationalversammlung zu boykottieren, hatten sie auf dem Gründungsparteitag der KPD gefordert, daran teilzunehmen. Was von linken Historikern als Beleg für eine grundsätzliche Kooperationsbereitschaft der Linksradikalen mit den Gemäßigten gewertet wird, deuten Kellerhoff und Keil als ausschließlich taktisch motiviertes Manöver. Sie verweisen darauf, dass Luxemburg und Liebknecht, die dem Mehrheitsvotum des Parteitages folgten, bereits am Tag danach in ihrem umfassenden Referat »Unser Programm und die gegenwärtige Situation« sich dafür aussprachen, zur Theorie des gewaltsamen Umsturzes zurückzukehren.[15]

Genau das versuchte der Spartakusbund am 5. Januar 1919. Willkommener Anlass war ein Streit um den Berliner Polizeipräsidenten Emil Eichhorn von der USPD. Dessen Abberufung wurde als ein weiterer Schlag gegen die Arbeiterschaft gedeutet, der eine Antwort verlange. 500 bis 600 Spartakisten beziehungsweise KPD-Leute und nicht in der KPD aufgegangene USPD-Aktivisten besetzten daraufhin Schlüsselpositionen der Stadt, darunter das Zeitungsviertel. Sie drangen auch in die Redaktionsräume des mehrheitssozialdemokratischen *Vorwärts* und der bürgerlichen Verlage Mosse, Ullstein und Scherl sowie in die des Wolff'schen Telegraphenbüros ein. Parallel dazu kam es zu Massenaufzügen, während Luxemburg, Liebknecht und andere ihre Gefolgsleute mit Beiträgen in der *Roten Fahne* aufstachelten, gegen die »Ebert-Scheidemann-Reaktionäre« vorzugehen.

Lange zögerten die MSPD-Führer mit Gegenmaßnahmen, glaubten sie doch, dass die Dynamik bei den linksradikalen Revolutionären liege. Hinzu kam das Wissen um die vielen Waffen in der Stadt. Schließlich wandte sich die Parteiführung an den Volksbeauftragten für Heer und Marine, Gustav Noske, der bereits an der Küste die Lage einigermaßen konsolidiert hatte. Dabei fielen dessen bekannte Worte »einer muss der Bluthund sein«.[16] Während er die Vorbereitungen für die Wiederherstellung der Ordnung traf, schaukelte sich die Lage in der Reichshauptstadt immer weiter auf, nachdem KPD und USPD zum Generalstreik aufgerufen hatten. Hunderttausende demonstrierten in den Straßen Berlins, in denen es immer wieder zu Schießereien kam. Flankiert wurde alles durch die Agitation der *Roten Fahne*. Darin wurde zur »Abrechnung« aufgerufen, zum Kampf, der »zerschmettern muss die blutbesudelten Ebert-Scheidemann«.[17]

In der Nacht zum 11. Januar 1919 rückten Regierungstruppen – es handelte sich vor allem um nosketreue Matrosen und Freiwilligeneinheiten aus Mehrheitssozialdemokraten – mit Mörsern und Flammenwerfern auf das Zeitungsviertel vor. Es kam dort und auch am Polizeipräsidium zu schweren Gefechten, bei denen 160 Menschen ihr Leben verloren. Bald herrschte wieder Ruhe in Berlin, hatten doch die Revolutionsmilizen den kampferprobten, gut ausgerüsteten Einheiten nur wenig entgegenzusetzen. Die Aufständischen waren auseinandergelaufen, ihre Anführer Liebknecht und Luxemburg untergetaucht. In seiner Proklamation an das deutsche Volk bezeichnete sie Ebert als »irregeleitet[e] Fanatiker«, die »sich mit dunklen Elementen der Großstadt« verbunden hätten, »um mit der Hilfe einer fremden Macht die Gewalt an sich zu reißen«. Dass die erwähnte »fremde Macht« das bolschewistische Russland war, daran ließ der Verfasser des Aufrufs keinen Zweifel, wenn es in der im *Vorwärts* veröffentlichten Proklamation weiter hieß: »Bolschewismus ist der Tod des Friedens, Tod der Freiheit, Tod des Sozialismus, der nur in aufbauender Arbeit sein Werk, die Befreiung des schaffenden Volkes aus Fesseln wirtschaftlicher Ausbeutung vollenden kann.«[18]

Am 15. Januar 1919 wurde Rosa Luxemburg zusammen mit Karl Liebknecht von Angehörigen der Garde-Kavallerie-Schützen-Division aufgegriffen, misshandelt und durch einen aufgesetzten Kopfschuss hingerichtet. Sie sei »von einer aufgebrachten Menschenmenge getötet« worden, lautete die offizielle Version, bei der man noch hinzufügte, dass ihre Leiche von der »Menschenmenge« entwendet worden sei.[19] Tatsächlich hatte man sie aber in den Landwehrkanal geworfen, aus dem sie erst Monate später geborgen wurde. Liebknecht wurde ebenfalls von den Freikorps-Männern im Berliner Tiergarten erschossen. Die beiden seien »Opfer des blutigen Terrors«, den sie, »von einer Wahnidee vorwärts gepeitscht, selber ins Land gerufen hatten«, hieß es im *Vorwärts*.[20]

Doch solches und das Bedauern Scheidemanns, der sich ganz ähnlich äußerte, die Tat aber verurteilte, änderten nichts daran, dass Liebknecht und Luxemburg zu Märtyrern wurden. Denn die Bluttat zog eine Welle der Empörung nach sich, die bis ins Bürgertum reichte. Hunderttausend Menschen folgten dann am 25. Januar 1919 dem Sarg Liebknechts, den man mit 30 weiteren Toten des Spartakusaufstandes auf dem Berlin-Friedrichsfelder Friedhof zu Grabe trug. Zur beeindruckend inszenierten Massendemonstration von KPD und USPD – es war der Anfang einer großen Verklärung – gehörte auch ein leerer, symbolisch mitgeführter Sarg. Es war der für Rosa Luxemburg.

Der Tod der beiden KPD-Führer hatte die letzten Bande zwischen den verschiedenen Strömungen der Linken unwiderruflich zerschnitten. Hass bestimmte fortan das Verhältnis der Radikalen zur Mehrheitssozialdemokratie. Letzterer warfen die späteren Antifaschisten in Ost und West vor, sie habe durch das Zusammengehen mit dem Militär den Weg für Hitlers Nationalsozialismus geebnet. Der von den deutschen Feuilletons gefeierte Publizist Sebastian Haffner verbreitete in den 1960er Jahren diese sich bis in die heutige Geschichtsschreibung fortsetzende Deutung. Er schrieb in seinem Bestseller *Anmerkungen zu Hitler*,[21] dass es weniger die linken Revolutionäre gewesen seien, die die Republik demontiert hätten, als die Führung der MSPD. Ebert, Scheidemann und Noske hätten die Revolution niedergeschlagen, sich eine erbitterte Daueropposition auf der Linken und eine noch gefährlichere auf der Rechten geschaffen, die das zarte Pflänzchen der Weimarer Demokratie letztlich zertreten und in die Katastrophe geführt habe. In seinem Buch *1918/1919. Eine deutsche Revolution* machte Haffner einige Jahre zuvor sogar einen »Verrat der Sozialdemokratie an ihrer eigenen Revolution« aus. Es sei eine Legende, dass die Revolution letztendlich eine bolschewistische gewesen sei und »dass die SPD Deutschland vor dem ›bolschewistischen Chaos‹ gerettet hat«,[22] meinte Haffner in Anlehnung an den marxistischen Historiker Arthur Rosenberg.[23]

Solch verzerrte, ideologisierte Deutung der Ereignisse, die in der Bundesrepublik ganz im Geiste der 1968er-Bewegung und deren Öffnung gegenüber dem Kommunismus stand und aus den Führern der MSPD faschistoide Kleinbürger machte, verkennt nicht nur, dass es die radikale Linke gewesen war, die den demokratischen Konsens aufgekündigt hatte, sondern dass der Bolschewismus und das hinter diesem stehende Russland in Deutschland nach dem Ersten Weltkrieg als allgegenwärtige, existenzielle Bedrohung angesehen wurde. Der in Berlin lebende russische Publizist Elias Hurwicz analysierte damals, es überwiege in Deutschland das Gefühl, der Bolschewismus sei ein »reißender Strom oder zumindest eine geistige Welle von übergroßer Ansteckungskraft oder doch endlich eine unabwendbare, eine neue Ära der Menschheit einleitende, sozialistische Reaktion auf den Weltkrieg, die, ob schnell oder langsam, aber jedenfalls sicher die ganze zivilisierte Welt überfluten wird«.[24] Namhafte deutsche Zeitgenossen Hurwicz', wie Thomas Mann, Harry Graf Kessler und Ernst Troeltsch, sahen dies nicht anders. Der Bolschewismus schien unaufhaltsam nach dem Herzen Europas zu greifen – Fakten, die noch in jüngeren Hitler-Biografien, wie der von Volker Ullrich,[25] nach wie vor ignoriert werden. Dass die Einflussmöglichkeiten Lenins gar nicht so groß waren und die Bedrohung 1919 vielleicht überschätzt wurde, mag die Erkenntnis späterer Historiker sein, nicht aber derer, die damals lebten.

Angesichts der »große[n] Drohung [...], die 1918 über Deutschland hing«, von der der renommierte Harvard-Politologe David Zieblatt spricht,[26] hatten die MSPD-Führer gar keine andere Möglichkeit, als den Schulterschluss mit dem Heer zu suchen, denn der Kampf gegen den Bolschewismus war nicht irgendein Kampf. Es war für sie ein Kampf um die Zukunft der Zivilisation. Die Angst weiter Teile der Bevölkerung vor dem Bolschewismus trug dann auch dazu bei, dass die viel geschmähten aufrechten Männer das darniederliegende Land auf dem Weg in die Demokratie weiter voranbrachten. Am 19. Januar 1919 konnte eine Nationalversammlung gewählt werden, die dann wegen der noch immer unsicheren Lage in Berlin im Weimarer Nationaltheater hinter dem Goethe-Schiller-Denkmal zusammentrat. Die Wahl war eine Sternstunde der Demokratie in Deutschland, handelte es sich doch um die erste freie und geheime Wahl, an der auch Frauen teilnehmen durften. Die sogenannte Weimarer Koalition aus MSPD, Zentrum und der neu gegründeten Deutschen Demokratischen Partei (DDP), die die Regierung stellen sollte, erreichte dabei 76,1 Prozent der abgegebenen Stimmen. 37,9 Prozent davon entfielen auf die MSPD. Die USPD kam auf 7,6 Prozent. Die Kräfte der Reaktion waren vernichtend geschlagen. Die Deutschnationale Volkspartei (DNVP) erhielt gerade einmal 10,3 Prozent, die Deutsche Volkspartei (DVP) 4,4 Prozent.

Die These jener, die Hitler und den Völkermord an den Juden in einer zwangsläufigen Kontinuität eines kaiserzeitlichen Imperialismus und Antisemitismus sehen wollen, wird damit zum bloßen Geschichtskonstrukt. Beim Blick in die Werke der Historiker, die die Deutungshoheit über die Geschichte des Nationalsozialismus haben, fällt auf, dass die erste freie und gleiche Wahl in Deutschland mit ihrem eindrucksvollen Ergebnis weitgehend ausgeklammert wird. Auf den 2000 Seiten von Ian Kershaws sozialgeschichtlicher Hitler-Biografie wird sie zum Beispiel mit keinem Wort erwähnt, passt doch die Tatsache, dass im Januar 1919 nichts, aber auch gar nichts auf einen Reichskanzler Hitler und damit auf einen Völkermord an den Juden hindeutete, nicht zu seiner These.

Das Ergebnis der Januarwahl des Jahres 1919 war vielmehr ein beeindruckendes Votum für eine demokratisch-republikanische und damit friedfertige Zukunft des Landes. Die Mehrheitssozialdemokratie beziehungsweise die Weimarer

Koalition unter der Führung Scheidemanns, des Reichsministerpräsidenten, wie der Kanzler zunächst hieß, erhielt dadurch – gestützt auf den Reichspräsidenten Ebert – die Legitimation der überwältigenden Mehrheit des deutschen Volkes für ihren politischen Kurs und damit für den Kampf gegen jene, die dem Bolschewismus in Deutschland zur Macht verhelfen wollten.

Dieser Kampf war nach der Niederschlagung des Spartakusaufstands alles andere als beendet. Denn in der von Moskau unterstützten KPD wirkte die Ermordung Liebknechts und Luxemburgs wie ein Fanal zur Ausweitung des Bürgerkriegs. Sie konnte zusammen mit Teilen der USPD überall im Reich Positionen ausbauen. Eine Streikwelle, entfacht von Arbeiter- und Soldatenräten, erfasste das Ruhrgebiet und weite Teile Deutschlands. Räterepubliken nach bolschewistischem Vorbild entstanden in Bremen, Mannheim und Braunschweig. Vielerorts kam es zu bewaffneten Auseinandersetzungen. Und auch in Berlin wurde in der ersten Märzhälfte wieder gekämpft und gestorben.

In München war die Lage zunächst ähnlich verworren wie in der Reichshauptstadt. Der Wittelsbacher König Ludwig III. hatte abgedankt, und Gemäßigte und Radikale griffen nach der Macht. Der Schwabinger Journalist und Fabrikantensohn Kurt Eisner machte schließlich das Rennen. Am 8. November 1918 wurde er in einer handstreichartigen Aktion bayerischer Ministerpräsident. Das Ziel des USPD-Politikers war es, den Freistaat Bayern, wie das Königreich jetzt hieß, mit einer »lebendigen aus den Räten erwachsenden Demokratie« zu regieren. Was immer Eisner darunter verstanden haben mag – eine »Diktaturmethode bolschewistischer Art« lehnte er ab.[27] Damit saß Eisner zwischen allen Stühlen, wurde er doch von den Mehrheitssozialdemokraten ebenso bekämpft wie von der radikalen Linken in und außerhalb seiner eigenen Partei. Verkompliziert wurde die Situation in Bayern zusätzlich durch separatistische Tendenzen.

Bei den Wahlen zum verfassunggebenden bayerischen Landtag im Januar 1919 erhielt Eisner die Quittung für seine wirklichkeitsfernen politischen Vorstellungen. Mit 2,5 Prozent der Stimmen war er regelrecht untergegangen. Die MSPD hatte sich behauptet (33 Prozent), und die Bayerische Volkspartei (BVP), wie das Pendant zum Zentrum im Freistaat hieß, wurde mit 35 Prozent stärkste Kraft. Die Deutsche Volkspartei (DVP) kam auf 14 Prozent und der Bayerische Bauernbund (BB) auf 9,1 Prozent, gefolgt von den Nationalliberalen und eben der USPD Eisners. Am 21. Februar 1919 wurde der abgewählte Ministerpräsident von einem nationalistischen Eiferer, dem Grafen von Arco auf Valley, auf dem Weg zur konstituierenden Sitzung des Landtages erschossen, was unter den außerparlamentarischen Revanchisten und völkischen Antisemiten, wie denen in der Thule-Gesellschaft, mit Genugtuung aufgenommen wurde. Als der jüdischstämmige Eisner wenige Tage darauf mit großem Pomp zu Grabe getragen wurde, erwies ihm auch Hitler die letzte Ehre. Erhalten gebliebene Filmaufnahmen zeigen ihn im Pulk der Trauerdelegation des 2. Bayerischen Infanterieregiments; auf einem Foto ist er an der Aussegnungshalle des Münchner Ostfriedhofs zu sehen.[28]

Hitler war Ende November 1918 aus Pasewalk nach München zurückgekehrt und schob Dienst in seinem Demobilisierungsbataillon in der bayerischen Hauptstadt (und für ein paar Wochen auch in Traunstein). Wenn er am Ostfriedhof mit dabei war, dann war dies nicht zuletzt seinem Umfeld geschuldet. Im soldatischen Milieu der Karl-Liebknecht-Kaserne, wo Hitler stationiert war, war man nämlich links. Die Männer der Münchner Garnison standen der Revolution und den sozialistischen Tendenzen aufgeschlossen gegenüber. Dies hatte nicht nur damit zu tun, dass man dem alten Regime die Schuld an der Niederlage gab; es hatte auch mit der Fronterfahrung zu tun. Draußen im Feld hatte es keine Klassenschranken gegeben. Von einem »Grabensozialismus« war später die Rede. Denn in der Abgeschlossenheit der Schützengräben spielte es keine Rolle mehr, wo der Einzelne herkam. Nur in der Gemeinschaft war das Überleben möglich gewesen.

Der Geschichtsphilosoph Oswald Spengler schrieb im Vorwort seines 1919 erschienenen Buches *Preußentum und Sozialismus,* pathetisch überhöht, dass der »echte Sozialismus [...] im letzten Ringen an der Front [stand], oder [...] in den Massengräbern von halb Europa« lag.[29] In einer für die bayerische Reichswehr bestimmten Schrift aus dem Jahr 1919 hieß es dann auch über die Truppe, in der Hitler Dienst tat, dass »eine Empfänglichkeit für radikale Ideen« bestehe und sich ein Misstrauen gegen die alte Ordnung, gegen das Althergebrachte breitgemacht habe.[30] Eisner hatte dem Althergebrachten in Bayern das Ende bereitet und war ungeachtet seiner Wahlniederlage vom Januar mit seinem Tode auch bei den einfachen Soldaten zu einer Art Übervater der Revolution geworden, dem man Respekt entgegenbrachte.

Hitler, der seine Teilnahme am Staatsbegräbnis Eisners im Nachhinein ungeschehen machen wollte, indem er später seine Rückkehr von Traunstein nach München ein paar Wochen nach hinten datierte, war zu diesem Zeitpunkt bereits kein bloßer Mitläufer mehr. Schon im Februar 1919 war er – wie aus einer Bataillonsanordnung hervorgeht – zum Vertrauensmann des Demobilisierungsbataillons des 2. Infanterieregiments gewählt worden. Wäre Hitler völkisch orientiert gewesen, wäre er wohl kaum auf den Posten gelangt, und er hätte auch nicht über die brennende Frage »Parlament oder Räte« vor den Kameraden gesprochen.[31] Es fehlt dann auch nicht an Hinweisen darauf, dass Hitler in dieser Zeit mit der MSPD sympathisierte. Die *Münchner Post* berichtete im Frühjahr 1923, als Hitler schon NSDAP-Chef war, dass er sogar im Dienst der MSPD gestanden habe.[32] »Der gleiche Hitler, der heute das Wort ›Novemberverbrecher‹ stündlich auf der Lippe trägt«, zitierte das Blatt den mehrheitssozialdemokratischen Vizepräsidenten des Bayerischen Landtags Erhard Auer, »galt seiner politischen Überzeugung nach in den Kreisen der Propagandaabteilung als Mehrheitssozialdemokrat und gab sich auch als solcher aus, wie so viele war er aber nie politisch oder gewerkschaftlich organisiert.«[33]

Auch andere berichteten, dass Hitler damals Sozialdemokrat gewesen sei. Zu ihnen gehörte der linke Intellektuelle Ernst Toller, der später am Zustandekommen der ersten bayerischen Räterepublik beteiligt war. Aber auch der Sozialdemokrat Konrad Heiden, der als Journalist in den Jahren nach dem Ersten Weltkrieg die politische Szene Münchens beobachtete und nach Hitlers Machtübernahme das erste kritische Buch über den deutschen Diktator schreiben sollte. Er berichtete, dass Hitler gegenüber seinen Kameraden für die mehrheitssozialdemokratische Regierung eingetreten sei.[34] Dies war nichts Besonderes, vertrat doch die Partei würdig die Sache des Heeres, eines Heeres, mit dessen Führung sie kooperierte. Man kannte in der Truppe die Reden des Reichspräsidenten Ebert, wie er sie bei der Heimkehr der Berliner Truppen und anderswo gehalten hatte. Und man wusste darum, dass die Reichsregierung Anfang März dem zurückkehrenden »Löwen von Afrika«, General Paul von Lettow-Vorbeck, und seinen Soldaten in Berlin einen triumphalen Empfang bereitete und Noske diesem sogleich neue Aufgaben zuwies. So etwas musste bei den Frontkämpfern ankommen, besonders bei entwurzelten wie Hitler, denen das Heer zur Heimat geworden war und die alles taten, dass dies wenigstens noch eine Zeit lang so bleiben würde.

Sepp Dietrich, der spätere Kommandeur der »Leibstandarte Adolf Hitler«, meinte dann auch einmal in der Rückschau auf diese Zeit, dass die Nationalsozialisten alle einmal Sozialdemokraten gewesen seien.[35] Dietrich fungierte als gewählter Vertreter eines Soldatenrates. Hermann Esser, einer der ganz frühen Gefolgsleute Hitlers, hatte als Journalist für ein sozialdemokratisches Blatt gearbeitet. Als er – inzwischen

Nationalsozialist – wegen seiner politischen Vergangenheit attackiert wurde, soll sich Hitler mit der Bemerkung hinter ihn gestellt haben: »Jeder war einmal Sozialdemokrat.«[36] Und in seinen Tischgesprächen im engsten, vertrauten Kreis soll der »Führer und Reichskanzler« mehrmals über die Sozialdemokratie anerkennend doziert haben. So lobte er sie dafür, dass sie die Hohenzollernmonarchie, »dieses Geschmeiß«, »beseitigt« habe. Und er sprach davon, dass der Sozialdemokratie »nur der Führer gefehlt habe«.[37]

Wer es wie der Regierungssoldat Adolf Hitler im Februar/März 1919 mit der Sozialdemokratie hielt, der musste auch der Entwicklung in Bayern aufgeschlossen gegenüberstehen, die nach der Ermordung Eisners Platz gegriffen hatte. Dessen Märtyrertod, der den politisch Gescheiterten zu einem Heiligen erhob, schien vorübergehend alle politischen Gegensätze zu überbrücken und die Vision einer starken, geschlossen agierenden Linken in den Bereich des Möglichen zu rücken. Die MSPD, die mit der BVP über die Bildung einer Regierung verhandelte, die USPD und sogar die KPD, die bei den Wahlen in Bayern wie bei denen im Reich nicht angetreten war, fanden jetzt unter Führung des USPD-Politikers Ernst Niekisch in einem Zentralrat der Baierischen Republik zusammen. Wie sich aber bald herausstellte, mündete am Ende doch alles wieder in die entscheidende Frage: Soll Bayern Räterepublik oder parlamentarische Demokratie werden? Eine Verständigung kam nicht zustande. Mitte März 1919 wurde dann der Mehrheitssozialdemokrat Johannes Hoffmann zum Ministerpräsidenten gewählt.

Wie weit der fast 30 Jahre alte Gefreite Hitler von den völkischen Antisemiten noch entfernt war, zeigte einmal mehr sein Verhalten, als die bayerische Regierung von den Radikalen davongejagt wurde. Dem vorausgegangen war am 21. März 1919 die Nachricht aus Ungarn, dass der von Lenin entsandte Bolschewist Béla Kun (Kohn) zusammen mit Mátyás Rákosi (Rosenfeld) dort die »Diktatur des Proletariats« ausgerufen hatte. Die Revolution schien sich unter dem Kommando der gerade in Moskau gegründeten Kommunistischen Internationale (Komintern) nunmehr von Russland ausgehend unaufhaltsam ihren Weg nach Westen zu bahnen. In München brachen jetzt alle Dämme. Eine um die jüdischstämmigen Literaten Ernst Toller, Erich Mühsam und Gustav Landauer zusammengewürfelte Truppe von schwärmerisch-idealistischen Anarchorevolutionären übernahm die Macht. Sie bildeten mit anderen – ohne die auf ihre Chance lauernde KPD – einen provisorischen zwölfköpfigen »Rat der Volksbeauftragten«. Unter dem Motto »Deutschland kommt nach« wurde in der Nacht zum 7. April 1919 die »Baierische Räterepublik« ausgerufen.

Was nun passierte, war ein bizarres Schauspiel: Mit einer Vielzahl von Dekreten wurde der gesellschaftliche Umbruch verfügt; Enteignungen und Verstaatlichungen wurden vorbereitet, das juristische Denken für abgeschafft erklärt und die Münchner Universität zur Volkshochschule umfunktioniert. Den Zeitungen wurde befohlen, auf ihren Titelseiten Gedichte von Hölderlin und Schiller abzudrucken, neben den neuesten Urteilssprüchen der nach dem Vorbild der Französischen Revolution eingerichteten Tribunale. Den Vogel schoss der für Außenpolitik zuständige Räterevolutionär Franz Lipp ab. Als erste Amtshandlung brach er die diplomatischen Beziehungen zu Preußen ab. Doch damit nicht genug: Der Revolutionär erklärte der Schweiz und Württemberg den Krieg, nachdem sich diese geweigert hatten, dem jetzt roten Freistaat Lokomotiven zur Verfügung zu stellen. Lipp wurde schließlich von Toller seines Amtes enthoben und seine Kriegserklärungen zurückgenommen.

Möglich geworden war all das, weil es den bayerischen Revolutionären mit ihrem schwärmerisch-verklärten Blick auf das bolschewistische Russland gelungen war, die Soldatenräte der Münchner Garnison in ihr Lager herüberzuziehen. Da man so gut wie keinen Rückhalt in der Bevölkerung hatte, brauchte man die Macht der Bajonette. Die sie trugen, wurden jetzt zum Stamm einer »Roten Armee« erklärt, die die Räterepublik verteidigen sollte. Der Vertrauensmann Hitler stand den revolutionären Literaten, die zumeist jüdischer Herkunft waren, offenbar aufgeschlossen gegenüber. Und er blieb auch dann noch auf der Seite der Revolution oder verhielt sich zumindest indifferent, als es am 13. April 1919 zu Gefechten zwischen den »Roten« und Verbänden der ins oberfränkische Bamberg ausgewichenen regulären Regierung Hoffmann kam, die für Letztere mit einem Debakel endeten.

Nun war die Stunde der hart gesottenen, ganz nach Moskau orientierten Kommunisten gekommen. Victor Klemperer, der jüdische Literaturwissenschaftler, konstatierte, dass die »Handvoll landfremder Abenteurer, die sich untereinander befehden, und deren Schwärmer- und Bohémiennaturen mit Notwendigkeit von Stunde zu Stunde robusten Verbrechergestalten weichen müssen«.[38] Aus dem provisorischen »Rat der Volksbeauftragten« wurde nun der »Baierische Sowjet«. Diesen führte ein vierköpfiger Vollzugsrat, dem die von der Moskauer Komintern beziehungsweise der KPD geschulten Politfunktionäre Max Levien, Towia Axelrod, Eugen Leviné und Arnold Wadler angehörten, die mit Ausnahme des Ersten jüdischer Abstammung waren. Sie riefen nun die »Diktatur des Proletariats« aus, mit der die weltrevolutionäre Zeit anbrechen sollte. Der Publizist David Eliasberg, ein Zeitzeuge, schrieb über die zweite Baierische Räterepublik: »Es erscheint unnötig, das russische Gepräge der Münchner Räteherrschaft zu betonen. Die Einwohner der Stadt München vollführten unter russischer Regie das russische Schauspiel nach bekannten Mustern. Die gelenkten Gliederpuppen wirkten stilvoll: Das Proletariat war ›in revolutionärem Feuer entbrannt‹, Adel und Bürgerschaft ›gegenrevolutionär‹, die Mehrheitssozialdemokratie ›irregeleitet‹ [...].«[39]

Wie sehr Eliasberg recht hatte, zeigen die Depeschen zwischen dem Kreml und den kommunistischen Räterevolutionären in der bayerischen Hauptstadt: Grigori Sinowjew, der Chef der Komintern, stellte zufrieden fest, dass nunmehr drei Sowjetrepubliken existierten: Russland, Ungarn und Bayern. Wohl im Wissen, dass auch in Augsburg, Würzburg, Rosenheim und andernorts Räterepubliken proklamiert worden waren, fügte er noch hinzu: »In einem Jahr wird ganz Europa kommunistisch sein.«[40] Und der große Lenin sandte eine Grußbotschaft nach München, in der er bat, »möglichst konkret mitzuteilen, welche Maßnahmen Sie zum Kampfe gegen die bürgerlichen Henker Scheidemann und Co. durchgeführt haben«.[41]

Da der »Baierische Sowjet« mit einer Militärintervention des Reiches rechnete, sollte die Münchner Garnison wieder einmal auf die neuen Machthaber – diesmal auf die moskautreuen – eingeschworen werden. Am 15. April 1919 wurden unter der Leitung des Oberbefehlshabers der »Roten Armee« Rudolf Egelhofer – eines zum Tode verurteilten und begnadigten Marinedeserteurs – die Kasernenräte neu bestimmt, um antirevolutionäre Kräfte auszusondern. Dabei wurde Hitler – wohl ohne sein besonderes Zutun – wegen seiner Eloquenz und seines Eisernen Kreuzes Erster Klasse, das den Kameraden Respekt abnötigte, zum Ersatzbataillonsrat der zweiten Kompanie des Demobilisierungsbataillons des in die »Rote Armee« integrierten 2. Bayerischen Infanterieregiments gewählt. Es ist kaum vorstellbar, aber schwarz auf weiß belegt:[42] Der Mann, der bald darauf für sich die »eherne Gewissheit« beanspruchte, der Bolschewismus sei das »teuflischste Instrument« des »internationalen Judentums«, war damit zumindest nominell Funktionär im Räderwerk der kommunistischen Weltrevolution! Wie passt das zusammen mit dem von der Forschung immer noch strapazierten Bild des frühen Judenhassers?[43]

Die zweite Baierische Räterepublik, die den bolschewistischen Terror nach München gebracht hatte, überdauerte keine 14 Tage. Denn auf die Hauptstadt des Freistaates rückten Ende April die durch Freikorps verstärkten Truppen der Reichsregierung vor – 30 000 Soldaten mit schwerer Artillerie, unterstützt von einer Fliegerstaffel und zwei Panzerzügen. Die MSPD-Führung zeigte sich endgültig entschlossen, dem bolschewistischen Spuk ein Ende zu bereiten, nachdem am 30. April auf dem Gelände des Münchner Luitpold-Gymnasiums zehn Geiseln erschossen worden waren. Die Verteidiger hatten den Truppen Noskes, der im Zusammenhang mit den Ereignissen in der bayerischen Hauptstadt von einem »Karneval des Wahnsinns« gesprochen hatte,[44] nur wenig entgegenzusetzen, sofern sie überhaupt Widerstand leisteten. Bereits am 2. Mai war alles vorüber. Annähernd 600 Tote, die meisten davon Zivilisten, waren zu beklagen, denn besonders die Freikorps-Männer gingen mit gnadenloser Härte gegen die »Russen« vor. Hitler, als Weltkriegskämpfer in Überlebensfragen geschult, hatte sich in der Karl-Liebknecht-Kaserne verkrochen, bis alles vorüber war.

Der aus Berliner Sicht gefährlichste Brandherd im Reich war mit dem Einmarsch der von der Bevölkerung begeistert empfangenen Regierungstruppen in München gelöscht. Die von Moskau unterstützte Revolution in Deutschland war damit ein Stück weit in die Defensive gedrängt. Die Demokratie befand sich auf dem Vormarsch. An ihrer Verfassung wurde gearbeitet. Und was die Friedenskonferenz anbelangte, die schon seit Januar ohne die Verlierernationen tagte, so gab man sich trotz manch besorgniserregender Nachricht von dort eher zweckoptimistisch. Den Waffenstillstand von Compiègne mit seinen harschen Forderungen betrachtete die Scheidemann-Regierung als vertrauensbildende Vorleistung gegenüber der Entente. Hinzu kam der Bürgerkrieg im eigenen Land, von dem man annahm, er werde die Sieger des Weltkrieges mäßigen, denn ein bolschewistisches Deutschland wollte dort niemand. Aus diesen Gründen hofften die Mehrheitssozialdemokraten auf eine einigermaßen gerechte Behandlung. Entsprechend appellierte die Reichsregierung dann auch an die Alliierten, den europäischen Frieden auf der Basis eines gerechten Interessenausgleichs und auf der Grundlage der Wilson'schen Forderungen auszuhandeln. Besonders auf dem amerikanischen Präsidenten ruhten die Hoffnungen der Deutschen.

Wenn die Mehrheitssozialdemokraten mit einem gewissen Selbstvertrauen vorgingen, dann aus dem Bewusstsein heraus, die für den Krieg Mitverantwortlichen davongejagt zu haben und für das Neue, für die demokratische Republik, zu stehen, die sie gegen die Herausforderung von ganz links so konsequent verteidigt hatten. Und als Vertreter eines demokratischen Deutschlands waren sie von dem ehrlichen Willen getragen, dass sich eine Katastrophe wie der Erste Weltkrieg nie mehr wiederholen dürfe. Scheidemann hatte im Verlaufe einer Regierungserklärung gesagt: »Der Frieden, den abzuschließen die schwere Aufgabe dieser Regierung ist, soll kein Frieden werden von jener Art, wie ihn die Geschichte kennt, keine mit neuen Kriegsvorbereitungen ausgefüllte Ermattungspause eines ewigen Kriegszustandes der Völker, sondern er soll das harmonische Zusammenleben aller zivilisierten Völker begründen auf dem Boden einer Weltverfassung, die allen gleiche Rechte verleiht.«[45]

Solches mag aus der Perspektive von damals etwas naiv geklungen haben, und es mögen auch taktische Erwägungen eine Rolle gespielt haben, doch die Worte Scheidemanns waren ihrer Zeit weit voraus. Wären diese weitgespannten Hoffnungen, ja Illusionen Wirklichkeit geworden, wäre die Weimarer Koalition aus MSPD, Zentrum und DDP sicherlich die integrierende starke Mitte geblieben. Der Revolution der Radikalen wäre ungleich schneller das Ende bereitet worden. Und eine Nationalsozialistische Deutsche Arbeiterpartei, wie sie Hitler aus der Deutschen Arbeiterpartei formte, hätte es wahrscheinlich auch nicht gegeben. Denn der namenlose Gefreite des Weltkrieges hätte wohl weiterhin der Sozialdemokratie nahegestanden.

Deren Führer waren keine Intellektuellen. Sie waren vor allem Pragmatiker, gleichwohl hatten auch sie Visionen von einer friedfertigen Zukunft der Völker Europas. Und sie waren ehrliche Makler, die Deutschland auf einen guten Weg führten. Gleichwohl fristen Scheidemann, Ebert und Noske in der Erinnerungskultur der heutigen Sozialdemokratie ein Schattendasein. Ein Teil der Genossen gibt ihnen die Schuld an der Spaltung der Linken und der »unvollendeten Revolution« und damit an einer vergebenen Chance – einer Chance, die es jedoch nie gegeben hatte. Vor nunmehr gut 100 Jahren gab es nur das Entweder-oder: die parlamentarische Demokratie oder die Räterepublik mit der kommunistischen Überregierung in Moskau – Hugo Preuß, der im Auftrag Eberts die Weimarer Reichsverfassung entwarf, brachte es auf die Formel: »Lenin oder Wilson«.[46] Umso geschichtsloser ist es, dass innerhalb der heutigen Sozialdemokratie Rosa Luxemburg und Karl Liebknecht, also jene linksradikalen Führer verehrt werden, die 1918/19 einem totalitären System das Wort redeten, den Terror säten und auch auf Mehrheitssozialdemokraten schießen ließen. Dabei gäbe es allen Grund, auf Ebert, Scheidemann und Co. stolz zu sein.

3 Der Versailler Diktatfrieden

Ebnete das Vertragswerk Hitler den Weg?

Der Versailler Friedensvertrag von 1919 ist von einer enormen Bedeutung, ordneten doch die Siegermächte des Ersten Weltkriegs Europa und den Nahen Osten neu.[1] Dabei wurden Reiche zerschlagen, Grenzen verschoben und auch neue Staatsgebilde geschaffen. Dies geschah recht willkürlich. Die Folgen waren mitunter verheerend und wirkten über das gesamte 20. Jahrhundert hinweg. Doch war auch das Dritte Reich eine Konsequenz von Versailles? Die Deutungen sind mitunter diametral entgegengesetzt. Für Kershaw zum Beispiel ist Versailles in diesem Kontext offenbar irrelevant, klammert er es doch auf den 2000 Seiten seiner Hitler-Biografie aus. Der bekannte amerikanische Historiker George F. Kennan, der im Zusammenhang mit dem Ersten Weltkrieg das Wort von der »Urkatastrophe des 20. Jahrhunderts« prägte,[2] urteilt hingegen, die »Rachsucht der britischen und französischen Friedensbedingungen« habe dem Nationalsozialismus und einem weiteren Krieg den Boden bereitet.[3]

Auf den ersten Blick mag das so gewesen sein, als vor mehr als 100 Jahren, Anfang Mai 1919, in den Pariser Vorstädten die Siegermächte des Ersten Weltkriegs mit härtesten Vertragsbedingungen für die Verlierer aufwarteten, in Versailles für Deutschland, in St. Germain für Österreich und in Trianon für Ungarn. In Neuilly-sur-Seine und Sèvres wurde über die Zukunft Bulgariens und der Türkei entschieden. Überall traf das Diktierte auf erschütterte, darniederliegende Länder. Nicht nur in Deutschland herrschten Bürgerkrieg und erbärmliche wirtschaftliche Verhältnisse. Dazu beigetragen hatte vor allem auch die alliierte Seeblockade, die beibehalten wurde. Entsprechend war die Stimmung im Lande, in dem die Menschen soeben noch hin- und hergerissen waren zwischen der Hoffnung auf eine baldige Verbesserung ihrer Lebensumstände durch den Friedensvertrag und der Furcht vor dem Ende ihrer Welt.

Düstere Bilder kündeten von einer kalten, entmenschlichten Zukunft, wie sie Oswald Spengler in seinem 1919 erschienenen ersten Band seiner die Epochen vergleichenden Geschichtsbetrachtung beschrieb. Die Blütezeit der europäischen »Kultur« weiche unweigerlich der vom bloßen Materialismus dominierten »Zivilisation«. Die zur gleichförmigen Masse herabgesunkene, in »Kasernenstädten« vegetierende Menschheit werde jedem Führer zu Willen sein, sofern dieser ihr Brot und Spiele verspreche, prophezeite Spengler in seinem vor und während des Ersten Weltkriegs geschriebenen pessimistischen Abgesang auf die bessere Welt, dessen Titel *Der Untergang des Abendlandes*[4] bei Erscheinen des Buches durch die deutsche Wirklichkeit einen tieferen Sinn erhielt.

In Russland, wo seit 1917 der Bürgerkrieg tobte, war das Abendland bereits untergegangen. Im Frühjahr 1919 verdichteten sich die Nachrichten von dort zu einem Schreckbild. Sie machten dem europäischen Bürgertum – besonders aber dem in den Ländern der Kriegsverlierer – unmissverständlich klar, dass es »die alten Grundsätze von Humanität, welche die Bourgeoisie erfunden hat«, nicht mehr gebe und »auch nicht geben« könne, wie es in einem bolschewistischen Credo jener Zeit hieß.[5] Die Ausrottung ganzer gesellschaftlicher Schichten, die die Revolutionsführer per Federstrich verfügten, wurde zur unabdingbaren Pflicht erhoben und unterlegt mit einer Ethik des Mordens. Hunderttausende, ja Millionen wurden so von Roter Armee und Tscheka, dem Geheimdienst der Bolschewisten, abgeschlachtet: die aristokratisch-bürgerlichen Eliten des Zarenreiches, der Klerus und bald auch die von der Moskauer Zentralmacht wegstrebenden Nationalitäten – alles um eines »neuen Menschen« und der »Erlösung der Menschheit« willen. Der Weltkrieg mit seiner Massenvernichtung, wie sie die moderne Technik ermöglicht hatte, mit seiner Verrohung und der damit einhergehenden Enthemmung beim Töten hatte sicherlich dazu beigetragen, dass die letzten Tabus in Russland gefallen waren und Entwicklungen ihren Lauf nehmen konnten, zu denen es in der Geschichte keine Analogie gegeben hatte.

Dass der Bolschewismus mit seinem weltrevolutionären Anspruch angesichts des Bürgerkrieges vollends nach Deutschland herüberschwappen würde, befürchteten nicht wenige. Auf den Titelseiten deutscher Zeitschriften wurde dieser als monströser Krake abgebildet, dessen Fangarme das bürgerliche Europa verschlingen.[6] Auf den Innenseiten waren dramatische Appelle zu lesen, wie der des russischen Dichters Leonid Andrejew. Im *Vorwärts* wandte sich dieser Anfang Mai 1919 warnend an die »Menschheit Europas«. Alles, was soeben in Deutschland begonnen habe, fortdauern werde »und von dort weiterziehen wird, alles das ist – keine Revolution, es ist das Chaos und Finsternis, die der Krieg aus dunklen Höhlen heraufbeschworen hat und die der Welt den Krieg erklärt haben, um sie zu vernichten«, schrieb Andrejew.[7]

In dieser Gemengelage wirkte Versailles wie eine letzte große Erschütterung, die die bürgerliche deutsche Welt endgültig niederstrecken würde. Denn das, was Reichsaußenminister Ulrich von Brockdorff-Rantzau am 7. Mai 1919 aus Versailles nach Berlin kabelte, war dazu bestimmt, Deutschland für viele Jahre niederzuhalten, es schutzlos der Bedrohung aus dem Osten auszusetzen, wie viele glaubten. Beherrscht war das Diktat von überbordendem Hass und einem

Geist der Abrechnung. Der Nationalökonom John Maynard Keynes, ein Mitglied der britischen Delegation in Versailles, schrieb dazu: »Alle Gedanken [...] waren auf Rache und auf Abwälzung unerträglicher Finanzlasten von den Schultern der Sieger auf die der Besiegten gerichtet.«[8] Zu groß waren die Vernichtungsdimensionen des ersten industrialisierten Krieges gewesen, zu groß die Menschenopfer und die Verwüstungen in Belgien und vor allem in Frankreich, als dass die Vertreter der Entente die Kraft gehabt hätten, Rachegedanken zurückzustellen und Europa eine tragfähige Friedensordnung zu geben.

Eine Mentalität der Abrechnung hatte bereits den bisherigen Rahmen und Ablauf der Pariser Konferenz bestimmt, denn die Besiegten waren von den Verhandlungen ausgeschlossen. Lediglich zur Verkündigung der Friedensbedingungen wurden sie herbeizitiert, mussten das Schloss durch einen Seiteneingang betreten. Ein polnischer Beobachter beschrieb das Erscheinen der deutschen Delegation unter von Brockdorff-Rantzau im Spiegelsaal von Versailles. »Sie wurden wie Angeklagte vor ein Tribunal hereingeführt«, erinnerte er sich und fügte noch hinzu, dass der deutsche Außenminister gezittert habe und sich kaum auf den Beinen habe halten können.[9] Es war die maximale Demütigung, dort die Friedensbedingungen entgegennehmen zu müssen, wo ein halbes Jahrhundert zuvor als Demütigung des besiegten Frankreichs das deutsche Kaiserreich proklamiert worden war.

Was der Delegation aus Berlin vorgesetzt wurde, hatte nichts mehr mit den Prinzipien eines Woodrow Wilson zu tun. Und es hatte auch nur sehr bedingt mit den Vorstellungen des britischen Premierministers Lloyd George zu tun, der Deutschland im Zuge der Londoner Gleichgewichtsdoktrin als wirtschaftlichen und politischen Faktor im Spiel der kontinentaleuropäischen Kräfte halbwegs erhalten wissen wollte. Beide hatten sich am Ende weitgehend den Vorstellungen des französischen Ministerpräsidenten Georges Clemenceau gebeugt. Dieser sah einen weiteren Waffengang gegen die Deutschen als unvermeidbar an. Deshalb kam es für den Franzosen darauf an, den »Erbfeind« durch die Friedensbedingungen so nachhaltig wie möglich zu schwächen.

Eines der besonders hervorstechenden Ergebnisse der Versailler Friedenskonferenz, oder besser: des Versailler Diktats, war es, dass Selbstbestimmungsrecht und Nationalitätenprinzip, auf die der amerikanische Präsident einen besonderen Wert gelegt wissen wollte, nicht mehr für die Kriegsverlierer gelten sollten. So wurde eine Vereinigung des Deutschen Reichs mit Deutsch-Österreich untersagt, wie sie die frei gewählten sozialdemokratisch geführten Regierungen in Berlin und Wien mehrheitlich angestrebt hatten. Außerdem mussten die beiden Kriegsverlierer eine Reihe fast ausschließlich deutschsprachiger Gebiete abtreten, ein Sachverhalt, vor dem Lloyd George gewarnt hatte, könne er sich doch »keinen stärkeren Grund für einen künftigen Krieg denken«.[10] So kam Südtirol zu Italien, das Sudetenland sowie das Hultschiner Ländchen zur neu entstandenen Tschechoslowakei, das Memelland zu Litauen, und Danzig wurde Freie Stadt unter Kontrolle des Völkerbunds. Nicht ausschließlich von Deutschen besiedelte Reichsgebiete wie Posen, Westpreußen und später auch Teile Oberschlesiens gingen an das wiedererstandene Polen, Eupen-Malmedy an Belgien, Nordschleswig an Dänemark. Hinzu kamen Gebiete, wie etwa das Saarland, deren Staatszugehörigkeit durch Volksabstimmungen entschieden werden sollte. Am Ende ging ein Siebtel des Reichsgebietes verloren, auf dessen Fläche sich wichtige Schlüsselindustrien befanden und sechseinhalb Millionen Menschen lebten.

Doch damit nicht genug. Die Vertragsbedingungen sahen vor, Deutschland, das auch sämtliche Kolonien abzutreten hatte, militärisch zu einer Quantité négligeable zu machen. Das Heer, der einstige Stolz der Nation, sollte hierzu auf 100 000 Mann, die Marine auf 15 000 Mann abgebaut werden.

Die Kriegsflotte, das Lieblingskind des Kaisers, war größtenteils abzuliefern. In der Bucht von Scapa Flow, wohin sie nach dem Waffenstillstand geleitet worden war, organisierte Admiral Ludwig von Reuter dann im Juni 1919 deren Selbstversenkung. 74 Kriegsschiffe gingen im Zuge der spektakulären Aktion auf Grund, worauf die Entente die Ablieferung fast der gesamten deutschen Handelsflotte verlangte. Ergänzend zu alldem sah der Vertrag von Versailles die Entmilitarisierung der linksrheinischen Gebiete und eines 50 Kilometer breiten Streifens rechts des Rheins vor, samt der Schleifung der dortigen Festungen sowie der Auflösung sämtlicher Garnisonen.

Darüber hinaus war in dem monströsen Vertragswerk mit seinen 440 Artikeln, in dem selbst der Umfang der Polizeikräfte der Reichsländer festgeschrieben war, die Lieferung von 60 Prozent der deutschen Kohleförderung für einen Zeitraum von zehn Jahren an die Entente-Mächte verankert worden. Ferner sollten fast alle modernen Lokomotiven, Hunderttausende Eisenbahnwaggons, jedes zweite Binnenschiff, mehr als die Hälfte des Milchviehbestands sowie ein Viertel der Erzeugung an chemischen und pharmazeutischen Produkten abgegeben werden – pharmazeutische Produkte, für die die deutschen Unternehmen die Lizenzen verloren. Obwohl die verlangten Gebietsabtretungen allein bereits zu einem Verlust von 50 Prozent der Eisenerzversorgung, 25 Prozent der Steinkohleförderung, 17 Prozent der Kartoffel- und 13 Prozent der Weizenernte führten, wollten es die Sieger damit noch nicht bewenden lassen.

Deutschland sollte vor allem auch finanzielle Wiedergutmachung leisten. Auf deren Größenordnung hatten sich die Siegermächte noch nicht geeinigt. Doch das war bedeutungslos, denn die Besiegten mussten ohnehin jegliche Entschädigungssumme im Voraus akzeptieren. Denn gegen alle historische Wirklichkeit verfügte Artikel 231, »dass Deutschland und seine Verbündeten als Urheber für alle Verluste und

Schäden verantwortlich sind, die die alliierten und assoziierten Regierungen und ihre Staatsangehörigen infolge des ihnen durch den Angriff Deutschlands und seiner Verbündeten aufgezwungenen Krieges erlitten haben«.[11] Die alleinige Schuld einer Nation an einem Krieg zu bestimmen und diese damit einhergehend weltweit als »Barbarenvolk« zu ächten war ein Novum in der Geschichte. Das galt auch für die Forderung, den Kaiser als Obersten Kriegsherrn und fast 900 seiner Getreuen auszuliefern, um sie von einem alliierten Tribunal aburteilen zu lassen. Was die fast 900 Getreuen anging, so saß die Reichsregierung die Angelegenheit aus. Was den Kaiser in seinem Doorner Exil betraf, verweigerten sich die im Weltkrieg neutral gebliebenen Niederlande hartnäckig dem massiv vorgetragenen Auslieferungsersuchen der Entente.

Dort gab es nicht wenige, die angesichts der maßlosen Versailler Vertragsbedingungen ihre Stimme erhoben. Keynes konstatierte eine »Politik der Versklavung Deutschlands für ein Menschenalter, die Erniedrigung von Millionen lebender Menschen und die Beraubung eines ganzen Volkes«.[12] Die weitsichtigen unter den Konferenzteilnehmern warnten vor einem neuen Waffengang, wie der Ministerpräsident der Südafrikanischen Union, Jan C. Smuts, der der Delegation des britischen Empires angehörte. Er schrieb an Wilson: »Dieser Friede könnte [...] ein noch größeres Unheil für die Welt bedeuten, als es der Krieg war.«[13] Und der italienische Ministerpräsident Francesco Nitti, der in Versailles als Vertreter der Siegernationen mit unterschrieben hatte, sah zwei Jahre später den Vertrag als »ein Mittel zur Fortsetzung des Krieges«.[14]

Versailles wirkte wie ein Schock auf die Deutschen. All die Hoffnungen auf das Licht am Ende des Tunnels, also auf eine bessere, friedfertige Zukunft, auf ein Ende der Seeblockade und des Hungers, mündeten in schiere Verzweiflung. Noch schlimmer war die Demütigung der Nation, die aus Kriegen entstanden war und für die das Militärische zum Selbstverständnis dazugehörte. Sie glaubte, einen gerechten Krieg geführt zu haben. Mit dem Kriegsschuldartikel wurde ihr das abgesprochen. Deutschland wurde damit zum bösartigen Aggressor gemacht. Besonders für die Frontsoldaten war dies unerträglich und verlangte nach Revision.

Die gedemütigte, darniederliegende Nation war sich einig, dass dieser Vertrag niemals akzeptiert werden könne und auch nicht akzeptiert werden würde. In den Reichstagsprotokollen dokumentiert ist Scheidemanns berühmter Auftritt in der Berliner Universität, wo am 12. Mai 1919 das Parlament tagte. Der Reichsministerpräsident erklärte danach: »Ich frage Sie, wer kann als ehrlicher vertragstreuer Mann solche Bedingungen eingehen? Welche Hand müsste nicht verdorren, die sich und uns in solche Fesseln legt? Dieser Vertrag ist nach Auffassung der Reichsregierung unannehmbar.« Im Protokoll heißt es weiter: »Minutenlanger brausender Beifall im Hause und auf den Tribünen. Die Versammlung erhebt sich.«[15] Dieser 12. Mai 1919 war die letzte große Artikulation des parlamentarischen Konsenses im Deutschland der Weimarer Republik.

Einen guten Monat später war dieser dahin. Denn die Sieger des Weltkrieges stellten am 16. Juni 1919 der Reichsregierung ein Ultimatum. Wenn Deutschland die Friedensbedingungen nicht innerhalb von fünf Tagen annähme, würden sie den Krieg fortsetzen. Berlin hatte nun die Wahl zwischen Skylla und Charybdis. Beugte es sich dem Ultimatum, würde dies nicht nur von den Weltkriegskämpfern als Verrat am Vaterland angesehen werden, und die innere Einheit der Nation würde schweren Erschütterungen ausgesetzt werden oder gar verloren gehen. Ließ man das Ultimatum verstreichen, würde das kriegsmüde Deutschland, das durch die akzeptierten Waffenstillstandsbedingungen von Compiègne kaum noch eine Chance hatte, das Reichsgebiet erfolgreich zu verteidigen, möglicherweise vollends im Chaos versinken. Die Folge wäre angesichts der von Frankreich nach Kräften beförderten Separatismusbewegung im Rheinland und in

Bayern womöglich der Zerfall des Landes gewesen. Reichswehrminister Noske meinte dazu: »Wir müssen uns klar sein, dass die Aufnahme des Kampfes im Westen ein selbstständiges Süddeutschland, ein selbstständiges Rheinland und vielleicht ein selbstständiges Hannover zur Folge haben wird.«[16]

Eine weitere Konsequenz wäre möglicherweise der Sieg der Revolution, deren Hintermänner in Moskau jetzt neue Perspektiven sahen. Lenin erklärte, dass dieser »bestialische und niederträchtige Friede«[17] »die beste Agitation für den Bolschewismus« sei.[18] Er setzte dabei ganz auf eine Fortsetzung des Krieges, der in Deutschland den Umsturz begünstigen würde. Die Komintern sollte aus diesem Grunde nicht mehr nur die von den Bolschewisten geführte Kampforganisation zur Befreiung des Weltproletariats von Kapitalismus und Imperialismus, sondern auch Befreiungsorganisation der in Versailles unterdrückten Mächte sein.

Hätten Reichsministerpräsident Scheidemann und die Mitglieder seines Kabinetts in die Zukunft schauen können, hätten sie die Vernichtungslager des Holocaust gesehen, hätten sie anders entschieden, als sie es taten, hätten sie die Nation nicht zerrissen und die Fortsetzung des Kampfes gegen die Entente bei allen Risiken und Unwägbarkeiten in Kauf genommen. Doch aus der Perspektive des Juni 1919 war das kleinere Übel die Annahme des Ultimatums und nicht die Fortsetzung des Krieges, der bereits zwei Millionen deutscher Soldaten das Leben gekostet und der Hunderttausende zu Krüppeln gemacht hatte. Aus Protest und in dem Bewusstsein, nur falsch handeln zu können, trat ein resignierender Scheidemann, gefolgt von seinem Kabinett, zurück, nachdem er, seine Partei, nur Teile des Zentrums und die USPD für eine Annahme des Diktats gestimmt hatten. Die Minderheit, der andere Teil des Zentrums, die DDP, die DNVP und die DVP, votierte dagegen.

Das Verhängnisvolle an der von den Siegern des Weltkriegs erpressten Zustimmung war, dass sie nunmehr die Parteien, die sich ursprünglich in der Ablehnung des Vertrags einig gewesen waren, in zwei unversöhnliche Lager spaltete. Was trennte, war angesichts der mit dem Vertrag bald einhergehenden wirtschaftlichen Belastung der Republik die immer härter werdende innenpolitische Auseinandersetzung. Während die Regierungsparteien, allen voran die Mehrheitssozialdemokraten, ihre Entscheidung angesichts wirtschaftlicher Not von Abermillionen Menschen stets rechtfertigen mussten, sollte für die Rechtsparteien die Billigung der Verträge als Schwäche und Versagen angeprangert werden.

Von der sich radikalisierenden Reaktion wurde im Zusammenhang mit Versailles zunehmend auch vom »Verrat am Vaterland« gesprochen. Dieser wurde nun in einen größeren Zusammenhang gestellt. Denn mit dem Verhalten der Reichsregierung schienen diejenigen recht bekommen zu haben, die bereits in Erzbergers Unterschrift in Compiègne den »Verrat der Heimatfront« gewittert hatten. Dabei interessierte es jetzt nicht mehr, dass Berlin den Rückzug aus den besetzten Gebieten sowie den linksrheinischen Territorien, der von der Entente als Bedingung für den Waffenstillstand verlangt worden war, als vertrauensbildende Maßnahme und Willensbekundung verstanden wissen wollte, an einer »gerechten« friedensvertraglichen Regelung der europäischen Belange der Völker ehrlich mitarbeiten zu wollen. Compiègne war nun in den Augen der Verschwörungstheoretiker der erste Schritt zur dauerhaften militärischen Eindämmung und wirtschaftlichen Ausbeutung des Landes, dem nun mit der Billigung der Versailler Vertragsbedingungen der entscheidende zweite Schritt gefolgt war.

Vom »Dolchstoß« der Heimat in den Rücken der Front fabulierten bald ausgerechnet jene, die für das Weltkriegsdesaster die Verantwortung trugen und traditionsgemäß die jetzt erstarkende DNVP als ihre Partei ansahen. Ludendorff formulierte mit dem deutschnationalen Politiker Karl Helfferich eine Erklärung, die der angesehene Hindenburg am

18. November 1919 vor einem Untersuchungsausschuss der Verfassunggebenden Nationalversammlung vortrug. Darin wurde der ebenso unzutreffende wie ungeheuerliche Vorwurf erhoben: »Die Parteien haben den Widerstandswillen der Heimat erschüttert [...]. Hinzugekommen sind die planmäßige Zersetzung von Flotte und Heer und die revolutionäre Zermürbung der Front. So mussten unsere Operationen misslingen, es musste der Zusammenbruch kommen. Ein englischer General sagte zu Recht: ›Die deutsche Armee ist von hinten erdolcht worden.‹«[19] Die Erklärung, die die dritte Oberste Heeresleitung von ihrem Versagen 1918 freisprach, ging als »Dolchstoßlegende« in die Geschichte ein. Sie war die Folge des Ultimatums der Siegermächte und des damit verloren gegangenen gesellschaftlichen Konsenses und nicht die Antwort auf den verlorenen Krieg, wie es oft verbreitet wurde. Erst jetzt begann der »große Verrat« für Millionen Deutsche zur Ursache der Niederlage im Weltkrieg zu werden. Für die Antisemiten unter ihnen stand nun fest: Das Judentum trägt die Schuld.

Besonders bei den Männern, die an den Fronten des Großen Krieges für Deutschland gekämpft hatten, führte Versailles zu einer Abkehr von der Mehrheitssozialdemokratie. Einer von ihnen war der namenlose Gefreite Hitler, der im nachräterepublikanischen München die mit dem Diktat einhergehende große Verunsicherung mit ihrer Revolutionsangst, dem Standrecht und dem eskalierenden Antisemitismus hautnah miterlebte. In jenen Monaten erfolgte seine Ideologisierung, auf die noch näher einzugehen sein wird. Hitler hatte es geschafft, als Ersatzbataillonsrat der zweiten Räterepublik im Hintergrund zu bleiben und – vom Zufall begünstigt[20] – nun als Propagandamann der bayerischen Reichswehr der gänzlichen Bedeutungslosigkeit zu entgehen. Aus dem Adolf Hitler mit den sozialistischen Ambitionen wurde nun unter dem Einfluss seiner Umgebung der Antibolschewist und fanatische Judenhasser Adolf Hitler. Für den August und September 1919 finden sich dann die ersten Hinweise auf antisemitische Tiraden des Mannes, der bald in Versailles und im Bolschewismus die verderblichen Instrumente des Judentums sah.

Im Oktober desselben Jahres 1919 traf Hitler, für den sich als Propagandamann der Reichswehr die Türen zu den völkisch-antisemitischen und ultrareaktionären Zirkeln öffneten, auf die »Deutsche Arbeiterpartei« (DAP), eine bedeutungslose Gruppierung, die mit der »Deutschsozialistischen Partei« Alfred Brunners oder der sudetendeutschen »Deutschen Nationalsozialistischen Arbeiterpartei« eines Rudolf Jung auf einer Welle schwamm. Die DAP hatte es sich zum Ziel gesetzt, Sozialismus und Nationalismus miteinander zu versöhnen. Aus der Sicht des kleinen Häufleins um den Sportjournalisten Karl Harrer und den Arbeiteraktivisten Anton Drexler, zu denen sich bald auch ein Ingenieur namens Gottfried Feder gesellte, war es das Gegeneinander beider Strömungen, das zur Niederlage Deutschlands im Weltkrieg geführt hatte.

Durch Hitlers Redetalent, das völkische Antisemiten erkannt hatten, weshalb sie ihn förderten, konnte die DAP bald aus ihrem Hinterzimmer-Dasein heraustreten. Noch im Oktober 1919 hielt sie erste größere Versammlungen mit ihrem Hauptredner Hitler in den Brauhäusern Münchens ab, an denen schon einmal ein paar Hundert Leute teilnahmen. Thema waren immer wieder das »mörderische Schanddiktat« und zunehmend auch das vermeintlich hinter diesem stehende Judentum. Ende 1919, Anfang 1920 begann sich Hitler zusammen mit der DAP-Führung der inhaltlichen Arbeit zu widmen, die in ein nationales, sozialistisches und antisemitisches Programm der DAP aus 25 Leitsätzen mündete.[21]

Zentrale Forderung war natürlich die Revision von Versailles, wie sie alle Parteien der Republik auf ihre Fahnen geschrieben hatten. Schon im ersten Leitsatz wurde daher auf der Grundlage des Selbstbestimmungsrechts der Völker die

Schaffung eines »Großdeutschlands« gefordert. In diesem Staat sollten alle deutsch besiedelten Gebiete – einschließlich Deutsch-Österreichs und des Sudetenlands – zusammengeführt werden. Im Inneren des angestrebten »Großdeutschlands« sollte den Juden die Staatsbürgerschaft entzogen werden und eine Wirtschaftsordnung errichtet werden, in der es ein Ende mit dem »jüdischen Börsenkapitalismus« haben sollte. Vorgestellt wurde das Programm auf einer ersten Massenversammlung der Partei im Februar 1920. Bereits wenige Tage zuvor war die Deutsche Arbeiterpartei in »Nationalsozialistische Deutsche Arbeiterpartei« (NSDAP) umbenannt worden, und als Emblem sollte sie bald das schwarze Hakenkreuz im weißen Rund auf rotem Grund führen. Hitler bezeichnete das Hakenkreuz »als Symbol der Arbeit, das Weiß als Zeichen unserer nationalen Gesinnung und das Rot als Zeichen unseres wahrhaft sozialen Gedankens. Im Kreuz soll sich noch ein weiterer Sinn zeigen, nämlich der Geist des Idealismus arischer Auffassung und nicht der Geist des Juden.«[22]

Etwas Wind in die Segel der bayerischen Splitterpartei, deren Wirkungsfeld kaum über die Grenzen Münchens hinausreichte, brachte die weitere Entwicklung im vom Bürgerkrieg erschütterten Reich. In dessen Hauptstadt hatten Kommunisten und andere radikale Linke für Mitte Januar 1920 zu einer Großdemonstration aufgerufen. Das unmittelbar vor seiner Verabschiedung stehende Betriebsrätegesetz, das zwar grundlegende Verbesserungen für die Arbeiterschaft brachte, von USPD und KPD jedoch als Instrument zur Unterdrückung des Proletariats angesehen wurde, war eher ein Vorwand. Tatsächlich ging es den Veranstaltern um die direkte Konfrontation mit der Staatsmacht, hatte man doch die Demonstration in die »Bannmeile« verlegt. Mit der Angst vor einem Putsch im Nacken griff die Polizei so rigoros durch, dass am Ende 42 Tote und mehr als 100 Verletzte gezählt wurden. Dies zog kommunistische Unruhen in Deutschland nach sich, sodass in mehreren Reichsländern der Ausnahmezustand verhängt und Reichswehrminister Noske mit der Übernahme der vollziehenden Gewalt in Berlin und Brandenburg beauftragt wurde.

Die Ereignisse brachten der MSPD von rechts die Vorwürfe ein, es mangele ihr an Durchsetzungsfähigkeit oder sie sei ein willenloses Instrument in den Händen der feindlichen Mächte. Die Ressentiments gegenüber der sozialdemokratisch geführten Reichsregierung im Allgemeinen und insbesondere die Zweifel daran, dass mit einem 100 000-Mann-Heer, wie es die Sieger in Versailles bestimmt hatten, die Lage im Lande überhaupt zu konsolidieren sei, veranlassten dann den ostpreußischen Generallandschaftsdirektor Wolfgang Kapp – zusammen mit dem General Walther Freiherr von Lüttwitz – zu putschen. Letzterer, der sich auf die berüchtigte Freikorps-Marinebrigade des Fregattenkapitäns Hermann Ehrhardt stützen konnte, die schon bei der Niederschlagung der Räterepublik in München dabei gewesen war, stellte der Regierung ein Ultimatum, in dem er Neuwahlen und die sofortige Beendigung des diktierten Truppenabbaus forderte. Die Reichsregierung setzte sich jedoch nach Dresden und dann nach Stuttgart ab und ließ das Ultimatum verstreichen. Daraufhin ließ Ehrhardt seine hakenbekreuzten Freischärler das Berliner Regierungsviertel besetzen. Kapp erklärte am 13. März 1920 die Nationalversammlung für aufgelöst, Reichspräsident und Reichsregierung sowie die preußische Regierung für abgesetzt und ernannte sich selbst zum Reichskanzler und preußischen Ministerpräsidenten.

Die Reichswehr sah dem tatenlos zu. Hin- und hergerissen zwischen der Pflicht zur Loyalität gegenüber der Regierung Gustav Bauers und der mit den Putschisten geteilten Auffassung, dass der von der Entente diktierte Truppenabbau den Lebensnerv des Reiches treffe, zog sich die Führung des 100 000-Mann-Heeres auf eine neutrale Position zurück. Mit den Worten »Truppe schießt nicht auf Truppe«[23] hatte der

Chef des Truppenamts, General Hans von Seeckt, versucht, sich aus der Affäre zu ziehen und damit nicht zuletzt auch der Tatsache Rechnung zu tragen, dass die Herzen vieler seiner Soldaten für die Sache der Putschistenkameraden schlugen, mit denen man im Weltkrieg Seite an Seite gekämpft hatte.

Auf den Kapp-Putsch, der Hitler begeisterte, hatte die Reichsregierung mit der Ausrufung des Generalstreiks reagiert. In Bochum und Elberfeld hatten MSPD, USPD und KPD in unnatürlicher Eintracht ein Bündnis gegen die Reaktion zur Erringung der politischen Macht durch die »Diktatur des Proletariats« geschlossen. Überall entstanden Vollzugsräte, in denen auch Vertreter der anarchosyndikalistischen Freien Arbeiter-Union Deutschlands (FAUD) saßen. Der Kapp-Putsch war bereits am Dilettantismus seiner Führer gescheitert, als eine »Rote Ruhrarmee« die Macht im Revier übernahm. Die Reichsregierung entsandte nun nach einem verstrichenen Ultimatum reguläre Truppen, aber auch Freikorpsverbände, die Stadt um Stadt von den Aufständischen säuberten. Dabei gingen besonders die Freikorps wiederum mit unerbittlicher Härte – mit Standgerichten und Erschießungen – gegen die »Roten« vor. Anfang April war alles vorüber im Ruhrgebiet, wo mehr als 1600 Tote zu beklagen waren.

Dass die Reichsregierung bei dem Kampf gegen die 50 000 Bewaffnete zählende »Rote Armee« wiederum auf jene Verbände angewiesen war, deren Angehörige mit dieser Republik nichts zu schaffen hatten, war das eine im Versailler Vertrag gründende Problem der Reichsregierung; das andere, dass französische Truppen Frankfurt und einige andere Städte im Rhein-Main-Gebiet besetzten, weil die Militäraktion Berlins auch auf, nach den Buchstaben des Versailler Vertrags, entmilitarisiertem Gebiet stattgefunden hatte. Doch nicht dies, sondern das Aufbegehren in den eigenen Reihen stürzte die Reichsregierung in die Krise. Die Gewerkschaften beklagten angesichts des Kapp-Putsches deren mangelnde Distanz gegenüber der Bedrohung von rechts. Noske musste nun seinen Hut nehmen – sehr zum Ärger des Reichspräsidenten Ebert. Zurückgetreten war aber auch der mehrheitssozialdemokratische Reichskanzler Bauer. Nun zog Hermann Müller ins Berliner Reichskanzlerpalais ein.

Der MSPD-Politiker beugte sich dann dem Drängen der rechten Parteien, die ursprünglich für Herbst 1920 vorgesehenen Reichstagswahlen vorzuverlegen. Die Abstimmung vom 6. Juni 1920 endete für die Regierungsparteien – wie erwartet – mit schwersten Verlusten. Die sogenannte Weimarer Koalition fiel von 76,2 auf 43,6 Prozent der Stimmen zurück. Allein die SPD verlor 16,3 Punkte und ging mit ganzen 21,6 Prozent aus der Wahl hervor. Gewinner waren diejenigen oppositionellen Parteien, die gegen die Annahme der Versailler Friedensbedingungen gestimmt hatten – die Deutschnationale Volkspartei (DNVP, 14,3 Prozent) und die Deutsche Volkspartei (13,8 Prozent). Zu den Wahlsiegern gehörte vor allem auch die USPD (18,4 Prozent), während die KPD lediglich 2,1 Prozent der Stimmen erhielt.

Es war eine Ironie der Geschichte, dass just an dem Wahltag, am 6. Juni 1920, an dem die Weimarer Reichsverfassung im ganzen Reich in Kraft trat, die parlamentarisch stabilen Verhältnisse endgültig zu Ende gingen, die es der jungen Republik überhaupt erst ermöglicht hatten, in diesen dramatischen Zeiten Fuß zu fassen. Eine Minderheitsregierung ohne die stärkste Partei, ohne die SPD, gebildet aus Zentrum, Deutscher Demokratischer Partei (DDP) und erstmals Deutscher Volkspartei (DVP) unter Führung des Zentrum-Politikers Konstantin Fehrenbach, lenkte nun die Geschicke des Reiches. Es war dies das vierte von zehn Kabinetten, die Deutschland seit 1919 bis zu den Wahlen des Jahres 1924 regierten.

Auch im bayerischen Freistaat war die Zeit der SPD inzwischen zu Ende gegangen. Demonstrationen der Münchner Arbeiterschaft gegen den Kapp-Putsch hatte Arnold von Möhl, der Kommandeur der bayerischen Reichswehrverbände, geschickt dazu genutzt, der Regierung Hoffmann die Übertragung der vollziehenden Gewalt abzunötigen. Möhl wurde daraufhin »Staatskommissar für München-Stadt und München-Land«. Mit der Ernennung Gustav von Kahrs zum Regierungskommissar war die Entmachtung der Mehrheitssozialdemokratie in Bayern schließlich besiegelt worden. Der resignierende Hoffmann trat zurück. Am 16. März 1920 wurde Kahr, der überzeugte Monarchist, der nie ein Hehl aus seiner ablehnenden Haltung gegenüber dem »roten Berlin« und dem Judentum gemacht hatte, zum bayerischen Ministerpräsidenten gewählt. München wurde so zu einem idealen Terrain für den Lokalagitator und Hassredner Hitler, der sich zusehends ein geschlossenes rassenideologisches Weltbild aneignete, das ihn Zeit seines Lebens beherrschen sollte.

Die Polarisierung der Gesellschaft ging weiter, während die Siegermächte des Weltkrieges den Druck auf Deutschland forcierten. Im Januar 1921 forderte die alliierte Reparationskonferenz in Paris erneut vom Reich über den Zeitraum von 42 Jahren eine Wiedergutmachungszahlung von 269 Milliarden Goldmark. Darüber hinaus sollten im selben Zeitraum zwölf Prozent des Exports an die Entente abgeführt werden – Forderungen, die im Falle ihrer Realisierung den Zusammenbruch der ohnehin darniederliegenden deutschen Volkswirtschaft nur noch als eine Frage der Zeit erscheinen lassen mussten. Die Folge der Zahlungsforderungen waren überall im Reich Massenproteste.

Die radikale Linke plante derweil wieder einmal den Aufstand. Im Oktober 1920 hatte sich die USPD über der Frage gespalten, ob sie der Moskauer Komintern beitreten solle oder nicht. Die Mehrheit der Delegierten hatte sich auf ihrem Hallenser Parteitag dafür entschieden und trat folgerichtig der Kommunistischen Arbeiterpartei Deutschlands (KAPD), der linken KPD-Abspaltung des Herbstes 1919, bei. Die aus dieser hervorgegangene Vereinigte Kommunistische Partei Deutschlands (VKPD), die als Vollmitglied der Komintern ihre Direktiven aus Moskau erhielt, wurde damit eine beachtliche parlamentarische Kraft, auch wenn ihre Hauptaktivität weiterhin im außerparlamentarischen Kampf gegen die Republik lag. In der *Roten Fahne* hieß es dazu, dass das Proletariat »das Wort Rosa Luxemburgs, an das der nach Halle gereiste Sinowjew erinnerte, sich wieder in sein Gedächtnis einprägen [muss], dass der Kampf um den Sozialismus der gewaltigste Bürgerkrieg der Weltgeschichte ist«.[24]

Im März 1921 begann dann die Revolte, die sogenannte Märzaktion, im mitteldeutschen Industriegebiet Halle, Leuna, Merseburg sowie im Mansfelder Land. Zu Beginn des Jahres hatten sich 24 kampf- und strategieerprobte sowjetische Bürgerkriegsexperten auf den Weg nach Deutschland gemacht. Mit der Führung des Unternehmens wurde von Lenin Béla Kun beauftragt, dessen ungarische Räterepublik nach 133 Tagen gegenüber einer von der Entente unterstützten rumänischen Armee und einer ungarischen Nationalarmee unter dem ehemaligen k. u. k. Admiral Miklós Horthy hatte kapitulieren müssen. In der *Roten Fahne* rief dieser Béla Kun nun dazu auf, »die Entwaffnung der Bourgeoisie« zu besorgen,[25] um dem Proletariat, sprich der KPD, wie die vereinigte Partei bald wieder hieß, endlich zur Macht zu verhelfen. Der mitteldeutsche Aufstand scheiterte jedoch am entschlossenen Einschreiten von Polizei und Reichswehr, aber vor allem an der mangelnden Bereitschaft der deutschen Arbeiter, den Revolutionären zu folgen. 145 Tote und mehrere Hundert Verletzte waren die traurige Bilanz der Märzaktion.

Schon unmittelbar nach deren Niederschlagung und der Aufhebung des »militärischen Ausnahmezustandes« warteten die Kriegsgewinner wiederum mit Schikanen auf. Diesmal ging es um das neben dem Ruhrbecken wichtigste Industriegebiet Deutschlands: Oberschlesien. In Versailles war entschieden worden, die Zugehörigkeit des zwischen Deutschen und Polen umstrittenen Gebiets durch eine Volksabstimmung klären zu lassen. Nach schweren Auseinandersetzungen und blutigen Kämpfen zwischen Freikorps-Verbänden und polnischer Armee brachte diese jetzt ein klares Mehrheitsvotum für Deutschland. Der Völkerbund setzte daraufhin im April 1921 eine Kommission ein, die das umstrittene Gebiet parteiisch zugunsten der Polen teilte. In Berlin kam es zur Regierungskrise, die im Rücktritt des ersten Kabinetts des Zentrum-Politikers Joseph Wirth gipfelte.

Während Hitler in München vom »Würgegriff« des »internationalen Weltkapitals« geiferte, wurden in London die deutschen Reparationszahlungen auf 132 Milliarden Goldmark neu festgelegt, was immer noch einer unvorstellbaren Goldmenge von 47 000 Tonnen entsprach. Eine Milliarde sollte innerhalb von 25 Tagen aufgebracht werden, andernfalls – so hieß es – würde das Ruhrgebiet besetzt werden. Die Entscheidung Berlins, der Forderung nachzukommen, löste die Reparationsfrage freilich nicht, denn mittelfristig waren die gewaltigen Summen nicht aufzubringen. Ende 1921 konnte der von den Nationalsozialisten als »Judensau« beschimpfte Reichsaußenminister Walther Rathenau immerhin ein Abkommen mit Frankreich schließen, in dem vereinbart wurde, dass Paris mehr Sachleistungen anstelle von Bargeld akzeptiere. Im darauffolgenden Jahr erreichte die deutsche Seite einen Zahlungsaufschub, da die Briten die deutsche Kaufkraft und die industrielle Produktion schützen wollten, damit der Kriegsverlierer weiterhin zur Kasse gebeten werden konnte. Damit verbundene Hoffnungen der Reichsregierung auf ein Einsehen der Entente, dass die Reparationszahlungen nicht aufgebracht werden konnten, zerstoben auf der Konferenz in Genua.

Die radikale Rechte antwortete auf diese Entwicklung verstärkt mit gezieltem Terror gegen jene, die dafür verantwortlich gemacht wurden. Sie wurden als »Erfüllungspolitiker« gebrandmarkt, die die »Wehrlosmachung« Deutschlands betrieben. Nachdem bereits im August 1920 der Zentrumspolitiker Matthias Erzberger, der in Compiègne den Waffenstillstand unterschrieben hatte, von Angehörigen der rechtsradikalen Organisation Consul ermordet worden war, fiel im Juni 1921 der bayerische USPD-Politiker Karl Gareis einem Anschlag zum Opfer. Im Juni 1922 – im selben Monat überlebte Scheidemann ein Blausäure-Attentat – wurde der als Vertreter der »Judenrepublik« bei der äußersten Rechten verhasste Rathenau erschossen. Die Täter gehörten wiederum der Terrororganisation Consul an.

Rathenau, der Außenminister des zweiten Kabinetts des Zentrum-Politikers Joseph Wirth, hatte zwei Monate zuvor, im April 1922, zusammen mit dem russischen Volkskommissar für auswärtige Angelegenheiten Georgi Tschitscherin in Anwesenheit Joffes den Vertrag von Rapallo unterschrieben. Es war eigentlich eine Ungeheuerlichkeit angesichts der revolutionären Aktivitäten Moskaus im Reich, aber ein Schritt in Richtung Russland war die einzige Möglichkeit, die sich für die Außenpolitik Berlins bot. Die bolschewistische Macht hatte mit dem Sieg über die »Weißen« auf der Krim im November 1920 den Bürgerkrieg für sich entschieden, nachdem sich die Entente-Armeen zurückgezogen hatten. Russland war ebenfalls isoliert und wurde seit Versailles durch einen »Cordon sanitaire« mittlerer und kleinerer Staaten, die größtenteils einmal zum Zarenreich gehört hatten, von Finnland über die baltischen Länder und Polen bis hinunter nach Rumänien, geostrategisch von Mitteleuropa ferngehalten. Anders als die SPD-Politiker, die den Vertrag aufgrund der erbitterten Feindschaft zu den Bolschewiki nicht mittrugen, erhoffte sich der ganz auf die Wirtschaft fixierte Außenminister von einem solchen Schritt auch eine Abkehr Moskaus vom revolutionären Terror in Deutschland.

Rapallo, worin Hitler ein Zusammenwirken der ihm verhassten, in seinen Augen jüdisch dominierten »Systempolitiker« mit den »jüdisch-russischen« Bolschewisten und damit eine Bestätigung seiner Weltsicht sah, wirkte in Europa wie ein Paukenschlag. Die Kriegsverlierer, die Habenichtse, schickten sich an, aus der politischen und ökonomischen Isolation auszubrechen und ihre Position gegenüber den Westmächten zu stärken. Vereinbart wurde, die diplomatischen und wirtschaftlichen Beziehungen wiederaufzunehmen. Besonders Letztere waren für Deutschland wichtig, denn seine Waren wurden von den westeuropäischen Staaten boykottiert. Der brisanteste Punkt des Vertrages war die Fixierung einer geheimen militärischen Zusammenarbeit zwischen beiden so gegensätzlichen Ländern, die bereits begonnen hatte. In Russland wurden Soldaten der Reichswehr an Panzern und Flugzeugen ausgebildet, an modernen Waffen also, die laut Versailler Vertrag den Deutschen zu besitzen untersagt war. Es entbehrte dabei nicht einer gewissen Schizophrenie, dass die deutsche Generalität mit jenen zusammenarbeitete, die den Bürgerkrieg im Reich schürten. Doch der aus der Feindschaft mit den Westmächten resultierende unbedingte Wille, militärtechnisch nicht völlig von der Entwicklung abgekoppelt zu werden, ließ sie die Augen davor verschließen.

Es entsprach der Außenpolitik der Moskauer Führung, die weltrevolutionäre Perspektive weiterhin im Blick zu behalten. So erhoffte sich der Kreml mit Rapallo, den von Rückschlägen gekennzeichneten Klassenkampf seiner deutschen Gefolgsleute in der KPD vorantreiben zu können. Der Vertrag – so wurde kalkuliert – würde nämlich den Konflikt Deutschlands mit den Siegermächten des Weltkrieges eskalieren lassen, was nicht ohne Auswirkung auf dessen innere Stabilität bleiben würde. Und für die Revolution bedurfte es der Krise. Rapallo rief dann tatsächlich die Westmächte auf den Plan. Besonders Paris fürchtete eine Veränderung der europäischen Kräfteverhältnisse und damit der Versailler Nachkriegsordnung. Der französische Ministerpräsident Raymond Poincaré brachte öffentlich eine militärische Intervention ins Gespräch.

Anfang Januar 1923 ging die Rechnung Moskaus auf: Französische und belgische Truppen marschierten ins Ruhrgebiet ein, ins Herz der deutschen Schwerindustrie. Doch damit nicht genug: Die Okkupanten drangen bis ins westliche Westfalen vor, sie vergrößerten die französischen Brückenköpfe auf dem rechten Rheinufer – Mainz, Koblenz und Köln – und verbanden diese miteinander; in Baden besetzten sie strategisch wichtige Positionen. Mit all diesen »produktiven Pfändern« – so der Deutschenhasser Poincaré – wolle Frankreich den Reparationsforderungen Nachdruck verleihen. Tatsächlich ging es Paris jedoch darum, seine in Versailles nicht ganz erreichten Kriegsziele nunmehr Zug um Zug zu realisieren. Die Besatzer, die den Schritt, den sie schon vor Rapallo erwogen haben sollen, mit nicht rechtzeitig erfüllten Reparationsleistungen begründet hatten, verhängten in dem von ihnen kontrollierten Gebiet den Ausnahmezustand und übten ein brutales Besatzungsregiment aus. Die Reichsregierung Cuno (DVP) – es war die siebte seit der Januarwahl 1919 – antwortete mit dem »passiven Widerstand«. Doch die Produktionsausfälle ruinierten die deutsche Wirtschaft vollends. Die Arbeitslosigkeit überstieg die Vier-Millionen-Grenze. Die Not in der Bevölkerung wuchs mit ihr. Das von der Hyperinflation gebeutelte Deutschland – im November 1923 entsprach ein Dollar 4 200 000 000 000 Mark – drohte endgültig im Chaos zu versinken.

Es stand alles auf Spitz und Knopf, nachdem die Regierung Cuno zurückgetreten war und der neue Reichskanzler Gustav Stresemann von der DVP Ende September der deutschen Öffentlichkeit das Ende des »passiven Widerstands« und die Wiederaufnahme der unterbrochenen Reparationszahlungen hatte bekannt geben müssen. Überlagert wurde alles noch durch das immer lauter werdende Revolutionsgeschrei der KPD und ihrer Verbündeten. Schon im Juli meinte Stresemann: »Wir tanzen auf einem Vulkan, und wir stehen vor einer Revolution, wenn wir nicht durch eine ebenso entschlossene wie kluge Politik die Gegensätze versöhnen können.«[26] Und als Reichskanzler schrieb er dem Industriellen Hugo Stinnes: »Wir kämpfen jetzt um die nackte Existenz des deutschen Volkes und müssen diesem Gesichtspunkte alles andere unterordnen.«[27]

Stresemann hatte mit seiner Lageeinschätzung nicht unrecht. Denn der Kreml und seine deutschen Helfer versuchten tatsächlich, die Gunst der Stunde zu nutzen und der »zweiten Welle der Weltrevolution« in Deutschland, ausgehend von Thüringen und Sachsen, in denen Volksfrontregierungen an der Macht waren, zum Durchbruch zu verhelfen. »Revolutionäre Hundertschaften«, nach dem Vorbild der Petersburger »Roten Garden«, wurden aufgestellt. Sie sollten nun unter der Führung des aus Moskau entsandten Radek und des schlachterprobten Bürgerkriegsführers Juri Pjatakow aus der Mitte des Reiches, einem Flächenbrand gleich, die Revolution entfachen und nach dem »russischen Oktober« jetzt den »deutschen Oktober« Wirklichkeit werden lassen. Flankierend dazu sollte in Hamburg der Aufstand erfolgen. Doch damit nicht genug. Es existierte ein mit der KPD-Führung in Moskau beratener Plan der Militärkommission des Zentralkomitees der Kommunistischen Partei Russlands (KPR), der vorsah, bis zu 2,3 Millionen Rotarmisten durch Polen marschieren zu lassen, um »dem deutschen Proletariat [...] militärisch zu Hilfe [zu] eilen«.[28] Mit dessen Sieg werde das »Zentrum der Weltrevolution aus Moskau nach Berlin« verlegt werden, schrieb Josef Stalin, seit 1922 Generalsekretär des Zentralkomitees der KPR, in der *Roten Fahne*,[29] war er doch der Überzeugung, dass erst der revolutionäre Umbruch in Deutschland der Weltrevolution den alles entscheidenden Impuls verleihen würde.

Noch ehe der von den Kommunisten propagandistisch groß herausgestellte »deutsche Oktober« gescheitert war, weil es einmal mehr nicht gelungen war, die Arbeiterschaft in ausreichendem Maße zu mobilisieren, und die Reichswehr den beginnenden Aufruhr eindämmte, hatte sich der selbst ernannte bayerische Weltenretter Hitler, der einige Wehrverbände hinter sich wähnte, entschlossen zu handeln – fanatisch und ebenso irrational in seiner Zielsetzung. Um zu verhindern, dass Deutschland vollends zur Beute des »jüdischen Bolschewismus« und des »jüdischen Großkapitals« und seiner Helfer im Reichstag werden würde, wollte er sich in Bayern an die Macht putschen, um von dort aus nach Berlin zu marschieren. Doch die Machthaber im Freistaat, wie der Generalstaatskommissar Kahr und sein Polizeichef, die er zum Mittun aufgefordert hatte, verweigerten sich ihm, wenn auch zunächst zaudernd.

Der Hitler-Putsch vom 8./9. November, der vor der Münchner Feldherrnhalle unter dem Gewehrfeuer der bayerischen Landpolizei endgültig scheiterte, wurde so zur Posse, wenn auch zu einer blutigen: 16 tote Nationalsozialisten, die später als »Blutzeugen der Bewegung« in den Heiligenstand erhoben werden sollten, ein geflohener Putschistenanführer, der sich das Leben nehmen wollte, es aber dann doch nicht konnte, und ein Prozess, der für ihn mit einer überaus milden Gefängnisstrafe von fünf Jahren Festungshaft endete. Man ließ ihn aber bereits nach einem Jahr wieder frei, denn eine patriotische Gesinnung wollte man dem Weltkriegsgefreiten mit dem Eisernen Kreuz Erster Klasse ebenso wenig absprechen wie seinen Mitmarschierern, zu denen auch der freigesprochene Erich Ludendorff, der Generalquartiermeister des großen Krieges, gehörte.

Die Republik hatte sich gegen die Angriffe der radikalen Ränder behauptet. Das schwer bedrängte Deutschland fand allmählich den Weg aus der Krise. Stalin musste notgedrungen von seiner Zielsetzung einer schnellen Umsetzung der Weltrevolution in Deutschland abrücken. Hitler und seine NSDAP, die er im Sommer 1920 übernommen hatte, waren nach menschlichem Ermessen mit dem 9. November 1923 endgültig gescheitert. Alles deutete darauf hin, dass der Mann mit dem verklemmt ungelenken Habitus als antisemitischer Sektierer in Vergessenheit geraten und lediglich eine Randnotiz der bayerischen Geschichte bleiben würde. Seine rassenideologisch übersteigerte Agitation hatte ihm nicht die Resonanz der Massen gebracht. Bei den Reichstagswahlen vom Mai 1924 erreichte seine Partei in einem Wahlbündnis mit der Deutschvölkischen Freiheitspartei 6,6 Prozent der Stimmen. Bei den darauffolgenden Wahlen im Dezember 1924 waren es nur noch drei Prozent – Tendenz fallend. Daran änderte auch sein in einer Komfortzelle der Festung Landsberg unter dem späteren Titel *Mein Kampf* zusammengeschriebenes programmatisches Weltanschauungsbuch nichts, in dem er eine »jüdische Weltverschwörung« und den Kampf gegen sie thematisierte.

Dies alles hatte natürlich damit zu tun, dass sich in Deutschland die wirtschaftlichen Verhältnisse allmählich verbesserten: Der Inflation war Einhalt geboten worden. Mit der Rentenmark war eine stabile Verrechnungseinheit zur Mark geschaffen worden, die bald durch die Reichsmark ersetzt werden sollte. Im Westen war die von Frankreich betriebene Loslösung des Rheinlands verhindert worden. Ebendiese Bedrohungsszenarien und der unbändige Durchhaltewillen Berlins waren es auch gewesen, die dem geschlagenen Land draußen in der Welt Sympathien zurückbrachten und dazu beitrugen, dass auf Initiative Großbritanniens und der Vereinigten Staaten die Reparationsfrage neu geregelt werden sollte. Dem im August 1924 vom Reichstag angenommenen Dawes-Plan zufolge sollten sich die Zahlungen mit 5,4 Milliarden Goldmark bis 1928 an der Leistungsfähigkeit des Landes orientieren. Die durchschnittliche Jahresrate sollte bei etwa zwei Milliarden Reichsmark liegen, was nur noch einem Bruchteil der ursprünglich eingeforderten jährlichen Zahlungen in Goldmark entsprach. Einschränkungen der deutschen Souveränität, wie die ausländische Kontrolle über Reichsbank und Reichsbahn, wurden aufgehoben. Das waren erste Schritte in Richtung auf eine Revision von Versailles. Das Diktat hatte also nicht Hitler den Weg zum 30. Januar 1933 geebnet, wie nach dem Ende des Zweiten Weltkriegs immer wieder geschrieben wurde. Es hatte aber die Republik an den Rand des Untergangs geführt und in dieser Zeit ein Klima geschaffen, das den Nährboden für Hitlers wahnwitzige rassenideologische Weltanschauung bildete.

4 Hitlers Nationalsozialismus

War er die Antwort auf Lenins Bolschewismus?

Der »Historikerstreit« liegt lange zurück, hat aber nichts an Aktualität eingebüßt. Der Geschichtswissenschaftler und Philosoph Ernst Nolte hatte damals geschrieben, dass der Bolschewismus in einem ursächlichen Zusammenhang mit dem Nationalsozialismus stehe, da er früher entstanden sei. Vereinfacht ausgedrückt: Für Nolte war der Nationalsozialismus die Antwort auf den Bolschewismus. Bei der Linken im bundesdeutschen Wissenschaftsbetrieb rief dies Abscheu und Empörung hervor, sahen sie doch darin eine Deutung des Nationalsozialismus als eine Art Abwehrideologie und bezichtigten den Historiker, ein übler Revisionist zu sein. Wortführer war dabei der Philosoph Jürgen Habermas. Nolte wurde in der Folgezeit regelrecht geächtet, verstieg sich dann in schwer erträgliche Zuspitzungen und starb 2016 isoliert. Im westlichen Ausland galt und gilt Nolte auch heute noch als angesehener Wissenschaftler, dessen These kontrovers diskutiert und von vielen geteilt wird. François Furet meinte bei allen Unterschieden zu Nolte über dessen Arbeiten, sie gehörten zu den wichtigsten über die Periode der beiden Weltkriege in Europa.[1]

Schon der oberflächliche Blick auf die beiden Weltanschauungen, die ihre verheerenden Spuren im 20. Jahrhundert hinterlassen haben, zeigt, dass der Kommunismus die frühere war. Von daher gesehen, könnte es durchaus sein, dass der Nationalsozialismus die Antwort auf Ersteren war. Die gängige Geschichtsschreibung sieht dies anders. Für sie kam zu der ursprünglichen antisemitischen Weltsicht der Nationalsozialisten der Antibolschewismus hinzu. Dieser kann demnach nicht in einem ursächlicheren Zusammenhang mit dem Nationalsozialismus und seinem Menschheitsverbrechen stehen. Hitler wäre dieser Sichtweise zufolge auch ohne Lenin über Deutschland und die Welt gekommen. Der Blick auf den Kriegsheimkehrer zeigt jedoch, dass er im München der Räte, also im April 1919, weder Antibolschewist noch Antisemit gewesen war. Doch wann und wie wurde er es in der nachräterepublikanischen Zeit? Was war früher, sein Antibolschewismus oder sein Antisemitismus?

Von zentraler Bedeutung im Zusammenhang mit der Beantwortung dieser Frage ist ein Mythos, der in der gängigen Geschichtsschreibung so gut wie nicht vorkommt: Es ist der Mythos vom »jüdischen Bolschewismus«. Nicht nur in Deutschland war es seit den Revolutionstagen des Jahres 1918 eine sich rasch ausbreitende, bald vorherrschende Auffassung, dass der Bolschewismus jüdisch sei. Überall war es zu lesen – in seriösen Zeitungen und in antisemitischen Hetztraktaten. Mitunter wurde die Ansicht von der Zusammengehörigkeit von Bolschewismus und Judentum von Juden selbst genährt, wenn zum Beispiel der Londoner *Jewish Chronicle* im April 1919 schrieb, dass die Botschaft des Bolschewismus in zentralen Punkten mit den Ideen des Judaismus übereinstimme.[2] Man hob dabei offenbar auf die zionistische Weltbewegung ab, die eine sozialistische war. So hatte schon ihr Begründer Theodor Herzl in seinem Buch *Der Judenstaat* einen Zusammenhang von Judentum und Revolution hergestellt, wenn er geschrieben hatte, dass »die gebildeten und besitzlosen Juden […] im sozialistischen Lager auf den exponiertesten Punkten stehen«.[3]

Dass der Bolschewismus jüdisch sei, schien tatsächlich vor allem durch die große Anzahl seiner jüdischstämmigen Revolutionsführer nahezuliegen. So waren im ersten siebenköpfigen Politbüro der KPR mit Trotzki, Sinowjew, Kamenew und Sokolnikow vier Mitglieder jüdischer Herkunft. Bei den Revolutionären in Ungarn und Deutschland war der Anteil der jüdischstämmigen Männer und Frauen ebenfalls ein hoher. Zu ihnen gehörten – um nur einige zu nennen – Béla Kun, Rosa Luxemburg und Paul Levi, ebenso wie die meisten der führenden bayerischen Räterevolutionäre. So wundert es nicht, dass auch der amerikanische Präsident Wilson überzeugt war, dass der Bolschewismus jüdisch geführt werde. Winston Churchill, der britische Rüstungsminister, bezeichnete die bolschewistischen Juden als »bemerkenswerte Bande«, die sich zu den unbestrittenen Herren im russischen Riesenreich aufgeschwungen hätten. »Ein bedeutender, wenn nicht tatsächlich der Hauptteil des Terrorsystems […] wurde von Juden ausgeübt […]«, meinte Churchill zu wissen.[4] Und er irrte sich offensichtlich nicht, denn Trotzki beklagte – laut Protokoll einer Politbüro-Sitzung vom April 1919 –, dass »unter den Tscheka-Mitarbeitern an der Front, den Exekutivkomitee-Mitarbeitern an und hinter der Front sowie bei den zentralen Sowjetbehörden […] der Anteil der Letten und Juden sehr hoch« sei.[5] Der amerikanische Russlandforscher Richard Pipes konstatiert zu Recht, dass die Gleichsetzung von Kommunismus und Judentum eine der »desaströsesten Konsequenzen« der Russischen Revolution gewesen sei. Denn hierin lag die Hauptursache für den sich ausbreitenden Antisemitismus in den Ländern der Kriegsverlierer.[6]

Der Mythos vom »jüdischen Bolschewismus«, den Johannes Rogalla von Bieberstein erforschte,[7] verbreitete sich natürlich auch im von den Revolutionären erschütterten Bayern. So hieß es Anfang Dezember 1918 im inoffiziellen Organ der katholischen Bayerischen Volkspartei (BVP): Die Parteimitglieder »achten und ehren jeden ehrlichen Juden. […]

Was aber bekämpft werden muss, das sind die zahlreichen atheistischen Elemente eines gewissenlosen internationalen Judentums mit vorwiegend russischer Färbung.«[8] Gemeint waren damit die von Russland angeleiteten bolschewistischen Revolutionäre. Diese wurden von den alteingesessenen Glaubensjuden ebenso als große Bedrohung für die bürgerliche Welt, zu der sie gehörten, angesehen. Nicht wenige jüdischstämmige demobilisierte Soldaten hatten sich sogar entschlossen, in Freikorps-Verbänden gegen die russischen Bolschewisten zu kämpfen.

Dass sich der Hass gegen die Juden in ihrer Gesamtheit richten könnte, davor hatten Weitsichtige unter ihnen im März 1919 gewarnt. Der Sprecher der jüdischen Orthodoxie Bayerns, der Industrielle Sigmund Fraenkel, hatte schon am Vorabend der Bayerischen Räterepublik von der »Größe der Gefahr« geschrieben, »die nicht die Bekenner unserer Glaubensgemeinschaft, sondern das Judentum selbst bedroht, wenn die Masse von Münchens werktätiger Bevölkerung die erhabenen Lehren und Dogmen der jüdischen Religion in ideellen Zusammenhang mit den bolschewistischen und kommunistischen Irrlehren bringt«.[9] Und der jüdischstämmige Sprecher der sozialdemokratisch geführten Regierung Preußens Hans Goslar schrieb 1919, dass die jüdischen Revolutionäre »ein gewaltiges Auflodern des zu hellen Flammen angefachten Funken des Judenhasses« provoziert hätten.[10]

Wenn auch andere Vertreter der deutschen Judenheit vor der Gefahr warnten, die mit der Gleichsetzung des Bolschewismus und des Judentums heraufzuziehen begann, gründete dies nicht zuletzt in dem Wissen um die Verfolgungen, denen sich ihre osteuropäischen Glaubensbrüder zur gleichen Zeit im Zuge des russischen Bürgerkriegs im Baltikum, in Weißrussland und der Ukraine ausgesetzt sahen. So wurden in der Ukraine Zeitungsberichten zufolge zwischen Dezember 1918 und August 1919 mehr als 100 000 jüdische Männer, Frauen und Kinder im Zuge der Konterrevolution von den »Weißen«

und von ukrainischen Nationalisten regelrecht abgeschlachtet.[11] Pogrome gegen die ukrainischen Juden hatte es im Zarenreich immer wieder gegeben. Doch was 1919 geschah, stellte eine neue Dimension der Judenverfolgung in Osteuropa dar. Es waren Massaker, bei denen die letzten Reste zivilisatorischer Normen verloren gegangen zu sein schienen. Der Londoner *Jewish Chronicle* gebrauchte im Mai 1919 in diesem Zusammenhang erstmals einen Begriff, der für Verbrennen stand: Ein »Holocaust« finde in der Ukraine statt[12] – vor allem auch, weil die ohnehin schon diskriminierten Juden jetzt noch als Träger und Unterstützer des Bolschewismus angesehen wurden.

Wenngleich es nicht zum Äußersten kam, vollzog sich die Entwicklung in Bayern nach dem gleichen Mechanismus. Nachdem die dort von der Bevölkerung als fremd, als etwas Russisches angesehene kurze Räteherrschaft von Reichswehreinheiten und Freikorpsverbänden blutig niedergeworfen worden war, nahm der Antisemitismus weiter zu, schien doch die jüdische Urheberschaft des Bolschewismus offenkundig. Befeuert wurde alles noch durch das Versailler Diktat von Anfang Mai 1919, das zeitlich mit dem Ende der Räterepublik zusammenfiel und natürlich auch bei den Münchnern eine niederschmetternde Wirkung hinterließ. Eine hysterische Angst vor einem Wiederaufflammen der Revolution legte sich jetzt über die Stadt. Entsprechend überreagierte Möhl, der Kommandeur der bayerischen Reichswehrverbände, der – da die reguläre Regierung Hoffmann noch in Bamberg ausharrte – über München gebot. Er ließ den Belagerungszustand ausrufen und Heimwehren aufstellen.

Sein Regime war von dem Willen getragen, mit den »Roten« ein für alle Male aufzuräumen. Eine regelrechte Säuberungswelle rollte über die Stadt. Entsprechend brutal sprang man mit denjenigen führenden Revolutionären um, derer man habhaft geworden war. Sofern sie nicht gleich wie räudige Hunde erschlagen worden waren, wurden sie von eilends einberufenen Standgerichten zum Tode verurteilt und hingerichtet, unter ihnen die Juden Landauer und Leviné, der dem Erschießungskommando als letzte Worte »Es lebe die Weltrevolution« entgegenschrie.[13] Egelhofer, der Oberkommandierende der »Roten Armee«, wurde »auf der Flucht« erschossen. Andere, wie Mühsam und Toller, die ebenfalls jüdischer Abstammung waren, wurden zu langjähriger Festungshaft verurteilt. Thomas Mann notierte dazu: »Eine Welt, die noch Selbsterhaltungsinstinkt besitzt, muss mit aller aufbietbaren Energie und standrechtlichen Kürze gegen diesen Menschenschlag vorgehen.« Mit »Menschenschlag« meinte der spätere Literaturnobelpreisträger, der Deutschland zu Beginn von Hitlers Herrschaft den Rücken kehren sollte, den »Typus des russischen Juden, dieser sprengstoffhaltigen Mischung aus jüdischem Intellektual-Radikalismus und slawischer Christusschwärmerei«.[14]

Den sich ausbreitenden Antisemitismus bekamen dann schnell die aus dem Osten emigrierten Juden zu spüren, die kollektiv mit der Räteherrschaft in Verbindung gebracht wurden. Wer von dieser Personengruppe nach 1914 eingewandert war, sollte deshalb ausgewiesen werden. Doch selbst Juden bayerischer Staatsbürgerschaft – so wurde es erwogen – sollte das gleiche Schicksal zuteilwerden. Der Münchner Polizeipräsident Ernst Pöhner war einer von vielen, die die Auffassung vertraten, die Ostjuden seien und blieben »ein schädlicher Fremdkörper im deutschen Volke«. Sie nützten nicht der Allgemeinheit, sondern verfolgten nur ihre »privaten und Rassenvorteile« und schreckten dabei vor nichts zurück, »auch nicht vor dem Staatsbestand, wenn ihnen dies zweckdienlich erscheint, wie die Ereignisse während der Räteherrschaft im heurigen Jahre gezeigt haben, wo in erster Linie ostjüdische Elemente die Träger bolschewistischer Ideen waren«.[15]

Diese bolschewistischen Ideen zirkulierten – wie bereits erwähnt – vor allem in der Münchner Garnison, war sie es doch gewesen, die als Teil der »Roten Armee« die Räterepublik trug. Schon Anfang Mai hatte Möhl deshalb befohlen, »Entlassungs- und Untersuchungskommissionen« zu bilden, die nach bolschewistischen Drahtziehern in der Truppe fahnden sollten, um diese den Standgerichten überstellen zu können. In einer solchen tauchte nun auch der Gefreite Hitler auf, der es geschafft hatte, sich unbeschadet auf die Seite der Konterrevolution hinüberzuretten, wo er durch eine besondere Beflissenheit versuchte, sein Liebäugeln mit der Revolution ungeschehen zu machen. Außerdem erhoffte er sich, seiner Entlassung aus dem Heeresdienst damit entgehen zu können.

Und so war Hitler auch dabei, als Ende Mai unter dem Kommando des Hauptmanns Karl Mayr eine Nachrichtenabteilung beziehungsweise Propagandaabteilung aufgestellt wurde. Sie sollte die Aufgabe übernehmen, die Angehörigen des bayerischen Übergangsheeres staatsbürgerlich zu schulen. Doch ehe sich die Propagandamänner an die Arbeit machen konnten, mussten sie selbst geschult werden. Eine erste Lehrveranstaltung fand zwischen dem 5. und 12. Juni statt. Fünf weitere folgten. Die »Erziehungsaufgabe« sollte als »reine antibolschewistische Propaganda [...] und ausschließlich unter Zugrundelegung der russischen, ungarischen und deutschen Beispiele« durchgeführt werden. »In diesem Zusammenhang wird dann eingegangen auf Marx, Lenin, die Bolschewisten, die Kommunisten, das kommunistische Manifest [...]«, hieß es zum Inhalt einer Lehrveranstaltung.[16] Als Arbeitsmaterial wurde den Propagandamännern bald ein von dem Marineoffizier Ernst Lindemann verfasstes Heftchen unter dem Titel *Was man über den Bolschewismus wissen muss*[17] zur Verfügung gestellt, das auch von Hitler genutzt werden sollte. Ein Propagandamann schrieb dazu an Mayr: »Die Darstellungen nach authentischen Quellen beweisen, dass vorwiegend Juden als Hauptführer des Bolschewismus ihre schmutzigen Geschäfte treiben.«[18]

Solches wäre unter den Lehrern wohl kaum auf Widerspruch gestoßen. Da war ein Karl Ludwig Graf von Bothmer, der Eisner vorgeworfen hatte, er heiße Kosmanowski, stamme aus Galizien und wolle »durch das Mittel der nationalen Verzweifelung das Volk in die Arme des Bolschewismus jagen«.[19] Da war der eher von links kommende Gottfried Feder, dessen Fokus auf dem »jüdischen Kapitalismus« lag, der aber gleichwohl im Bolschewismus eine »jüdische Mache« wähnte. Und da waren der Historiker und bayerische Partikularist Alexander von Müller, dem Hitlers Redetalent auffiel, oder der Ökonom Walter L. Hausmann und der Vorsitzende eines landwirtschaftlichen Verbandes, Michael Horlacher. Obwohl die Vortragenden ganz unterschiedliche Positionen vermittelten, waren sie es doch, die Hitlers Politisierung und Radikalisierung einleiteten. Aus dem Mann mit den linken Sympathien wurde nun der Antibolschewist und Antisemit Hitler.

Beschleunigt und zugespitzt wurde dieser Prozess, als Mitte Juni 1919 das Versailles-Ultimatum der Siegermächte die deutsche und bayerische Gesellschaft noch einmal schwer erschütterte. Der Historiker Thomas Weber spricht in diesem Zusammenhang von Hitlers »Damaskus-Erlebnis«.[20] Die Vertragsunterzeichnung sei der Moment gewesen, in dem dessen »Metamorphose und Radikalisierung« eingesetzt habe, glaubt er. Alles deutet darauf hin, dass der Prozess vom Bekanntwerden der Vertragsbedingungen Anfang Mai bis zur Vertragsunterzeichnung Anfang Juli Hitler Zug um Zug in einen Ausnahmezustand versetzte. Für ihn, der bald zum Protegé des fanatischen Antibolschewisten und Judenhassers Mayr avancierte, begann gleichsam die Fortsetzung des Weltkrieges gegen den zweifachen Feind.

Die Dramatik, die über diesen Wochen lag, spiegelt sich auch in der Münchner Presse wider. Einerseits war Versailles, die Schmach, der »Verrat« und der Widerstand, das große aufpeitschende Thema. Andererseits aber erfolgte eine breite Aufarbeitung der jüdischen Räterepublik. Diese wurde nun zur »bolschewistischen Schreckensherrschaft« und ihre Protagonisten zu »Bestien in Menschengestalt«.[21] Immer wieder ging es dabei um den Geiselmord der »Roten« auf dem Gelände des Luitpold-Gymnasiums. Da war die Rede von zerschmetterten Hinterköpfen, von herumliegenden Gehirnteilen und von abgetrennten männlichen Genitalien – kurzum von einer »wahnsinnigen Gräueltat, bei der die letzte Erinnerung an Menschentum und Menschenwürde erstickt« sei.[22] Die dafür verantwortlichen Revolutionäre wurden als »vertiert«, als »viehisch« und als »Ausgeburten der Hölle« verteufelt. Als die Verantwortlichen vor den Schranken des Gerichts standen, sprach der Vorsitzende Richter von einer »russischen Strategie«, die der Tat zugrunde liege.[23]

Immer wieder wurden die Ereignisse in München mit dem »Blutrausch« der »asiatischen Hunger- und Schreckensherrschaft« in Russland in Beziehung gesetzt. Immer wieder berichteten die Zeitungen über den roten Terror an der Wolga, in Sibirien und der Ukraine, über die Folterkeller der Tscheka, über die Niedergemetzelten aus dem bürgerlichen Geistesadel, über Offiziere und Aristokraten, deren Leichen wieder ausgegraben und geschändet wurden. Zu lesen war auch über die Zarenfamilie, die auf Befehl Lenins ermordet worden war. Vor dieser Apokalypse, die sich bereits in den Geiselmorden im Luitpold-Gymnasium angedeutet habe, sei Bayern noch einmal bewahrt worden. Doch die barbarische Bedrohung sei nach wie vor latent – das war die Botschaft eines beachtlichen Teils der Presse, die mit Anspielungen auf die jüdische Urheberschaft des Bolschewismus nicht sparte.

Die Berichte über echte und sicherlich auch erfundene Gräuel der Münchner Bolschewisten und das Wucherer- und Schieberwesen als angebliche Domäne betrügerischer Ostjuden zogen in München bis zum Herbst 1919 eine nie da gewesene antisemitische Atmosphäre nach sich. So hieß es in einem Tagesbericht der Nachrichtenabteilung der Polizei vom Oktober, dass »das Eintreten von Judenpogromen nach und nach für durchaus möglich« gehalten werde. In einer anderen Meldung der Nachrichtenabteilung vom selben Monat ist die Rede davon, dass diese Pogrome in München unmittelbar bevorstünden, »ähnlich wie in Wien und Russland«.[24] Wie weit der Judenhass in München gediehen war, verdeutlichte auch die Tagebucheintragung eines Journalisten namens Josef Hofmiller, der schon in seinen Vorstellungen eine finale Lösung des Problems parat hatte: »Die Galizier [...], die gehören [...] alle erschossen«, schrieb er.[25]

Aus dieser Zeit stammen auch Hitlers allererste belegte Attacken gegen das Judentum. Während eines Aufenthalts im Heimkehrerlager Lechfeld bei Augsburg, wo er in der zweiten Augusthälfte 1919 vor »kommunistisch und spartakistisch verseuchten Soldaten« in einem Vortrag über den Kapitalismus auch »die Judenfrage in ganz klarer Form unter bes. Berücksichtigung des germanischen Standpunktes« darstellte, zog er dabei derartig vom Leder, dass sich der Führer des dortigen Wachkommandos dazu veranlasst sah, »anzuordnen, dass bei Behandlung dieser Frage möglichst vorsichtig vorgegangen werden solle und dass zu deutliche Hinweise auf die dem deutschen Volke fremde Rasse nach Möglichkeit zu vermeiden seien«.[26] Der Offizier, der diesen Einwand verantwortete, gehörte offenbar zu denen, die die Vorgaben der Reichswehr noch ernst nahmen.

Hitler sprach vor den Soldaten in Lechfeld über den Kapitalismus. Die radikale Ablehnung desselben war für ihn zum zweiten Vehikel auf seinem Weg zum fanatischen Antisemiten geworden. Zeitlich parallel zum Schreckbild des »jüdischen Bolschewismus« konkretisierte sich bei Hitler nämlich auch die Vorstellung von einem »raffgierigen jüdischen Kapitalismus«, dem er eine nicht minder zerstörerische Wirkung auf die deutsche Nachkriegsgesellschaft beimaß. Diese Wahrnehmung entsprang nicht zuletzt seinem antikapitalistischen Ressentiment als Habenichts, das sich schon in seiner Nähe zur Sozialdemokratie und seiner indifferenten Haltung zur

Räterepublik ausgedrückt hatte. Nur dass dieses Ressentiment jetzt um die antisemitische Komponente erweitert wurde.

Der in Wirtschaftsfragen unbedarfte Hitler hatte im Verlaufe seiner weltanschaulichen Schulung neben der Aufklärung über den Bolschewismus auch eine Einweisung in den »jüdischen Kapitalismus« erhalten. Bothmer, der über »Sozialismus in Theorie und Praxis« gesprochen hatte, vertrat die Auffassung, dass der »internationalistische Sozialismus« (und damit auch die mehrheitssozialdemokratisch geführte Reichsregierung) lediglich ein Instrument des »internationalistischen Kapitalismus« sei. Seiner Meinung zufolge trugen daher »die Arbeiterführer [...] nicht zur Bekämpfung, sondern zum Siege der plutokratisch-mammonistischen Weltherrschaftspläne bei«.[27] Bothmer sah darin auch die Erklärung für die vermeintliche Erkenntnis, dass der Bolschewismus heute die »teils offene, teils geheime Unterstützung aller jener Kreise findet, die bewusst oder unbewusst im Banne einer börsenmäßigen Ausnutzung des mobilen Kapitals sich befinden«.[28]

Bothmers verschwörungstheoretische Auffassungen vom subversiven Zusammenwirken von Kapitalismus und Bolschewismus ähnelten denjenigen Gottfried Feders, der im Mai 1919 ein *Manifest zur Brechung der Zinsknechtschaft*[29] veröffentlicht hatte. Der Bauingenieur, der sich mit finanz- und volkswirtschaftlichen Fragen beschäftigte und sich dabei wie später Rudolf Jung in seiner Schrift *Der nationale Sozialismus*[30] am Modell einer mittelalterlichen Wirtschaft orientierte, stellte dem »guten« Kapital, nämlich dem »schaffenden Kapital«, das »schlechte«, das »raffende«, gegenüber, das er mit dem Judentum in Verbindung brachte. Feder warf den demokratischen Parteien pauschal vor, dass ihre Revolution den eigentlichen Kern des Problems nicht einmal berührt habe. Der »wahre sozialistische Staat« – so Feder – müsse dem »raffenden Großkapital«, das den Weltkrieg zu verantworten habe, zu Leibe rücken. Die Revolutionäre hätten hingegen der »mammonistischen Versklavung und Korrumpierung des deutschen Volkes« durch die Juden Vorschub geleistet. Dass dabei das Judentum auch die Drähte hinter den Versailler Kulissen zog, verstand sich den Feder'schen Vorstellungen zufolge, die in das Parteiprogramm der NSDAP, die 25 Leitsätze vom Februar 1920,[31] mit einflossen, von selbst.

Die krude verschwörerische Gedankenwelt Bothmers und Feders, die in ihren wirtschaftspolitischen Vorstellungen das deutsche Gegenmodell zur westlichen Demokratie à la Weimar sahen, scheint bereits auch in Hitlers Stellungnahme vom 16. September 1919 durch, die er im Auftrag Mayrs zum Thema »Regierungssozialdemokratie und Judentum« anfertigte.[32] Zu diesem Zeitpunkt hatte Hitler, der sich von der Sozialdemokratie abwandte, nachdem sie sich dem Ultimatum der Siegermächte gebeugt hatte, bereits eine vernichtende Meinung über die Partei Eberts. So beklagte der Gefreite in seiner »Stellungnahme« ungelenk: Da es keine »national gesinnten Führerpersönlichkeiten mit innerlichem Verantwortungsgefühl« gebe, seien die heutigen Führer des Staates gezwungen, »sich Unterstützung zu suchen bei jenen, die ausschließlich Nutzen aus der Neubildung der deutschen Verhältnisse zogen und ziehen und die aus diesem Grunde ja auch die treibenden Kräfte der Revolution waren, den Juden«. Sie seien gezwungen, die ihnen zum eigenen Vorteil von den Juden bereitwillig gewährte Unterstützung anzunehmen und damit auch die geforderte Gegenleistung zu bringen. »Und dieser Gegendienst besteht nicht nur in jeder möglichen Förderung des Judentums überhaupt, sondern vor allem in der Verhinderung des Kampfes des betrogenen Volkes gegen seine Betrüger, in der Unterbindung der antisemitischen Bewegung.«

Doch Hitler beschränkte sich in seinen Auslassungen nicht darauf, die MSPD zur passiven Komplizin des Judentums zu degradieren. Er forderte auch, dem »gefühlsmäßig bestimmten Antisemitismus« einen »Antisemitismus der Vernunft«

entgegenzusetzen. »Tatsache« sei es nämlich, dass das Judentum unbedingt Rasse und nicht Religionsgemeinschaft sei, schrieb er und fügte noch einige in München kursierende antisemitische Klischees hinzu: »Durch tausendjährige Innzucht [sic!], häufig vorgenommen im engsten Kreise, hat der Jude im allgemeinen seine Rasse und ihre Eigenart schärfer bewahrt, als die der Völker, unter denen er lebt. Und damit ergibt sich die Tatsache, daß zwischen uns eine nichtdeutsche, fremde Rasse lebt«, für die alles nur Mittel sei, »Geld- und Herrschgier zu befriedigen«. Da ihr Wirken den Völkern die »Rassentuberkulose« bringe, forderte er die »planmäßige gesetzliche Bekämpfung und Beseitigung der Vorrechte des Juden«. Schließlich nahm er an diesem 16. September 1919 das vorweg, was er 22 Jahre später in die Tat umsetzen sollte. Hitler: »[…] letztes Ziel aber muss unverrückbar die Entfernung der Juden überhaupt sein.«[33]

Wenn er in seiner »Stellungnahme« einen »Antisemitismus der Vernunft« forderte, dann meinte er damit den eher pseudoakademischen. Eröffnet wurde diese Welt dem Gefreiten von einem gescheiterten Schriftsteller namens Dietrich Eckart, den er über Mayr wahrscheinlich schon im Sommer 1919 kennenlernte und der bald sein Mentor werden sollte. Eckart gehörte zu jenem Kreis völkisch-antisemitischer Fanatiker, die in der Münchner Thule-Gesellschaft organisiert waren und in dem »parasitären Juden« den Zerstörer jeglicher völkischen Gemeinschaft sahen. Aus der Gruppe war ein »Kampfbund« hervorgegangen, der einen Guerillakrieg gegen die Räterepublik geführt hatte. Und sie hatten auch »Märtyrer« zu beklagen, wie die Gräfin Hella von Westarp, eine Freundin des späteren Hitler-Stellvertreters Rudolf Heß, die unter den Geiseln war, die auf dem Gelände des Luitpold-Gymnasiums von den »Roten« erschossen worden waren.

Eckart gab seit Dezember 1918 ein weitgehend selbst geschriebenes Periodikum unter dem Titel *Auf gut deutsch* heraus, in dem er das zersetzerische Wirken der Juden gegen die deutsche Nation erstmals im Januar 1919 unter der Überschrift »Das Judentum in und außer uns« thematisierte.[34] Autoren des Heftchens, von dem ein paar Hundert gedruckt wurden, waren mitunter auch Bothmer, Feder und der Deutschbalte Alfred Rosenberg, der in Moskau studiert und die Russische Revolution am eigenen Leib erfahren hatte, ehe er nach Deutschland emigrierte. In *Auf gut deutsch* schrieb er im Februar 1919 den Artikel »Die russisch-jüdische Revolution«,[35] in dem er den Juden vorhielt, sie seien es gewesen, die den russischen Staat zu desorganisieren trachteten. »Die Seele dieser ganzen Strömung war der allgemein bekannte Braunstein [sic!], alias Trotzki, ein Jude aus dem jekaterinoslawischen Gouvernement, und sein Blutsgenosse Apfelbaum, genannt Sinowjew«, hieß es bei Rosenberg weiter, der im Zusammenhang mit der bolschewistischen Führung von einer »Judenherrschaft« beziehungsweise von einem »Sowjetjudäa« sprach.

Hitler erwies sich als gelehriger Schüler Eckarts. Um ein rassenideologisches Fundament für seine Weltsicht zu erhalten, dürfte der Halbgebildete jetzt von diesem in die pseudoakademischen, komplex ausladenden Schriften der Rassentheoretiker eingewiesen worden sein. Erst jetzt dürfte er sich mit Gobineau oder Chamberlain auseinandergesetzt haben, mit dem er 1923 in Bayreuth zusammentraf. Erst jetzt war für ihn Wagner nicht mehr nur der große Komponist, der ihn in die mythische Welt der Germanen mitgenommen hatte, sondern der Prophet des Rassenkampfes. Erst jetzt begann er die vermeintlichen Zusammenhänge des vermeintlich subversiven Wirkens der jüdischen Rasse zu verstehen. Erst jetzt begriff er die vermeintliche Bedeutung der »Rassereinheit«. Und er verinnerlichte alles. Er fühlte sich dabei in der Rolle eines Auserkorenen, als einer der wenigen Wissenden, der den Lauf der Welt und die Hintergründe der Ereignisse in Deutschland verstanden hatte. Nicht von ungefähr sollte er Eckart später als seinen »Polarstern« bezeichnen,[36] also als das Gestirn, das den Orientierung Suchenden in finsterer Nacht den Weg weist.

Eckart wiederum sah in dem talentierten Redner früh den »kommenden Führer«. Die Voraussetzung, die ein solcher erfüllen sollte, beschrieb der Zyniker, bevor er auf Hitler traf, so: »Ein Kerl muss an die Spitze, der ein Maschinengewehr hören kann. Das Pack muss Angst in die Hosen kriegen. Einen Offizier kann ich nicht brauchen, vor denen hat das Volk keinen Respekt mehr. Am besten wäre ein Arbeiter, der das Maul auf dem rechten Fleck hat [...] Verstand braucht er nicht viel, die Politik ist das dümmste Geschäft auf der Welt [...].«[37] Eckart baute Hitler fortan auf. Und er brachte ihn mit den »richtigen Leuten« zusammen. Das waren meist die in der Thule-Gesellschaft organisierten völkisch-antisemitischen Geschäftsleute, aber auch antibolschewistische Exilrussen um den erwähnten Deutschbalten Alfred Rosenberg und seinen Landsmann, den späteren Novemberputschisten Erwin Scheubner-Richter. Ohne diese Kontakte, die Hitler allmählich gesellschaftsfähig machten, wäre dessen Aufstieg vom Reichswehr-Propagandaredner mit dem Mannschaftsdienstgrad zum ersten nationalen, sozialistischen und antisemitischen Lokalagitator Münchens gar nicht vorstellbar gewesen.

Es war auch Eckart, der Hitler zur Deutschen Arbeiterpartei (DAP) brachte und seine dortige Arbeit nach Kräften unterstützte. Sie bestand aus permanenter politischer Agitation, ob auf den Sprechabenden der DAP oder bei seinen Auftritten vor größerem Publikum in den Münchner Brauhäusern. Stoßrichtung waren immer wieder der »jüdische Kapitalismus« und der »jüdische Bolschewismus« in Gestalt von Versailles und Revolution. Dass die Agitation gegen Letzteren für Hitler von Anfang an zu den Hauptaufgaben gehörte, verdeutlicht auch die Aussage seines ehemaligen Weltkriegskameraden Max Amann, der Hitler zu Beginn des Jahres 1920 auf dem Münchner Odeonsplatz getroffen und diesen gefragt habe, ob er immer noch Soldat sei. Darauf habe Hitler geantwortet, dass er »Bildungsoffizier« sei und »Vorträge gegen den Bolschewismus« halte.[38] Der Volksgenosse Riedl notierte über einen dieser Vorträge vor dem Hintergrund des russisch-polnischen Krieges Anfang Februar 1920: »Bolschewismus im Anmarsch. Befreiung des Proletariats. Weltr[evolution]. Russen stehen vor Polen.«[39] Ende März sprach der soeben aus der Reichswehr ausgeschiedene Hitler – wie Riedl festhielt – über »Bolschewismus – Ruhrgebiet«.[40] Und im Juli soll Hitler selbst erklärt haben, wie aus einem Bericht einer Rosenheimer Zeitung hervorgeht, dass in Russland der Jude herrsche, der Deutschland »dauernd versklaven« wolle.[41]

Es ist gegen diese Sichtweise, wonach Hitler über den Antibolschewismus zum Antisemitismus gefunden habe, angeführt worden, dass in den 25 Punkten der NSDAP vom Februar 1920 der Bolschewismus unerwähnt geblieben sei. Daraus wurde rückgeschlossen, dass der Antibolschewismus für Hitler zu diesem Zeitpunkt noch keine Rolle gespielt habe und er zu diesem erst ab Mitte 1920 über seinen Judenhass gekommen sei. Wie dies unter dem Einfluss von Mayr, Bothmer, Feder und Eckart sowie im Münchner Klima der nachräterepublikanischen Zeit möglich gewesen sein soll, bleibt das Geheimnis der Historiker, die solches verbreiten. Sie übersehen dabei, dass sich das erste und einzige Parteiprogramm der NSDAP vor allen auch an die Arbeiterschaft, also an jene richten sollte, die es wie Hitler einmal mit der Linken gehalten hatten oder noch hielten. Wenn es im letzten Leitsatz lapidar heißt, dass die Partei dem »jüdisch-materialistischen Geist in und außer uns« den Kampf ansagen werde,[42] dann wurden damit auch jene angesprochen, die einmal auf der Seite der Revolution gestanden hatten. Hitler schrieb später selbst, dass man Rücksicht auf »psychologische Momente« habe nehmen müssen.[43]

Es lag dabei in der Sache selbst, dass Hitlers Antisemitismus von Anfang an eine universale Dimension hatte, wenn für ihn hinter dem Bolschewismus mit seinem weltrevolutionären Anspruch und hinter dem Kapitalismus, in Form von Versailles, dem »Welttribunal«, gleichermaßen »der Jude« stand. In gewisser Weise war es aus dieser wahnwitzigen Sicht folgerichtig, wenn er von einer »jüdischen Weltverschwörung« ausging. Ein alter Topos, der aus dem ausgehenden 19. Jahrhundert stammte, erlebte so eine nachhaltige Renaissance. In völkischen und antisemitischen Blättern war die »jüdische Weltverschwörung« allgegenwärtig. In einem Kommentar der *Deutschen Zeitung* vom Juni 1919 hieß es, dass »die Wucht der Ereignisse« – gemeint waren damit Versailles und die Revolution, hinter denen »die Juden« als Drahtzieher gesehen wurden – unzweifelhaft den Beweis erbracht habe, »dass ein solches Programm des Judentums vorhanden ist [...] und mit allen Mitteln durchgeführt werden wird, wenn wir Deutschen uns nicht endlich der Gefahr bewusst werden, die riesengroß uns bedroht«.[44]

Wer daran glauben wollte, glaubte also daran. Kritik verhallte allzu oft ungehört. Der Sozialdemokrat Hans Goslar schrieb resigniert im Jahr 1919: »Die verzweifelte und zerrüttete Stimmung dieser Tage, die ohnmächtige Wut über den Jammer um uns und gewiss nicht zuletzt auch die Beteiligung einer größeren Anzahl von Männern jüdischen Blutes an der radikal-sozialistischen und an der bolschewistischen Bewegung hat es zuwege gebracht, dass die an sich inhaltslose und demagogische Phrase von der jüdischen Weltherrschaft in die Köpfe von zahlreichen deutschen Männern und Frauen eingedrungen ist, die sonst sehr wohl imstande gewesen sind, sich ein starkes Urteil zu wahren. Die dies aber heute gar nicht mehr vermögen, weil von den vielen Windrichtungen her immer wieder die gleichen Worte in ihre Ohren getragen werden [...].«[45]

Einen Sturm in diesen Ohren – um im Bild Goslars zu bleiben – brachten die 1920 in deutscher Übersetzung erschienenen *Protokolle der Weisen von Zion,* die bis 1933 in 45 Auflagen hunderttausendfach verkauft wurden. Das Traktat über die »jüdische Weltverschwörung« sorgte für weltweites Aufsehen. Über seine Echtheit wurde in der Londoner *Times* ebenso diskutiert wie in der *New York Times*. In Washington beschäftigte sich sogar ein Unterausschuss des amerikanischen Senats mit den *Protokollen*. Einen bekannten Amerikaner veranlassten diese sogar, sich in Form eines Buches mit ihnen auseinanderzusetzen. Es war kein Geringerer als der Industrielle Henry Ford. Der deutsche Titel seines antisemitischen Machwerks lautete: *Der internationale Jude.*[46] Darin redete auch er einer »jüdischen Weltverschwörung« das Wort, die sich vor allem gegen Deutschland richte. Denn es gebe keinen größeren Gegensatz in der Welt als den zwischen der rein arischen und der rein semitischen Rasse. »Darum hasste der Jude das deutsche Volk und daher zeigten die Länder, in denen die Juden den stärksten Einfluss hatten, während des beklagenswerten Weltkrieges den stärksten Hass gegen Deutschland.«[47] Dieser Hass habe in Paris – so Ford, der Versailles als eine »Koscha-Konferenz«[48] bezeichnete – seine Fortsetzung gefunden.

Nicht nur für die Anhänger der Nationalsozialisten wurde Fords Weltbestseller, der auch in der Münchner Parteileitung vertrieben wurde, zu einer Art Pflichtlektüre. Hitler selbst glaubte zwar nicht wie der Amerikaner an die Authentizität der *Protokolle*, aber an die Richtigkeit ihrer Aussagen. Sie boten ihm Anregungen für seine Reden. Und zu Fords Buch finden sich in *Mein Kampf* Parallelen. Nicht zuletzt auch durch die propagandistische Unterstützung des Weltbürgers Ford war der Kleinbürger Hitler mehr denn je davon überzeugt, dass seine Deutung der Dinge die einzig richtige sei. Einem Reporter eines New Yorker Magazins erklärte er im Vorfeld des »deutschen Oktobers« die daraus zu ziehenden Konsequenzen: »Der Versailler Friedensvertrag und der Bolschewismus sind zwei Köpfe eines Monsters. Wir müssen beide abschlagen.«[49]

In Hitlers biografischem Programmbuch *Mein Kampf*, dessen ersten Band er 1924 nach dem gescheiterten Putsch und seiner Verurteilung in Landsberger Festungshaft schrieb, stand dann dieses »jüdische Monster« im Mittelpunkt. Dessen »verderbliches Wirken« verknüpfte er darin mit seiner eigenen Lebensgeschichte. Überall wollte er – der frühe Antisemit, der er vorgab gewesen zu sein – es erlebt haben. Was Hitler da ungelenk und recht gestelzt zusammenschrieb, hatte aber nichts, aber auch gar nichts mit der Wahrnehmung des Wiener Postkartenmalers und orthografieschwachen Tagediebes zu tun, wenn es heißt, dass er dort einen »wahrhaft bösen Anschauungsunterricht« erhalten habe, wonach »der Jude« »Bazillenträger«, »Made im faulenden Leibe« und »geistige Pestilenz« sei.[50] Denn dieser stehe hinter der Prostitution ebenso wie hinter Sozialdemokratie und Marxismus. »Ich merkte mir die Namen fast aller [sozialdemokratischen; der Verfasser] Führer, es waren zum weitaus größten Teil ebenfalls Angehörige des ›auserwählten Volkes‹.«[51]

Bei der Schilderung seiner Münchner Zeit 1913/14 fallen die antisemitischen Tiraden knapper aus. Er will in der »deutschen Stadt« das Verhältnis von Marxismus und Judentum einer gründlichen Prüfung unterzogen haben. Während des Weltkrieges will er dann die jüdischen Soldaten pauschal als »Feiglinge« und »Defätisten« ausgemacht haben. Überall habe er das unterminierende Wirken der Juden erkannt, ob an der Front, ob im Beelitzer Lazarett nach seiner Verwundung (1916) oder während der Rekonvaleszenz in München 1917 und natürlich auch in Berlin im selben Jahr. Die Revolutionszeit zwischen dem Ende des Weltkrieges und dem Ende der Räterepubliken spart Hitler im Wesentlichen aus. Nur ein paar wenige Worte und die Feststellung, dass Letztere eine »Judenherrschaft« gewesen sei. Und Dietrich Eckart? Bei alldem war kein Platz für einen Mentor, der ihm ab Herbst 1919 einen solchen Rückblick erst eröffnete. Im ersten Band, den er den »Blutzeugen«, also den beim Novemberputsch Erschossenen, »weihte«, bleibt der 1923 Verstorbene völlig unerwähnt. Im zweiten Band würdigt Hitler seinen »Polarstern« am Ende des letzten Kapitels mit einem Satz als Mann, »der als der Besten einer sein Leben dem Erwachen seines, unseren Volkes gewidmet hat im Dichten und im Denken und am Ende in der Tat«.[52]

Angesichts seines Anspruchs, der Führer der nationalsozialistischen Bewegung sein zu wollen, so klein sie 1924 auch war, konnte Hitler nicht seinen wirklichen politischen Werdegang schildern – er konnte nicht schreiben vom frühen Wiener Judenfreund, vom Eisernen Kreuz, das er einem Juden verdankte, von seiner Teilnahme am Staatsbegräbnis für den Juden Eisner, von seiner früheren Nähe zur Sozialdemokratie und schließlich von seiner Wahl zum Ersatzbataillonsrat der »Roten Armee« der als »jüdisch« geltenden Räterepublik. Was er stattdessen zu Papier brachte, waren wohl die nachhaltigsten seiner unzähligen Propagandalügen, dominieren sie doch bis zum heutigen Tag das Bild des Diktators – in der Öffentlichkeit ebenso wie in der Geschichtsforschung.

Authentisch sind dagegen die politischen und weltanschaulichen Vorstellungen Hitlers, die in seinem Buch zu einem Gebräu aus angeblichen Erfahrungen und vermeintlich letzten Erkenntnissen zusammenfließen. Es ist bei aller schriftstellerischen Minderbegabung eine in sich geschlossene rassenideologische Weltanschauung, die ins Auge sticht. Es ist aber auch ein programmatischer Entwurf einer künftigen nationalsozialistischen Politik, deren Komponenten er später, nachdem er die Macht in Deutschland errungen haben wird, Schritt für Schritt in die Tat umsetzen wird. Sowohl der künftige Aufbau und die rassenideologischen Prinzipien des nationalsozialistischen Staates als auch die Grundzüge seiner künftigen Außenpolitik bis hin zur »Notwendigkeit«, das bolschewistische Russland von der Landkarte zu tilgen, werden in seinem *Kampf*-Buch vorweggenommen. Für die Sozialgeschichtsschreibung durfte dies nicht sein, zeigt es doch, in welchem Maße ein Einzelner den Weg Deutschlands in die

Katastrophe bestimmte. Kershaw behauptete daher in seiner Hitler-Biografie – dem Dogma seines Wissenschaftszweiges unterworfen – wider jegliche Faktenlage, Hitler habe zwar eine Weltanschauung gehabt. Diese sei jedoch nur auf »eine utopische Vision von der nationalen ›Erlösung‹« hinausgelaufen und »nicht auf ein Programm mittelfristig anzustrebender politischer Ziele«.[53]

Ausgangspunkt seiner Weltanschauung war für Hitler, wie auch für viele andere der Frontkämpfergeneration, ein primitiver Sozialdarwinismus, wie er auf den Schlachtfeldern erfahren und verinnerlicht worden war. So seien auch alle Geschehnisse im Völkerleben (also auch der Krieg) »nicht Äußerungen des Zufalls, sondern naturgesetzliche Vorgänge des Dranges der Selbsterhaltung und Mehrung von Art und Rasse, auch wenn sich die Menschen des inneren Grundes ihres Handelns nicht bewusst zu werden vermögen«, schrieb Hitler.[54] Für ihn war Rasse Natur, und die Aufgabe des Menschen war es, im Sinne dieser Natur und ihrer Gesetzmäßigkeit zu handeln. Und diese Gesetzmäßigkeit bedeute, dass nur der Stärkere überleben werde.

Zentral waren für Hitler dabei die Abgeschlossenheit der Art und die Rassereinheit als Voraussetzungen für die Selbstbehauptung und Stärke der Nation. Entsprechend lag für ihn auch »der tiefste und letzte Grund des Untergangs des alten Reiches […] im Nichterkennen des Rasseproblems und seiner Bedeutung für die geschichtliche Entwicklung der Völker«.[55] Die »Erfüllungspolitik« gegenüber Versailles und der »Dolchstoß« waren für ihn demnach nur noch Symptome, zwangsläufige Konsequenzen einer seiner Ansicht nach im Kaiserreich sträflich ignorierten »Reinhaltung« der arischen Rasse, deren beste Bestandteile auf den Schlachtfeldern des Ersten Weltkrieges geblieben seien.

Die Rasse oder die »Blutsgemeinschaft«, die für Hitler mit dem Begriff »Nation« korrespondierte, war für ihn nicht nur integratives Moment, sondern auch ideologischer Unterbau des Nationalsozialismus. Wenn alles von der Rasse abhing, dann war der Mensch eben nicht nur Objekt irgendwelcher gesellschaftlicher Verhältnisse, wie es der »jüdische Marxismus« lehrte. Vielmehr erlaubte die Rasse Individualität, die Hitler, der dem »Führerprinzip« das Wort redete, konsequent gegenüber dem marxistischen Egalitarismus abgegrenzt wissen wollte, zumal sein Rasseverständnis mehr metaphysisch als biologistisch war. Die »Überlegenheit der arischen Rasse« – sofern sie sich von »fremde[m] Blut« reinhielte – gründete für ihn dann auch in deren Idealismus, wie es schon Chamberlain geschrieben hatte und es ihm von Eckart vermittelt worden war.

Grundsätzlich neu war nichts von dem, was Hitler in seinem Buch über die Rassen verbreitete. Kein Punkt oder Argument, die nicht schon, wenn auch in anderem Zusammenhang, ins Feld geführt worden wären. Das galt natürlich vor allem auch für das Bild des »seelenlos materialistischen Juden«, den er als »Völkerparasit« und als »Weltpest« bezeichnet. Denn unter dem Mantel der »jüdischen Lehre« vom Marxismus, »unter diesem Mantel sozialer Gedanken liegen wahrhaft teuflische Absichten verborgen«, schrieb er.[56] »Durch die kategorische Ablehnung der Persönlichkeit und damit der Nation und ihres rassischen Inhalts zerstört sie die elementaren Grundlagen der gesamten menschlichen Kultur, die gerade von diesen Faktoren abhängig ist.«[57] Schließlich beginne – so Hitler unter dem Eindruck des von ihm Erlebten weiter – »die große, letzte Revolution«, denn »indem der Jude die politische Macht erringt, wirft er die wenigen Hüllen, die er noch trägt, von sich [...] In wenigen Jahren versucht er, die nationalen Träger der Intelligenz auszurotten, und macht die Völker, indem er sie ihrer natürlichen geistigen Führer beraubt, reif zum Sklavenlos einer dauernden Unterjochung. Das furchtbarste Beispiel dieser Art bildet Russland, in dem er an die dreißig Millionen Menschen in wahrhaft satanischer Wildheit teilweise unter unmenschlichen Qualen tötete und verhungern ließ, um einen Haufen jüdischer Literaten und Börsenbanditen die Herrschaft über ein großes Volk zu sichern.«[58]

Sein rassenideologischer Impetus verschmolz in *Mein Kampf* mit der Idee vom »Lebensraum«. Durch ihn sollten die wirtschaftlichen Grundlagen eines Volkes geschaffen werden, dessen ökonomische Ordnung den Vorstellungen von Gottfried Feder entsprechen sollte. Während des Weltkrieges hatte es sich nämlich gezeigt, was es bedeutete, wenn Lebensmittel- und Rohstoffversorgung nicht im ausreichenden Maße gewährleistet waren. Hitler stand bei der Lösung dieses Problems unter dem Einfluss des »Geopolitikers« Karl Haushofer, eines Lehrers von Rudolf Heß, der als Mitinhaftierter auf der Festung Landsberg an der Abfassung des *Kampf*-Buches mithalf. Haushofers Vorstellungen zufolge sollte Deutschlands Wiederaufstieg über einen euroasiatischen Kontinentalblock führen. In einem wirtschaftlich und politisch zusammengeschlossenen Großraum vom Rhein über den Amur bis zu den japanischen Inseln mit seinen gewaltigen Ressourcen sah der Professor die Voraussetzung dafür, die maritime Vorherrschaft der angelsächsischen Mächte egalisieren zu können.

Wenn Hitler in *Mein Kampf* den »Lebensraum« thematisierte, dann dachte er allerdings an etwas ganz anderes, wenn davon die Rede war, dass die Nationalsozialisten »den ewigen Germanenzug nach dem Süden und Westen« stoppen und »den Blick nach dem Land im Osten« weisen würden. Und er präzisierte: »Wenn wir aber heute [...] von neuem Grund und Boden reden, können wir in erster Linie nur an Russland und die ihm untertanen Randstaaten denken.«[59] Es ist dasselbe Russland, das Hitler auch aus rassenideologischen Erwägungen vernichten zu müssen glaubte. Denn »im russischen Bolschewismus haben wir den im zwanzigsten Jahrhundert unternommenen Versuch des Judentums zu erblicken, sich die Weltherrschaft anzueignen«.[60]

Und diese Entwicklung war aus Hitlers Sicht weit fortgeschritten, wenn er in *Mein Kampf* schreibt, »der Jude« sehe »die heutigen europäischen Staaten bereits als willenlose Werkzeuge in seiner Faust, sei es über den Umweg einer sogenannten westlichen Demokratie oder in Form der direkten Beherrschung durch russischen Bolschewismus«.[61] Aber auch in der Neuen Welt drohe das Schicksal. »Juden sind die Regenten der Börsenkräfte der amerikanischen Union«, die bereits den Angriff zur Eroberung des britischen Weltreichs organisierten.[62] Die Vernichtung Deutschlands sei nicht englisches Interesse gewesen, sondern jüdisches, konstatiert er und leitet daraus und aus den sich nicht überschneidenden Interessen zwischen der Seemacht Großbritannien und der Landmacht Deutschland ab, dass beide Staaten für eine künftige Partnerschaft prädestiniert seien. Hinzu trat für Hitler das faschistische Italien, wo das Ringen gegen die »jüdische Welthydra« zugunsten der nationalen Kräfte entschieden sei.[63]

Hitlers Strategie, deren Grundzüge er in seinem sogenannten *Zweiten Buch* aus dem Jahre 1928 noch einmal umreißen sollte, sah vor, dass Deutschland, England und Italien Seite an Seite den Kampf gegen die »jüdische Weltgefahr« aufnähmen. Alles erhielt schließlich eine apokalyptische Dimension, wenn es in *Mein Kampf* heißt: »Siegt der Jude mithilfe seines marxistischen Glaubensbekenntnisses über die Völker dieser Welt, dann wird seine Krone der Totenkranz der Menschheit sein, dann wird dieser Planet wieder wie einst vor Jahrtausenden menschenleer durch den Äther ziehen.«[64]

Der bizarren Logik dieser überspannt-fanatischen Weltsicht zufolge implizierte die Rettung des abendländischen Kulturkreises und damit – aus dem Verständnis der Zeit heraus – die Rettung der Welt die Vernichtung des Judentums – eine Auffassung, die bei Hitler Zug um Zug herangereift war. Schon in seiner Stellungnahme zur Regierungssozialdemokratie schrieb er im September 1919 von der »Beseitigung der Juden überhaupt«. Im April 1920 – desillusioniert vom Scheitern des Kapp-Putsches – bekräftigte er seine »unerbittliche Entschlossenheit«, »das Übel an der Wurzel zu packen und mit Stumpf und Stiel auszurotten«.[65] Und im darauffolgenden August erklärte er in einer seiner unzähligen Reden, in deren Verlauf er die Juden hemmungslos attackierte: »Und denken Sie nicht, dass Sie eine Krankheit bekämpfen können [...] ohne den Bazillus zu vernichten, und denken Sie nicht, dass Sie die Rassentuberkulose bekämpfen können, ohne zu sorgen, dass das Volk frei wird von dem Erreger [...]. Das Wirken des Judentums wird niemals vergehen und die Vergiftung des Volkes nicht enden, solange nicht der Erreger, der Jude, aus unserer Mitte entfernt ist.«[66]

In die gleiche Richtung zielt eine Passage aus der letzten, posthum veröffentlichten Schrift Eckarts, *Der Bolschewismus von Moses bis Lenin. Zwiegespräch zwischen Adolf Hitler und mir.*[67] Mit dem 1924 als Broschüre herausgegebenen fiktiven Dialog erklärte Eckart seine und Hitlers Sicht auf das Judentum. Nachdem die »ewig die Völker zersetzende« Rolle des Juden herausgestellt worden ist und das »Ich« (Eckart) die »Verbrennung« der Synagogen und Judenschulen erwähnt, antwortet »er« (Hitler): »Das ist es ja! Auch wenn nie eine Synagoge, nie eine jüdische Schule, nie das Alte Testament existiert hätte, der jüdische Geist wäre da und täte seine Wirkung. Seit Anbeginn ist er da; und kein Jude, nicht einer, der ihn nicht verkörperte.«[68] Da sowohl für den fiktiven als auch für den realen Hitler Geist und Rasse untrennbar miteinander verknüpft waren, folgte für ihn daraus, dass der »jüdische Ungeist« erst aus der Welt verschwunden wäre, wenn die »jüdische Rasse« nicht mehr existierte.

Das Ungeheuerliche, das mit dem Völkermord an den europäischen Juden im Schatten des Zweiten Weltkrieges Wirklichkeit werden sollte, war also in der Zeit der Abfassung des ersten Bandes von *Mein Kampf* im Jahre 1924 in der Gedankenwelt Hitlers bereits fest verankert. Es war für ihn eine Antwort auf das »furchtbarste Menschheitsverbrechen aller Zeiten«, wie er das Wirken des »internationalen Judentums« in Gestalt von Bolschewismus *und* »Börse« einmal bezeichnete.[69] Der Klassenmord der Bolschewiki ist also das logische und faktische Prius, das Vorangegangene, des Rassenmordes der Nationalsozialisten, wie es Nolte glaubte. Aber nicht alleine. Es bedurfte dazu auch des tiefen Hasses auf den raffgierigen »jüdischen Kapitalismus«, dem Hitler eine nicht minder zerstörerische Wirkung beimaß.

5 Hitlers Aufstieg zur Macht

Wie konnte ein Rassenfanatiker Kanzler werden?

Es gehört zu den immer wieder gestellten Fragen zur deutschen Geschichte, wie es sein konnte, dass ein Kulturvolk, das Goethe und Schiller hervorgebracht hatte, einen Mann wie Hitler zu seinem Regierungschef machte. Wie konnte es sein, dass die Deutschen die Geschicke der Nation in die Hände eines wahnhaften Rassenfanatikers legten? Die gängige Geschichtsschreibung unterstellt ihnen einen tief verwurzelten Antisemitismus und einen ausgeprägten Hang zu autoritären Strukturen, die in Hitler schließlich ihren folgerichtigen Ausdruck gefunden hätten. Wenn dies tatsächlich zuträfe, hätte Hitler nicht schon aus dem Chaos der frühen Jahre der Republik Kapital schlagen müssen, als Versailles und Revolution das Land zutiefst erschütterten? Doch seine NSDAP kam in dieser Zeit nicht über die Größenordnung einer unbedeutenden Splitterpartei hinaus. Doch warum änderte sich das mit den Septemberwahlen des Jahres 1930? Die Weltwirtschaftskrise, die Deutschland mit aller Wucht traf, kann dafür als Erklärung nicht ausreichen.

Als der gescheiterte Putschist im Dezember 1924 aus der Landsberger Festungshaft entlassen wurde, waren die Zeiten für einen wie ihn schlecht. Es bedurfte schon eines ausgeprägten Sendungsbewusstseins, ja eines gewissen Größenwahns, dort weitermachen zu wollen, wo er im Vorjahr hatte aufhören müssen. Freilich, er hatte so etwas wie eine Fangemeinde, die ihm im Gefängnis, wo er den ersten Band seines *Kampf*-Buches schrieb, das Gefühl gab, er sei eine Art neuer Heiland. Mit der Wirklichkeit hatte das aber nichts zu tun. In dieser war er ein politischer Niemand, eine gescheiterte Figur, die der Vergessenheit anheimzufallen drohte, wenn sie es nicht schon war.

Mehr denn je von seiner Mission überzeugt, gründete Hitler im Februar 1925 – im selben Monat starb Ebert, der Protektor der Republik, mit nur 54 Jahren – die NSDAP neu. Nachdrücklich reklamierte er für sich deren Führung. Wohin die Reise gehen würde, rief er bei seiner Rückmeldung in die Politik im Münchner Bürgerbräukeller, also ganz bewusst dort, wo der Novemberputsch seinen Ausgang genommen hatte, seiner Anhängerschaft zu: »Kampf der Teufelsmacht, die Deutschland in dieses Elend hineingestürzt [hat], Kampf dem Marxismus sowie dem geistigen Träger dieser Weltpest und Seuche, dem Juden.«[1]

Was folgte, war die Neuorganisation der NSDAP. Solches tat not, denn diese war ein disziplinloses, auseinanderdriftendes Häuflein, dessen politisch-weltanschauliche Positionen meilenweit auseinanderlagen. In Elberfeld, wo die kleine Schar der nordwestdeutschen Nationalsozialisten ihre Geschäftsstelle hatte, propagierten sie die »kommende Diktatur der sozialistischen Idee«.[2] Wortführer war der Schriftleiter der dort erscheinenden *Völkischen Freiheit,* Joseph Goebbels, ein arbeitsloser Intellektueller mit einem Faible für russische Literatur, insbesondere für die Fjodor Dostojewskis. Als »deutscher Kommunist«,[3] als der er sich verstand, trug er mit dazu bei, dass in Elberfeld national-bolschewistische Tendenzen dominierten. In Lenin sahen sie dort dann auch den russischen Nationalisten, in der verhassten deutschen Novemberrevolution das Werk eines internationalen und damit jüdischen Kommunismus.

Der damit vorprogrammierte Konflikt mit München entzündete sich im Oktober 1925 an Locarno. Die internationale Konferenz, an der von deutscher Seite Reichskanzler Luther und sein Außenminister Stresemann teilnahmen, besiegelte den Verzicht Deutschlands auf eine gewaltsame Veränderung seiner in Versailles festgelegten Westgrenze und bestätigte die ebenfalls dort verankerte Entmilitarisierung des Rheinlandes. Dies war für den nach Westen hin orientierten Stresemann ein erster Schritt, seinen ambitionierten Zielen näher zu kommen. Im Mittelpunkt dieser standen die endgültige, für Deutschland erträgliche Lösung der Reparationsfrage und die Korrektur der deutschen Ostgrenzen – die Wiedergewinnung Danzigs und des polnischen Korridors sowie die Verschiebung der Grenze in Oberschlesien. Erreichen wollte er dies durch eine Kooperationspolitik gegenüber Frankreich, bei der eine enge Wirtschaftsverflechtung auf europäischer Basis im Mittelpunkt stehen sollte.

Die inzwischen in Elberfeld von Gregor Strasser gegründete Arbeitsgemeinschaft, in der die nord- und westdeutschen Gauleiter zusammengefasst wurden, sah in Locarno die Einbeziehung Deutschlands in die »Kampffront« des Westens gegen Russland.[4] Das oberste Ziel deutscher Politik müsse stattdessen jedoch die Wiedergewinnung der Freiheit sein, also der Kampf gegen Versailles und damit gegen den Westen. Russland sei dabei der gegebene Bundesgenosse, wurde dort hervorgehoben. Doch damit nicht genug. Analog zu ihren sozialrevolutionären Vorstellungen beriet die Arbeitsgemeinschaft im November 1925 und im darauffolgenden Januar sogar über eine Alternative zu den 25 Punkten der NSDAP vom Februar 1920. Sie beabsichtigte, diese durch ein Programm mit einer deutlich sozialistischeren Grundausrichtung zu ersetzen. In München giftete derweil Hitlers Gefolgsmann Gottfried Feder, »dass dieser probolschewistische Kurs [...] auch von Sowjetagenten nicht besser in unseren Reihen [hätte] betrieben werden können«.[5]

Es gelang Hitler, den Irregeleiteten aus dem »Mekka des deutschen Sozialismus«, wie Goebbels Elberfeld inzwischen nannte, im Verlaufe einer Bamberger Führertagung im Februar 1926 qua Autorität und der Kraft seiner Rede zumindest die formale Zustimmung zu seiner antibolschewistischen und damit antirussischen Zielsetzung abzuringen und somit seinen Führungsanspruch zu untermauern. Goebbels hielt darüber fest: »Welch ein Hitler? Ein Reaktionär? [...] Russische Frage: vollkommen daneben: Italien und England naturgegebene Bundesgenossen. Grauenhaft! Unsere Aufgabe ist die Zertrümmerung des Bolschewismus. Bolschewismus ist jüdische Mache! Wir müssen Russland beerben.«[6]

Da die Außenpolitik ohnehin nicht das vorrangige Thema war, führten die Elberfelder im Inneren ihr sozialistischeres Eigenleben fort. Die Gegensätze zu München blieben letztendlich bis 1933 bestehen. Folgenschwerer war es jedoch, dass es nach Bamberg eine programmatische Diskussion in der Partei nicht mehr gab. Der Zugang zu Hitlers ideologischem Konstrukt von der »jüdischen Weltverschwörung« blieb so dem Gros der braunen Funktionäre verschlossen. Schon gar nicht begriffen sie die ganze Dimension seiner mörderischen Rassenideologie. Denn die Versatzstücke derselben, die er gebetsmühlenartig von sich gab, wurden in ihrem Zusammenhang nicht verstanden. Sie wurden vielmehr als antisemitische Marotte des Parteichefs abgetan, die auf den schlechten Einfluss seines reaktionären, völkisch-antisemitischen Umfeldes zurückgeführt wurde. Dass die Partei ob ihrer Gegensätze nicht zerbrach, verdankte Hitler lange Zeit der gespaltenen Persönlichkeit von Goebbels, den er bald zum Berliner Gauleiter ernennen sollte. Der war in seinem Herzen Sozialist geblieben, stand aber gleichzeitig in einem hündischen Abhängigkeitsverhältnis zu Hitler.

Solange seine Führerschaft nicht infrage gestellt wurde, überließ dieser die Dinge in der NSDAP weitgehend sich selbst. Im Blick hatte er seine Obsession und nicht die Orientierung seiner Satrapen im Lande. In seinen Reden thematisierte er sie immer wieder, aber auch im zweiten Band seines *Kampf*-Buches, der im Dezember 1926, eineinhalb Jahre nach dem ersten, erschien. Einmal mehr beschwor er darin den »Weltkampf« der Rassen, wenn er schrieb: »Die Bolschewisierung Deutschlands, d.h. die Ausrottung der nationalen, völkischen deutschen Intelligenz und die dadurch ermöglichte Auspressung der deutschen Arbeitskraft im Joche der jüdischen Weltfinanz ist nur als Vorspiel gedacht für die Weiterverbreitung der jüdischen Welteroberungstendenz. Doch, wie es schon so oft in der Geschichte war, ist in dem gewaltigen Ringen Deutschland der große Drehpunkt. Wird unser Volk und unser Staat das Opfer dieser blut- und geldgierigen jüdischen Völkertyrannen, so sinkt die ganze Erde in die Umstrickung dieses Polypen [...].«[7]

Es ist eine Legende, dass die wirr strukturierten Bände mit ihren apokalyptischen Weltverschwörungsszenarien, die bald zu einem Buch zusammengefügt werden sollten, von Anfang an eine große Auflage erreichten und damit eine entsprechende Resonanz in der Bevölkerung. Diese war zunächst gering, ebenso wie die Zustimmung zu der Partei des Mannes, der nur einmal für einen Moment in das Blickfeld einer reichsweiten Öffentlichkeit geraten war, als er vor den Schranken des Münchner Gerichts seinen Putsch rechtfertigte. Entsprechend stagnierten die Mitgliederzahlen der NSDAP. Und von Wahlerfolgen der Partei konnte ebenfalls keine Rede sein. Schon bei der Reichspräsidentenwahl vom März 1925 hatte Hitlers Kandidat für den ersten Wahlgang, Erich Ludendorff, mit nicht viel mehr als einem Prozent der abgegebenen Stimmen eine blamable Niederlage eingefahren. (Hitler konnte dies noch einigermaßen kaschieren, indem er im zweiten Wahlgang Hindenburg unterstützte, der dann das Rennen machte.) Bei den Landtagswahlen desselben Jahres sah es ähnlich trübe aus: In Oldenburg kam die NSDAP auf 2,5 Prozent und in Baden auf 1,2 Prozent.

Wenn sich für Hitler und die Nationalsozialisten kaum jemand interessierte, hatte das auch damit zu tun, dass es in Deutschland aufwärts ging. Seit Locarno schwelgte es in einer regelrechten Euphorie. Es war nach all den Jahren der nationalen Demütigungen auf die politische Weltbühne zurückgekehrt. 1926 sollte es Mitglied des Völkerbundes werden. Und da war der Friedensnobelpreis für den deutschen Außenminister Stresemann, den dieser zusammen mit seinem französischen Kollegen Aristide Briand erhalten hatte. Von einem neuen, friedfertigen Europa war jetzt viel die Rede, in dem die Gräben des Weltkrieges endlich zugeschüttet werden würden. Alte Träume, die schon mehrheitssozialdemokratische Führer zu Beginn des Jahres 1919 geträumt hatten, schienen in den Bereich des Möglichen zu rücken.

Es war eine Zeit der Illusionen in Deutschland. Entsprechend war die Begeisterung, als Briand eine Konzeption einer »Europäischen Föderalen Union« entwickelte. Doch letztendlich wollte dieser damit nur den territorialen Status quo nach Versailles festigen und die Berliner Revisionspolitik durchkreuzen. Paris verweigerte dann auch die von Stresemann geforderte Rückgabe Eupen-Malmedys ebenso wie die Vorverlegung der in Versailles auf 1935 festgelegten Saarabstimmung. Erst im Juni 1930 zogen die Besatzungstruppen aus dem Rheinland ab, das damit entmilitarisiert wurde. Und was die Frage der deutschen Ostgrenzen anbelangte, stellte sich die französische Regierung hinter Warschau, das jegliche Modifikation derselben ohne Wenn und Aber ablehnte. Stresemanns anfänglich so gefeierte wirtschaftsliberale Revisionspolitik sollte also scheitern. Tief resigniert meinte dieser 1929 gegenüber einem britischen Gesprächspartner: »Ihr habt nichts gegeben und die winzigen Zugeständnisse, die ihr gemacht habt, sind zu spät gekommen. Die Jugend Deutschlands haben wir alle verloren. Das ist meine Tragik und eure Schuld.«[8]

Doch 1926/27 war das alles noch nicht abzusehen. Es

herrschte – wie gesagt – Aufbruchsstimmung in Deutschland. Not und Elend der Nachkriegszeit waren vorüber. Die Überpolitisierung der Bevölkerung ebbte ab. Der Lebensstandard stieg, und die Normalität kehrte allmählich zurück. Begierig nach Leben, holten die Menschen nach all den Entbehrungen der Vergangenheit jetzt nach, was ihnen an Amüsement und Unterhaltung so lange versagt geblieben war. Nicht von ungefähr wurden die folgenden Jahre zu den »Goldenen Zwanzigern«. Doch die glänzenden Fassaden dieser atemlosen Zeit verdeckten nur eine nach wie vor zerrissene deutsche Gesellschaft. Hier die Negierung jeglicher tradierten Werte und Normen, dort die Sehnsucht nach der Wiederkehr der dahingegangenen Epoche. Und über allem der verlorene Weltkrieg.

Das Goldene der Zeit schien auch die braune Propaganda zu absorbieren. Es ging nicht viel für die Nationalsozialisten bei den Landtagswahlen dieser beiden Jahre. So wurde es schon als Erfolg gefeiert, als die Partei wenigstens im kleinen bäuerlich geprägten Mecklenburg-Strelitz auf gerade einmal fünf Prozent der Stimmen kam. Bei den anderen Wahlen war man weit darunter geblieben. Das hatte auch mit dem miserablen Erscheinungsbild der zerrissenen Partei zu tun, in der – so ihr »Programmatiker« Feder – Hader, Streit und Dilettantismus dominierten. Einzig unangetastet war in der NSDAP die Person Hitlers, der sich ständig als »Werkzeug der Vorsehung« inszenierte, ob bei seinen Redeauftritten oder bei den herausragenden alljährlichen Ereignissen der Bewegung, wie der Gedenkveranstaltung für die Gefallenen beim Marsch auf die Feldherrnhalle oder beim Reichsparteitag, der großen Heerschau der NSDAP und ihrer Sturmabteilungen.

Im Wahlkampf für die Reichstagswahlen 1928 bestimmte Hitler die Richtlinien der Propaganda aufgrund der so unterschiedlichen Vorstellungen in der Partei selbst. Zu seinen großen Themen gehörten nun neben Versailles und dem Marxismus vor allem Locarno und die Politik Stresemanns, aber auch die Kritik an der exportorientierten Wirtschaftspolitik der Reichsregierung, die den Widerspruch zwischen Volkszahl und »Lebensraum« nicht zu lösen imstande sei. Anhänger wurden damit nicht gewonnen, denn Versailles revidieren wollten alle, der Bolschewismus, ob er nun »jüdisch« war oder nicht, schien keine Gefahr mehr zu sein, und das Gerede vom »Lebensraum« mutete eher abseitig an. Und die überspitzten antisemitischen Delirien Hitlers stießen die Wähler eher ab, wenn er zum Beispiel Ende Februar 1928 beteuerte, dass es die Nationalsozialisten nicht zuließen, »dass unser deutsches Volk restlos unter die Herrschaft eines Fremden fällt [...] dass das Blut, das uns unser Herrgott gegeben hat, verbastardisiert wird [...], dass unsere ganze Kultur vernìggert [...] unsere gesamten Intelligenzstellen von einem fremden Volk besetzt werden«, um anschließend sich auf den Heiland zu berufen, der »dieselben Juden« als »Nattern, Söhne des Satans, Teufel« bezeichnet und keinen Frieden mit ihnen gewollt habe.[9]

Die Reichstagswahl vom Mai 1928 endete für Hitler mit einem Fiasko, denn seine Partei kam auf ganze 2,6 Prozent der Stimmen. Doch damit nicht genug: Bei den gleichzeitig abgehaltenen Landtagswahlen erreichte sie in Preußen gerade einmal 1,8 Prozent, in Berlin, wo der fanatische Goebbels nunmehr schon seit mehr als zwei Jahren agitierte, entfielen nur 1,5 Prozent auf sie. In Bayern kam die Hitler-Partei immerhin auf 6,1 Prozent. Verlierer bei den Reichstagswahlen war auch die konservativ-nationalistische DNVP, der ein Viertel ihrer Wähler davongelaufen waren. Anders die SPD, die mit mehr als neun Millionen Stimmen (29,8 Prozent) ihren größten Erfolg seit 1919 erzielte. Aber auch die KPD verbesserte sich und kam auf 10,6 Prozent. Sowohl im Reich als auch in Preußen wurden SPD-geführte Mitte-links-Regierungen unter Hermann Müller und Otto Braun gebildet, die die relativ stabilen Verhältnisse der zurückliegenden Zeit weiterhin zu gewährleisten schienen.

Die Wahlen des Jahres 1928 zeigten, dass für einen Rassisten wie Hitler in der politischen Landschaft der Republik kein Platz war. Es zeigte sich damit auch, dass im Lande von einem sich ausbreitenden Antisemitismus keine Rede sein konnte. Das Gegenteil schien vielmehr der Fall, denn auch die Zahl der antisemitischen Organisationen und Zirkel ging zurück. Selbst die berüchtigte Thule-Gesellschaft hatte sich 1925 aufgelöst. Die Juden gehörten wie alle anderen zu diesem Deutschland. Und es störten sich immer weniger daran, wenn sie im kulturellen Leben oder im Wissenschaftsbetrieb besonders stark vertreten waren, mehrten doch Otto Meyerhof, Paul Ehrlich oder Albert Einstein, um nur einige zu nennen, das Ansehen der Nation draußen in der Welt.

Wenn Hitler es dennoch auf die große nationale Bühne schaffte, dann wurde dies durch ein Ereignis begünstigt, auf das er, ja die gesamte deutsche Politik keinen Einfluss hatten: die Weltwirtschaftskrise. Schon im Herbst 1928 war die Konjunktur abgeebbt, was zu einem ungewöhnlich schnellen Anstieg der Arbeitslosigkeit führte. Hatte diese im Oktober 1927 noch unter der Millionengrenze gelegen, so waren im Dezember 1928 bereits fast zwei Millionen erwerbslos. Im Februar 1929 wurden 3,2 Millionen Arbeitslose gezählt. Und ein Ende war nicht in Sicht. Denn die große ökonomische Krise, die mit dem New Yorker Börsencrash infolge einer Spekulationsblase auf dem völlig überhitzten amerikanischen Aktienmarkt begann und den Kollaps der internationalen Aktienmärkte nach sich zog, traf Deutschland wegen seiner vielen Kredite aus den Vereinigten Staaten jetzt besonders hart. Amerikanisches Geld wurde abgezogen, was für unzählige Unternehmen den Bankrott bedeutete und den Zusammenbruch großer Banken nach sich zog. Der Tod Stresemanns im Oktober 1929 schien – einem Menetekel gleich – die Katastrophe anzukündigen, in die das Land nun trieb.

Die Not der frühen Nachkriegszeit kehrte in rasantem Tempo nach Deutschland zurück. Denn Arbeitslosigkeit bedeutete Verelendung. Hinzu kam die anhaltende Teuerung, die auch für diejenigen das Leben schwer machte, die noch in Lohn und Brot standen. Die Verhandlungen zum Young-Plan, mit dem die Reparationszahlungen neu geregelt werden sollten, wurden vor diesem Hintergrund aus der Sicht der meisten Deutschen zu einem absurd-zynischen Spiel mit Milliardenbeträgen. Als die Sachverständigenkonferenz im Februar 1929 in Paris zusammentrat, bezifferten die Gläubigerländer ihre Forderung auf eine jährliche Zahlung von rund 2,7 Milliarden Goldmark, die bald auf 2,3 Milliarden herabgesetzt wurde.

Um eine Kausalität zwischen der beginnenden Massenverelendung und den maßlosen Forderungen der Sieger herzustellen, bedurfte es für die inneren Feinde der Republik kaum noch irgendeiner Propaganda, bot diese sich doch gleichsam als einfaches Interpretationsmuster von selbst an. Die einen geißelten den Kapitalismus, die anderen die »Erfüllungsgehilfen« der Entente-Politik in Gestalt der sozialdemokratisch geführten Berliner Regierung, hatte doch Reichskanzler Müller schon als Reichsaußenminister der deutschen Delegation angehört, die im Sommer 1919 zur Unterzeichnung des schmachvollen Vertrags nach Versailles gereist war. Die baldige Senkung der noch zu leistenden Reparationszahlungen auf 112 Milliarden Reichsmark änderte daran nichts.

In jener Situation entschloss sich Hitler zu einem Schritt, der in seiner Partei die weltanschaulichen Gegensätze zwischen der Münchner Zentrale und dem Strasser-Flügel wieder einmal in voller Schärfe aufbrechen ließ. Er ging ein Bündnis mit dem führenden Vertreter der verhassten »Reaktion« ein. Zusammen mit dem DNVP-Chef Alfred Hugenberg, dem »Stahlhelm«, dem wichtigsten Veteranenverband der Frontsoldaten des Weltkriegs, und anderen ultrarechten Organisationen tat die NSDAP nun in einem Reichsausschuss mit, der ein Volksbegehren gegen den Young-Plan auf den Weg brachte. Das Unternehmen endete im Dezember 1929 mit einer schweren Abstimmungsniederlage. Dennoch war es für Hitler und seine Partei ein Erfolg, denn in der Wahrnehmung der Deutschen war er jetzt existent, mehr noch, er war zum Wortführer der »nationalen Opposition« avanciert. Dies drückte sich dann auch in den Landtagswahlen im liberalen Baden und in Thüringen, der einstigen Hochburg der Linken, aus, wo 11,3 Prozent der abgegebenen Stimmen auf die NSDAP entfielen. Mit Wilhelm Frick, dem späteren Reichsinnenminister, stellte sie dort erstmals einen Minister in einer Landesregierung.

Nicht zuletzt angesichts dieser Erfolge setzte Hitler weiterhin ganz auf die Krise. Die Entwicklung gab ihm recht. Am 12. März 1930 passierte der Young-Plan zwar mit 270 zu 192 Stimmen das Parlament, doch nur noch die SPD stand geschlossen hinter dem Vertragswerk. Hatte sich bei der Abstimmung über die Neuregelung der Reparationszahlungen und die parallel dazu getroffenen Vereinbarungen gezeigt, wie dünn die Bande waren, die die Regierungsparteien noch zusammenhielten, so sollten sie endgültig reißen, als man kurz darauf darum stritt, ob die Beiträge zur Arbeitslosenversicherung um ein halbes Prozent angehoben werden sollten oder nicht. Die Parteien fanden keinen Minimalkonsens, stand doch die SPD unter dem Druck der Gewerkschaften und fürchtete zudem im Falle ihrer Zustimmung, zu viele Wähler an die Kommunisten zu verlieren. So trat die Regierung Müller Ende März 1930 zurück. Es war die letzte parlamentarische Regierung der Weimarer Republik. Sie war der heraufgezogenen internationalen Wirtschaftskrise vor dem Hintergrund der psychologischen und materiellen Belastungen infolge des verlorenen Weltkriegs nicht mehr gewachsen.

Die deutsche Gesellschaft driftete auseinander, polarisierte sich. In ihren gewaltigen, offensichtlichen und unversöhnlichen Gegensätzen verlor das Land zunehmend den »inneren Kompass«. Partikularinteressen, Egoismen und Ressentiments triumphierten über das große Ganze. Der spätere Präsident des Senats der Freien Stadt Danzig, Hermann Rauschning, meinte aus seinem konservativen Blickwinkel, dass »die letzten Normen und Gewissheiten geistig-sittlichen Ranges« zerrieben worden seien. »Die Spannung einer im tiefsten friedlosen Ordnung schuf eine Atmosphäre des Misstrauens und der stets wachen Gewalt [...] die Nation befand sich in einer Wandlung, die nicht nur von außen aufgezwungen war, sondern aus tiefsten Veränderungen im geistigen und sozialen Gefüge heraufkam [...]«, schrieb Rauschning in seinem Buch *Die Revolution des Nihilismus.*[10]

Einen Weg aus dem Debakel sollte nun die Kanzlerschaft des Zentrum-Politikers Heinrich Brüning ebnen. Der bestbeleumundete Weltkriegsoffizier wurde dem Reichspräsidenten von General Kurt von Schleicher, dem Chef des Ministeramts der Streitkräfte und Freund des Hauses Hindenburg, ans Herz gelegt. Brüning regierte nun mit wechselnden Mehrheiten von Zentrum, DVP, DDP, BVP und DNVP sowie von Wirtschaftspartei und Volkskonservativer Vereinigung. Sein Konzept gegen die große Krise war die Deflation, die er durch eine konsequente Haushaltssanierung und staatlich verordnete Niedriglöhne und Preissenkungen herbeiführen wollte. Deutschland sollte sich gesundschrumpfen, um auf dem Weltmarkt konkurrenzfähiger zu werden. Außerdem glaubte Brüning, durch diese Wirtschaftspolitik die Reparationszahlungen ad absurdum führen zu können, denn der völlige Zusammenbruch Deutschlands konnte nicht im Interesse der Weltwirtschaft liegen. Der Preis dieser Politik war allerdings ein hoher. Die Arbeitslosigkeit stieg in Deutschland bis zum Februar 1932 auf 6,14 Millionen. Endlose Schlangen vor den Arbeitsämtern, in denen die »Stempler« für ihre nicht einmal zum Überleben ausreichende Arbeitslosenunterstützung anstanden, prägten das Bild der deutschen Städte. Die zum Himmel schreiende Not von Millionen bildete eine gewaltige soziale Sprengkraft und radikalisierte die politische Auseinandersetzung.

Den deutschen »Unterdrückern des Proletariats«, namentlich der als »Sozialfaschisten« diskreditierten Sozialdemokratie, dem »Hauptorganisator einer kapitalistischen antisowjetischen Einheitsfront«,[11] sollte nun von der KPD der Kampf angesagt werden. So wollte es Moskau, dasselbe Moskau, das 1922 in Rapallo unter anderem eine geheime Zusammenarbeit der Roten Armee mit der Reichswehr vereinbart und 1926 in Berlin einen Freundschaftsvertrag mit dem Reich abgeschlossen hatte. Stalin hatte nach dem Scheitern des Umsturzversuchs vom Oktober 1923 seine weit gespannten revolutionären Zielsetzungen hinsichtlich Deutschlands aufgeben müssen. Gemäß der neuen Linie war die weitere Sowjetisierung der KPD vorgesehen und damit die Schaffung einer schlagkräftigen Truppe im Dienst der außenpolitischen Interessen der Sowjetunion. Diese sollte nun, nachdem die deutsche Sektion der Komintern zu Beginn des Jahres 1929 ein »vorrevolutionäres Klima« ausgemacht hatte,[12] die Republik demontieren. Dabei war jedes Mittel recht, sogar partielle Bündnisse mit der Hitler-Partei, wie beim Streik der Berliner Verkehrsbetriebe 1932.

Eingeleitet wurden die Aktivitäten der KPD in der Reichshauptstadt, wo sie am 1. Mai 1929, am »Kampftag der Arbeiterklasse«, zu verbotenen Demonstrationen in verschiedenen Teilen Berlins aufrief, in deren Folge sich tagelange Straßenkämpfe zwischen dem »Roten Frontkämpferbund« (RFB) der KPD und der Polizei entwickelten. Als Bilanz des sogenannten »Blut-Mai« zählte man 33 Tote, 198 verletzte Zivilisten, 47 verwundete Polizisten sowie 1228 Festnahmen. Was folgte, war ein »begrenzter Bürgerkrieg«. Zu diesem gehörten auch gezielte Mordanschläge, wie der gegen die beiden sozialdemokratischen Berliner Schutzmänner Paul Anlauf und Franz Lenk, der von einer Gruppe Rotfrontkämpfer verübt wurde, zu der auch ein gewisser Erich Mielke gehörte. Nach dem Zweiten Weltkrieg wurde er Staatssicherheitsminister der DDR.

Trotz des entschlossenen Kampfes der SPD gegen die Kommunisten war es zunehmend die Partei Hitlers, die sich aus der Sicht der Bevölkerung mit ihrem radikalen Antibolschewismus in die Rolle des eigentlichen Widerparts zur KPD zu manövrieren begann. Dort nahm man die NSDAP nun allmählich ernst. Nachdem Heinz Neumann, der Chefredakteur der *Roten Fahne*, im August 1929 die Devise ausgegeben hatte: »Schlagt die Faschisten, wo ihr sie trefft!«,[13] nahmen die Zusammenstöße zwischen den Schlägertrupps des illegalen RFB und der zeitweise ebenfalls verbotenen SA (der Sturmabteilung der NSDAP) zu. Mord und Totschlag wurden zum Kampf für eine bessere Welt verklärt. Diejenigen, die ihn führten, betrachteten sich als Avantgarde, wie aufseiten der Nationalsozialisten der Berliner Sturmführer Horst Wessel, der im Sommer 1929 mit *Die Fahne hoch* den Text für ein Kampflied schrieb, das nicht zuletzt wegen seines »Märtyrertods« von der braunen Propaganda zur eigentlichen deutschen Nationalhymne gemacht werden sollte.

Die Reichstagswahlen des September 1930 hatten die Straße frei gemacht für die »braunen Bataillone«. Sie katapultierten die NSDAP mit einem Schlag in die Sphären der Macht. Sie erhielt sensationelle 18,3 Prozent. Ein Erdrutsch. Die Partei Hitlers war damit über Nacht die zweitstärkste politische Kraft im Reich, hinter der SPD (24,5 Prozent) und vor den Kommunisten, die auf 13,1 Prozent kamen. Was war geschehen? Warum konnte die NSDAP jetzt Kapital aus der großen Krise schlagen, was ihr in den frühen Jahren der Republik nicht gelungen war? Freilich, die Hitler-Partei war zunehmend auf den Straßen präsent, sie verfügte inzwischen über eine moderne Parteiorganisation. Sie bediente sich neuer Propagandamethoden und -mittel, wie etwa des Rundfunks. Und sie hob gebetsmühlenartig hervor, legal die Macht erobern zu wollen. Mit dem Schulterschluss mit Alfred Hugenbergs DNVP und dem Kampf gegen die KPD hatte sie sich zudem im rechten Wählerspektrum einen Namen gemacht.

Doch da war noch etwas, etwas, das ein entscheidendes Hindernis auf Hitlers Weg zur Macht aus dem Weg räumte. Dieser hatte nämlich begriffen, dass mit seiner geradezu manischen rassenideologischen Obsession in der Bevölkerung kein Staat zu machen war. Er hatte verstanden, dass er mit seinem »Herrschaftswissen« nicht die breiten, aus seiner Sicht dumpfen Volksmassen für sich und seine Partei würde mobilisieren können. Er hatte deshalb seine Partei anweisen lassen, mit der antisemitischen Propaganda zurückhaltender zu verfahren. Sein im Sommer 1928 fertiggestelltes *Zweites Buch,* in dem er programmatisch die künftige nationalsozialistische Außenpolitik umreißt, hatte er aus den gleichen Gründen nicht veröffentlicht. So erfuhr allenfalls sein unmittelbares Münchner Umfeld, dass er nach wie vor von dem unverbrüchlichen Willen getragen war, die »jüdisch-bolschewistische Sowjetunion« auszulöschen, und die strategische Rückenfreiheit im Westen für den Krieg nach Osten durch einen Interessenausgleich mit England schaffen wollte; oder dass er das deutschsprachige Südtirol, das durch den Vertrag von St. Germain an Italien gefallen war, mit Blick auf ein angestrebtes Bündnis mit dem faschistischen Italien dort belassen wollte.

Freilich hatte Hitler das meiste bereits in *Mein Kampf* oder versatzstückweise im Verlaufe seiner ungezählten Reden früher schon öffentlich gemacht. Aber jetzt tat er es eben nicht mehr – in dem Bewusstsein, dass einmal Geschriebenes und Gesagtes in der schnelllebigen Zeit rasch als »Schnee von gestern« angesehen werden würde. Von einer »jüdischen Weltverschwörung« sprach er nun nicht mehr in der Öffentlichkeit. Und wenn er die Juden einmal öffentlich attackierte, geschah dies nur noch mit knappen Seitenhieben und Anspielungen, denn mit einem gemäßigteren Antisemitismus war zu punkten. Anders war es freilich, wenn er im kleineren Kreis vor seiner Münchner Gefolgschaft sprach, also vor den Eingeweihten, vor denen, die in der Rassenideologie zu Hause waren. Dort geißelte er dann hemmungslos den »jüdischen Weltmarxismus«, schien dieser doch rund um den Globus auf dem Vormarsch, ob im fernen China oder im mittelamerikanischen Nicaragua. Und in der Sowjetunion, wo er die Entwicklung sorgsam verfolgte, schien ihm die »Judenherrschaft« ihrer »Vollendung« entgegenzugehen. Und immer wieder beschwor er gegenüber seinen engeren Mitstreitern jenes apokalyptische Szenario, dass sich in Deutschland Russlands Schicksal wiederholen werde, nur unter »entsetzlich furchtbareren Erscheinungen [...] Russlands Schicksal ist tausendfach leichter als das deutsche.«[14]

Was die NSDAP als solche anbelangte, so hing die antisemitische Agitation von der jeweiligen Einstellung von Hitlers Satrapen ab. Anders als Julius Streicher in Franken oder Robert Ley im Rheinland standen Gauleiter wie Wilhelm Murr in Württemberg oder Albert Krebs in Hamburg dem Antisemitismus ohnehin recht indifferent gegenüber. Die norddeutsche Fraktion in der NSDAP um die Gebrüder Gregor und Otto Strasser etwa hielt von einem »kollektiven« Antisemitismus nichts und eine »jüdische Weltverschwörung« für baren Unsinn. Selbst der »Central-Verein deutscher Staatsbürger jüdischen Glaubens« konnte 1932 nach Auswertung des braunen Schriftguts zwar viel Antisemitismus – besonders in Bereichen und Gruppen, die sich von jüdischer Konkurrenz bedroht sahen – ausmachen, wollte aber der NSDAP keine klare antisemitische Linie unterstellen.[15]

Überhaupt war das Erscheinungsbild der Hitler-Partei so vielgestaltig, dass eine eindeutige ideologische Festlegung für die Zeitgenossen nahezu unmöglich war. Der norddeutsche Strasser-Flügel stand nach wie vor eher links, während man Hitler und die süddeutsche Partei eher rechts verortete. Die Agitation der Gesamtpartei richtete sich entsprechend in populistischer Weise gegen fast alles: gegen das Weimarer System, das Versailles ermöglicht habe, gegen die »System-Parteien«, gegen Konservative, Liberale, Sozialdemokraten und vor allem gegen die Kommunisten und ihre Moskauer Hintermänner, wobei nunmehr die jüdische Komponente eine ungleich geringere Rolle in der Agitation gegen diese spielte als früher.

Was Hitler und die NSDAP als politisches Programm anboten, wirkte sehr verschwommen – einmal abgesehen von der Revision von Versailles, für die er sich auch mit Hugenberg zusammengetan hatte –, so wie es Populisten und Protestparteien eigen ist. Konstruktiv war daran wenig. Es war vielmehr eine Mischung aus Polemiken und Scheinwahrheiten. Und es waren jede Menge Emotionen, wenn er sich immer auf die »Vorsehung« berief und unzutreffende Analogien zur deutschen Geschichte herhalten mussten. Thomas Mann meinte im Oktober 1930 noch unter dem Eindruck der Wahlen vom Vormonat, der Zulauf zur »Massen-Gefühls-Überzeugung« des Nationalsozialismus könne nicht alleine aus der Wirtschaftskrise erklärt werden. Vielmehr speise er sich auch aus einer Abkehr vom »Vernunftsglauben«: »Der exzentrischen Seelenlage einer der Idee entlaufenen Menschheit entspricht eine Politik im Groteskstil mit Heilsarmee-Allüren, Massenkrampf, Budengeläut, Halleluja und dem derwischmäßigen Wiederholen monotoner Schlagworte, bis alles Schaum vor dem Munde hat.«[16]

Hitler war aus der Sicht vieler zu einer Art Projektionsfläche für all die Wünsche und Hoffnungen auf eine bessere Zukunft geworden. Er schien damit der Mann für Millionen notleidende Arbeits- und Perspektivlose aus dem gesamten Wählerspektrum zu sein, die sich nach einem handlungsfähigen Staat sehnten, der die große Wirtschaftskrise meistern würde, im Gegensatz zu den Regierungen des »Systems«. Er war der Mann für all jene, die noch in der autoritären Gesellschaft der Kaiserzeit zu Hause waren und mit der Vielgestaltigkeit der sich selbst abwirtschaftenden Republik nichts anfangen konnten und sich nach Ordnung und Autorität sehnten. Er war der Mann der Weltkriegskämpfer, die sich nicht damit abfinden konnten, dass all die Opfer, die sie gebracht hatten, sinnlos waren, wie es der millionenfach verkaufte Roman von Erich Maria Remarque *Im Westen nichts Neues* eindringlich vermittelte. Und Hitler war auch der Mann jener Millionen Deutschen, die in den abgetretenen oder von den Siegern des Weltkrieges besetzten Gebieten lebten und die nur ihm zutrauten, dass er sie »heim ins Reich« holen würde.

Besonders punkten konnte Hitler mit seinem Kampf gegen den Bolschewismus, den er bis zum Ende zu führen gedenke, wie er immer wieder hervorhob. Der Militärapparat der KPD brachte nämlich zunehmend den Terror über das Land, dem sich die SA in der Rolle des Retters des Vaterlandes entgegenstemmte und dies mit einem weit höheren Blutzoll bezahlte als die Gegenseite. Dies spiegeln die Statistiken wider, wonach im Jahr 1931 alleine in der Region Berlin 1228 Kommunisten Opfer von politischen Gewalttaten wurden. Dem gegenüber stand bei den Nationalsozialisten die Zahl 4699.[17] Wer nicht Kommunist war oder mit diesen sympathisierte, sah in diesem Deutschland aufgrund der Erfahrungen aus der Revolutionszeit die Bedrohung von den Kommunisten ausgehen. Die KPD, die am Ende der Weimarer Republik 16,9 Prozent der Stimmen erreichte, wurde nicht zu Unrecht als die »fünfte Kolonne« Moskaus angesehen. Sie war die Partei einer fremden Macht, was sich nicht zuletzt darin manifestierte, dass die Angehörigen ihres Rotfrontkämpferbundes auf die Sowjetunion vereidigt wurden.

Die Lage war mit der der frühen Republik zu vergleichen, nur dass nunmehr Hitlers NSDAP und nicht mehr die MSPD die Kraft war, die in der vordersten Reihe beim Kampf gegen die Kommunisten beziehungsweise Bolschewisten stand. Dies vergrößerte ihre Akzeptanz bis in die Reihen der SPD. Der sozialdemokratische Berliner Polizeipräsident Albert Grzesinski vertrat eine weitverbreitete Auffassung, wenn er im Herbst 1930 erklärte: »Ich sehe in den Nationalsozialisten nicht die Gefahr, für die man sie mancherorts hält; die größere Gefahr sind die Kommunisten [...].«[18] Solche Aussagen wurden später vom selben Grzesinski in ihr Gegenteil verkehrt, nachdem er Deutschland verlassen hatte. Er war nur einer von vielen, die im Nachhinein alles ganz anders sahen.

Die Wirtschaftskrise, die das vom Terror zerrüttete Land an den Rand des Zusammenbruchs geführt hatte, und die veränderten Kräfteverhältnisse blieben im Reichstag freilich nicht ohne Auswirkungen. Die Parteien, die Brüning stützten, brachen nach und nach weg, sodass dieser im Oktober 1931 seine Demission als Reichskanzler einreichen musste. Da jeder Versuch, die neue Regierung auf die Grundlage einer parlamentarischen Mehrheit zu stellen, illusorisch erschien, einigten sich Brüning und der Reichspräsident darauf, ein von einer Reichstagsmehrheit unabhängiges Kabinett zu bilden, das sich ausschließlich auf dessen Notverordnungsrecht stützen und aus der Tatsache, dass dieser demokratisch gewählt worden war, seine indirekte Legitimation ableiten sollte.

Brüning verfügte damit über eine hinreichende Machtfülle, zumal das Innenressort vom Reichswehrminister Wilhelm Groener in Personalunion mit übernommen wurde und die Reichswehr – vor allem durch die Person Hindenburgs als deren Oberbefehlshaber – mit eingebunden war. Die einzige und entscheidende Einschränkung: Er war auf Gedeih und Verderb von Hindenburg abhängig – er war des Präsidenten Kanzler, eben der Präsidialkanzler. Die Schlüsselfigur, von der das Wohl und Wehe der Republik abhing, war nunmehr also ein 84-Jähriger, der Kanzler ernennen und entlassen, den Reichstag auflösen und durch Notverordnungen nach Artikel 48 Reichsverfassung in die Gesetzgebung eingreifen konnte. Hindenburg war im Grunde seines Herzens immer Monarchist geblieben, versuchte aber, den Regeln der parlamentarischen Demokratie gerecht zu werden, was seinem Verständnis von Pflichterfüllung entsprach. Solange der von weiten Bevölkerungsteilen verehrte Feldmarschall des Weltkriegs, in dem sie eine Art neuer, alter Kaiser sahen, nicht wankte, bestand eine gute Aussicht, das Tal der Tränen zu durchschreiten.

Um die Dinge in die richtige Richtung zu lenken, entschloss sich Hindenburg trotz seines hohen Alters sogar, bei der im März anstehenden Reichspräsidentenwahl noch einmal für das höchste Staatsamt anzutreten. Hitler, der inzwischen nach allen Richtungen antichambrierte – sogar im Düsseldorfer Industrieclub trat er zum Ärger weiter Teile seiner eigenen Partei auf –, entschloss sich, nun den direkten Griff nach der Macht zu wagen. Im Bewusstsein, sich in einer Sackgasse zu befinden und nicht so recht weiterzuwissen, forderte er, der Gefreite des Weltkrieges, nun den Feldmarschall des Weltkrieges heraus. Er unterlag trotz einer gewaltigen Propagandakampagne, bei der er erstmals auch das Flugzeug genutzt hatte, um an einem Tag in mehreren Städten sprechen zu können. Er kam im zweiten Wahlgang Mitte April auf 36,8 Prozent, während auf Hindenburg 53,1 Prozent der Stimmen entfielen.

Die Wiederwahl Hindenburgs stärkte zwar kurzfristig Brüning, änderte jedoch nichts an dem Trend, der sich bei den Landtagswahlen in Preußen und anderen Reichsländern, wie Bayern, Württemberg, Braunschweig, Hamburg und Anhalt, abzeichnete – ein Trend, der die politische Mitte allmählich zu zerdrücken drohte. Überall erstarkten die Ränder, trotz aller staatlichen Verbote, Einschränkungen und Auflagen. Offenbar glaubten immer weniger Deutsche, dass das demokratische System die Krise zu meistern in der Lage sei. Im preußischen Landtag hatte die Hitler-Partei nun nicht mehr sechs, sondern 162 Mandate, die Partei des KPD-Führers Ernst Thälmann kam auf 57. Die von SPD, Zentrum und Deutscher Staatspartei (DStP), die aus dem Zusammenschluss von DDP und zweier kleinerer Organisationen hervorgegangen war, getragene Regierung des Sozialdemokraten Otto

Braun hatte damit ihre parlamentarische Mehrheit verloren. Sie trat zurück, führte jedoch die Geschäfte weiter, da die erforderliche absolute Mehrheit für die Neuwahl des preußischen Ministerpräsidenten im Landtag nicht zustande kam. Hitler war trotz solcher Erfolge seinem Ziel jedoch keinen Schritt näher gekommen. Goebbels gab die Stimmung in der NSDAP-Führung wieder, wenn er in sein Tagebuch schrieb, dass in absehbarer Zeit die Macht errungen sein müsse, »sonst siegen wir uns in Wahlen tot«.[19]

Nun sollte der Zufall Hitler zu Hilfe kommen. Brüning verlor nämlich die Gunst des Reichspräsidenten, hatte er doch mit seiner Landwirtschaftspolitik die Interessen des Ostelbiers Hindenburg durchkreuzt. Der verärgerte, aufgrund seiner Senilität manipulierbare Reichspräsident hatte nun ganz das Ohr für den über die Vorgänge wohlinformierten Schleicher, der bereits einen anderen für die Kanzlerschaft im Blick hatte. Und so machte sich »der Alte« die »Sorgen« des Generals über die »unentschlossene und schwankende Politik des Reichskanzlers«, der sich weigere, dem Gebot der Stunde zu folgen und einen klaren Rechtskurs einzuschlagen, zu eigen und entschloss sich, Brüning fallen zu lassen.[20]

Es waren dies Schicksalsstunden der Republik, endete doch mit ihnen die relative Stabilität präsidialer Herrschaft. Was folgte, war ein Sumpf von Intrigen, die den greisen, von mentalen Ausfällen geplagten Reichspräsidenten immer mehr zum Spielball der ihn umgebenden Kamarilla machten; und dies zu einer Zeit, in der sich Brüning – wie er sagte – nur noch 100 Meter vor dem Ziel wähnte. Schrittweise war die Gefahr eines totalen Zusammenbruchs gebannt und eine Beruhigung in Wirtschaft und Geldmarkt erreicht worden. Bei den Vorverhandlungen für die Konferenz in Lausanne-Ouchy im Juni/Juli 1932 zeichnete sich ab, dass jetzt auch Frankreich, dem von amerikanischer Seite die Streichung seiner Kriegsschulden bei den Vereinigten Staaten in Aussicht gestellt worden war, gegenüber dem Reich von seinem wirtschaftspolitischen Vernichtungskurs ablassen würde. Wenige Wochen später einigte man sich auf eine deutsche Abschlusszahlung von drei Milliarden Goldmark, mit der 13 Jahre nach Versailles endlich die Reparationen beendet sein sollten, worauf die bislang in Deutschland zurückgestellten Arbeitsbeschaffungsmaßnahmen in Gang gesetzt werden konnten. Und auch bei den Rüstungsbeschränkungen war man ein Stück weitergekommen.

Statt auf dieser Grundlage seinen wirtschaftlichen Konsolidierungskurs fortsetzen zu können und Deutschland endgültig aus der Krise zu führen, musste Brüning nun gehen. Mit der Bildung der neuen Reichsregierung wurde von Hindenburg auf wärmste Empfehlung Schleichers dessen Bekannter Franz von Papen betraut, ein Hinterbänkler aus der Reichstagsfraktion des Zentrums. Er sei kein Kopf, meinte Schleicher einmal und fügte hinzu: »Das soll er ja auch nicht sein, aber er ist ein Hut.«[21] Papen führte nun ein »Kabinett der Barone«, das ausschließlich aus DNVP-Leuten oder Parteilosen bestand, ohne jeglichen Rückhalt im Reichstag, wiederum nur auf das Notverordnungsrecht eines greisen Reichspräsidenten gestützt.

Papen ließ Hindenburg den Reichstag im Juni 1932 auflösen und für den Juli Neuwahlen ansetzen. Und wieder rollte eine gewaltige braune Propagandawelle mit einem durch das Flugzeug omnipräsenten Hitler über Deutschland. Flankiert wurde der Wahlkampf von einer nie da gewesenen Gewalt, denn das Jahr 1932 sollte auch für die Kommunisten das Jahr der Entscheidung werden. Entsprechend verbissen wurde der Kampf gegen »Bourgeoisie« und »Faschismus« und auf der anderen Seite gegen die »bolschewistische Weltpest« geführt. Alleine in Preußen waren in den Monaten Juni und Juli 100 Tote zu beklagen. Harry Graf Kessler schrieb: »Es sind erbitterte und bewaffnete Auseinandersetzungen zwischen Weltanschauungen, die einen Kompromiss ausschließen […] Es ist eine Tag für Tag […] fortlaufende Bartholomäusnacht.«[22]

Als in Altona bei Hamburg an einem einzigen Sonntag 18 Menschen ums Leben kamen, nutzte dies Papen unter dem Vorwand, die preußische Regierung könne die Ordnung nicht mehr gewährleisten, dazu, die letzte und wichtigste Bastion einer noch verlässlichen republikanischen Regierung und Exekutive im Reich zu beseitigen. Otto Braun, der geschäftsführende sozialdemokratische Ministerpräsident, musste gehen. Franz Bracht, einem Vertrauten Papens, wurde als Reichsverweser die Regierungsgewalt übertragen. Vom »Preußenschlag«, der letztendlich widerstandslos hingenommen wurde, versprachen sich Papen und Schleicher noch rechtzeitig vor der Wahl, der braunen Agitation den Wind aus den Segeln nehmen zu können.

Doch das blieb eine Wunschvorstellung. Mit 37,4 Prozent der Stimmen wurde die NSDAP bei der sechsten Reichstagswahl seit Kriegsende die stärkste Partei. Die Kommunisten erreichten 14,3 Prozent, damit verfügten nun diejenigen Kräfte, die die Republik beseitigen wollten, über eine parlamentarische Mehrheit. Hitler, der an seiner Politik des Alles oder Nichts festhielt, denn nur diese würde ihm die Verfolgung seiner wahnwitzigen rassenideologischen Ziele ermöglichen, beanspruchte nun die Kanzlerschaft. Hindenburg und Papen verweigerten sie ihm jedoch und boten ihm stattdessen den Posten eines Vizekanzlers an. Als Revanche für die Zurückweisung bereiteten die Nationalsozialisten Papen eine schwere Niederlage. Ein Geschäftsordnungstrick des Reichstagspräsidenten Hermann Göring von der NSDAP führte dazu, dass dem neuen, alten Präsidialkanzler das Misstrauen des Parlaments ausgesprochen wurde. Die Konsequenz daraus waren abermals Wahlen, die für den November 1932 anberaumt wurden.

Doch Hitlers Kalkül, jetzt durch das Votum des deutschen Volkes an die Macht zu gelangen, ging nicht auf. Die Mehrheit der Bevölkerung wollte ihn nicht als Kanzler. Neben der allgemeinen Wahlmüdigkeit trug vor allem seine nicht mehr nachvollziehbare Verweigerungshaltung dazu bei, dass sich am 6. November mehr als zwei Millionen Wähler von der NSDAP abwandten, was einen Rückgang ihres Stimmenanteils von 37,4 auf 33,1 Prozent bedeutete. Hitlers Griff nach der Macht schien, neben der schwindenden Zustimmung im Volk, vor allem auch durch den Plan des Hindenburg-Vertrauten Schleicher vollends vereitelt zu werden. Der General mit nationalen und sozialistischen Vorstellungen, die sich am Preußentum orientierten, war nämlich dabei, eine Allianz, eine »Querfront« von den Gewerkschaften über den linken Strasser-Flügel der NSDAP bis hin zum Militär, zu schmieden. Den »Herrenreiter« Papen hielt Schleicher allerdings für ein solches Vorhaben nicht mehr geeignet. Es gelang ihm – von General zu Feldmarschall –, Hindenburg zu überzeugen, worauf dieser »Fränzchen« abberief und nunmehr Schleicher selbst zum Reichskanzler machte.

Da dieser mit seinen »Querfront«-Plänen bei Strasser und dem linken Flügel der NSDAP, aber auch bei Männern wie Gottfried Feder, auf Zustimmung stieß, geriet Hitler in eine schwierige Lage. Die Partei mit ihren so tiefen, unausgetragenen inneren Gegensätzen drohte jetzt zu zerbrechen. Dies hätte unweigerlich das Aus für Hitlers große Pläne bedeutet. Die Krise in der NSDAP blieb auch der Öffentlichkeit nicht verborgen, weshalb Hitlers Stern in rasantem Tempo zu verblassen begann. Dazu trug auch das sich im Lande allmählich ausbreitende Gefühl bei, nun jenseits des Wendepunkts der großen Wirtschaftskrise angelangt zu sein, auch wenn die Arbeitslosenzahl immer noch an die Sechsmillionengrenze reichte. Die wirtschaftsliberale *Frankfurter Zeitung* schrieb bereits in ihrem Leitartikel zum neuen Jahr 1933: »Der gewaltige Nationalsozialistische Angriff auf den demokratischen Staat ist abgeschlagen.«[23] Doch der Leitartikler irrte sich, so wie sich die meisten Deutschen irrten.

Verletzte Eitelkeit, die Gedankenschwäche eines Greises und der unbedingte Wille zur Macht sollten alles noch einmal wenden. Das letzte Kapitel auf Hitlers Weg zum 30. Januar 1933 begann im Hause des Kölner Bankiers Kurt Freiherr von Schröder. Hitler, der die Spaltung seiner Partei wegen der Unentschlossenheit der Abweichler gerade noch hatte verhindern können, war dort auf Schröders Vermittlung mit Papen zusammengetroffen. Der ob seines Rausschmisses tief Verletzte wollte nunmehr mithilfe des NSDAP-Führers zurück an die Macht. Eine propagandistisch groß als »Volksurteil« aufgebauschte Wahl im Kleinstaat Lippe, bei der die NSDAP auf knapp 40 Prozent kam, ein nächtliches Treffen zwischen den beiden im Berliner Haus eines Sektfabrikanten, der später Reichsaußenminister werden sollte, veranlassten den auf Revanche sinnenden Papen schließlich sogar, zugunsten des Parteiführers auf die Kanzlerschaft zu verzichten und bei Hindenburg vorzusprechen, damit dieser Schleicher fallen lasse und eine Regierung Hitler/Papen einsetze.

Man wolle Hitler in einem Kabinett der »nationalen Konzentration« »einrahmen«. In zwei Monaten würde man ihn so in die Enge gedrängt haben, »dass er quietscht«, soll Papen gesagt haben,[24] der mit seinem Vorhaben an den »Alten« herantrat. Er und seinesgleichen glaubten offenbar tatsächlich, Hitler instrumentalisieren zu können. Sie hielten ihn nämlich für einen Parvenü. Verächtlich sprach Hindenburg von dem »böhmischen Gefreiten«, den er lange als Kanzler hatte verhindern wollen. Säße er erst einmal an der Tafel der Mächtigen, wäre auch er mit deren Insignien und Privilegien der Macht ausgestattet, dann wäre es rasch vorbei mit seinem aufwieglerischen Revoluzzertum, wurde jetzt angenommen. Man maß ihn eben mit eigenen Maßstäben, von oben herab, arrogant und ebenso ignorant. Deshalb glaubte man, Hitler verfolge die gleichen Ziele wie man selbst, also die Beseitigung des Bolschewismus und eine Außenpolitik zur Revision von Versailles und damit zur Wiederherstellung der alten Stärke Deutschlands, alles nur aggressiver und damit mit mehr Durchschlagskraft.

Dabei hätten auch die »Barone« um die wahre Intention Hitlers wissen können. Doch das, was dieser in *Mein Kampf* zu Papier gebracht hatte, nahm niemand mehr ernst. Wie hätte auch jemand den rassenideologischen Wahnsinn von der »jüdischen Weltverschwörung« und vom Rassenkampf, bei dem es angeblich um den Fortbestand der Menschheit ging, ernst nehmen können. Solches schien einfach zu bizarr. So führte die Lektüre des Buches bei denen, die Hitler »benutzen« wollten, bestenfalls zu einem milden Lächeln, sofern man es überhaupt gelesen hatte, was für die allermeisten wohl nicht zutraf, auch wenn von *Mein Kampf* bis 1933 – analog zu Hitlers wachsendem Bekanntheitsgrad – 214 000 Exemplare verkauft worden waren. Und dass er Antisemit war, irritierte ohnehin niemand, denn die gab es überall, in Deutschland, in Europa und in der Welt, nicht zuletzt auch wegen der Weltwirtschaftskrise.

So erhielt Hitler am 30. Januar 1933 seine Ernennungsurkunde als Reichskanzler, nachdem Papen und seine Verbündeten dem Reichspräsidenten dessen Abneigung gegenüber dem Mannschaftsdienstgrad mit dem Argument, dieser wolle ja die Monarchie restituieren, ausgeredet hatten. Es war dann auch keine Machtübernahme, sondern eine Machtübergabe an einen Parteiführer, der seinen Zenit bereits überschritten zu haben schien. Wenn man Hitler dennoch zum Reichskanzler machte, dann, weil man vom Spiel um die Macht und der Idee von einem kraftvollen konservativen Staat, der die elende Republik von Weimar ablösen sollte, gefangen war. Und es schien zunächst, als würde Hitler den in ihn gesetzten Erwartungen gerecht werden. Doch alles war ein grandioser Schwindel eines Besessenen, der sämtliche Mittel für legitim hielt, sein Ziel zu erreichen, eines Besessenen, der sich außerhalb jeglicher Norm bewegte und dessen Weltanschauung und programmatische Zielsetzungen das Vorstellbare bei Weitem übertrafen. Nur es hatte so gut wie niemand gemerkt.

6 Reichskanzler und Führer

Kannten die Deutschen Hitlers wahre Ziele?

Die Deutschen sind Hitler begeistert gefolgt. Bei den demokratischen Wahlen hatte er zwar nie eine absolute Mehrheit erhalten. Aber in den Jahren, in denen er Versailles revidierte, hätte er sie sicherlich bekommen, hätten noch freie Wahlen stattgefunden. Seine Triumphe, insbesondere der Anschluss Österreichs, ließen die Zustimmung zu ihm hochschnellen, ließen ihn angesichts der Demütigungen der Vergangenheit für die Deutschen zum »Führer« werden, zur Lichtgestalt. Das machte es leichter für sie, über die brutale Ausschaltung seiner politischen Feinde und über seine menschenverachtende Rassenpolitik hinwegzusehen. Sie passten sich den Gegebenheiten an, richteten sich ein, taten mit, so wie dies in allen Diktaturen geschah und noch geschieht. Insofern wird es sie immer geben, die »willigen Vollstrecker«,[1] zu denen der amerikanische Soziologe Daniel Jonah Goldhagen die Deutschen während des Dritten Reiches in ihrer Gesamtheit machte. Solches entbehrte nicht einer gewissen Berechtigung, hätten sie Hitlers verbrecherische, von ihm bereits in der sogenannten Kampfzeit umrissene Zielsetzungen gekannt und damit Rassenkrieg und Völkermord gebilligt. Volker Ullrich, der 2013 und 2018 eine zweibändige Hitler-Biografie vorlegte, suggeriert genau dies, wenn er zu der Schlussfolgerung gelangt, dass man Hitler vieles vorwerfen könne, »nur eines nicht: dass er seine wahren Absichten jemals verheimlicht hätte«.[2]

Bei Beginn von Hitlers Kanzlerschaft gab es zunächst in allen politischen Lagern Leute, die glaubten, dass mit ihm ein neuer Krieg heraufziehe. Denn er würde Versailles revidieren. Ansonsten war das Bild, das die Deutschen von ihm hatten, sehr unterschiedlich. Die Nationalkonservativen sahen in ihm den Kettenhund der Barone, der nun losgelassen werden würde, gegen Kommunisten und andere Linke. Dort fürchtete man Hitler, sah man in ihm doch den radikalsten Handlanger des »Monopolkapitals« und seine Ernennung zum Reichskanzler als Kriegserklärung an die Arbeiterklasse. Für das liberale Bildungsbürgertum war er das Ende des Rechtsstaats und der Anfang von Willkür und Intoleranz. Für seine Anhängerschaft, die größte Gruppe, war er hingegen der »Retter des Vaterlands«. Was sie allesamt anfangs nicht sahen, war seine Irrationalität, sein Wahn vom »Weltkampf« der Rassen, den er aus der Revolutionszeit mit in die Reichskanzlei gebracht hatte.

Als spräche er der Mehrheit des Volkes aus der Seele, bezeichnete es Hitler in seiner ersten Rede, die er in seiner neuen Funktion hielt, als seine oberste Aufgabe, den Marxismus zu beseitigen, der in 14 Jahren Deutschland ruiniert habe. Daneben kündigte er an, »die Einheit unseres Volkes wiederherzustellen«, »das Christentum als Basis für die gesamte Moral« und »die Familie als die Keimzelle unseres Volkes und Staatskörpers« in Schutz zu nehmen. Was die Wirtschaft anbelangte, so wollte er sie »in zwei großen Vierjahresplänen« wieder in Schwung bringen. Schließlich machte er den Deutschen noch weis, für »die Erhaltung und Festigung des Friedens« eintreten zu wollen.[3] Solche Worte, die der Reichsrundfunk hinaus ins Land trug, hatten nichts mehr gemein mit der aggressiven Rhetorik des Vorjahrs. Sie stießen auf breite Zustimmung bis hin zu den Mittelparteien und machten Hitlers

Koalitionspartner glauben, dass ihre Annahme aufgehe, ihn einbinden zu können.

Und auch die Führung der Reichswehr um Werner von Blomberg war angetan von diesem Hitler. Denn er redete einer »Wehrhaftmachung« Deutschlands, also der Aufrüstung, das Wort – einer Aufrüstung, die er von der ersten Stunde seiner Kanzlerschaft an vorantrieb. Vor den Generälen umriss er auch seine außenpolitischen Ziele. Wenn er dabei von »Lebensraum« im Osten und »Germanisierung« sprach,[4] dann nahmen sie wohl an, dass er einen Krieg gegen das allgemein verhasste Polen meinte, dem in Versailles beträchtliche deutsche Gebiete zugesprochen worden waren. Es gefiel den Offizieren, dass dieser Reichskanzler entschlossen schien, Versailles notfalls auch durch einen neuen Waffengang zu revidieren und das Reich nach der Schmach von 1918 wieder zu alter Größe zu führen. Krieg war ihr Handwerk, und der Krieg war nicht nur aus ihrer Sicht legitim, vor allem wenn es um die Zukunftssicherung der Nation ging. Dass der ihnen schmeichelnde Hitler der totalen Macht entgegenstrebte und mit dieser den Kampf gegen das »Weltjudentum« und dessen vermeintliche Exponenten in den Weiten Russlands zu führen gedachte, behielt der freilich für sich. Er tat dies in dem Wissen, dass die aristokratische Reichswehrführung, die er in seinem Innersten verachtete, ohnehin nichts mit seiner Rassenideologie anfangen konnte. So wurde es möglich, dass die ordensbehangenen Monokelträger mit den roten Streifen an den Hosen ihre Ressentiments gegenüber dem Gefreiten des Weltkrieges allmählich begruben.

Hitler war darum bemüht, glauben zu machen, er fühle sich auch in seiner Funktion als Reichskanzler ganz und gar dem Legalitätsprinzip verpflichtet. So wurden Anfang Februar 1933 – wie verabredet – der Reichstag aufgelöst und für den 5. März Neuwahlen angesetzt. Während der neue Regierungschef, der erwartete, mit dem Kanzlerbonus für die NSDAP die absolute Mehrheit der Stimmen erringen zu können, wieder einmal von Goebbels die Propagandamaschinerie in Gang setzen ließ, leitete Göring in seiner Eigenschaft als kommissarischer preußischer Innenminister bereits die Gleichschaltung des preußischen Sicherheitsapparats ein. Er besetzte die Polizeipräsidien mit SA-Führern. Zur »Entlastung« der ordentlichen Polizei verfügte er die Aufstellung einer etwa 50 000 Mann starken Hilfspolizei vor allem aus SA und SS. Außerdem ließ er ein preußisches Geheimes Staatspolizeiamt ins Leben rufen. Es war eine Art Mobilmachung für den Endkampf gegen die Linke in Deutschland.

In der KPD ging man derweil davon aus, dass das Signal der Moskauer Komintern zum bewaffneten Aufstand nicht mehr lange auf sich warten lassen würde – ein Eindruck, der durch die Berichte der *Roten Fahne* immer wieder bestärkt wurde. Doch das Signal zum Losschlagen kam nicht. Dass Stalin an einem Reichskanzler Hitler Gefallen fand, weil er sich von ihm aufgrund seiner aggressiven Rhetorik gegenüber Versailles einen Krieg zwischen Deutschland und den Westmächten versprach, sahen die deutschen Genossen nicht. Oder vielleicht wollten sie es sich nicht eingestehen, dass die Weltrevolution das eine und die russischen Machtinteressen das andere waren. So war es mehr ein Akt der Ratlosigkeit, dass man – sozusagen in Eigenregie – erste Terroraktionen auf den Weg brachte. Und da auch die SA die Stunde der großen Abrechnung für gekommen hielt, brandete im Reich die Gewalt abermals auf.

Nägel mit Köpfen machte Göring, wie es seinem Wesen entsprach. Er ließ die Berliner KPD-Zentrale besetzen und in der Presse lancieren, dass in den geheimen unterirdischen Katakomben des Karl-Liebknecht-Hauses »viele Hundert Zentner hochverräterischen Materials« gefunden worden seien, in dem zum »bewaffneten Umsturz«, zur »blutigen Revolution« aufgerufen werde.[5] Die Parallelen zum November 1918 waren augenscheinlich. Doch Deutschland von der »Blutpest der Moskauer Fremdenlegion« zu »reinigen«, hielt

Hitler mit dem Hinweis auf die Legalität noch für verfrüht. Der »Terror der Roten« müsse zuerst einmal »aufbrennen«, argumentierte er.[6] Doch dann kam ihm ein Ereignis zu Hilfe, das unter den Nachkriegshistorikern und selbst ernannten Sachverständigen eine seit Jahrzehnten andauernde Kontroverse nach sich zog, die immer noch zu keinem endgültigen Ergebnis geführt hat: der Reichstagsbrand.

Vieles deutet darauf hin, dass Hitler überrascht war, als in der Nacht vom 27. auf den 28. Februar 1933 der Wallot-Bau lichterloh brannte. Als Täter festgenommen wurde ein verwirrter Niederländer, ein mehrfach vorbestrafter Landstreicher namens Marinus van der Lubbe, dem schnell eine rätekommunistische Vergangenheit nachgesagt wurde. Wahrscheinlich handelte er als Einzeltäter. Doch auch das ist nicht geklärt. Gewiss ist nur, dass für die Nationalsozialisten und die große Mehrheit der Deutschen sogleich feststand, dass das Feuer von den Kommunisten als Fanal für den bewaffneten Aufstand gelegt worden sei. Der Reichstagsbrand wurde so für Hitler zum willkommenen Anlass, jetzt mit der großen Säuberung zu beginnen. Das Kabinett erließ hierfür eine »Verordnung zum Schutz von Volk und Staat«. Der über die Ereignisse erschütterte Hindenburg unterschrieb sie und setzte damit gleich sieben Artikel der Verfassung und verbriefte politische Grundrechte außer Kraft. Im Prinzip wurde mit dem Gesetz, das bald durch ein weiteres »zur Abwehr von heimtückischen Angriffen gegen die Regierung der Nationalen Erhebung« ergänzt werden sollte, der Ausnahmezustand erklärt, wodurch der jetzt eingeleitete systematische Terror der Nationalsozialisten gegen den politischen Gegner den Deckmantel der Legalität erhielt.

Auch wenn das Vorgehen gegen die KPD von der Mehrheit der Deutschen grundsätzlich begrüßt wurde, so schreckte doch das krawallhafte und proletarische Auftreten der SA viele ab. Auch die aufwendigste nationalsozialistische Propaganda, wie sie Goebbels betrieb, konnte das nicht kompensieren. Die Reichstagswahl vom 5. März 1933 endete so aus der Sicht Hitlers enttäuschend, verfehlte doch seine Partei mit 43,9 Prozent die erwartete absolute Mehrheit. Doch nur wenige Tage darauf gelang ihm ein Coup, der für ihn das Wahlergebnis vergessen machte. Die Rede ist von den Feierlichkeiten, die aus Anlass der Reichstagseröffnung am 21. März in Potsdam stattfanden.

Der »Tag der nationalen Erhebung« mit seinen Umzügen durch die festlich beflaggte Stadt, den Ansprachen Hitlers und Hindenburgs in der Garnisonkirche, der Grablege Friedrichs des Großen, suggerierte nämlich der Nation den Schulterschluss des alten mit dem neuen, dem nationalsozialistischen Deutschland. Der Rassenfanatiker, diesmal in Frack und Zylinder, stellte sich in eine preußisch-deutsche Tradition. Wohlkalkuliert vereinnahmte er den populären greisen Feldmarschall des Weltkrieges, wenn er diesen zum »Schirmherr[n] [...] über die neue Erhebung unseres Volkes« erklärte und ihm im Namen der deutschen Jugend dankte für seine »als Segnung« empfundene Zustimmung »zum Werk der deutschen Erhebung«.[7]

Millionen Menschen in Deutschland hörten an diesem 21. März 1933, der als »Tag von Potsdam« in die Geschichte eingehen sollte, die Übertragung aus der Garnisonkirche im Rundfunk oder sahen die bewegten und sie bewegenden Bilder der *Deutschen Wochenschau*. Nicht weniger nahmen an den Feiern teil, die überall im Lande stattfanden. Auch sie trugen dazu bei, dass der »Geist von Potsdam«, von dem jetzt gesprochen wurde, zu triumphieren schien. Selbst auf Bierkrügen und Postkarten fanden sich die Bildnisse Friedrichs des Großen, Bismarcks, Hindenburgs und Hitlers. Darunter die Worte: »Was der König eroberte, der Fürst formte, der Feldmarschall verteidigte, rettete und einigte der Soldat.«

Nach all den Jahren der Revolution und Revolten, der großen Demütigung durch Versailles und der wirtschaftlichen Depression bediente die Propaganda eine übergroß gewordene Sehnsucht nach besseren, Halt gebenden Zeiten, zu denen das Bekenntnis zu deutscher Größe ebenso gehörte wie der Wunsch nach klaren politischen Verhältnissen. Spengler schrieb in seinem im August 1933 erschienenen Buch *Jahre der Entscheidung,* »irgendetwas musste kommen, in irgendeiner Gestalt«. Dem Trugbild erlegen, pries der Geschichtsphilosoph den »nationalen Umsturz« als »etwas Gewaltiges«, »durch die elementare, überpersönliche Wucht, mit der es sich vollzog, etwas Bleibendes«.[8] Jene Fiktion, die erst durch Hindenburgs symbolhaften Händedruck in der Garnisonkirche Form annahm, ließ die Menschen allzu bereitwillig an Hitlers Bekundungen von der Eintracht des Volkes, von der Wohlfahrt und vom Frieden glauben.

Im Bewusstsein, die Wiedergeburt einer Nation zu erleben, mutete der Terror nichtig an. Protestantische Kirchenmänner redeten ihn klein, wie der kurmärkische Generalsuperintendent Otto Dibelius. Er verkündete, dass »ein neuer Anfang staatlicher Geschichte […] immer irgendwie im Zeichen der Gewalt« stehe.[9] Anders als die katholische Kirche, die Hitler eher zurückhaltend-ablehnend gegenüberstand und dazu aufgerufen hatte, bei den Reichstagswahlen für das Zentrum beziehungsweise für die Bayerische Volkspartei zu votieren, rückte durch die scheinbare Versöhnung des Nationalsozialismus mit dem alten Preußen der Protestantismus mit seiner traditionell staatstragenden Nähe zum Hohenzollernthron schlagartig hinter Hitler. Die Ausnahme bildete eine kleine Gruppe liberaler Theologen, wie Dietrich Bonhoeffer von der Bekennenden Kirche, der nach Hitlers Machtübernahme öffentlich Stellung gegen die Politik der Nationalsozialisten bezog.

Der 23. März 1933 wurde dann zum eigentlichen Sterbetag der Republik. An diesem Tag, an dem Deutschland noch ganz unter dem Eindruck des Potsdamer Spektakels stand, legte Hitler dem in die Krolloper ausgewichenen Reichstag das mit seinen Partnern verabredete »Gesetz zur Behebung der Not von Volk und Reich« zur Abstimmung vor. Das Parlament sollte sich damit selbst ausschalten, denn dieses Ermächtigungsgesetz ermöglichte es der Reichsregierung für einen Zeitraum von vier Jahren, Gesetze ohne Mitwirkung des Reichstags und des Reichsrats zu erlassen. Laut Weimarer Verfassung war hierfür eine Zweidrittelmehrheit notwendig. Da NSDAP und DNVP lediglich über 51,9 Prozent der Stimmen verfügten, bedurfte es der Zustimmung des Zentrums.

Natürlich hatten die Nationalsozialisten für die Reichstagssitzung eine martialische (Droh-)Kulisse aufgeboten – an der Krolloper waren SS und SA aufmarschiert –, doch die in den Sog der neuen Zeit geratene politische Mitte, das Zentrum und die kleinen Parteien, wie die BVP oder der Christlich-Soziale Volksdienst, die lange das Fähnlein der Republik hochgehalten hatten, sah darüber hinweg. Sie wollte dabei sein, anstatt sich zu versagen, zumal doch Hitler soeben in seiner Regierungserklärung den Kirchen gegenüber zugestanden hatte, sie seien »die wichtigsten Faktoren zur Erhaltung unseres Volkstums«. Doch auch die Abgeordneten der Deutschen Staatspartei stimmten für das Ermächtigungsgesetz.

Die SPD war die einzige politische Kraft, die noch dem neuen Kanzler Paroli bot. Sie sei dabei »alles andere als geschlossen« gewesen, erinnerte sich der Reichstagsabgeordnete Wilhelm Hoegner, der spätere bayerische Ministerpräsident, nach dem Zweiten Weltkrieg.[10] Im Plenum sprach schließlich der Parteivorsitzende Otto Wels. Es war ein mutiges Wort, das von Größe kündete, wenn er unter dem Geschrei der Nationalsozialisten erklärte: »Freiheit und Leben kann man uns nehmen, die Ehre nicht«, und hervorhob: »Wir [...] bekennen uns in dieser geschichtlichen Stunde feierlich zu den Grundsätzen der Menschlichkeit und der Gerechtigkeit, der Freiheit und des Sozialismus.«[11] Es war dies nach den Jahren des Mittelmaßes wieder eine Sternstunde der deutschen Sozialdemokratie in dunkelster Nacht.

Wels musste nach seinem denkwürdigen Auftritt in den

Untergrund gehen und baute in Prag die Sopade auf, die Exilorganisation der deutschen Sozialdemokratie. Andere namhafte Sozialdemokraten, wie der ehemalige Reichskanzler Gustav Bauer und der frühere Reichstagspräsident Paul Löbe, wurden zeitweise eingesperrt. Wieder andere wurden misshandelt, manche getötet, wie der stellvertretende Vorsitzende des verbotenen Reichsbanners, des Wehrverbands von SPD, DDP und Zentrum, Johannes Stelling. Ein Haufen marodierender SA-Männer massakrierte ihn während der »Köpenicker Blutwoche«, des Höhepunkts brauner Gewalt Ende Juni 1933.

Den deutschen Kommunisten erging es ungleich schlimmer. Sie wurden gejagt wie Freiwild. Ihr Vorsitzender Ernst Thälmann wurde dabei aufgegriffen und verschwand in einem der neu eingerichteten Konzentrationslager. Nach elf Jahren Einzelhaft wurde er – wahrscheinlich auf Befehl Hitlers – in Buchenwald ermordet. Er war einer der vielen deutschen Kommunisten, die durch die Hand der nationalsozialistischen Häscher starben. Die meisten KPD-Führer – wie Walter Ulbricht, Wilhelm Pieck oder Willi Münzenberg – konnten sich jedoch in vorbereitete Verstecke, nach Frankreich oder auf Umwegen in die Sowjetunion absetzen. Sie brauchten mitunter starke Herzen, ihrer Sache treu zu bleiben; fühlten sie sich doch von Stalin verraten. Es war für sie ein Trauma, ein Trauma, das sich für eine spätere Generation deutscher Kommunisten wiederholen sollte, als ein anderer Sowjetführer ihre Republik an den Westen »verkaufte«. Der letzte Generalsekretär der Sozialistischen Einheitspartei Deutschlands sprach es gegenüber dem Autor offen aus.[12]

Und was unternahm Hitler gegen das deutsche Judentum nach der Machtübergabe? Es befand sich in einer beklagenswerten Lage, die durch die Reaktion aus dem Ausland zusätzlich verschärft wurde. Amerikanische und europäische Organisationen der Judenheit hatten nämlich zu einem Boykott deutscher Exportgüter aufgerufen, was für die sich ohnehin nur langsam erholende deutsche Wirtschaft schwere Einbußen bedeutete. An vorderster Front stand der American Jewish Congress, der einem »Bellum Judaicum« das Wort redete und dem Reich »Untergang und Verderben« prophezeite.[13] Solches fügte sich nahtlos in die rassenideologische Weltsicht Hitlers. Er reagierte mit Blick auf seine konservativen Partner jedoch recht verhalten, bremste sogar jene in den eigenen Reihen, die nach einer harten Reaktion riefen. Bei der Antwort, die dann kam, wusste er die Mehrheit der Deutschen hinter sich, die sich über die Einmischung des ausländischen Judentums empörten. Anfang April 1933 wurden in ganz Deutschland jüdische Geschäfte boykottiert.

Kurz darauf entfernte man per Gesetz Beamte und Angestellte mosaischen Glaubens aus dem Staatsdienst, wobei der Reichspräsident die Einschränkung verlangte, dass dieses für Weltkriegsteilnehmer nicht gelten solle. Bald wurden die »Protagonisten des Verfalls« und die »Träger der Revolution« auch aus dem Wissenschafts- und Kulturbetrieb ausgeschlossen. Es war dies besonders hier ein Aufstand des Mittelmaßes, der dem Ganzen zusätzliche Schwungkraft verlieh. Denn die Entfernung der Juden von ihren Posten bot weniger Qualifizierten Aufstiegschancen. Was manch niedrigen Instinkt bediente, wurde aber auch als gerechtfertigte Zurückdrängung des jüdischen Einflusses in Deutschland angesehen. Als in den Universitätsstädten dann die Feuer brannten, in die die als »geistige Grundlage der Novemberpolitik« diffamierten Werke von Egon Erwin Kisch, Thomas und Heinrich Mann, Stefan Zweig und vieler anderer geworfen wurden, blieb die organisierte Empörung aus. Dass all diese Maßnahmen den Beginn der als Ziel der nationalsozialistischen Politik programmatisch festgelegten »Ausscheidung« des Judentums aus dem »deutschen Volkskörper« darstellten, sahen die allermeisten Deutschen nicht. Wie sollten sie auch? Selbst die meisten Juden nahmen trotz aller Besorgnis an, dass sich dieser aufbrandende Antisemitismus bald wieder legen würde.

Gleichwohl verließen noch im Jahr 1933 etwa 37000 von ihnen Deutschland.

Letztendlich schien das Schicksal der kleinen jüdischen Minderheit im Reich aus der Sicht der Mehrheit der Bevölkerung eher marginal zu sein, gemessen an der Tatsache, dass Millionen wieder in Lohn und Brot kamen. Das Fressen hat eben Vorrang vor allem anderen. Dieser Wirklichkeit war sich Hitler sehr bewusst. Deshalb hatte er sogleich, nachdem er Kanzler geworden war, eine Reihe unorthodoxer, öffentlichkeitswirksamer Aktivitäten entwickelt, die, begünstigt von dem einsetzenden Aufschwung, Früchte tragen sollten. Und noch etwas: Er brachte damit die Wirtschaftsbosse, die ihm soeben noch kritisch gegenübergestanden hatten, hinter sich. Und auch diejenigen Arbeiter, die eher links verortet waren, wechselten mit fliegenden Fahnen ihre Überzeugungen. Bald marschierten ehemalige Rotfrontkämpfer und SA-Leute, die sich soeben noch erbitterte Straßenschlachten geliefert hatten, Seite an Seite mit geschulterten Spaten zu den Straßenbauprojekten, die überall als Arbeitsbeschaffungsmaßnahmen aufgelegt worden waren. Adolf Hitler war ihr aller Sachwalter geworden, wobei es eine nicht geringe Symbolwirkung hatte, dass er es war, der den 1. Mai, den »Tag der Arbeit«, zum staatlichen Feiertag erhob, der in Berlin unter der Regie eines jungen Architekten namens Albert Speer mit großem Pomp begangen wurde.

Doch der neue Staat gab den Deutschen nicht nur Arbeit und Brot. Parallel zum Verbot der mit der NSDAP konkurrierenden politischen Parteien, der Gewerkschaften und einer Vielzahl anderer Organisationen durchdrang und organisierte der neue Staat bald alle Bereiche des Lebens, von der Hitlerjugend über die NS-Frauenschaft bis zum Nationalsozialistischen Kraftfahrerkorps. Die gleichgeschaltete, von der Agitation des neuen Reichspropagandaministers Goebbels »bearbeitete« Gesellschaft nahm die Menschen an der Hand, regelte ihr Leben. Selbst die Ferien der »Volksgenossen« wurden bald von der Deutschen Arbeitsfront, wie die neue Einheitsgewerkschaft hieß, unter dem Motto »Kraft durch Freude« organisiert. Und auch diejenigen, die noch andere Autoritäten über sich wähnten, wie die gläubigen Katholiken, wurden zufriedengestellt, schien doch ein Reichskonkordat den Bestand ihrer Kirche zu sichern.

Die Menschen, die in die Katastrophe marschierten, glaubten, unter dem Hakenkreuz einer besseren, friedvollen Zukunft entgegenzugehen. Der im Januar 1934 unterzeichnete Nichtangriffspakt mit dem ungeliebten Polen bestärkte solche Hoffnungen, beendete er doch die Spannungen mit dem östlichen Nachbarn um die Freie Stadt Danzig, die seit Versailles unter dem Mandat des Völkerbunds stand. Aus diesem und aus der diesem angeschlossenen Genfer Abrüstungskonferenz war das nationalsozialistische Deutschland bereits im Vorjahr ausgetreten, um freie Hand für die Aufrüstung zu haben. Diese widersprach den Bestimmungen von Versailles, wurde aber von der Bevölkerung begrüßt. Denn ein auf 100 000 Mann beschränktes Heer wurde von den allermeisten Deutschen per se als Demütigung empfunden.

Doch die Dynamik der braunen Revolution erschöpfte sich wie alle Dynamiken. Mit Beginn des Jahres 1934, das mit einer Niederlage für die Nationalsozialisten begann, wurde doch der Reichstagsbrandstifter van der Lubbe vom Leipziger Reichsgericht als Einzeltäter und nicht als Teil eines kommunistischen Fanals aufs Schafott geschickt, enttäuschte die wirtschaftliche Entwicklung, die doch nicht so schnell voranschritt wie von den Deutschen erhofft. Arbeitszeitverkürzungen und sinkende Löhne lasteten angesichts verteuerter Lebenshaltungskosten auf der Volksstimmung. Bonzentum, Vetternwirtschaft, Korruption und teilweise hemmungslose Bereicherung der an die Tröge gekommenen regionalen Naziführer taten ein Übriges, sodass vielerorts Missmut und Defätismus aufkamen, wie aus den Berichten der Geheimen Staatspolizei – besonders aus den wirtschaftlichen Krisenzonen des

Reiches, dem Ruhrgebiet, dem Rheinland, Schlesien und Sachsen – hervorgeht.

Selbst in den Massenorganisationen war die Stimmung schlecht. In der zur Untätigkeit verurteilten Sturmabteilung gärte es wie schon lange nicht mehr. Viele der »alten Kämpfer« fühlten sich von den mit der verhassten Reaktion paktierenden Parteibonzen um die Früchte des Sieges gebracht. Mit der Eingliederung in die Arbeitswelt stand es trotz staatlich angeordneter Vorzugsbehandlung und trotz Verbindungsmännern in den Arbeitsämtern nicht zum Besten. Alle Anstrengungen, die riesige Parteiarmee durch Übungen und andere Aktivitäten zu beschäftigen, änderten nichts daran, dass aus ihren Reihen der Ruf nach einer »Zweiten Revolution« immer lauter wurde. Befördert wurde das alles noch durch die Vereinbarungen Hitlers mit der Reichswehrführung, die die braunen Bataillone zur nachgeordneten Hilfstruppe derselben machte. Die weitreichenden Pläne des SA-Stabschefs Ernst Röhm für eine riesige Milizarmee waren damit vom Tisch und die Enttäuschung in der SA über Hitler grenzenlos. Der setzte auf das reguläre Militär, denn nur mit ihm würde er seine Ziele verwirklichen können.

In der Kamarilla um Papen war der Unmut nicht geringer. Sie hatte zur Kenntnis nehmen müssen, dass nicht sie Hitler instrumentalisiert, sondern dass er sie kaltschnäuzig benutzt hatte. Ernüchtert hatte sie mit ansehen müssen, wie er in einem atemberaubenden Tempo den Staat nach seinen Vorstellungen formte. Zwar billigte sie, dass er Kommunisten und vielleicht auch Sozialdemokraten austrieb, aber dass er die DNVP und andere rechte Organisationen gleich mit abschaffte, empörte sie. Papen, ermutigt von einem nationalkatholischen Kreis um den Publizisten Edgar Jung, der in der Weimarer Republik für eine »konservative Revolution« eingetreten war, ließ sich schließlich dazu bewegen, Hitlers Kurs in Richtung totaler Diktatur zu durchkreuzen.

Vor dem Marburger Universitätsbund attackierte der Vizekanzler dann Mitte Juni 1934 den Kanzler frontal, wenn er in seiner Rede, die man ihm aufgeschrieben hatte, erklärte, die Vorherrschaft einer einzigen Partei könne nur ein Übergangszustand sein. Er warnte vor einem »Klassenkampf unter anderen Feldzeichen«, vor einer »Verwechslung von Vitalität und Brutalität« und beklagte, dass sich »Eigennutz, Charakterlosigkeit, Unwahrhaftigkeit, Unritterlichkeit und Anmaßung« unter dem Deckmantel der deutschen Revolution ausbreiteten. Der reiche Schatz an Vertrauen, den ihr das deutsche Volk geschenkt habe, sei bedroht, fuhr Papen fort und verlangte, dass das Gerede von der »Zweiten Revolution« ein Ende haben müsse.[14] Solches war starker Tobak, und es verbreitete sich rasch in den konservativen Kreisen, auch wenn Goebbels die Rede vom Reichsrundfunk nicht hatte übertragen lassen.

Papen, dem man solches nicht zugetraut hatte, plante nun mit Hindenburg auf dessen Gut Neudeck zusammenzutreffen, um diesen gegen Hitler in Stellung zu bringen. Der kam ihm jedoch zuvor. Am 21. Juni 1934 traf der Reichskanzler mit dem Reichspräsidenten zusammen. Aufgrund seiner schwindenden Kräfte hatte Hindenburg Reichswehrminister Blomberg dazugeholt und diesem die Gesprächsführung weitgehend überlassen. Der mit Hitler sympathisierende Reichswehrminister stellte dabei die Rolle der Reichswehr als entscheidenden Machtfaktor im Reich heraus und verlangte, Sorge dafür zu tragen, dass die Umtriebe der SA ein Ende hätten. Hitler war damit in die Enge getrieben. Der Ausweg, den er beschritt, war ein perfider Coup, eine gewaltige, perfekte Täuschungsaktion. Um seines Zieles willen, die totale Herrschaft über Deutschland zu erringen und dann den großen Kampf gegen das »Weltjudentum« führen zu können, hob er nun zum Enthauptungsschlag gegen die SA an, gegen die eigene Parteiarmee, die seinen Aufstieg mit ermöglicht hatte.

Hitler wollte damit seine Kritiker im konservativen Lager mundtot machen und die Reichswehr hinter sich bringen.

Denn aus deren Sicht verkörperten vor allem die proletarischen Sturmabteilungen mit ihrem vulgären Antisemitismus und ihrem Gerede von der zweiten (sozialistischen) Revolution die verabscheuungswürdige Seite der braunen Bewegung. Für das elitäre Offizierskorps der Reichswehr war die um ein Vielfaches größere Parteiarmee längst zu einem gleichermaßen verachteten wie gefürchteten Konkurrenzunternehmen geworden. Umso bereitwilliger verbündete sich jetzt Blomberg mit Hitler, nachdem bei ihm durch lancierte Falschmeldungen der Eindruck erweckt worden war, die SA-Führung plane einen Putsch und damit den Schlag gegen die Reichswehr.

Was nun folgte, waren brutale Kommandounternehmen der SS und ihres Sicherheitsdienstes (SD) im ganzen Reich, die von Hitler und Göring geleitet wurden. Sie endeten mit der Ermordung der SA-Führung um Röhm. Es traf mit Jung, Erich Klausener und Herbert von Bose auch die Männer hinter Papen. Den Vizekanzler ließ Hitler am Leben, wohl weil er ihn für ein Leichtgewicht hielt und weil er ihm seine Kanzlerschaft verdankte. Beglichen wurden von Hitler auch einige »alte Rechnungen«. So starben durch die Kugeln der Mordkommandos der ehemalige bayerische Generalstaatskommissar Kahr, dem Hitler die Schuld am Scheitern seines Münchner Novemberputsches gab, sowie Kurt von Schleicher und Gregor Strasser, die seinen Griff nach der Kanzlerschaft beinahe noch vereitelt hatten. Als Hitler die sich verselbstständigenden »Säuberungen« am 2. Juli 1934 für beendet erklärte, waren ihnen mehr als 150 Personen zum Opfer gefallen.

Verwirrung in der Bevölkerung über das Geschehene ließ die nationalsozialistische Propaganda erst gar nicht aufkommen. Über alle Reichssender sprach Goebbels von einer in letzter Minute durch das entschlossene Handeln des »Führers« vereitelten Revolution. Dieser und »seine Getreuen« hätten es nicht zulassen können, dass »ihr Aufbauwerk, unter unsäglichen Opfern von der ganzen Nation begonnen«, durch eine »kleine Gilde von Verbrechern«, die im Bunde mit der »Reaktion« und einer ausländischen Macht gestanden habe, in Gefahr gebracht werde.[15] Die meisten im Land ließen sich von diesen Lügen der Gilde der noch viel größeren Verbrecher täuschen und glaubten an den angeblichen »Röhmputsch«. Die »guten Kräfte« der nationalsozialistischen Bewegung, verkörpert durch Hitler und seine Vertrauten, hatten obsiegt, wurde angenommen. Es war der Beginn des Mythos vom sakrosankten Hitler. Bald sollten die Volksgenossen Missständen mit dem Einwand begegnen: »Wenn das der Führer wüsste.«

Was dessen Verankerung im Volk anbelangte, war diese jetzt stärker denn je. In einem Stimmungsbericht des SD aus Bayern, der für viele aus diesen Wochen stehen könnte, hieß es, dass die Niederschlagung der »Röhm-Revolte« wie »ein reinigendes Gewitter« gewirkt habe und nun ein befreiendes Aufatmen durch das Volk gehe.[16] Die Verblendung war so groß, dass in den Reihen der konservativen Intellektuellen Hitlers Mordbrand als »Putsch für den Staat« gefeiert wurde, wie die Worte des Staatsrechtlers Carl Schmitt »Der Führer schützt das Recht« manifestierten.[17] Selbst die *Frankfurter Zeitung*, die sich eine gewisse Eigenständigkeit hatte erhalten können, schrieb Anfang Juli 1934: »Die Autorität des national-sozialistischen Führers war niemals größer als in dieser Stunde, wo er es unternommen hat, die Spreu vom Weizen zu trennen.«[18]

Wenn Hitler nun nach der totalen Macht greifen sollte, so hatte – wie schon im Januar 1933 – eine Handvoll Opportunisten aus dem Umfeld des inzwischen vollends dahindämmernden Reichspräsidenten ihren Anteil daran. Sie halfen, den Eindruck zu erwecken, als stünde dieser uneingeschränkt hinter Hitlers Schlag gegen die SA-Führer, gegen Schleicher und die anderen. Sie erfanden Glückwunschtelegramme Hindenburgs an Hitler und Göring, von denen dann in der Presse zu lesen war. Am 1. August 1934 – die Nachrichten aus Neudeck deuteten auf das bevorstehende Ableben des fast 87 Jahre alten Reichspräsidenten hin – legte Hitler dem Kabinett ein Gesetz über die Nachfolge vor, wonach das Amt des Reichspräsidenten mit dem des »Führers und Reichskanzlers« vereinigt werden sollte. Bereits am folgenden Tag trat es in Kraft, denn Paul von Beneckendorff und Hindenburg schloss am Morgen jenes 2. August für immer die Augen.

Während sich ganz Deutschland vor dem Toten verneigte, befahl Blomberg in einem Akt der Selbstunterwerfung, die Soldaten der Reichswehr auf das neue Staatsoberhaupt, auf Hitler, zu vereidigen. Der Reichswehrminister war davon überzeugt, dass dieser mit der Niederschlagung des »Röhmputsches« der Reichswehr ihre tragende Rolle erhalten und Deutschland vor einem neuen Bürgerkrieg bewahrt habe. Und so schworen nun die Soldaten überall in den Kasernen des Reichs anstelle des Eides auf die Verfassung, der sie dazu verpflichtete, Volk und Vaterland treu zu dienen, den »heiligen Eid«, »dem Führer des Deutschen Reiches und Volkes Adolf Hitler, dem Oberbefehlshaber der Wehrmacht, unbedingten Gehorsam zu leisten« und jederzeit für diesen Eid ihr Leben einzusetzen.[19] Mit der ungeheuerlichen Eidesformel wurde die Armee mit ihren unverbrüchlichen Vorstellungen von soldatischer Treue zum Werkzeug in den Händen eines von irrationalen rassenideologischen Vorstellungen Getriebenen.

Der verfügte nun über die totale Macht im Reich. Er nahm die Verschmelzung des Reichskanzleramts mit dem des Reichspräsidenten in seiner Person wiederum zum Anlass, den Schein der Legitimität zu wahren. Er ließ eine Volksabstimmung abhalten. Abermals wurde das Land mit einer gewaltigen Propagandawelle überzogen. Mitte August 1934 stimmten bei einer Wahlbeteiligung von 95,7 Prozent 89,9 Prozent mit »Ja«. Freilich, es war dies wie schon die Volksabstimmung aus Anlass des Austritts aus dem Völkerbund im Vorjahr keine freie Wahl. Die Ergebnisse waren manipuliert. Aber die

Zustimmung der Deutschen zu ihrem »Führer«, von dem sie glaubten, er habe durch sein entschlossenes Handeln Schlimmes vom Vaterland abgewendet, hatte gewiss einen neuen Höhepunkt erreicht. Dass Hitler nunmehr die ganze Macht in Händen hielt, war für die Deutschen nur folgerichtig, zumal die 14 Jahre der Demokratie den meisten in unguter Erinnerung geblieben waren. Sein »Führertum« erschien vielen als eine moderne Alternative dazu.

Hitler selbst gerierte sich dabei zunehmend als ein Berufener. Der »Schutz der Vorsehung«, unter dem er stehe, wie Goebbels »wusste«, war eine immer häufiger von ihm benutzte Metapher. Überhaupt wurde von ihm und seinem Propagandaminister alles in pseudoreligiöse Sphären gehoben. Der Glaube wurde zum Beweger der Bewegung verklärt. Goebbels sagte einmal: »Für uns ist Politik das Wunder des Unmöglichen.«[20] In jenem Irrationalen, in jener Metaphysik des blinden Glaubens, lag dann auch das Eigentliche der Hitler-Bewegung als einer Art politischer Religion. Die Ausschaltung des Verstandes zugunsten dieses blinden Glaubens und die daraus erwachsende bedingungslose Gefolgschaft gegenüber Hitler wurden zur schärfsten Waffe des Nationalsozialismus. Auf den Nürnberger Parteitagen – im Herbst 1934 stand er unter dem Motto »Triumph des Willens« – war diese Gefolgschaft zu erleben. Die dabei waren, berichteten von den Gefühlen, die sie übermannten, als sie zu Abertausenden angetreten waren und der »Führer« mit wallendem Umhang durch die Menschenblöcke schritt, um zur Rednertribüne zu gelangen. Es sei wie in einem Gottesdienst gewesen, und niemand habe daran gezweifelt, dass sie auf dem richtigen Weg seien.

Die Gefühle übermannten auch die Nation, als Mitte Januar 1935 die Volksabstimmung über die Zukunft des Saargebiets vorüber war, die unter der Kontrolle des Völkerbunds stattfand, so wie es in Versailles festgelegt worden war. 90,5 Prozent der Menschen an der Saar stimmten für die

Rückgliederung ihrer Heimat in das Deutsche Reich. In der Wahrnehmung der überglücklichen Nation war es Hitler, der die Saar »heim ins Reich« geholt hatte. Dass alles recht wenig mit ihm und mit nationalsozialistischen Überzeugungen zu tun hatte, dass das Saarland sich vielmehr deutsch fühlte, ob mit Hitler oder ohne ihn, spielte dabei keine Rolle mehr. Hitlers Stellvertreter Rudolf Heß fasste das einmal in die ekstatisch hinausgeschrienen Worte: »Die Partei ist Hitler, Hitler aber ist Deutschland, aber Deutschland ist Hitler.«[21]

Große Zustimmung wurde ihm auch zuteil, als er die Wiedereinführung der allgemeinen Wehrpflicht verkünden und dabei die künftige Truppenstärke der Wehrmacht mit 550 000 Mann beziffern ließ. Da das Parlament in Paris der Verlängerung der französischen Wehrpflicht zugestimmt hatte, war es für Hitler ein Leichtes, sich über Versailles mit seiner 100 000-Mann-Regelung hinwegzusetzen und dennoch die Rolle des verhinderten Friedenspolitikers zu mimen, der einfach reagieren musste. Die Reichsregierung beteuerte dann auch, »über die Wahrung der deutschen Ehre und der Freiheit des Reiches nie hinauszugehen und insbesondere in der nationalen deutschen Rüstung kein Instrument kriegerischen Angriffs als vielmehr ausschließlich der Verteidigung und damit der Erhaltung des Friedens bilden zu wollen«.[22] In diese Richtung schien für die Volksgenossen auch das deutsch-britische Flottenabkommen vom Juni 1935 zu deuten, in dem ein Stärkeverhältnis von den deutschen gegenüber den britischen Seestreitkräften von eins zu drei vereinbart wurde.

Auf dem Nürnberger »Reichsparteitag der Freiheit« Mitte September 1935 drehte es sich um den »bolschewistische[n] Jude[n] in Moskau«, der – so Hitler – in »einer neuen Kampfansage der Welt die Zerstörung predigt«.[23] Aus der Sicht der Volksgenossen war das Politrhetorik eines alljährlichen Rituals. Dass ihr »Führer« wild entschlossen war, sobald dafür die Voraussetzungen geschaffen sein würden, zum »großen Germanenzug« nach Osten aufzubrechen, also die Vernichtung der Sowjetunion in die Tat umzusetzen, ahnte kaum jemand. Und auch nicht, dass für Hitler die ausgemachte wachsende Bedrohung durch den Bolschewismus von außen in einem Zusammenhang mit seinen antijüdischen Maßnahmen im Inneren des Reiches stand. Die Rede ist vom »Reichsbürgergesetz« und vom Gesetz zum »Schutze des deutschen Blutes und der deutschen Ehre«. Konkret beschlossen wurde mit den Gesetzen, dass Reichsbürger derjenige Staatsbürger »deutschen oder artverwandten Blutes« sei, der gewillt und geeignet sei, »in Treue dem deutschen Volk und Reich zu dienen«.[24] Da dies den Juden grundsätzlich abgesprochen wurde, waren ihnen damit alle staatsbürgerlichen Rechte genommen. Weiter isoliert wurden sie, indem »Eheschließungen zwischen Juden und Staatsangehörigen deutschen oder artverwandten Blutes« ebenso verboten wurden wie der außereheliche Geschlechtsverkehr.

Solange sie konnten, verwahrten sich die deutschen Juden gegen die Isolation und Entrechtung, die nunmehr zu der Zurückdrängung aus dem öffentlichen Leben und der Wirtschaft hinzutrat. Die aus der Volksgemeinschaft Ausgeschlossenen versuchten, wenn sie nicht das Land verließen, den nationalsozialistischen Rassenwahn zu widerlegen, und hoben vor allem ihren Beitrag hervor, den sie über die Zeiten hinweg für ihre deutsche Heimat geleistet hatten. Die Masse der deutschen Juden wollte immer noch nicht wahrhaben, was geschah, und sie konnte nicht ahnen, was noch geschehen würde. Sie klammerte sich an die Vorstellung, dass die deutsch-jüdische Gemeinschaft letztlich fortbestehen würde. Manche gingen in den kommunistischen oder sozialdemokratischen Untergrund oder dienten sich gar den Nationalsozialisten an, empfahlen sich als Mitstreiter im Kampf »gegen alle deutschfeindlichen Volksschädlinge, gegen Ost-Juden und Internationalisten«.[25] Ganz anders die Zionisten. Sie sahen ihre alten Argumente bestätigt, dass die Juden nie in einem nicht jüdischen Staat aufgehen könnten, und propagierten, wie schon seit Herzls Zeiten, »das Bekenntnis zur jüdischen Nation und zur jüdischen Rasse« als Grundlage für einen eigenen Staat an der Stelle, wo ihre historischen Wurzeln lagen – in Palästina.[26]

Organisierte Unterstützung durch die nicht jüdischen Deutschen erhielten die Juden nicht. Wie sollte es sie auch geben im gleichgeschalteten Staat? So blieb es bei einer großen Zahl von Einzelaktionen, die aber nicht darüber hinwegtäuschen können, dass die Deutschen – sofern es ihnen nicht gleichgültig war – in der Frage der nationalsozialistischen Rassegesetze gespalten waren. Die Gestapo-Berichte besagen sogar, dass sie in der Bevölkerung »größtenteils mit Genugtuung« aufgenommen worden seien. In katholischen Kreisen fänden sie jedoch »keinen Beifall«.[27] Viele, die der Sache eher ablehnend gegenüberstanden, dürften sich alles einmal mehr schöngeredet haben, indem sie das Negative der neuen Zeit dem Positiven gegenüberstellten und dann zu dem Ergebnis gelangten, dass Letzteres doch deutlich überwiege.

An Positivem schien dann das Jahr 1936 den Volksgenossen einiges zu bieten. Anfang März rückte die Wehrmacht mit Tschingderassabum und unter dem Jubel einer begeisterten Bevölkerung in das entmilitarisierte Rheinland ein. Da es die Siegermächte des Weltkrieges bei Protestnoten beließen und die Deutschen das Chaos in der Reichsleitung, das mit dem Vabanquespiel Hitlers einhergegangen war, nicht sahen, wähnten sie in der Rheinlandbesetzung vielmehr die kühl kalkulierte Tat eines großen Staatsmannes. Um diesen Eindruck ging es Hitler, wenn er verkündete, er gehe den ihm von der »Vorsehung« vorgeschriebenen Weg »mit traumwandlerischer Sicherheit«.[28] Immer mehr vertrauten die Deutschen ihrem »Führer«, zumal jetzt wieder viel von Frieden die Rede war. Dass Hitler dem Krieg entgegenstrebte, blieb nicht nur dem Normalbürger verborgen.

Hitler nutzte seinen Rheinland-Coup, um seine Herrschaft vom Volk wiederum »legitimieren« zu lassen. Überall, wo er auftrat, entboten ihm Abertausende einen frenetischen Empfang. Das Ergebnis der Abstimmung wurde dann entsprechend festgelegt: 99 Prozent im Reich, in der Saar-Pfalz sogar 99,9 und in Ostpreußen 99,7 Prozent. »Adolf Hitler und Deutschland sind eins«, ließ man die gleichgeschaltete Presse jubeln[29] – und dies nicht ganz zu Unrecht, denn die Zustimmung der Deutschen zu Hitler war tatsächlich überwältigend, hatte dieser doch dem Reich nicht nur die volle Souveränität, sondern – vor allem – ein Stück verlorener Ehre zurückgegeben. Gerade das entmilitarisierte Rheinland hatte wie ein Stachel im Fleisch gesessen, verbanden sich doch damit schmerzliche Erinnerungen. Dies war nun vorbei. Umso großzügiger sah man über das hinweg, was man nicht billigte – eine Neigung, die im Sommer 1936 weiteren Auftrieb erhielt, als die Jugend der Welt in die Hauptstadt des nationalsozialistischen Deutschlands kam, um die Olympischen Spiele zu begehen.

Die Haltung des Auslands diesem Staat gegenüber hatte sich inzwischen grundlegend geändert. Dies hatte auch mit der Entwicklung in Europa zu tun. Der Nationalsozialismus beziehungsweise der Faschismus waren längst auf dem gesamten Kontinent verbreitet. Mit der im Zuge des Weltkriegs aufgekommenen kommunistisch-internationalistischen Idee hatten sich, gleichsam als Gegenbewegung nicht nur in Deutschland und Italien, unzählige Anhänger dieser Ideologien in Organisationen und Splittergruppen zusammengefunden. Vielfach waren es Nachahmungen, wie Léon Degrelles belgische »Rexisten« oder Frits Clausens Dänische Nationalsozialistische Partei. Oftmals hatten sie jedoch eigene Wurzeln, wie die »Eiserne Garde« in Rumänien oder die »Pfeilkreuzler« in Ungarn. Besonders verbreitet waren die faschistischen Gruppierungen in den westlichen Demokratien, wie etwa in Großbritannien, wo die »British Union of Fascists« eines Oswald Mosley wohl über eine halbe Million Mitglieder zählte. Ob François de La Rocques »Croix-de-Feu«, Pierre Taittingers »Jeunesses Patriotes« oder Jacques Doriots »Parti Populaire Français« – gleichsam als Widerpart zu einer scheinbar übermächtigen französischen Linken erfuhren auch sie großen Zuspruch. Den italienischen »Duce«, Benito Mussolini, riss diese Entwicklung in Europa Mitte der 1930er Jahre zu der Behauptung hin, dass die faschistischen Ideen die Ideen des Zeitalters seien und dass in wenigen Jahren ganz Europa faschistisch sein werde.[30]

Viele sahen angesichts der weitverbreiteten Empfindung, an der Wegscheide zu einem Epochenwechsel zu stehen, im Nationalsozialismus/Faschismus eine modernistische Alternative zur Krise der europäischen Gesellschaft. So war in Deutschland Hitlers von der »neuen Auslese« geführte »Volksgemeinschaft« von den Menschen erlebbar. Standesdünkel und Klassenbewusstsein waren seit 1933 abgebaut worden. Es existierte eine nie da gewesene soziale Mobilität, wie überhaupt der »Arbeiter der Faust« gegenüber demjenigen »der Stirn« aufgewertet worden war. Der »nationalsozialistische Musterbetrieb«, wie er im Zusammenwirken Hitlers mit Robert Leys Deutscher Arbeitsfront gegen die Arbeitgeber durchgesetzt wurde, war ein Betrieb mit sozialpolitischen Leistungen, wie sie in Europa damals ihresgleichen suchten. Die Unterhaltungsindustrie boomte. Filme und Rundfunk trugen zur Kurzweil der Volksgenossen bei. Ja, man identifizierte sich im Reich daher allzu gern mit dieser Volksgemeinschaft und ihren Errungenschaften.

Doch das alles galt nur für diejenigen, die dieser Volksgemeinschaft angehörten, also diejenigen, die »deutschen Blutes« waren. Über die aggressive Rassenpolitik des Regimes gegen die Juden – 1936 lebten in Deutschland noch etwa 400 000 – wurde oft auch aus anderen Gründen hinweggesehen. Auch in den westlichen Demokratien – so sagte man sich nämlich – würden rassische Minderheiten ausgegrenzt werden, wie zum Beispiel die »Neger« in den Vereinigten Staaten. Schon der Blick auf die Schikanen, denen die farbigen Angehörigen der amerikanischen Olympiamannschaft ausgesetzt waren, schien dies deutlich zu machen. Nicht nur die Leichtathletiklegende Jesse Owens, den eine lange Freundschaft mit seinem deutschen Rivalen Luz Long verband, empfand dieses Deutschland als weniger rassistisch als sein eigenes Land, für das er drei Goldmedaillen gewann. Und wie war dies bei den Briten oder bei den Franzosen, deren Equipe Hitler beim Einzug ins Berliner Olympiastadion den »Deutschen Gruß« entbot? Sie hatten ebenfalls keine Probleme mit diesem nationalsozialistischen Deutschland.

Das hatte freilich auch damit zu tun, dass das Regime ganz gezielt gegenüber der Welt den Eindruck hatte erzielen wollen, dass es mit dem Antisemitismus in Deutschland gar nicht so schlimm sei. Von den Berliner Parkbänken waren deshalb die Schilder »Für Juden verboten« abgeschraubt worden. Die Verbreitung von antijüdischen Periodika wurde eingestellt. Für die Wettkämpfe selbst wurden deutsche »Alibi-Juden« zugelassen, wie zum Beispiel die Fechterin Helene Mayer. Und auch der jüdischstämmige Sportfunktionär Theodor Lewald, der als Mitglied des IOC-Exekutivkomitees noch in der Weimarer Zeit die Spiele nach Deutschland geholt hatte, wurde von den Nationalsozialisten im Amt belassen. Dass das nicht so bleiben würde, vermittelten betrunkene SA-Männer: »Wenn die Olympiade vorbei ist, schlagen wir die Juden zu Brei«, grölten sie.[31]

Doch solches bekamen die ausländischen Gäste in aller Regel nicht mit. Sie erlebten eine Olympiade der Superlative in der Hauptstadt eines weltoffenen Deutschlands. Und die mit politischen Gegnern der Nationalsozialisten und Andersdenkenden gefüllten Konzentrationslager, die die SS zu einem System ausbaute, sahen sie nicht. So meinte der ehemalige britische Premierminister Lloyd George, der im Anschluss an die Spiele von Berlin im September 1936 Deutschland bereiste: »Gerade bin ich zurückgekommen von einem Besuch in Deutschland [...] Ich habe nun Deutschlands berühmten Führer gesehen, auch die großen Veränderungen, die er verursacht hat. Was immer einer denkt von seinen Methoden – und diese sind bestimmt nicht jene eines parlamentarischen Landes –, kann doch kein Zweifel darüber bestehen, dass er eine wunderbare Veränderung im Geist der Menschen, in ihrem Benehmen untereinander, in ihrer sozialen und ökonomischen Selbstdarstellung bewirkt hat [...] Es ist ein glückliches Deutschland. Ich habe es überall gesehen und kennengelernt.«[32]

Vor allem die innere Stabilität ließ dieses Land, das Arbeitern den Urlaub auf Kreuzfahrtschiffen ermöglichte, aus der Sicht vieler in den Nachbarländern zu so etwas wie einem Bollwerk gegen den Kommunismus werden. Dies war umso mehr der Fall, als in Spanien mit dem Putsch Francos im Juli 1936 der Bürgerkrieg begonnen hatte und bald bekannt wurde, dass Stalin an der Seite der Volksfront-Republik auf der Iberischen Halbinsel Fuß zu fassen versuchte. Für die deutsche Bevölkerung spielte das in diesem Sommer 1936 eine höchst untergeordnete Rolle. Ihr Thema war der Sommerurlaub an der deutschen See oder am Berliner Wannsee. Ihre Lebenswirklichkeit war Ewigkeiten entfernt von der finsteren Welt ihres »Führers«, der von einer tödlichen Umklammerung Deutschlands sprach und eine Denkschrift verfasste, in der er fast schon panisch festhielt, dass die Welt »in immer schärferem Tempo« in eine neue Auseinandersetzung treibe, »deren extremste Lösung Bolschewismus heißt, deren Inhalt und Ziel aber nur die Beseitigung und Ersetzung der bislang führenden Gesellschaftsschichten der Menschheit durch das internationale Judentum ist«.

Hitler entsandte einen gemischten Flieger- und Panzerverband, die »Legion Condor«, nach Spanien. Dass dieses zum Versuchsfeld der neuen Deutschen Luftwaffe für den kommenden großen Krieg werden sollte, konnte sich niemand vorstellen. Und als die baskischen Orte Durango und Guernica von dieser ausgelöscht wurden und viele zivile Opfer zu beklagen waren, erreichte die internationale Empörung die deutsche Öffentlichkeit kaum, denn wer hörte schon oder verstand die Hörfunksendungen der BBC. Und Tote gab es auch durch den Krieg der »Roten«, über dessen barbarische Entartungen bei der Kampfführung man regelmäßig durch Goebbels' Propaganda »informiert« wurde.

Laut Vierjahresplan von 1936 sollte die Kriegsbereitschaft der Wehrmacht bis 1940 hergestellt werden. Gleichzeitig wurden die »Arisierungsmaßnahmen« verschärft. In den folgenden beiden Jahren wurden etwa 60 Prozent der jüdischen Klein- und mittelständischen Unternehmen wie Warenhäuser, Anwaltskanzleien und Arztpraxen sowie Kleinkrämerläden enteignet. Es war ein schleichender Prozess. Der »Jude um die Ecke« verschwand nun einfach über Nacht. In der privaten Wirtschaft freute man sich darüber, denn womit zusätzliche Finanzierungsmöglichkeiten für die bis 1940 abzuschließende Kriegsrüstung geschaffen werden sollten, kam in ungleich größerem Ausmaß ihr zugute.

Die deutsche Grundbefindlichkeit, dass man wieder in Europa und der Welt wer war, ließ in den Köpfen der Volksgenossen wenig Raum für die Rassenpolitik. Da interessierte es mehr, wenn der Duke of Windsor, der als König Eduard VIII. abgedankt hatte, sich im Oktober 1937 beim »Führer« auf dem Berghof ein Stelldichein gab – insbesondere, weil der britische Gast von Wallis Simpson begleitet wurde, deretwegen er auf den Thron verzichtet hatte. Große Aufmerksamkeit erregte bei den Volksgenossen im Monat davor der Staatsbesuch Mussolinis, der von seinem schneidigen Außenminister, dem Grafen Galeazzo Ciano, begleitet wurde. Was von der Propaganda als großes Spektakel mit Massenkundgebung im Olympiastadion und im Kegel der Scheinwerfer einfliegenden »Führern« inszeniert wurde, suggerierte nicht nur die Gottgesandtheit der beiden, sondern auch eine Bedeutung der »Achse« Berlin–Rom, die infolge des Abessinien-Krieges und der Waffenbrüderschaft in Spanien zustande gekommen war, die diese gar nicht hatte.

Das Erscheinungsbild der Politik war in diesem Deutschland nicht zuletzt durch die Goebbels'sche Propaganda zum reinen Blendwerk geworden, das dem Volk eine imaginäre Wirklichkeit vorgaukelte. Im Februar 1938 schien diese durch die Blomberg-Fritsch-Affäre ernsthaft gestört zu werden. Doch auch hier sah die Nation das Eigentliche nicht. Der Kriegsminister und der Oberbefehlshaber des Heeres hatten nämlich zuvor ihre Bedenken gegen Hitlers Vorhaben, Österreich anzuschließen und die Tschechoslowakei zu zerschlagen, mit dem Hinweis auf eine dann drohende Intervention von Briten und Franzosen angemeldet. Hitler war bei der Besprechung, die ein Oberst Friedrich Hoßbach protokollierte,[33] klar geworden, dass mit diesen traditionell denkenden Militärs seine großen Pläne nicht umzusetzen sein würden. Deshalb kam ihm die unappetitliche Affäre gerade recht, um sie aus dem Wege zu räumen.

Die Deutschen bedauerten unterdessen ihren »Führer«, der mit einem aristokratischen Kriegsminister zusammenarbeiten musste, der eine ehemalige Prostituierte geheiratet hatte, von der pornografische Fotografien zirkulierten, und mit einem Oberbefehlshaber des Heeres, dem nachgesagt wurde, dass er ein Homosexueller sei. Für die Moralvorstellungen der damaligen Zeit waren beides Ungeheuerlichkeiten. Dass sich Hitler nun selbst zum Oberbefehlshaber der Wehrmacht machte und sich einen persönlichen Stab von Befehlsempfängern schuf, das Oberkommando der Wehrmacht (OKW), schien dem Volk plausibel. Und auch der Führungswechsel im Auswärtigen Amt, den er gleich mit vornahm, kam bei den Volksgenossen an, galt doch Konstantin von Neurath als »Mann von gestern«, nicht aber sein Nachfolger, der geschmeidige Englandkenner und Sektfabrikant Joachim von Ribbentrop.

Die neue, ganz auf Hitler zugeschnittene Führungsstruktur der Wehrmacht wurde bereits im März 1938 erprobt, als deutsche Truppen in Österreich einmarschierten. Die Begeisterung kannte jetzt keine Grenzen mehr. Denn Hitler hatte Wirklichkeit werden lassen, was Deutschen und Deutsch-Österreichern in Versailles versagt geblieben war. Es war ein »Anschluss«, auch wenn es im heutigen Österreich verpönt ist, die damaligen Ereignisse als solchen zu bezeichnen. Hunderttausende säumten die Straßen, als der »Führer« in seiner Geburtsstadt Braunau den Inn und damit die Grenze überschritt und über Linz nach Wien fuhr, wo er am 15. März 1938 auf dem Heldenplatz mit großem Pathos »vor der Geschichte« und vor mehreren Hunderttausend begeisterter Menschen die »Heimkehr seiner Heimat« in das Deutsche Reich verkündete.

Dass er dabei immer auch sein eigentliches Ziel im Blick hatte, klang am Tag davor an, als er in Linz, wo er mit geringem Erfolg die Schule besucht hatte, gegen Ende seiner Rede, in der er wieder viel von der »Vorsehung« sprach, sagte: »Ich weiß nicht, an welchen Tag Ihr gerufen werdet. Ich hoffe, es ist kein ferner. Dann habt Ihr einzustehen mit Eurem eigenen Bekenntnis und ich glaube, dass ich vor dem ganzen deutschen Volk mit Stolz auf meine Heimat werde hinweisen können.« Die Masse verstand sicherlich nicht, dass er dabei auf seinen Krieg gegen den »jüdischen Bolschewismus« abhob. Und sie verstand auch nicht, dass es einen Zusammenhang gab mit dem, was abseits des großen Jubels in der Ostmark, wie Österreich nach dem Anschluss genannt wurde, an Gewalt und Ausschreitung vor allem gegen die Juden geschah. Das waren die ignorierten und verdrängten Kollateralschäden auf einem als beispiellos empfunden Siegeslauf einer Nation, an deren Spitze ein inzwischen vollends in religiös-rauschhafte Sphären entrückter »Führer« stand. Die Volksgenossen sprachen jetzt davon, dass er der »größte Deutsche aller Zeiten« sei. Und die »Deutschen Christen«, jener besonders dem Regime ergebene Teil des Protestantismus, rückte ihn bereits in die Nähe Jesu Christi.

Diesen Superlativen schien Hitler wiederum gerecht zu werden, als er ein halbes Jahr nach dem Anschluss Österreichs das deutsch besiedelte Sudetenland unter Kirchengeläut, schier unendlichem Jubel und auch noch mit dem Segen der europäischen Mächte ins jetzt »Großdeutsche Reich« heimholte. In der vom Prager Regime unterdrückten und ganz auf Hitler setzenden sudetendeutschen Bevölkerung war nach dem Anschluss der Ruf danach immer lauter geworden. Sie wähnten sich als Opfer der Versailler Nachkriegsordnung, wonach die ehemals zur Donaumonarchie gehörenden Randgebiete Böhmens und Mährens der neu ins Leben gerufenen Tschechoslowakei zugeschlagen worden waren.

Tatsächlich ging es aber Hitler nicht um die Sudetendeutschen. Sie dienten ihm nur als Vorwand für die Zerschlagung der Tschechoslowakei, des »gefährlichste[n] Vorposten[s] der roten Sowjetmacht mitten in Europa«,[34] wie er sich ausdrückte. Dass diese Zerschlagung der Tschechoslowakei für ihn eine Art Vorfeldbereinigung für seine Ostexpansion war, sahen die Deutschen nicht. Sie fürchteten natürlich, dass alles auf einen Krieg hinauslaufen könnte, worauf Hitlers Gepoltere gegen Prag auf dem Nürnberger Parteitag 1938 hindeutete. Das drohende Unheil rief jetzt eine Handvoll Militärs auf den Plan, wie den soeben als Generalstabschef zurückgetretenen Ludwig Beck oder Erwin von Witzleben, der schon nach der Ermordung Schleichers im Jahr 1934 eine Untersuchung gefordert hatte. Sie und andere begannen sich nun gegen Hitler zu formieren, dämmerte es den ganz wenigen doch, wer dieser wirklich war. Sie knüpften Kontakte ins westliche Ausland, erwogen einen Staatsstreich. Doch der sogenannten Septemberverschwörung wurde durch den Gang der Ereignisse der Boden entzogen.

Denn statt dass ein Krieg ausbrach, verhandelten die Staatslenker Deutschlands, Großbritanniens, Frankreichs und Italiens Ende September 1938 in München, nachdem sich der neue britische Premierminister Neville Chamberlain zu dem ungewöhnlichen Schritt entschlossen hatte, zweimal zu »Herrn Hitler« zu reisen. Am Ende wurde das Sudetenland zu Deutschland geschlagen. Und Chamberlain wurde in Großbritannien als Held gefeiert, als er aus München zurückkehrte und verkündete, den »Frieden für unsere Zeit« gesichert zu haben.[35] Er und die Welt ahnten nicht, dass das Papier mit der Unterschrift Hitlers, das er noch auf dem Londoner Rollfeld stolz der Presse präsentierte, nichts wert war.

Hitler, der den Krieg gewollt hatte, erntete nun den Dank der Deutschen dafür, den Frieden in München mit den anderen Staatsmännern gerettet und sich dabei auch noch durchgesetzt zu haben. Goebbels notierte: »Das Wort ›Friede‹ ist auf allen Lippen. Die Welt ist von einer rasenden Freude erfüllt. Deutschlands Prestige ist ungeheuerlich gewachsen. Jetzt sind wir wirklich wieder eine Weltmacht.«[36] Für das Prestige des »Führers« galt das auch. Es schien sich aus der Perspektive der Volksgemeinschaft wieder einmal gezeigt zu haben, dass alles, was er anfasste, am Ende doch gelang. Was musste da wohl in den Köpfen derer vorgehen, die soeben noch den Staatsstreich in Erwägung gezogen hatten?

Doch mit der Krise des Septembers 1938 war für die Deutschen die unbeschwerte Zeit vorüber. Denn die Politik Hitlers, der München als Rückschlag empfand, verzögerte es doch seinen großen Kriegsplan, wurde immer aggressiver – insbesondere auch gegen die Juden. Im Herbst 1938 – bis dahin hatten etwa 205 000 Juden das Land verlassen – wurden sie im wahrsten Sinne des Wortes aus dem Land geworfen, wie die 17 000 polnischstämmigen Juden, die in Sammeltransporten an die deutsch-polnische Grenze gebracht und ins Niemandsland gejagt wurden. Unter ihnen waren auch die Eltern jenes Herschel Grynszpan, der wenige Tage nach der Aktion den deutschen Diplomaten Ernst vom Rath in Paris erschoss. Hitler nahm dies zum Anlass, das zu inszenieren, was im Volksmund zur »Reichskristallnacht« wurde. In der Nacht vom 9. auf den 10. November 1938 brannten 1400 Synagogen und Betstuben. Geschäfte, Wohnungen und Friedhöfe wurden verwüstet. 800 Menschen mosaischen Glaubens wurden getötet und 30 000 in Konzentrationslager verschleppt.

Der im deutschen Staat beispiellosen antisemitischen Terroraktion folgte die restlose Enteignung der Juden. So wurde ihnen als Strafe für die Ermordung Raths eine »Judenvermögensabgabe« in Höhe von einer Milliarde Reichsmark auferlegt. Mit der »Verordnung zur Ausschaltung der Juden aus dem deutschen Wirtschaftsleben« vom November 1938 wurden dann sämtliche Betriebe jüdischer Eigentümer, die noch in deren Besitz waren, zwangsgeschlossen und den Juden die Ausübung praktisch aller Berufe verboten. Flankiert wurde alles durch eine Reihe von Maßnahmen, wie etwa den Ausschluss jüdischer Kinder von öffentlichen Schulen oder das Verbot, Erholungs- und Vergnügungsstätten aufzusuchen, mit denen die Juden nunmehr vollends aus dem öffentlichen Leben verschwinden sollten.

Besonders die für jedermann erlebbare Reichspogromnacht verstörte die Mehrheit der Deutschen, die an ihren »Führer« glauben wollten. Viele gaben sich jetzt wieder einmal der Selbsttäuschung hin, dass bei all seiner Ablehnung des Judentums solches nicht seine Sache gewesen sein konnte. Hatte er sich nicht sogar auf dem Reichsparteitag an die Welt gewandt, die deutschen Juden aufzunehmen? Doch die hatte sich geweigert, ihre Grenzen für sie zu öffnen. Und so mussten oft andere herhalten, die an Hitlers statt für das Geschehene verantwortlich gemacht wurden. Es waren die Paladine, die ihn umgaben, vor allem die SS und ihr Reichsführer, Heinrich Himmler. Der gebot seit Juni 1936 über den gesamten Polizei- und Unterdrückungsapparat aus Ordnungspolizei, Geheimer Staatspolizei (Gestapo) und Reichskriminalpolizeiamt sowie dem Sicherheitsdienst (SD) der SS. Und er war auch für die Konzentrationslager verantwortlich.

Bei den gläubigen Katholiken, die seit Jahren im Zwiespalt zwischen ihrer Liebe zum Vaterland und dem Ressentiment gegenüber dem deutschen Ersatzheiland und dessen Regime lebten, bewirkte die Reichspogromnacht eine nachhaltige Irritation. Schon im März 1937 hatte sich Papst Pius XI. mit der Enzyklika »Mit brennender Sorge«, die der Kardinal und Erzbischof von München und Freising, Michael von Faulhaber, verfasst hatte, an die Gläubigen und damit an die Weltöffentlichkeit gewandt. Darin hatte er vor allem Hitlers Rassengesetzgebung und Zwangssterilisationen angeprangert. »Wer die Rasse, oder das Volk, oder den Staat [...] aus dieser ihrer irdischen Wertskala herauslöst, sie [...] zum Götzenkult vergöttert«, so war in den katholischen Gotteshäusern zu hören, »der verkehrt und fälscht die gottgeschaffene und gottbefohlene Ordnung der Dinge.«[37]

Nicht zuletzt auch die Haltung der katholischen Kirche und ihrer Gemeinden trug dazu bei, dass bei den Deutschen in ihrer Gesamtheit nach den Jahren der rauschhaften Triumphe so etwas wie ein Prozess der Ernüchterung einsetzte. Vorschub geleistet wurde dem dadurch, dass Hitler Anfang 1939 vollends seine Maske fallen ließ. Am sechsten Jahrestag seiner Machtergreifung erklärte er, ohne noch irgendeine Rücksicht zu nehmen: »Wenn es dem internationalen Finanzjudentum in und außerhalb Europas gelingen sollte, die Völker noch einmal in einen Weltkrieg zu stürzen, dann wird das Ergebnis nicht die Bolschewisierung der Erde und damit der Sieg des Judentums sein, sondern die Vernichtung der jüdischen Rasse in Europa.«[38]

Mitte März 1939 holte Hitler dann das nach, was er schon im September des Vorjahres hatte erledigen wollen. Er ließ die sogenannte »Resttschechei« besetzen und zog in deren Hauptstadt ein. An den Vormarschstraßen der Deutschen standen nun keine jubelnden Menschen mehr. Und auch als er sich am Fenster des Hradschin, der Prager Burg, zeigte, war es nicht anders. Mit der Revision von Versailles, mit der Hitler alles Vorangegangene rechtfertigte, hatte die handstreichartige Operation nichts mehr zu tun. Düstere Ahnungen legten sich wie Mehltau über den ganzen Kontinent, zumal sich das nächste Unglück bereits abzeichnete.

Denn der Konflikt zwischen Deutschen und Polen spitzte sich zu. Im Mittelpunkt stand das seit Versailles vom Völkerbund verwaltete Danzig, in dem Deutsche und Polen lebten. Systematisch heizte der dortige Gauleiter Albert Forster die Stimmung an, und die polnische Seite stand dem nicht nach. Hitler wusste in der Frage die meisten Deutschen hinter sich. Denn der neu geschaffene polnische Staat hatte in Versailles, mit Westpreußen und Pommern, beträchtliche deutsche Gebiete zugesprochen bekommen. Noch allzu gut in Erinnerung waren die Austreibung der dort lebenden deutschen Bevölkerung sowie die Kämpfe um Oberschlesien. Polen hatte zwischen 1919 und 1921 versucht, das Industriegebiet unter seine Kontrolle zu bringen. Am Ende stand dessen Teilung zuungunsten Deutschlands. Die Goebbels'sche Propaganda befeuerte alles noch, indem sie ein dramatisches Bild von der Lage der deutschen Minderheit in Polen zeichnete.

In einem Bericht der Exil-SPD, der Sopade, hieß es, »dass eine Aktion Deutschlands gegen Polen von der überwiegenden Masse des deutschen Volkes begrüßt werden würde«.[39] Diese dachte dabei freilich an einen begrenzten Konflikt. Als Großbritannien Ende März 1939 den Bestand Polens garantierte, drohte jedoch der europäische Krieg, zumal Hitler als Antwort darauf das deutsch-britische Flottenabkommen und den deutsch-polnischen Nichtangriffspakt aufkündigte. Es war also wieder wie im Jahr zuvor, als der deutsche Diktator die Tschechoslowakei hatte zerschlagen wollen. Wie im Jahr zuvor wollte auch jetzt niemand in Europa eine Neuauflage des Ersten Weltkrieges, auch Hitler nicht.

Die deutsche Bevölkerung, die nicht die leiseste Ahnung davon hatte, dass für Hitler die Ausschaltung Polens in einem regional begrenzten Feldzug die letzte Voraussetzung für seinen eigentlichen Krieg gegen die Sowjetunion schaffen sollte, setzte nach wie vor auf ihren »Führer«. In ihm sah sie immer noch den entschlossenen Sachwalter der Nation, als der er sich gerierte. Und sie glaubte, dass es auch diesmal gut gehen würde, wie es bislang immer gut gegangen war. Der Mythos wirkte. Mussolini sagte einmal, er sei ein Glauben, eine Leidenschaft. »Er braucht keine Wirklichkeit zu sein. Er schafft Wirklichkeit dadurch, dass er vorantreibt und dass er Hoffnung, Glaube und Mut wird.«[40]

7 Der Hitler-Stalin-Pakt

Weshalb schlossen ihn die Todfeinde?

Der Hitler-Stalin-Pakt vom August 1939 ist bis heute ein Politikum geblieben. Vor dem Zusammenbruch der Sowjetunion wurde von Moskau die Existenz seines geheimen Zusatzprotokolls bestritten, mit dem beide Diktatoren Ostmitteleuropa unter sich aufteilten. Der russische Präsident Boris Jelzin ließ 1992 das Papier veröffentlichen. Sein Nachfolger Wladimir Putin vertrat im Sommer 2020 aus Anlass des »75. Jahrestages des Großen Sieges« die Auffassung, dass der Pakt für die sicherheitspolitischen Interessen der damaligen Sowjetunion notwendig gewesen sei. Schuld am Zweiten Weltkrieg sei – so Putin – das Münchner Abkommen gewesen, mit dem die Westmächte die Zerstückelung der Tschechoslowakei gegen den Willen der Sowjetunion zugelassen und damit den Weg für Hitlers schrankenlose Expansion frei gemacht hätten. Nutznießer sei damals nicht nur Deutschland, sondern auch Polen gewesen. Stalin habe vergeblich um eine Koalition gegen Hitler gerungen und sich erst, nachdem Polen »keine Verpflichtungen gegenüber der sowjetischen Seite übernehmen wollte«, mit diesem verbündet. Erst als nach Kriegsausbruch klar gewesen sei, dass die deutschen Truppen dabei waren, »schnell ganz Polen zu besetzen«, sei die Rote Armee ebenfalls einmarschiert.[1] Eine solche Deutung der Geschichte ist Anlass genug, noch einmal der Frage nachzugehen, wie es zum Hitler-Stalin-Pakt kam und welche Rolle er im Kalkül der beiden Diktatoren spielte.

Was Putin der Welt in gewundener Argumentation dreist als Abwehrreaktion einer »friedliebenden Sowjetunion« gegenüber der nationalsozialistischen Aggression zu verkaufen suchte, lässt sich schon vordergründig nicht als solche rechtfertigen. Denn bereits die Machtinteressen der Bolschewisten unter ihrem Führer Lenin zielten im Zuge ihres weltrevolutionären Anspruchs zunächst auf Mitteleuropa. Unter Stalin war das nicht anders, auch wenn der Aufbau des Sozialismus im eigenen Land Priorität hatte. Deutschland wurde dabei eine Schlüsselrolle eingeräumt. Siegte dort die Revolution, gäbe es auch in den übrigen europäischen Ländern kein Halten mehr. Im Westen wurde das genauso gesehen. Für diesen lag daher im Antagonismus Russlands und Deutschlands die Grundlage für die Bewahrung der europäischen Machtarithmetik. Der britische Premierminister Lloyd George sah dann auch nach dem Ersten Weltkrieg »die größte Gefahr« darin, »dass sich Deutschland mit dem Bolschewismus zusammentut«.[2]

Jedem politisch Denkenden war damals klar, dass Europa nicht mehr das sein würde, was es einmal war, als das Deutsche Nachrichtenbüro am 21. August 1939 meldete: »Die Reichsregierung und die Sowjetregierung sind übereingekommen, einen Nichtangriffspakt miteinander abzuschließen. Der Reichsminister des Auswärtigen von Ribbentrop wird am Mittwoch, dem 23. August, in Moskau eintreffen, um die Verhandlungen zum Abschluss zu bringen.«[3] Was die sowjetische Nachrichtenagentur TASS kurz darauf bestätigte, geriet zur Weltsensation und ließ die Menschen in den liberalen Demokratien erschaudern. In den Ländern der vertragsschließenden Parteien sorgte es für nachhaltige Verwirrung. Galten doch Hitler und Stalin bislang als Todfeinde, Nationalsozialismus und Bolschewismus seit 20 Jahren als Gegensätze, die größer nicht sein konnten.

Hitlers ganzes Trachten zielte auf die Zerschlagung der Sowjetunion. Sie bildete das Kernstück seines in den Grundzügen programmatisch festgelegten »Weltkampfs« gegen das »internationale Judentum«, dessen gefährlichste Waffe der Bolschewismus sei. Entsprechend war sein Urteil über Sowjetrussland, in dem er den Vorhof der Hölle zu erblicken glaubte, denn »der Jude« habe dort mithilfe der bolschewistischen Revolution unter »unmenschlichen Martern und Grausamkeiten« die russische nationale Intelligenz ausgerottet und »auf dem Wege einer regellosen Verbastardisierung einen allgemeinen minderwertigen Menschenbrei« herangezüchtet.[4]

Entkleidete man sein Bild von Stalins Reich, auf dessen Territorium einmal Deutschlands »Lebensraum« liegen sollte, seiner antisemitisch-rassistischen Komponente, so war es gar nicht so weit von der Wirklichkeit entfernt. Nachdem schon im russischen Bürgerkrieg, der sich an die Revolution anschloss, acht Millionen Menschen ihr Leben verloren hatten, ließ Stalin am Ende der 1920er Jahre das Kulakentum als Klasse liquidieren. Millionen Bauern wurden nun im Zuge der Kollektivierung der sowjetischen Landwirtschaft deportiert oder getötet. Der Massenmord diente primär nicht der Ausschaltung des politischen Gegners, sondern dazu, die aus der Zarenzeit stammenden alten Strukturen des Landes zu zerschlagen, um eine klassenlose industrielle Gesellschaft mit einem »neuen Menschen« schaffen zu können. (Hitler wollte auch diesen »neuen Menschen«, wenn auch unter ganz anderen Vorzeichen.) Lenin hatte solches vorgegeben, wenn er als erste Maßnahme nach der Übernahme eines Gebietes durch die Bolschewiki riet: »Hängt mindestens hundert Kulaken. Richtet Geiseln hin! Tut es in einer Art, dass Leute in einer Umgebung von Hunderten Kilometern [...] erzittern.«[5]

Im Winter 1932/33 traf Stalins Terror die Ukraine. Der sowjetische Geheimdienst GPU, wie die von Felix Dschersinski gegründete Tscheka seit 1922 hieß, hatte dort die Herrschaft lokaler Gruppierungen und Banden, die einer funktionsfähigen Kollektivwirtschaft im Wege standen, immer noch nicht brechen können. Im September 1932 schrieb Stalin, dass die Lage dort schlecht sei. Wenn sie jetzt keine Maßnahmen ergriffen, könne es sein, dass die Ukraine verloren gehe. Das Politbüro handelte. Gemäß Aktionsplan wurde nun Zug um Zug das Getreide aus dem Land herausgeschafft und ins Ausland verkauft. GPU-Kommandos konfiszierten parallel dazu die privaten Nahrungsmittelbestände der Ukrainer. Die wohlkalkulierte Folge war eine beispiellose Hungerkatastrophe in der Kornkammer der Sowjetunion. Sieben Millionen Menschen fielen ihr zum Opfer.

Der Terror blieb auch in den darauffolgenden Jahren allgegenwärtig. Liquidiert wurde zumeist wahllos, nach festgelegten Quoten in den jeweiligen gesellschaftlichen Gruppen, im Adel, in der Bourgeoisie, im Bauerntum – Kinder ab zwölf. So hatte es der »Führer«, wie sich Stalin nennen ließ, angeordnet. Eilfertige Vollstrecker taten sich hervor, indem sie bei ihm um Quotenerhöhungen nachsuchten. Die Zahl der Hinrichtungen erreichte derartige Dimensionen, dass die Entsorgung der Leichen zum Problem geriet. Die geheimen Massengräber, die vom Innenministerium (NKWD) angelegt wurden, überzogen bald die gesamte Sowjetunion. Wer unter den Verfolgten Glück hatte, verschwand in einem der zahlreichen Lager des Gulag am Polarkreis oder in der sibirischen Steppe. Die Verbrechen der Bolschewiki an der eigenen Bevölkerung vollzogen sich dabei keineswegs ganz im Verborgenen. Westliche Zeitungen berichteten über das Massensterben in der Ukraine und über die Säuberungen der Folgezeit. Hinzu kamen inoffizielle Informationen. So verfügten zum Beispiel die Vereinigten Staaten über detaillierte Kenntnisse über das Gulag-Lagersystem, wie Dokumente aus dem Archiv der Stanford-Universität belegen.[6]

Was die Außenpolitik des Sowjetregimes anbelangte, so hatte es nicht auf seinen weltrevolutionären Anspruch verzichtet. Auf der anderen Seite war es von der Maxime geleitet, eine Einkreisung durch die imperialistischen Mächte zu vermeiden, koste es, was es wolle. Da Japan, das Anfang der 1930er Jahre die Mandschurei erobert hatte, im Osten wegen des begrenzten militärischen Dauerkonflikts mit der Roten Armee eine gefährliche Bedrohung darstellte, galt es im Westen den Gegensatz zwischen Deutschland und den kapitalistischen Staaten zu verschärfen, um jegliche Blockbildung mit Stoßrichtung gegen die Sowjetunion zu verhindern. Schon 1931/32 hatte Stalin auf Kosten der deutsch-sowjetischen Annäherung, wie sie in Rapallo 1922 vereinbart und durch den deutsch-sowjetischen Freundschaftsvertrag 1926 noch einmal erneuert worden war, Nichtangriffspakte mit Polen und dessen »Protektor« Frankreich geschlossen. Hitlers Kanzlerschaft begrüßte er. Was waren schon die paar Tausend deutschen Genossen, die dabei auf der Strecke blieben, gemessen an den Perspektiven, die sich der sowjetischen Politik jetzt boten: Stalin erwartete nämlich aufgrund von Hitlers aggressiver Revisionsrhetorik in Sachen Versailles den Konflikt Deutschlands mit Großbritannien und Frankreich. Ein Krieg würde aus seiner Sicht dort die Voraussetzungen für den revolutionären Umsturz schaffen und damit für die Verschiebung des sowjetischen Machtbereichs nach Westen.

Hitlers Politik war vom ersten Tag seiner Kanzlerschaft dem Ziel einer Ostexpansion unterstellt. Zunächst bedeutete das für ihn, Zeit gewinnen zu müssen, für die Aufrüstung, für die Arrondierung des Reichsgebiets und für die Diplomatie, die die außenpolitischen Voraussetzungen für seinen »Weltkampf« schaffen sollte. Das ihm verhasste Polen, das er in seinen programmatischen Schriften so gut wie nicht erwähnte, stand zunächst im Mittelpunkt. Zu Beginn des Jahres 1933 waren die latenten Spannungen zwischen diesem und Deutschland weiter angewachsen. Dabei ging es vor allem um Danzig. Sogar ein militärisches Eingreifen der polnischen Streitkräfte schien nicht mehr ausgeschlossen. Im Bewusstsein der militärischen Schwäche der Reichswehr vollzog Hitler nun eine

Kehrtwende der deutschen Politik gegenüber Polen, indem er sich bereit erklärte, die östlichen Grenzen des Reiches anzuerkennen. Darauf hatte sich kein Politiker der Weimarer Republik eingelassen, wäre doch solches einem »Verrat an der deutschen Sache« gleichgekommen. Aber Hitler strebte einen Vertrag an, den er ja ohnehin wieder brechen würde, weshalb er beliebig Zugeständnisse machen konnte. Im Januar 1934 wurde dann unter dem ungläubigen Staunen des In- und Auslandes ein Nichtangriffspakt zwischen dem Deutschen Reich und dem von Hitler als rassisch minderwertig erachteten Polen unterzeichnet. Das Abkommen, mit dem der französisch-polnische Beistandspakt unterlaufen wurde, der durch die von Paris betriebene Annäherung an Moskau ohnehin unterminiert wurde, war ein rein taktisches Manöver, war doch die Ausschaltung Polens für den vorgesehenen Krieg gegen die Sowjetunion unverzichtbar.

Die entscheidende Voraussetzung dafür war für Hitler jedoch der Ausgleich mit dem »rassisch verwandten« Großbritannien. In der Seemacht sah er den natürlichen Partner der Kontinentalmacht Deutschland. Er war zutiefst davon überzeugt, dass Europas Selbstbehauptung nur durch ein Arrangement beider Länder gewährleistet werden könne. »Wenn [...] Deutschland zu einer grundsätzlichen politischen Neuorientierung kommt, die den See- und Handelsinteressen Englands nicht mehr widerspricht, sondern sich in kontinentalen Zielen erschöpft, dann ist ein logischer Grund für eine englische Feindschaft [...] nicht mehr vorhanden«, schrieb Hitler unter Zurückstellung seiner für die fernere Zukunft vorgesehenen kolonialen Ambitionen.[7] Nach seiner Auffassung war es die verfehlte Flottenpolitik des Kaiserreiches, die England herausgefordert und damit den Krieg zwischen beiden Ländern unvermeidlich gemacht habe.

Als weiteres Argument für ein Zusammengehen mit England, wo der Rassenkampf für ihn noch nicht entschieden war, führte Hitler an, dass der natürliche Konkurrent Großbritanniens die »Amerikanische Union« sei, wie er die Vereinigten Staaten nannte, und eben nicht das kontinental, nach Osten orientierte Deutschland. Dabei ließ er aber außer Acht, dass London im Wesentlichen an seiner traditionellen Gleichgewichtspolitik auf dem europäischen Kontinent festhielt. Die britische Regierung unter ihrem Premierminister Stanley Baldwin war nämlich nach wie vor davon überzeugt, dass diese Voraussetzung für das britische Imperium sei. Eine deutsche Kontinental-Supermacht, wie sie Hitler vorschwebte, stellte deshalb für London eine eklatante Bedrohung dar, eine wie auch immer geartete Konkurrenz durch die Vereinigten Staaten hingegen nicht.

Dass das nationalsozialistische Deutschland aufrüstete, verfolgte man in London mit Besorgnis. Dass es hierfür den Völkerbund und die Genfer Abrüstungskonferenz verlassen hatte, auch. Um der aggressiven Politik Hitlers, der damit die Bestimmungen des Versailler Vertrags verletzte, etwas entgegenzusetzen, kamen die Regierungschefs Großbritanniens, Frankreichs und Italiens im April 1935 in Stresa am Lago Maggiore zusammen und bestätigten in einem Abkommen die Verträge von Locarno, die Hitler in den Wind schlug. Die scharfe Erklärung, die sie gegen dessen Politik formulierten, ging jedoch ins Leere. Umso zufriedener zeigte sich London über das deutsch-britische Flottenabkommen, das im Juni desselben Jahres unterzeichnet wurde. Darin wurde von Deutschland die britische Vorherrschaft auf den Weltmeeren akzeptiert, indem die Stärkeverhältnisse der jeweiligen Seestreitkräfte auf ein Verhältnis von eins zu drei festgeschrieben wurden.

Was für Hitler ein erster Schritt in Richtung auf einen umfassenden Interessenausgleich mit Großbritannien war, stellte für die Londoner Regierung den erfolgreichen Auftakt für erhoffte weitere Rüstungsabkommen mit Deutschland dar. Denn Großbritannien hatte alle Not, sein in die Jahre gekommenes Empire zusammenzuhalten, und konnte alles gebrauchen, nur keinen Krieg in Mitteleuropa. Dies galt umso mehr, da die Vereinigten Staaten infolge der Weltwirtschaftskrise im Zuge des New Deal unter Präsident Franklin D. Roosevelt nach ihrem Engagement in der Alten Welt in den Isolationismus zurückgekehrt waren. Und das innenpolitisch zerrüttete Frankreich beschäftigte sich mit sich selbst und sah sein Sicherheitsbedürfnis gegenüber dem deutschen Erzrivalen durch die Militärbündnisse mit Polen und auch der Tschechoslowakei sowie durch die Errichtung der als unüberwindbar angesehenen Maginot-Linie an seiner Ost- und Nordgrenze einigermaßen gewährleistet.

In Hitler sah das Gros der politischen Klasse Britanniens so etwas wie die vulgäre Fortsetzung des preußischen Militarismus, einen Mann, der alles daransetzte, Versailles zu revidieren. Man würde ihm ein paar Brocken hinwerfen, und er würde dann Ruhe geben, wurde in London angenommen. Deshalb hatte Baldwin den Bruch des Versailler Vertrages durch das Flottenabkommen ebenso wie den Protest Frankreichs in Kauf genommen. Und es sollte sich bald zeigen, dass er es auch bei der Einführung der allgemeinen Wehrpflicht und der Besetzung des Rheinlandes so hielt. Man war auf britischer Seite eben zu Zugeständnissen gegenüber der deutschen Revisionspolitik bereit – sofern diese unter dem Aspekt des Selbstbestimmungsrechts als vertretbar angesehen werden konnten und das Grundprinzip der Balance-of-Power-Doktrin nicht ausgehebelt werden würde.

Londons Deutschlandpolitik musste Stalin klarmachen, dass sein Konzept vom Krieg zwischen den kapitalistischen Mächten, zu denen er auch Hitler-Deutschland rechnete, nicht aufging. Das verlangte nach einer Korrektur seiner Außenpolitik. Er setzte nun auf seine »fünfte Kolonne« in den kapitalistischen Ländern, die den Konflikt zwischen den Staaten des Klassenfeindes verschärfen sollte. Der VII. Weltkongress der Komintern lieferte im Sommer 1935 die ideologische Grundlage dafür. Der Faschismus wurde nun als Staatsform definiert, in der die bürgerliche Demokratie durch die »offene terroristische Diktatur« der Bourgeoisie abgelöst werde.[8] Waren bislang bürgerliche Gesellschaft und Faschismus gleichermaßen Feind, so erklärten sich die Kommunisten jetzt zu Bündnispartnern all derjenigen Kräfte, die eine Politik der Konfrontation gegenüber dem Faschismus propagierten, allen voran gegen den Faschismus in Deutschland. Dies eröffnete ein erweitertes Betätigungsfeld, das sich vor allem auch auf das Gebiet der Kultur erstreckte. So entstand bald ein ganz Europa überspannendes intellektuelles antifaschistisches Netzwerk.

Als in Spanien der Bürgerkrieg begann, ging Stalins Rechnung auf. Während der sowjetische Diktator Instrukteure, Panzer und Flugzeuge mit Besatzungen für die Volksfront-Regierung entsandte, organisierte die Komintern den weltweiten Widerstand gegen die spanischen Faschisten. Besonders engagiert war die im Untergrund agierende KPD. Sie hatte alle deutschen Antifaschisten im Ausland zu den Waffen gerufen. Volksfront-Appelle trugen nun die Namen von Männern wie Wilhelm Pieck, Walter Ulbricht, Ernst Toller, Herbert Wehner, Heinrich Mann oder Arnold Zweig. Der einflussreiche KPD-Mann Willi Münzenberg gründete in der Hauptstadt Frankreichs, das seit Anfang Juni 1936 von einer Volksfront unter dem Sozialisten Léon Blum regiert wurde, ein »Kriegskomitee für das republikanische Spanien«. Abertausende Freiwillige aus der ganzen Welt wurden dort und in den Büros überall in Europa rekrutiert. Sie kamen aber auch von der anderen Seite des Atlantiks. In internationalen Brigaden zusammengefasst, kämpften sie bald unter Spaniens Himmel gegen Francos Falange und begriffen sich als Avantgarde bei der Befreiung Europas vom Faschismus. In Stalin sahen viele von ihnen das Heil der Welt.

Für diesen eröffnete sich jetzt sogar die Perspektive, dass Frankreich in einen europäischen Krieg hineingezogen werden würde. Blum schreckte jedenfalls vor einem solchen nicht zurück. Vor einem Parlamentsausschuss räumte er nach dem Ende des Zweiten Weltkriegs ein, »dass die Kriegsgefahr als Folge eigener Vorschläge zwischen 1936 und 1937 zweimal höchst akut gewesen sei«. Denn er war nach Ausbruch der Feindseligkeiten in Spanien fest entschlossen gewesen, »der republikanischen Regierung ohne Rücksicht auf die Gefahr eines Krieges mit Deutschland oder Italien Kriegsmaterial – in erster Linie Flugzeuge – zur Verfügung zu stellen«.[9] Von seinem Verteidigungsminister Édouard Daladier wurden bereits konkrete Vorschläge für solche Lieferungen ausgearbeitet. Da aus London, das alles andere wollte als ein kommunistisches Spanien, Widerstand kam, musste Blum schließlich seine Interventionspläne zu den Akten legen – zum Ärger des sowjetischen Diktators, der ganz auf den Krieg gesetzt hatte.

Hitler verfolgte derweil die sowjetische Außenpolitik wie das sprichwörtliche Kaninchen, das auf die Schlange starrt. Schon auf den VII. Weltkongress der Komintern reagierte er höchst aggressiv. Der Reichsparteitag im September 1935 wurde zu einer propagandistischen Gegenveranstaltung mit markigen Reden, die einer Mobilmachung gegen den »jüdischen Bolschewismus« glichen. Als im Jahr darauf der Spanische Bürgerkrieg begann, beunruhigte dies Hitler in höchstem Maße, fürchtete er doch jetzt die Einkreisung Deutschlands durch seinen »jüdisch-bolschewistischen« Todfeind. »Gelingt es wirklich, ein kommunistisches Spanien zu schaffen, so ist bei der derzeitigen Lage in Frankreich die Bolschewisierung auch dieses Landes nur eine Frage kurzer Zeit und dann kann Deutschland ›einpacken‹. Eingekeilt zwischen dem gewaltigen Sowjetblock im Osten und einem kommunistisch französisch-spanischen Block im Westen, könnten wir kaum noch etwas ausrichten, falls es Moskau gefällt, gegen Deutschland vorzugehen«, meinte Hitler im Juli 1936.[10] Neben den von Franco erbetenen »Sofortmaßnahmen«, die Entsendung der Legion Condor, forcierte Hitler nun Entscheidungen, die die Bereitschaft des Reiches für den aus seiner

Sicht unabwendbaren großen Kampf gegen die Sowjetunion schnellstmöglich gewährleisten sollten. So ließ er die Dienstpflicht für alle drei Wehrmachtsteile auf zwei Jahre erhöhen. In einer Denkschrift verlangte er, dass die deutsche Armee in vier Jahren kriegsbereit sein müsse. Mehr Zeit würde ihm – so befürchtete er – nicht mehr bleiben.

Seine Einkreisungsängste steigerten sich fast schon ins Panische, als aus Spanien Nachrichten eintrafen, wonach sowjetisches Militär am Bürgerkrieg beteiligt sei. Südlich von Madrid hatten russische Panzer unter dem Kommando von General Dmitri Pawlow nationalspanische Kavallerieverbände aufgerieben. In Cartagena seien sowjetische Kampfflugzeuge gesichtet worden, wurde gemeldet. Eine Beschleunigung der Franco zugesagten Militärhilfe war nun geboten. Schon wenige Tage später stand in Sevilla die deutsche Legion Condor zum Einsatz bereit. Während Deutschland vor allem Luftstreitkräfte entsandte, sollte Italien, dessen »Duce« inzwischen die »Achse« Rom–Berlin ausgerufen hatte, bis zum Januar 1937 50 000 Soldaten auf die Iberische Halbinsel entsenden.

Der Ausgleich mit England musste für Hitler jetzt immer dringlicher werden. Doch was mit dem deutsch-britischen Flottenabkommen so hoffnungsvoll begonnen hatte, war inzwischen festgefahren. Vielleicht würde es ja jetzt gelingen, angesichts der Ereignisse in Spanien und der damit einhergehenden Gefährdung strategischer Schlüsselpositionen Britanniens am westlichen Ausgang des Mittelmeers, London ins deutsche Boot zu ziehen, spekulierte Hitler. Der Haken war dabei, dass das faschistische Italien durch die gemeinsame Frontstellung mit Deutschland gegen Rotspanien gleichsam automatisch zum Partner Hitlers wurde, dasselbe Italien, das sich durch sein Engagement in Äthiopien anschickte, Großbritannien seine Führungsrolle im Mittelmeerraum streitig zu machen.

Nicht weniger problembehaftet waren für Hitler die deutsch-japanischen Verhandlungen zu einem Antikominternpakt, denn die Politik Londons und Tokios im Fernen Osten war nur sehr schwer unter einen Hut zu bringen. Gegenüber dem Militärattaché an der kaiserlich-japanischen Botschaft in Berlin, Hiroshi Ōshima, schilderte Hitler im September 1936 die Lage, wie er sie sah: »Europa gleicht einem Gebirgstal, über dessen Hängen ein riesiger Felsen droht, jeden Augenblick sich loszureißen, in die Tiefe zu stürzen und alles Leben unter sich zu begraben. Ich bin der Ansicht, dass dieser Gefahr auf keine andere Weise begegnet werden kann, als dass der Riesenblock Sowjetrussland wieder in seine ursprünglichen historischen Teile zerlegt werde. Ich bin daher entschlossen, alles zu tun, was diese Entwicklung fördern und beschleunigen kann […].«[11]

Zumindest ein psychologischer Erfolg für Hitler war es, dass dann Ende November 1936 endlich der Antikominternpakt unterzeichnet wurde. Darin verpflichteten sich die Regierungen des Deutschen Reiches und des Kaiserreichs Japan, »in der Erkenntnis, dass das Ziel der Kommunistischen Internationale, Komintern genannt, die Zersetzung und Vergewaltigung der bestehenden Staaten« sei, gegen diese Bedrohung zusammenzuarbeiten.[12] Ein zusätzlich paraphiertes Geheimabkommen sah vor, dass im Falle »eines nicht provozierten Angriffs oder einer nicht provozierten Angriffsdrohung« durch die Sowjetunion gegen eine der vertragsunterzeichnenden Mächte der Nichtbeteiligte sich verpflichtete, »keinerlei Maßnahmen zu treffen, die in ihrer Wirkung die Lage der Union der Sozialistischen Sowjet-Republiken zu entlasten geeignet sein würden«.[13] Darüber hinaus wurde eine Koordinierung der japanischen und der deutschen Russlandpolitik vereinbart, wenn es hieß, dass beide Seiten keinerlei politische Verträge schlössen, die dem Geist dieses Abkommens zuwiderliefen – ein Vertragsartikel, der allerdings durch eine Reihe von Ausnahmen verwässert wurde.

Die deutschen Bemühungen, über das Spanien-Problem zu einem Ausgleich mit Großbritannien zu gelangen, traten unterdessen weiter auf der Stelle. Auch Neville Chamberlain, der im Mai 1937 Premierminister des Vereinigten Königreiches wurde, war lediglich zu Zugeständnissen bereit, solange sie nicht das europäische Gleichgewicht gefährdeten. Der Spanische Bürgerkrieg stellte unter diesem Aspekt für London eine beträchtliche Herausforderung dar, denn im Falle eines Sieges Francos und der ihn unterstützenden Mächte wäre ebendieses Gleichgewicht und damit die britische Mittelmeerposition gefährdet. Ein Sieg der Volksfront unter dem sich ausweitenden Engagement der Sowjetunion, wohin man bereits den spanischen Staatsschatz gebracht hatte, war aus britischer Sicht freilich nicht minder bedrohlich, würde doch in einem solchen Fall – so fürchtete die britische Regierung analog zu Hitler – bald auch Frankreich dem Kommunismus anheimfallen, was ebenfalls wiederum das Gleichgewicht der Kräfte auf dem Kontinent empfindlich stören würde. Aus diesen Überlegungen heraus betrieb Chamberlain eine noch striktere Neutralitätspolitik gegenüber Spanien als sein Vorgänger.

Es ging also nicht weiter mit Hitlers Bemühungen, die Voraussetzungen für den großen Krieg gegen die Sowjetunion zu schaffen. Zu Beginn des Jahres 1937 hatte ihn noch ein anderes Problem umgetrieben – ein Problem, das an seiner in Granit gemeißelten Weltanschauung kratzte: In Russland hatte nämlich eine neue Terrorwelle begonnen, in deren Verlauf bis 1939 elf Millionen Menschen von den Unterdrückungsmaßnahmen getroffen wurden, wie die russische Historikerin Natalija Lebedewa bilanziert.[14] Gesäubert wurde jetzt auch in Staatsapparat und Militär. Irritiert war Hitler davon, dass Stalin, der für ihn das Werkzeug der Juden war, sogar Juden anklagen ließ.

So wurden während entwürdigender Moskauer Schauprozesse Sinowjew, Lew Kamenew, Pjatakow und andere namhafte jüdische Führer der bolschewistischen Revolution abgeurteilt und anschließend erschossen. Unter den Liquidierten befanden sich auch Radek und Béla Kun. Goebbels notierte über Hitlers Verunsicherung im Januar 1937: »In Moskau wieder Schauprozess. Diesmal wieder ausschließlich gegen Juden. Radek etc. Führer noch im Zweifel, ob nicht doch mit versteckter antisemitischer Tendenz. Vielleicht will Stalin doch die Juden herausekeln.«[15] Eine solche Entwicklung hatte Hitler bereits in den 1920er Jahren für nicht ganz ausgeschlossen gehalten, als er in seinem *Zweiten Buch* geschrieben hatte, dass in Russland, also innerhalb der bolschewistischen Welt, ein innerer Wandel insofern eintreten könnte, »als das jüdische Element vielleicht durch ein mehr oder minder russisches, nationales verdrängt werden könnte«.[16]

Mit der Vorstellung, dass es ausgerechnet sein Todfeind Stalin sein könnte, der aus der Sowjetunion einen in gewisser Hinsicht national-sozialistischen Staat formte, konnte er sich allerdings dann doch nicht anfreunden. Gleichwohl blieb zunächst Ratlosigkeit, wie eine weitere Eintragung in Goebbels' Tagebuch verdeutlicht: »Aus dem Moskauer Prozess wird niemand mehr schlau.«[17] Schließlich fand Hitler für sich eine Erklärung, indem er Stalin und »seine[n] Eunuchen« attestierte, dass sie »krank« sein müssten.[18] Das Chaos, das Hitler hier wirken sah, fügte sich dann wieder ganz und gar in sein Bild vom Juden, war dieser doch – nach seiner Sicht der Dinge –, wie es Goebbels sagte, das »Ferment der Dekomposition«, der »Zersetzung«. Daraus leitete er schließlich die Richtigkeit seiner längst getroffenen Entscheidung ab, wenn er einmal mehr schlussfolgerte: »Muss ausgerottet werden.«[19]

Doch für einen Krieg gegen die Sowjetunion fehlte Hitler immer noch der Ausgleich mit England. Umso aggressiver wurde nun seine Politik, wähnte er sich doch zunehmend unter Zeitdruck. Er war davon überzeugt, dass das sowjetische Riesenreich mit seinen unendlichen Rohstoffressourcen ungleich schneller aufzurüsten in der Lage sei als Deutschland. Deshalb verfestigte sich bei ihm allmählich die Haltung, auch ohne England den Kampf gegen die Sowjetunion aufnehmen zu müssen. London würde dies schon irgendwie hinnehmen. Beim Anschluss Österreichs war es ja auch bei ein paar Protestnoten geblieben, redete er sich ein. Die Zerschlagung der Tschechoslowakei sollte nun für ihn die Nagelprobe werden. Doch im letzten Augenblick – der deutsche Angriff war bereits auf den 28. September 1938 festgelegt worden – wurde der Krieg durch die bereits erwähnte Intervention des neuen britischen Premierministers Neville Chamberlain abgewendet.

München sah Hitler als Niederlage und gefährliche Verzögerung für sein großes Vorhaben an. Doch der Enttäuschte schloss aus Chamberlains Haltung, das Sudetenland über die Köpfe der Prager Regierung hinweg Deutschland zuzuschlagen, dass der britische Aristokrat doch letztendlich schwach sei. Mut, auf seinem einmal eingeschlagenen Weg fortzuschreiten, machte Hitler auch, dass das faschistische Italien inzwischen dem Antikominternpakt beigetreten war und damit an der Seite Deutschlands stand. Hinzu kam die für ihn positive Entwicklung im Spanischen Bürgerkrieg. Nachdem die republikanische Armee im Sommer 1938 noch einen Sieg am Ebro hatte erzielen können, zeichnete sich inzwischen die Niederlage der »Roten« ab. Seit Herbst rückten die Falangisten Richtung Barcelona vor und besetzten bis zum Jahresende ganz Katalonien.

Eine wichtige Rolle bei Hitlers allmählicher Wendung zu »ohne England«, aber nicht »gegen England« spielten zunehmend auch irrationale Faktoren. Er redete sich nach all den Erfolgen, die ihm bislang zuteilgeworden waren, ein, dass er das unfehlbare Werkzeug der Vorsehung sei und diese Vorsehung ihn seine Mission beenden lassen werde. In dieser Zeit äußerte er einmal: So schwach der Einzelmensch am Ende doch sei »gegenüber der allmächtigen Vorsehung und ihrem Willen, so unermesslich stark wird er in dem Augenblick, in dem er im Sinne dieser Vorsehung handelt! Dann strömt auf ihn jene Kraft hernieder, die alle großen Erscheinungen der Welt auszeichnet.«[20] Auf jene Kraft setzte Hitler auch, als er sich mit dem Ende des Winters anschickte, die »Resttschechei«, die »Sowjet-Moldau-Republik«, zu zerschlagen.

Als deutsche Truppen Mitte März 1939 in Prag einrückten, beließen es die Westmächte zunächst wiederum bei den üblichen Protestnoten, doch die Tonlage aus London wurde erkennbar schärfer. Der Regierung Seiner Majestät war immer noch nicht so recht klar, was Hitler letztendlich wollte. So wie das ambivalente Erscheinungsbild der NSDAP während der sogenannten Kampfzeit deren höchst unterschiedliche Zuordnung im politischen Spektrum zwischen Monarchie und Sozialismus möglich gemacht hatte, verdeckten die fortlebenden außenpolitischen Traditionen des Kaiserreichs Hitlers eigentliche Zielsetzung. Von außen betrachtet, existierte in der Führung des Reiches ein Neben- bzw. Durcheinander von kontinental orientierter und traditioneller wilhelminischer Politik, wie sie sich besonders in den kolonialpolitischen Ambitionen des Auswärtigen Amtes, der Marineführung, aber auch der Wirtschaft artikulierte. Hatte seinerzeit der fatale Irrtum seiner konservativ-aristokratischen Partner, Hitler gehe es ausschließlich um die Teilhabe an der Macht, diesem erst zur Macht verholfen, so hatten die so unterschiedlichen Gesichter der deutschen Außenpolitik in London zu der Fehleinschätzung geführt, Hitlers kontinentaler Expansionsdrang sei doch noch durch irgendwelche Zugeständnisse einzudämmen.

Doch Chamberlain geriet mit diesem Kurs zunehmend unter innenpolitischen Druck, und er entschied sich, ein unmissverständliches Zeichen in Richtung Berlin zu senden, falls man dort auch noch einen Angriff auf Polen plante. Dieses Zeichen erfolgte nicht zuletzt auch aus der Fehleinschätzung heraus, dass die polnischen Streitkräfte durchaus in der Lage seien, einem Angriff der Wehrmacht standzuhalten. Ihre Kampfkraft wurde nicht nur in London höher eingeschätzt als die der Roten Armee. Dies hatte seinen Ursprung im polnisch-russischen Krieg, der zwischen 1919 und 1921 tobte. Während Lenins Streitmacht die Weltrevolution nach Westen treiben sollte, versuchten die Polen, ihren Staat in den Grenzen von 1772 wiederherzustellen, das hieß, die Grenzen nach Osten zu verschieben. Nach einem wechselhaften Kriegsgeschehen konnte die polnische Armee unter Marschall Józef Piłsudski in der Schlacht von Warschau die Sowjettruppen vernichtend schlagen und bis tief in die Ukraine zurückdrängen. Dieser Erfahrungshorizont wirkte nach, wenn der britische Premierminister nun öffentlich die Unabhängigkeit Polens und wenig später auch diejenige Rumäniens und Griechenlands garantierte.

Die Garantieerklärungen Londons, die das Ende der britischen Appeasement-Politik markierten, bedeuteten für Hitler den schwersten Rückschlag seit 1933. Er reagierte wie ein in die Enge getriebenes Raubtier und ließ unverzüglich die Weisung für den »Fall Weiß«, den Angriff auf Polen, herausgeben, in der noch die Rede von einer »Zurückhaltung Englands« war.[21] Am 28. April 1939 kündigte er in seiner Reichstagsrede dann den Briten das Flottenabkommen und den Polen den 1934 geschlossenen Nichtangriffspakt auf. Vom amerikanischen Präsidenten Franklin D. Roosevelt, der nach dem italienischen Einmarsch in Albanien von Mussolini und Hitler Nichtangriffsgarantien gegenüber 30 Staaten gefordert hatte, verbat er sich Belehrungen über das Verbrecherische und Sinnlose des Krieges. Schließlich erinnerte er Roosevelt, dessen Vereinigte Staaten inzwischen ganz an die Seite Großbritanniens gerückt waren, daran, dass das deutsche Volk schon einmal die Waffen im Vertrauen auf die Versprechungen eines anderen amerikanischen Präsidenten niedergelegt habe, um dann von seinen Feinden in der darauffolgenden Friedenskonferenz entehrender »als damals die Sioux-Indianer« behandelt zu werden.[22]

In dieser Situation, in der sich ein hasserfüllter Hitler in der politischen Sackgasse wähnte, trat nun Stalin auf den Plan. Noch im September 1938 hatte er vergeblich versucht, auf die französische Regierung Druck auszuüben, in der Hoffnung, diese zu einer offenen Militärintervention an der Seite der inzwischen ihren Todeskampf kämpfenden spanischen Volksfront zu bewegen. Bis zuletzt hatte dann Moskau London und Paris zur Standfestigkeit in der Sudetenkrise gemahnt. Doch spätestens das Münchner Abkommen hatte gezeigt, dass für die Sowjetunion die Gefahr bestand, isoliert zu werden. Mehr noch: Der notorisch misstrauische Stalin fürchtete sogar ein neuerliches Arrangement der imperialistischen Mächte mit Hitler, das für diesen die Voraussetzung für seine Expansion nach Osten schaffen würde, eine Vorstellung, die vor dem Hintergrund des Dauerkonflikts in der Mandschurei – dort war es immer wieder zu Kämpfen zwischen der Roten Armee und dem kaiserlich-japanischen Heer gekommen – aus Moskauer Sicht für dringenden Handlungsbedarf sorgte.

Stalin glaubte, nun die Lage schlagartig zugunsten der Sowjetunion wenden zu können, wenn er Hitler eine Blankovollmacht für dessen angestrebten Krieg gegen Polen gäbe. Dies zöge – so hoffte er – den Krieg der Westmächte gegen Deutschland nach sich und würde die von der sowjetischen Außenpolitik seit Hitlers Machtübernahme verfolgte West-Zielsetzung realisierbar machen. Edvard Beneš, der tschechoslowakische Staatspräsident und Partner des Moskauer Diktators, schrieb darüber in seinen Erinnerungen, die Sowjetunion habe einen Nichtangriffspakt mit Deutschland gewollt, »um Zeit zu gewinnen und um später, wenn die kämpfenden Parteien geschwächt waren, in den Krieg einzutreten und dann die Weltrevolution weiter auszubreiten«.[23]

Doch Stalin wäre nicht Stalin gewesen, wäre er nicht zweigleisig vorgegangen. Während der Berliner Sowjetbotschafter am 17. April 1939 einen ersten Vorstoß in Richtung auf einen sowjetisch-deutschen Pakt unternahm, ließ der Diktator seinen Außenminister Maxim Litwinow in London offiziell den Vorschlag unterbreiten, einen Dreierpakt zwischen Großbritannien, Frankreich und der Sowjetunion abzuschließen und diesen durch ein Militärabkommen zu stützen. Doch Chamberlain war wenig geneigt, auf Litwinows Vorschlag einzugehen, getreu seines bereits in München praktizierten Mottos, die ungeliebte Sowjetunion möglichst von der großen europäischen Politik fernzuhalten. Unter Druck des prosowjetischen Flügels seiner Partei um Churchill geraten, wies er schließlich Ende Mai den britischen Geschäftsträger in Moskau an, Gegenvorschläge Londons und von Paris zu unterbreiten, worauf bald die Verhandlungen – allerdings auf niederer Ebene – begannen.

Als Stalin Anfang Mai 1939 den jüdischstämmigen Litwinow entließ und Wjatscheslaw Molotow zum neuen Außenkommissar ernannte, setzte er damit ein klares Zeichen in Richtung Berlin, welche Politik der Kreml fortan betreiben würde. Dies verfehlte seine Wirkung auf Hitler nicht, der von Ribbentrop zu einem deutsch-sowjetischen Arrangement gedrängt wurde. In Deutschland wurde nun die antibolschewistische Propaganda eingestellt. Und als Anfang Juni – in Spanien war der Bürgerkrieg mit der Eroberung Madrids durch Francos Falange zu Ende gegangen – die Legion Condor von dort zurückgekehrt und in Berlin mit einer großen Truppenparade geehrt worden war, hatte Hitler es in seiner Rede unterlassen, die »bolschewistische Weltgefahr« zu geißeln, wie er dies im Zusammenhang mit den Ereignissen auf der Iberischen Halbinsel so oft getan hatte. Er sprach vielmehr nur noch von »internationalen Kräften« und »Einkreisungspolitikern«, die für den Bürgerkrieg verantwortlich gewesen seien.[24]

Bei Hitler war der Entschluss gereift, auf die sowjetischen Avancen einzugehen und mit Stalin ein Arrangement zu treffen. Wie schon beim deutsch-polnischen Nichtangriffspakt sah er in einem Abkommen mit der Sowjetunion eine Zwischenlösung, um die Voraussetzung zu schaffen, den Vertragspartner auszuschalten. Von einem zeitlich begrenzten Bündnis mit Stalins Sowjetunion erhoffte sich Hitler nicht nur, eine befürchtete große Allianz von Briten, Franzosen sowie Russen und damit die Gefahr einer Einkreisung Deutschlands vereiteln zu können. Er versprach sich davon vor allem auch eine psychologische Rückwirkung auf London. Denn ein deutsch-sowjetischer Schulterschluss – so nahm er an – würde Großbritanniens Neigungen schwinden lassen, sich militärisch auf dem Kontinent zu engagieren. Was er tun würde, wenn es wider Erwarten doch anders käme, sagte er zu Carl Jacob Burckhardt, dem Hohen Kommissar des Völkerbunds in der Freien Stadt Danzig, mit dem Brustton vorgegaukelter Stärke: »Alles, was ich unternehme, ist gegen Russland gerichtet; wenn der Westen zu dumm und zu blind ist, um dies zu begreifen, werde ich gezwungen sein, mich mit den Russen zu verständigen, den Westen zu schlagen und dann nach seiner Niederlage mich mit meinen versammelten Kräften gegen die Sowjetunion zu wenden.«[25]

Da Hitler fürchtete, die Engländer könnten ihn durch irgendwelche Zugeständnisse um seinen Feldzug gegen Polen bringen, drängte er zur Eile. Diese schien nicht zuletzt auch wegen der Nachrichten aus Moskau über die britisch-sowjetischen Verhandlungen angeraten. Stalin stimmte daraufhin den Begehrlichkeiten des Deutschen generös zu, worauf dieser im Vorgefühl seines Triumphs die Welt über seinen Coup informieren ließ. Am 23. August 1939 unterzeichneten schließlich Ribbentrop und Molotow in Anwesenheit Stalins einen Nichtangriffspakt, in dem beide Seiten einander versicherten, sich auch aus kriegerischen Auseinandersetzungen des jeweils anderen herauszuhalten. Darüber hinaus wurden in einem geheimen Zusatzprotokoll, auf das Stalin bestanden hatte, die jeweiligen Einflusssphären beider Mächte in Ostmitteleuropa abgesteckt. Lettland, Estland und Finnland, Teile Rumäniens und Bessarabien sollten dem sowjetischen

Machtbereich angehören. Gleiches galt für den Osten des zu liquidierenden Polen. Die Trennlinie sollten die Flüsse Pissa, Narew, Weichsel und San bilden. Dies entsprach in etwa der Curzon-Linie, also der auf der Pariser Friedenskonferenz festgelegten Ostgrenze des wiedererstandenen polnischen Staates, die infolge des polnisch-russischen Krieges mit dem Frieden von Riga im März 1921 um etwa 200 Kilometer nach Osten verschoben worden war.

Für die Deutschen war klar, dass Hitlers Pakt mit Stalin die Voraussetzung für einen isolierten Krieg gegen Polen schaffen sollte. Manche sahen in ihm einen Fingerzeig der »Vorsehung«. Die meisten stellten sich aber nach wie vor die bange Frage, ob England seine Garantien Garantien sein lassen und sich heraushalten würde. Dass es für ihren »Führer« um viel mehr ging, ahnten sie nicht. Den wenigen Eingeweihten in Hitlers Umfeld, die wussten, dass sich bei ihm alles um die Sowjetunion drehte, und die sich jetzt sorgten, dass die NSDAP durch den Pakt Schaden nehmen könnte, entgegnete er, dass seine Parteigenossen ihn kennen und ihm vertrauen würden; »sie wissen, dass ich nie von meinen Grundsätzen abgehen werde, und sie werden erkennen, dass das Endziel dieses riskanten Spiels darin besteht, die Gefahr im Osten zu beseitigen«.[26]

Bei seinen Verbündeten kostete Hitler der Vertrag mit der Sowjetunion seine Glaubwürdigkeit, hatte er doch vor gar nicht langer Zeit noch einen Antikominternpakt gegen diese initiiert. In Japan waren die Reaktionen entsprechend, war doch der Kurs der Tokioter Außenpolitik, auf das Deutsche Reich zu setzen, mit dem deutsch-sowjetischen Arrangement gescheitert. Der fassungslose Premierminister Hiranuma Kiichirō trat mit den Worten zurück, dass die europäische Welt doch »komplex und sonderbar« sei.[27] Die Nachfolgeregierung unter Abe Nobuyuki und Außenminister Nomura Nomura war fortan bestrebt, unter Wahrung strikter Neutralität gegenüber den Ereignissen in Europa eine Verbesserung der Beziehungen zu den Westmächten zu erreichen und zu einem Ausgleich mit den Vereinigten Staaten zu gelangen.

Beim anderen Antikominternpakt-Partner Mussolini, dessen Land im Mai 1939 mit Deutschland den »Stahlpakt« geschlossen hatte, war das Entsetzen nicht geringer. Bald sollte er dem Deutschen Verrat an seiner antibolschewistischen Zielsetzung vorwerfen. Für Mussolini war dessen Pakt mit Stalin nicht zuletzt auch deshalb ein Ärgernis, weil er fürchtete, Italien werde von Deutschland nun durch den erwarteten Angriff auf Polen in einen großen europäischen Krieg hineingezogen. Aus diesem Grund hatte der »Duce« die Rolle Italiens von der Haltung Großbritanniens abhängig gemacht. Nur für den Fall, dass »der Konflikt lokalisiert bleibt, wird Italien Deutschland jede Form von politischer und wirtschaftlicher Hilfe, nach der verlangt wird, angedeihen lassen«. Andernfalls müsse sich Italien heraushalten, weil es nicht kriegsbereit sei, ließ er Hitler wissen.[28]

Einem Getriebenen gleich war dieser nun entschlossen, unverzüglich gegen Polen loszuschlagen. Gegenüber der Wehrmachtsführung erklärte er am 22. August 1939: »Wir haben nichts zu verlieren, nur zu gewinnen.« Und weiter: »Jetzt ist die Wahrscheinlichkeit noch groß, dass der Westen nicht eingreift. Wir müssen mit rücksichtsloser Entschlossenheit das Wagnis auf uns nehmen [...] Wir stehen vor der harten Alternative, zu schlagen oder früher oder später mit Sicherheit vernichtet zu werden.« Es werde einen »propagandistischen Anlass zur Auslösung des Krieges geben, gleichgültig, ob glaubhaft. Der Sieger wird später nicht danach gefragt, ob er die Wahrheit gesagt hat oder nicht«, denn das Recht habe der Stärkere.[29] Die Reaktion der Wehrmachtsführung beschränkte sich auf großes Schweigen und besorgte Gesichter. Auf den 26. August legte Hitler den Angriffstermin fest, um endlich den Aufmarschraum für seinen eigentlichen Krieg zu schaffen.

Auf Kriegskurs war auch Polen. Keineswegs eingeschüchtert durch die deutsch-sowjetische Umklammerung und durch Hitlers Drohungen, Übergriffe gegen die deutschen Bevölkerungsteile nicht mehr hinnehmen zu wollen, erging sich Warschau in nationalistischen Tönen und glaubte im Falle eines Krieges an einen schnellen Vormarsch der polnischen Armee auf Berlin. Die polnische Regierung vertraute dabei auf die Londoner Garantien und damit auf einen militärischen Beistand Großbritanniens und Frankreichs. Doch die »Grande Nation« hatte wenig Neigung, für Danzig zu sterben, weshalb ihr Regierungschef Édouard Daladier mäßigend auf alle Beteiligten einzuwirken versuchte. Er setzte genau wie Chamberlain und auch Mussolini, der eine neuerliche Friedenskonferenz ins Spiel brachte, immer noch auf Hitlers Vernunft.

Was folgte, war ein Nervenkrieg. Chamberlain, dessen Außenminister am 25. August 1939 einen britisch-polnischen Beistandspakt unterschrieb, war entschlossen, Hitler mit unnachgiebiger Härte zum Einlenken zu zwingen. Und der bot London weitestgehende Zugeständnisse an, wenn dieses einer »Regelung« der »polnischen Frage« nicht im Wege stünde – er meinte damit, wenn Großbritannien die Ausschaltung Polens hinnehmen würde. Gegenüber dem britischen Botschafter Nevile Henderson versprach er, in einem solchen Fall Abmachungen zu treffen, die den Bestand des Empires garantierten. Dafür stellte er sogar deutsche Unterstützung in Aussicht. Außerdem bot er eine »vernünftige Begrenzung« der Rüstung an und obendrein, die deutsche Westgrenze als endgültig anzuerkennen.[30] Doch die britische Regierung, die Roosevelt hinter sich wusste, lehnte ab, woraufhin Hitler immer noch nicht glauben wollte, dass London es ernst meinte. Er hoffte vielmehr, dass er auch diesmal ohne Kriegserklärung Großbritanniens und Frankreichs davonkommen würde.

Stalin setzte auf das Gegenteil, auf den europäischen Krieg, der nun in greifbare Nähe gerückt war. Er war sich im Klaren darüber, dass Hitler den Pakt bräche, wenn er aus diesem als

Sieger hervorginge. Doch ob das seinem Todfeind gelänge, erschien ihm mehr als fraglich. Und wenn doch, dann würde er die Zeit gewonnen haben, um seine Rote Armee für den großen Kampf gegen das nationalsozialistische Deutschland vollends aufgerüstet zu haben. In diesem »Wenn« lag der Unterschied zwischen beiden Diktatoren. Der von seiner rassenideologischen Weltsicht ganz und gar beherrschte Hitler wähnte sich mit dem Rücken an der Wand, sah er doch die Zeit gegen sich arbeiten und damit seinen Handlungsspielraum immer enger werden. So setzte er alles auf eine Karte. Zu Göring, der ihm wegen des zu hohen Risikos davon abriet, sagte er: »Ich habe in meinem Leben immer vabanque gespielt.«[31] Ganz anders Stalin. Er handelte – auf maximale Sicherheit bedacht – rational-kalkulierend. Und er wusste: Verlieren konnte bei dem Pakt nur einer.

8 Hitlers anderer Krieg

Worin unterschied er sich?

Es wurde unendlich viel über den Zweiten Weltkrieg und Hitlers Rolle als Kriegsherr geschrieben. Unterschiedlichste Aspekte wurden beleuchtet, nicht aber der, dass sich die Kriterien seiner Kriegführung von denen seiner Gegner fundamental unterschieden. Während selbst sein Konterpart Stalin bei allem Welterlösungsanspruch des Kommunismus Realpolitiker blieb, war Hitlers Strategie von irrationalen, rassenideologischen Faktoren bestimmt. Dies hatte zur Konsequenz, dass viele seiner Entscheidungen nicht verstanden wurden, oder besser gesagt: Sie konnten ob ihrer Irrationalität gar nicht verstanden werden. Da dies selbst dort der Fall war, wo seine Befehle umgesetzt wurden, also in den deutschen Oberkommandos, ergab sich daraus ein weiteres folgenschweres Problem für die deutsche Kriegführung.

Was unfasslich klingt, hatte verschiedene Ursachen. Die wichtigste ist das Selbstverständnis Hitlers. Er beanspruchte nämlich für sich, einer der wenigen zu sein, die den Weltenlauf vom ewigen Kampf der Rassen verstanden hätten. Und er glaubte, von der »Vorsehung« auserwählt zu sein, Deutschland als die arische Hauptmacht in diesen Kampf zu führen. Seine Generäle und Admiräle hielt er letztendlich für militärische Fachidioten, von denen er annahm, sie könnten ohnehin nichts mit seinen »höheren Erkenntnissen und Einsichten« anfangen. Er unternahm deshalb erst gar keine Versuche, ihnen diese zu vermitteln. Umgekehrt taten sich die Generalstäbler anfangs mit der Vorstellung schwer, der Autodidakt Hitler könne die Rolle des Oberbefehlshabers eines Millionenheeres ausfüllen – von dessen strategischer Befähigung ganz zu schweigen, war er doch im Weltkrieg Gefreiter gewesen und hatte nie eine Kriegsschule oder dergleichen besucht.

Wenn auch im Zuge der Aufrüstung Nichtgeneralstäbler in die höchsten Ränge vorgerückt waren, so wirkte noch das elitäre Kastendenken der Kaiserzeit nach. Geprägt waren die Männer ganz und gar vom Ersten Weltkrieg, den sie in mehr oder weniger verantwortlichen Positionen mitgemacht hatten. Und dieser war es dann auch, der, neben den Demütigungen durch die Westmächte in Versailles, ihr Denken und Fühlen bestimmte – samt den Vorstellungen, mit welchen Mächten Deutschland zusammenarbeiten sollte und mit welchen nicht.

Demzufolge begrüßte die Heeresgeneralität, der noch gut die geheime Zusammenarbeit mit der Roten Armee zur Zeit der Weimarer Republik gegenwärtig war, den Hitler-Stalin-Pakt. Ein Krieg gegen die »Russen«, um den Hitlers ganzes Denken kreiste, machte ihrer Auffassung zufolge keinerlei Sinn. Der Feind saß für sie im Westen, abgesehen vom verhassten Polen, das, im Zusammenwirken mit diesem, beträchtliche deutsche Gebiete usurpiert habe. Für die deutsche Seekriegsleitung, die sich noch ganz der Tirpitz'schen Tradition verpflichtet fühlte, war der Feind England – das England, in dem Hitler bereits in den 1920er Jahren den künftigen Partner Deutschlands im großen Rassenkampf gegen die jüdisch dominierten Mächte sah. Da er es war, der entschied, mussten die Generäle und Admiräle teilweise Befehle umsetzen, die nicht nur ihren Empfindungen, sondern auch jeglichem militärischen Sachverstand zuwiderliefen.

Letzteres war bereits der Fall, als die deutsche Wehrmacht

am 1. September 1939 Polen angriff. Da nahezu alle Kräfte dafür zusammengezogen wurden, entblößte man auf fahrlässigste Weise die Reichsverteidigung im Westen. Der Chef des Oberkommandos der Wehrmacht, Wilhelm Keitel, den sie wegen seines schrankenlosen Opportunismus »Lakeitel« genannt hatten, äußerte im Nürnberger Hauptkriegsverbrecherprozess, dass ein Angriff der Franzosen und Engländer »nicht auf Abwehr« gestoßen wäre.[1] Und dies, obwohl niemand in der deutschen Führung vorhersehen konnte, wie sich der Feldzug gegen Polen entwickeln und, vor allem, wie lange er dauern würde. Hitler hatte trotz des soeben abgeschlossenen britisch-polnischen Beistandspakts ganz darauf gesetzt, dass Großbritannien (und damit auch Frankreich) letztendlich die Zerschlagung Polens hinnehmen würde. Es war dies eine durch nichts begründete Wunschvorstellung, die seiner irrealen Weltsicht entsprang.

Als das britische Ultimatum am Tag darauf den europäischen Krieg unabwendbar machte, bedeutete das für Hitler den Worst Case. »Was nun?«, soll er zu Ribbentrop gesagt haben.[2] Denn irgendwelche Friedenslösungen konnte es für ihn nicht geben. Die Zeitnot – ebenfalls dem Wahn von der voranschreitenden jüdischen Weltverschwörung geschuldet – verlangte nämlich aus seiner Sicht eine baldige Inangriffnahme seines eigentlichen Krieges gegen die Sowjetunion und damit eine schnelle Ausschaltung Polens – Überlegungen, die nicht nur der militärischen Führung verborgen blieben.

Wenn Großbritannien, gefolgt von den wichtigsten Commonwealth-Staaten, nun in den Krieg gegen Deutschland eintrat, dann geschah das nicht wegen Polen. Die britische Regierung, die auf den Realpolitiker Hitler setzte, den es nicht gab, tat es vielmehr, weil sie eine Hegemonie Deutschlands in Kontinentaleuropa auf keinen Fall hinnehmen wollte. Als es 1914 dem Reich den Krieg erklärt hatte, waren es die gleichen Gründe gewesen, zu denen noch die aggressive deutsche Flottenpolitik hinzukam. Hitler musste also scheitern, obgleich er

Letzterem Rechnung trug. Als richtig sollten sich allerdings seine Überlegungen erweisen, dass die Vereinigten Staaten die britische Weltmacht beerben würden. Denn aus dem Zweiten Weltkrieg gingen diese als die führende maritime Supermacht hervor. Großbritannien war zum Juniorpartner der Amerikaner geworden und verlor Zug um Zug sein Weltreich.

Im September 1939 richtete sich der Blick Londons jedoch nicht so weit in die Zukunft, sondern auf das Jetzt. Man war dort zwar auf den Krieg vorbereitet, konnte sich aber – von anlaufenden Hilfslieferungen für Polen einmal abgesehen – nicht zu einer großen Entlastungsoffensive im Westen durchringen. Dazu beigetragen hatte auch die zaudernde Haltung Frankreichs. Die Ruhe im Westen bestärkte Hitler in seiner Annahme, dass das Thema England doch noch nicht vom Tisch sei. Denn warum sollten sie ihn sonst nicht im ungeschützten Rücken angreifen? Hinzu kam, dass der Verlauf des Polenfeldzugs zu Optimismus Anlass gab. Niemand hatte nämlich erwartet, dass die von Sturzkampfbombern unterstützten deutschen Panzer- und Schützendivisionen die polnischen Streitkräfte, in denen noch Kavallerieeinheiten kämpften, regelrecht überrollen würden. Bereits am 8. September standen die deutschen Panzerspitzen vor Warschau. Kurz darauf wurde das gesamte polnische Feldheer westlich des Bugs eingeschlossen. Am 27. September kapitulierte das immer wieder aus der Luft angegriffene Warschau, am 6. Oktober die letzten polnischen Verbände bei Kock und Lublin. Der Polenfeldzug war damit in weniger als sechs Wochen siegreich beendet. Rasch wurden nun die in Versailles verlorenen Gebiete Westpreußen, Posen und Oberschlesien samt den westlichen Woiwodschaften Polens – dem künftigen Wartheland – in das Großdeutsche Reich eingegliedert.

Stalin erschreckte zwar die Überlegenheit der Wehrmacht, alles in allem konnte er aber zufrieden sein. Der Generalsekretär der Komintern, Georgi Dimitroff, hielt die Einschätzung des »großen Führers« zum bevorstehenden Krieg zwischen den kapitalistischen Mächten fest: »Wir haben nichts dagegen, dass sie kräftig aufeinander einschlagen und sich schwächen. Nicht schlecht, wenn Deutschland die Lage der reichsten kapitalistischen Länder (vor allem Englands) ins Wanken brächte [...] Wir können manövrieren, eine Seite gegen die andere aufbringen, damit sie sich noch stärker in die Haare kriegen.«[3] Moskau hatte die Möglichkeiten dazu, denn es gewährleistete nicht nur die strategische Rückendeckung für Hitlers Krieg, sondern lieferte auch einen beträchtlichen Teil der dafür benötigten Rohstoffe.

Am 17. September 1939 hatte Stalin seine Rote Armee in Polen, mit dem er einen Nichtangriffspakt geschlossen hatte, einmarschieren lassen. Der Wucht des Angriffs hatten die Verteidiger wenig entgegenzusetzen. Nach nur fünf Tagen waren die von der Welt kaum wahrgenommenen sowjetischen Operationen beendet und die im Hitler-Stalin-Pakt verabredete Demarkationslinie entlang der Curzon-Linie erreicht. In Brest-Litowsk, wo 1918 Lenins Vertreter den Krieg mit dem Kaiserreich beendet hatten, hielten die Liquidatoren Polens eine gemeinsame Siegesparade ab. Und am 28. September 1939 wurde mit der Unterzeichnung des deutsch-sowjetischen Grenz- und Freundschaftsvertrages die Demarkationslinie ein Stück weit nach Osten zum Bug verschoben. Zug um Zug wurden nun Ostpolen und die baltischen Staaten sowjetisiert und dem roten Imperium einverleibt. Vom benachbarten Finnland verlangte Stalin Zugeständnisse und Grenzkorrekturen auf der karelischen Landenge. Doch die Finnen widersetzten sich, worauf Stalin seine Rote Armee Ende November 1939 an der gesamten finnischen Ostgrenze die Feindseligkeiten eröffnen ließ.

Während Millionen Menschen nach ethnischen Kriterien in Ostmitteleuropa verschoben wurden, während SS und GPU Abertausende Juden und Angehörige der polnischen Führungsschicht ermordeten, sprachen die dafür Verantwortlichen vom rasch wiederherzustellenden Frieden. Molotow hob die Friedensliebe der Sowjetunion hervor und schimpfte England und Frankreich Aggressoren. Und Hitler unterbreitete Anfang Oktober London ein Friedensangebot. Es sei das Ziel seines Lebens, erklärte er, dass beide Völker zusammenkämen. Rosenberg hielt im darauffolgendem Monat über dessen diesbezügliche Haltung fest: »Der Führer äußerte mehrmals, er halte immer noch eine d[eutsch]-engl[ische] Verständigung für richtig, besonders auf die Ferne gesehen [...] Wir hätten ja alles getan, aber es herrsche eine jüdisch geführte wahnsinnige Minderheit.«[4]

Doch London und Paris wiesen Hitlers Friedensangebot zurück. Da man immer noch vor einer Landoffensive von Frankreich aus gegen das Reich zurückschreckte, beschloss der Oberste Alliierte Kriegsrat auf Betreiben Churchills im Dezember 1939, ein Expeditionskorps nach Skandinavien zu entsenden. Im Fokus standen dabei die norwegischen Häfen Narvik und Bergen. In britischer Hand erleichterten sie nicht nur die Abriegelung der Nordsee zum Atlantik, sondern ermöglichten auch eine Blockade der für die Kriegswirtschaft des Reiches lebenswichtigen Eisenerzzufuhren aus dem neutralen Schweden. Da in der kalten Jahreszeit die nordschwedischen Gewässer zufroren, musste das Erz über die Schiene nach Narvik und von dort aus mit dem Schiff entlang der norwegischen und dänischen Küsten zu den deutschen Häfen transportiert werden.

Die norwegische Küste stand auch bei der Führung der deutschen Kriegsmarine im Blickpunkt. Denn für ihren Oberbefehlshaber Erich Raeder und für die Seekriegsleitung, für die der Krieg in der richtigen Frontstellung begann, stand seit eh und je fest, dass dieser auf den Meeren, über die die Versorgungsadern der Mächte liefen, entschieden werden würde. In völliger Fehleinschätzung hatten sie geglaubt, dass Hitler das nicht anders sehen würde und dass auch er von der Notwendigkeit überzeugt sei, alle Machtmittel auf die Flotte zu konzentrieren, sobald die Arrondierung des deutschen Machtbereichs auf dem Kontinent durch eine zwischenzeitlich forcierte Heeres- und Luftwaffenrüstung abgeschlossen sein würde.

Doch der Krieg gegen Großbritannien begann aus der Sicht der Marineführung viel zu früh, sodass sich an dessen Übermacht auf den Meeren nichts geändert hatte. Da die deutschen Kräfte für einen groß angelegten Blockadekrieg fehlten, sollte lediglich in der Nordsee »in rücksichtsloser Weise gegen Englands Seeverbindungen«[5] vorgegangen werden. Außerdem waren begrenzte Flottenvorstöße durch die Dänemarkstraße in den Nordatlantik vorgesehen. Umso bedeutsamer musste für die Kriegsmarine die norwegische Küste mit ihren Häfen sein. Denn in deutschem Besitz boten sich erweiterte operative Möglichkeiten. Dass es Hitler ausschließlich um die Sicherung der Nordflanke Europas und der für Deutschland überlebenswichtigen Rohstoffzufuhren ging, übersahen die Marinestrategen. Und auch seine kontinentale Zielsetzung im Osten, der alles unterstellt war, lag außerhalb ihres Blickfeldes, von deren rassenideologischem Impetus ganz zu schweigen.

Am 9. April 1940 begann das Unternehmen »Weserübung«, wie der Deckname für die Besetzung Dänemarks und Norwegens hieß. Es wäre um ein Haar gescheitert. Denn die deutsche Streitmacht war der Landung eines britisch-französischen Expeditionskorps an Norwegens Küsten nur um ein paar Stunden zuvorgekommen. Die Folge war eine See- und Luftschlacht in der Nordsee, die die angelaufenen deutschen Landungsoperationen gefährdete, zumal Norwegen Widerstand leistete. Erst nach wochenlangen Kämpfen zu See, Luft und Land, nach Nervenkrisen Hitlers, der immer wieder kopflos den verantwortlichen Generälen im OKW widersprüchliche Befehle gab, konnte Ende April die Lage in Norwegen konsolidiert werden, wenngleich hoch im Norden, in Narvik, noch wochenlang weitergekämpft werden musste.

Auch nach dem verlustreichen Norwegen-Unternehmen hielt Hitler weiter starr-dogmatisch an seinen strategischen Vorstellungen von einem Ausgleich mit Großbritannien fest. Er wollte nunmehr glauben, dieser würde sich einstellen, wenn er Frankreich besiegt haben würde. Ursprünglich hatte er den Feldzug gegen den »Erbfeind« noch im Jahr 1939 in Angriff nehmen wollen. Er wurde jedoch 29 Mal verschoben, zumeist wegen des Wetters. Tatsächlich waren es aber vor allem die Erfahrungen des Ersten Weltkrieges, des vier Jahre dauernden Stellungskrieges, die schwer auf der Generalität lasteten und sie allerlei Argumente ins Feld führen ließ, den Angriffstermin immer wieder hinauszuschieben. Schließlich wurde er auf den Mai 1940 festgelegt.

Vorgegangen werden sollte nach einem revolutionären Kriegsplan. Nicht eine Neuauflage des Schlieffen-Plans, bei dem der Hauptstoß auf dem nördlichen Abschnitt der Front gelegen hatte, sondern Erich von Mansteins »Sichelschnitt« über das schwierige Gelände der Ardennen sollte den schnellen Sieg bringen. Mit dem Durchbruch zum Ärmelkanal sollten die feindlichen Streitkräfte aufgespalten und schließlich vernichtet werden. Das kühne Vorhaben, das aus der Sicht konventioneller Strategie als undurchführbar galt, ging voll und ganz auf. Bereits zwei Tage nach Beginn des Feldzuges, am 12. Mai 1940, war der Wehrmacht der entscheidende Durchbruch bei Sedan gelungen. Kurz darauf hielt die französische Front hinter der Maas dem deutschen Ansturm nicht mehr stand. Am 19. Mai erreichte die deutsche Heeresgruppe A den Kanal nahe der Sommemündung und schwenkte nach Norden ein. Von dort, durch Belgien, war die Heeresgruppe B vorgerückt. Eine 400 000 Mann zählende britisch-französische Streitmacht – darunter das gesamte britische Expeditionskorps – war damit eingekeilt und zog sich unter Zurücklassung des Kriegsmaterials panikartig auf den Küstenabschnitt um den Hafen von Dünkirchen zurück.

In jener kriegsentscheidenden Situation traf Hitler nun

eine bemerkenswerte Entscheidung. Er ließ am 24. Mai 1940 den deutschen Vormarsch auf Dünkirchen abbrechen. Ganze 18 Kilometer trennten die Panzerverbände der Waffen-SS zu diesem Zeitpunkt noch von den Eingeschlossenen, für die es keine Rettung mehr gegeben hätte. Durch den Halt-Befehl, der entgegen der Gepflogenheit unverschlüsselt übermittelt worden war, bot Hitler den damit informierten Briten ganz bewusst die Chance, ihre Expeditionsarmee über den Ärmelkanal zu evakuieren. In der militärischen Führung war man fassungslos. Franz Halder, der den Westfeldzug leitete, sei »in hellem Zorn« gewesen, wie man ihn weder vorher noch nachher je gesehen habe. An dem Entschluss, der da oben gefallen sei, sei der deutsche Generalstab nicht schuldig, lauteten etwa seine Worte.[6] Sogar im OKW, wo die opportunistischsten Handlanger Hitlers saßen, sei man über die Entscheidung Hitlers »wie vor den Kopf geschlagen« gewesen, hieß es.[7]

Solche Reaktionen verdeutlichten einmal mehr, wie wenig sich doch die ganz auf ihr Kriegshandwerk fixierten deutschen Militärs in Hitlers Welt hineinversetzen konnten. Gegenüber dem Oberbefehlshaber der Heeresgruppe A, Gerd von Rundstedt, der sich nur widerstrebend dem Halt-Befehl gefügt hatte, äußerte Hitler später, »dass er gehofft hätte, schneller zu einer Übereinkunft mit England zu gelangen, wenn er das britische Expeditionskorps entkommen lasse«.[8] Den großen Zusammenhang erläuterte Hitler kurz darauf im kleinsten Kreis, wenn er sagte: »Die Armee ist das Rückgrat Englands und des Empires. Zerschlagen wir das Invasionskorps, geht das Empire zugrunde. Da wir sein Erbe weder antreten wollen noch können, müssen wir ihm die Chance lassen. Meine Generäle haben das ja nicht kapiert!«[9]

Durch die ermöglichte Flucht von 338 228 Mann, darunter 123 000 Franzosen, »verdarb« Hitler, wie sich Halder ausdrückte, den Sieg im Westen. Die folgenden Wochen sollten dies aber vergessen machen. Denn zwischen dem 5. und 25. Juni 1940 wurde im zweiten Teil des Westfeldzugs Frankreichs verbliebene Militärmacht vernichtend geschlagen. Die Marne, die Somme, Verdun, all die Namen, die für eine ganze Generation zu Synonymen für den Opfermut und das große Sterben geworden waren, waren keine Hindernisse mehr für die neue deutsche Wehrmacht, die am 14. Juni in Paris einrückte. Die nach Bordeaux ausgewichene französische Regierung unter Marschall Philippe Pétain bat nun um einen Waffenstillstand. Die Durchhalteappelle Churchills und Roosevelts waren ungehört verhallt.

Hitler hatte den Zenit der Macht und des Ruhmes erklommen. Keitel rief ihn zum »größten Feldherrn aller Zeiten« aus.[10] Auch im Oberkommando des Heeres (OKH), wo man bislang eher reserviert dessen Fähigkeiten als Heerführer gegenübergestanden hatte, feierte man jetzt den Vabanquespieler und würdigte dessen strategisches Genie. Und die Deutschen in der Heimat sahen es nicht anders. Die Menschen, die ihren vom Feldzug zurückkehrenden »Führer« wie einen Gott in der Reichshauptstadt empfingen, waren in einem regelrechten Ausnahmezustand. Nie war die Zustimmung zu Hitler größer gewesen als in diesen Sommertagen des Jahres 1940.

Die Schmach von Compiègne und Versailles war getilgt. In demselben Eisenbahnwagen, in dem Erzberger einst den Waffenstillstand unterschrieben hatte, musste am 21. Juni 1940 die französische Delegation die Kapitulationsbedingungen entgegennehmen. Danach sollte Frankreich als Staat und mit seinen Kolonien erhalten bleiben. Angesichts des noch andauernden Krieges gegen England sollte die gesamte französische Küste bis hinunter zur spanischen Grenze von der Wehrmacht besetzt werden. Frankreich – Elsass-Lothringen wurde faktisch annektiert – bestand nun aus einem besetzten und einem unbesetzten Teil mit der provisorischen Hauptstadt Vichy. In Anlehnung an Versailles wurde festgelegt, die französischen Streitkräfte auf 100 000 Mann abzurüsten. Unangetastet blieb hingegen die Kriegsflotte, die ohnehin außerhalb der deutschen Zugriffsmöglichkeit im südfranzösischen Toulon und im algerischen Mers-el-Kébir vor Anker lag. Man wollte damit verhindern, dass sich die französische Marine auf die Seite der Briten schlüge.

Der Waffenstillstand sollte erst nach Unterzeichnung des italienisch-französischen Waffenstillstandes in Kraft treten. Am 11. Juni hatte nämlich das faschistische Italien dem bereits geschlagenen Frankreich und Großbritannien den Krieg erklärt. Mussolini wollte an Hitlers Siegeszug teilhaben. Da er mit dem baldigen Einlenken Großbritanniens rechnete, glaubte er, vor allem auf Kosten Frankreichs im Mittelmeerraum, wo ein neues italienisches Impero Romano entstehen sollte, schnelle Beute machen zu können. Doch die italienische Offensive an der Alpenfront lief sich bereits nach einigen Kilometern unter schwersten Verlusten fest. Die geringfügigen Geländegewinne waren dann auch die magere Kriegsbeute, mit der sich Mussolini am 24. Juni 1940 beim Abschluss des Waffenstillstandes mit Frankreich begnügen musste.

Hitler war nunmehr Herr über Kontinentaleuropa. In den Niederlanden herrschte – wie in Norwegen – ein ziviler Reichskommissar. Belgien und die besetzten Gebiete Frankreichs standen unter deutscher Militärverwaltung. Vichy-Frankreich orientierte sich gezwungenermaßen auch nach Berlin. Gleichwohl wurde es von den meisten Ländern – darunter den Vereinigten Staaten und der Sowjetunion – als legale Regierung Frankreichs anerkannt. Francos Spanien übte sich in einer wohlwollenden Neutralität gegenüber dem Reich. Italien war nun Waffenbruder, wenn auch ein fragwürdiger, stellte sich doch bald heraus, dass das Mittelmeer die »Achillesferse« der »Achse« war.

In Großbritannien war unterdessen Winston Churchill Premierminister geworden. Das »Wunder von Dünkirchen«, zu dem die Flucht der Expeditionsarmee über den Ärmelkanal von der Propaganda umgedeutet wurde, hatte ihm einen guten Start beschert. Überaus geschickt hatte er auch in seiner ersten Unterhausrede seinen Landsleuten nichts anderes in Aussicht gestellt als »Blut, Mühsal, Schweiß und Tränen«.[11] Denn Churchill war entschlossen, den Krieg bis zur totalen Niederlage Deutschlands zu führen. Weshalb, brachte der diplomatische Chefberater des britischen Außenministers Robert Vansittart auf den Punkt, wenn er schrieb: »[…] aber das Deutsche Reich und die Reichsidee sind seit 75 Jahren der Fluch der Welt, und wenn wir sie diesmal nicht erledigen, werden wir es nie tun, und sie werden uns erledigen. Der Feind ist das Deutsche Reich und nicht nur der Nazismus […] Jede Möglichkeit zu einem Kompromiss ist jetzt vorbei, und es muss ein Kampf ums Ende, und zwar um ein wirkliches Ende sein.«[12]

Churchill wusste in diesem Kampf Roosevelt und das mächtige Amerika hinter sich. Insofern war Großbritannien nie »allein«, wie der Premierminister den entsprechenden Teilband seiner Weltkriegsmemoiren überschrieb. Mitte Juni 1940 ließ der Präsident im Kongress eine Gesetzesvorlage für ein Flottenbauprogramm einbringen. Amerikas Seestreitkräfte sollten stark genug werden, um im Pazifik und im Atlantik gleichzeitig operieren zu können. Als Sofortmaßnahme zur Unterstützung Großbritanniens, mit dem geheime Stabsbesprechungen der Führungen der Streitkräfte zur Erarbeitung einer gemeinsamen Strategie aufgenommen wurden, erfolgte die Lieferung von Kriegsschiffen. Um ein Zeichen der britischen Entschlossenheit zu setzen, schoss Anfang Juli die Royal Navy die französische Flotte in Mers-el-Kébir zusammen, worauf Vichy-Frankreich die diplomatischen Beziehungen zu London abbrach.

Trotz der Verhärtung der Kriegsfronten richtete Hitler am 19. Juli 1940 abermals ein Friedensangebot an seinen Wunschpartner. In seinem »Appell an die Vernunft« beteuerte er einmal mehr, das britische Weltreich nicht schädigen zu wollen. In dieser Stunde fühle er sich verpflichtet, vor seinem Gewissen noch einmal an England zu appellieren, denn er sehe keinen Grund, der zur Fortsetzung dieses Krieges zwingen würde, sagte er im Verlauf seiner Rede.[13] Und er log nicht, war es ihm doch seit vielen Jahren ein inniges Anliegen, dass beide arischen Nationen zusammengingen. Doch er scheiterte wiederum. Jedermann in seiner Umgebung erwartete nun, dass Hitler Großbritannien »abstrafen« würde. Alles sprach vom bevorstehenden Entscheidungskampf. Seine Entschlossenheit zur Schau stellend, hatte Hitler schon vor dem Friedensangebot die Weisung für das Unternehmen »Seelöwe«, die Landung in Großbritannien, erlassen. Tatsächlich dachte er jedoch gar nicht an ein solches Unternehmen, für das ohnehin die Voraussetzungen fehlten, solange die Briten nicht nur die Seeherrschaft in Ärmelkanal und Nordsee, sondern dort auch die Luftherrschaft besaßen.

Für Hitler stellte sich die Lage zunehmend schwieriger dar. Es war vor allem der Zeitfaktor, der ihn nach wie vor umtrieb. Während die Vereinigten Staaten sich selbst und Britannien aufrüsteten, drohte aus seiner Sicht zunehmend auch Gefahr von der aufrüstenden Sowjetunion. Stalin, der mit einem langen Krieg gerechnet hatte, war ob des schnellen deutschen Sieges über Frankreich verunsichert. Er fürchtete jetzt wieder, dass die britische Aristokratie sich doch noch mit Hitler arrangieren würde und dieser dann seine schlagkräftige Kriegsmaschinerie gegen die Sowjetunion wenden würde. Doch dafür, den Kampf gegen Deutschland siegreich bestehen zu können, war, seiner Auffassung zufolge, die Rote Armee noch nicht bereit.

Um die Ausgangslage für den auf längere Sicht unabwendbaren Krieg gegen das nationalsozialistische Deutschland zu verbessern, hatte er abseits der Weltöffentlichkeit bereits Lettland und Estland einschließlich des litauischen Grenzstreifens, der nach dem deutsch-sowjetischen Vertrag vom September 1939 eigentlich deutsches Interessengebiet sein sollte, von der Roten Armee besetzen lassen. Weiter im Süden hatte sich Moskau die ostrumänischen Gebiete Bessarabiens und der Nordbukowina einverleibt und war damit näher an das für die deutsche Kriegführung existenzielle rumänische Erdölgebiet herangerückt. Doch damit nicht genug: Stalin stellte neue Forderungen an Finnland, das den Krieg gegen die Sowjetunion mit einem Remisfrieden beendet hatte, und ordnete starke Truppenkonzentrationen an den westlichen Grenzen seines Machtbereichs an.

Bei Hitler zog das manische Ängste nach sich. Er wollte jetzt sogar einen Angriff der Sowjetunion nicht mehr ausschließen. Neben der Entsendung deutscher Truppen in den Osten hob er nun zu einem Vabanquespiel an, das, wenn es nicht gelingen würde, unweigerlich mit dem Untergang des Reiches enden musste. Wenn Hitler es dennoch spielte, dann, weil er von der Überzeugung durchdrungen war, dass Deutschland in der Umklammerung des »internationalen Judentums« ohnehin zugrunde gehen würde. Er selbst hatte einmal die Situation des Landes mit der eines Krebskranken verglichen.[14] Eine Operation könnte die Heilung bringen. Sie nicht zu wagen bedeute den sicheren Tod. Ende Juli 1940 erläuterte er seiner erstaunten Generalität seine diesbezüglichen Überlegungen: »Englands Hoffnung ist Russland und Amerika. Wenn Hoffnung auf Russland wegfällt, fällt auch Amerika weg, weil [auf den] Wegfall Russlands eine Aufwertung Japans in Ostasien in ungeheurem Maße folgt […] Ist aber Russland zerschlagen, dann ist Englands letzte Hoffnung getilgt. Der Herr Europas und des Balkans ist dann Deutschland. Entschluss: Im Zuge dieser Auseinandersetzung muss Russland erledigt werden.«[15]

Spätestens jetzt hätte die militärische Führung intervenieren müssen, denn ein Zweifrontenkrieg widersprach jeglicher rationalen Kriegführung. Stattdessen teilte sie im Rausch des historischen Sieges über Frankreich die wahnwitzige Auffassung Hitlers. Nichts war spektakulär genug, als dass sie ihm die Gefolgschaft verweigert hätte. So wurde im OKH jetzt mit den ersten Planungen für den Russlandfeldzug begonnen, das

Unternehmen »Fritz«. Zwei Prinzipien sollten dabei beachtet werden. Da für einen Abnutzungskrieg sowohl nach Osten als auch nach Westen die Voraussetzungen fehlten, musste der »jüdisch-bolschewistische« Todfeind in einem weiteren Blitzkrieg in nur wenigen Monaten niedergeworfen werden. Darüber hinaus sollte der Feldzug so bald wie möglich durchgeführt werden, also bevor die Vereinigten Staaten an der Seite Englands aktiv in den Krieg eintreten würden. Als Angriffstermin wurde schließlich der Mai 1941 festgelegt.

Unabhängig vom Russlandfeldzug sollte nach dem Willen Hitlers nichts unversucht bleiben, den drohenden Zweifrontenkrieg bis dahin vielleicht doch noch abzuwenden. Mitte August 1940 begann Göring mit einer Luftoffensive gegen England, von der sich Hitler erhoffte, sie würde dieses zur Vernunft bringen. Doch die Luftwaffe verfügte weder über einen strategischen Bomber noch über Langstreckenjäger, die die Bomber hätten schützen können. Hinzu kam die höhere Leistungsfähigkeit der britischen Luftrüstung. Während der Luftoffensive verließen in Großbritannien doppelt so viele Flugzeuge die Produktionsstätten wie in Deutschland. So veränderte sich das Kräfteverhältnis mit jedem Tag, an dem über England und dem Kanal gekämpft wurde. Das Ergebnis war, dass die Luftschlacht von den Deutschen wegen der verheerenden Verluste abgebrochen werden musste.

Da aus Londoner Sicht damit die Gefahr einer deutschen Invasion Englands abgewendet worden war, entschloss sich das Kriegskabinett, an der südlichen Peripherie Europas – wie angekündigt – in die Offensive zu gehen. Im Fokus stand dabei Italiens Machtbereich. Ziel war es, dort eine Abnutzungsfront zu errichten, die früher oder später auch starke Wehrmachtsverbände binden und zu einer Diversion der deutschen Kräfte führen würde. Jener Ansatz, der ganz dem Geiste der imperialen maritimen Tradition Großbritanniens entsprach, sollte Churchills Strategie für die kommenden Jahre bestimmen.

Hitler verband mit dem Mittelmeerraum Überlegungen einer Interimskriegführung gegen England. So wurde im OKW erwogen, die britische Mittelmeer-Position zusammen mit den Italienern, den Vichy-Franzosen und vielleicht den Spaniern durch die Ausschaltung Gibraltars oder von Suez zum Einsturz zu bringen. In der Seekriegsleitung wurde alles in einem weit größeren strategischen Zusammenhang gesehen. Der Krieg im Mittelmeer sollte dort starke britische Flottenverbände binden und die ungünstigen Voraussetzungen für den Kampf im Atlantik verbessern, für den auch die vichyfranzösischen Basen Dakar und Casablanca mit einbezogen werden sollten. Doch solches scheiterte nicht nur an den zu knappen Ressourcen der deutschen Seestreitkräfte, sondern auch an Mussolini, der sorgsam darauf bedacht war, die Deutschen vom Mittelmeer fernzuhalten. Der »Duce« glaubte immer noch an das deutsch-italienisch-britische Arrangement.

Wie Mussolini von Hitlers Krieg profitieren wollte, hofften sie es jetzt auch in Tokio tun zu können. Denn mit dem deutschen Sieg über Frankreich und dem Kampf gegen Großbritannien sahen die Japaner die Möglichkeit, deren Kolonialreiche übernehmen zu können. Dass der östliche Teil des britischen Empires Beute der »Gelben« werden würde, war Hitler zwar ein Gräuel. Aber dennoch war für ihn der Ende September 1940 zwischen Deutschland, Japan und Italien geschlossene Dreimächtepakt jetzt von besonderer Bedeutung. Denn das fernöstliche Kaiserreich würde Großbritannien in Ostasien unter Druck halten und obendrein ein Gegengewicht zu den Vereinigten Staaten bilden. Dies – so meinte Hitler – würde die amerikanischen Seestreitkräfte auf zwei Ozeanen, auf Atlantik und Pazifik, binden und damit überfordern. Während Raeder und die Seekriegsleitung eine maßgebliche Wendung im Krieg gegen England sahen, versprach sich Hitler davon, Zeit zu gewinnen – Zeit, um den Russlandfeldzug 1941 abzuschließen, ehe die Vereinigten Staaten auf dem europäischen Kriegsschauplatz in Erscheinung treten würden.

Wie wenig auch sein Außenminister Ribbentrop Hitlers wahre Motive und Intentionen kannte, spiegelt sich in seinem Vorschlag, ein Koalitionsbündnis »aller jemals mit der britischen Seemacht in Konflikt geratenen Kontinentalmächte [...] gegen die Insel zu schmieden«.[16] Ein Kontinentalblock von Madrid bis Yokohama sollte entstehen und ein weltpolitisches Gegengewicht zu den angelsächsischen Seemächten bilden. Als Kern dieses Kontinentalblocks hatte Ribbentrop einen Viermächtepakt zwischen Deutschland, Japan, Italien und der Sowjetunion im Blick. Hierfür versuchte er, Stalins mit dem Dreimächtepakt wiedererwachte Einkreisungsängste zu zerstreuen und die sowjetische Expansion nach Süden, nach Indien, umzulenken, um damit die divergierenden Interessen zwischen der Sowjetunion und Japan in Fernost aus dem Wege zu räumen. Sich selbst bot Ribbentrop als Vermittler an und lud Molotow nach Berlin ein, dem er am 2. Oktober 1940 ausdrücklich versichert hatte, dass sich an den deutsch-sowjetischen Beziehungen nichts ändern werde.

Hitler ließ seinen Außenminister gewähren, sah er doch zumindest im westlichen Eckpfeiler des Kontinentalblockes eine mögliche Zwischenlösung. Hierzu bedurfte es eines Interessenausgleichs zwischen Italien, Vichy-Frankreich und Spanien. Der deutsche Diktator sprach in diesem Zusammenhang von einem »grandiosen Betrug«,[17] das hieß, nur durch falsche Versprechungen auf Kosten des jeweils anderen Mittelmeeranrainers konnten diese in eine antibritische Feindfront eingereiht werden. Er versuchte es und traf in kurzer Abfolge im Oktober 1940 mit Mussolini, Pierre Laval, Franco und Pétain zusammen. Und er scheiterte. Denn der Spanier und die Franzosen wollten erst einmal den weiteren Kriegsverlauf abwarten. Und der Italiener, der den Briten im Mittelmeer militärisch nicht Paroli bieten konnte, verstieg sich im Oktober 1940 in das Abenteuer eines begrenzten Separatkrieges gegen Griechenland, immer getragen von dem Willen, die Deutschen aus seinem Machtbereich herauszuhalten.

Als Stalins Außenminister Mitte November 1940 dann in Berlin eingetroffen war, zeigte es sich einmal mehr für Hitler, dass die Zeit zur Lösung des russischen Problems drängte. Denn Molotow, der wusste, dass die deutsche Seite unter Druck stand, forderte dreist die Ausweitung des sowjetischen Interessenbereichs bis tief nach Mitteleuropa. Stalin begnügte sich jetzt nicht mehr mit seiner Forderung nach Finnland, Rumänien, Bulgarien und den türkischen Meerengen, sondern meldete jetzt auch seinen Anspruch auf Ungarn, Jugoslawien, auf den westlichen Teil Polens und auf die Ausgänge der Ostsee an. Hitler redete vom »Ende Mitteleuropas«, wenn man die Sowjets nach Europa hineinlasse. Am 18. Dezember 1940 unterschrieb er die »Weisung Nr. 21«, »Fall Barbarossa«, wie der Deckname für den russischen Feldzug seit einigen Wochen hieß. Die Wehrmacht müsse darauf vorbereitet sein, war in dem Papier zu lesen, auch vor Beendigung des Krieges gegen England »Sowjetrussland in einem schnellen Feldzug niederzuwerfen«.[18]

Im Oberkommando des Heeres, wo man im Überschwang des Sieges über Frankreich noch alles für möglich gehalten hatte, war inzwischen angesichts der schwierigen gesamtstrategischen Lage Ernüchterung eingekehrt. Der Krieg zerfaserte in alle Richtungen. Jetzt auch noch einen Russlandfeldzug in Angriff nehmen zu wollen, widersprach aller Vernunft. Walther von Brauchitsch, der Oberbefehlshaber des Heeres, hielt Hitlers Absichten für so absurd, dass er seinen Verbindungsoffizier im OKW beauftragte, »zu ergründen, ob F[ührer] tatsächlich Waffengang [gegen die Sowjetunion] will oder nur bluffe«. Ihm wurde daraufhin mitgeteilt, dass sich Hitler alle Entscheidungen vorbehalte, da er den Pakt mit der Sowjetunion nie ganz ernst genommen habe, »denn die Abgründe der Weltanschauung seien tief genug«.[19]

Die Generäle versuchten nun zu ergründen, was Hitler mit dem Russlandfeldzug bezwecken wollte. »Barbarossa: Sinn nicht klar. Den Engländer treffen wir nicht. Unsere Wirtschaftsbasis wird nicht wesentlich besser. Risiko im Westen [!] darf nicht unterschätzt werden«, notierte Halder, Hitlers strategischer Kopf und Chefplaner.[20] Doch Einwände gegen das Unternehmen blieben aus, waren doch die Generäle übervorsichtig geworden und wollten einen neuerlichen Geniestreich Hitlers wie gegen Frankreich nicht ganz ausschließen. Zudem waren sie feige, fürchteten sie doch, bei Hitler in Ungnade zu fallen oder abgelöst zu werden. So planten sie weiter ein Unternehmen, das jeglicher militärischer Sachverstand als ein verantwortungsloses Vabanquespiel hätte beurteilen müssen.

Halder versuchte im Dezember 1940 immerhin, den Russlandfeldzug überflüssig zu machen, indem er vorschlug, den Schwerpunkt der Kriegführung an die südliche Peripherie zu verlagern – ein Vorstoß, der anschaulich verdeutlichte, dass er nicht die leiseste Ahnung davon hatte, was seinen Oberbefehlshaber antrieb. Er wurde von Hitler schroff zurückgewiesen, obwohl seine Intervention unter nüchternen gesamtstrategischen Gesichtspunkten überaus sinnvoll gewesen war. Denn der Krieg Italiens gegen Griechenland drohte sich zu einer Katastrophe auszuwachsen. Roms Streitkräfte mussten im albanisch-griechischen Grenzgebiet eine Niederlage nach der anderen einstecken. Hilfe für Mussolini tat jetzt not. Warum sollte man die Unterstützung für den »Duce« nicht gleich mit einer Kriegführung gegen England verbinden? Solches schien Halder umso notwendiger, denn auf dem »Mare Nostrum« operierte inzwischen die zahlenmäßig unterlegene britische Mittelmeerflotte gegen die teils veralteten italienischen Seestreitkräfte, wie sie wollte.

Doch nach Hitlers Vorstellungen diktierte einzig der Russlandfeldzug Umfang und Art eines deutschen Engagements im Mittelmeerraum. Im Mittelpunkt musste dabei für ihn die Sicherung der südosteuropäischen Flanke für den großen Marsch nach Osten stehen. So beschloss er, deutsche Fliegerverbände ins östliche Mittelmeer zu entsenden, die im Kontext eines begrenzten deutschen Entlastungsstoßes für die italienische Kriegführung gegen Griechenland und der ständigen Verstärkung des Luftwaffen-Engagements in Rumänien einen britischen Sprung an die thrakische Küste verhindern sollten. Er fürchtete besonders um die dortigen Ölfelder. Denn »ohne [...] mindestens vier bis fünf Millionen Tonnen rumänischen Petroleums würden wir den Krieg nicht führen können«, meinte Hitler einmal.[21]

Die deutsche Hilfsmaßnahme für Italien rief wiederum alle auf den Plan, die entgegen Hitlers Vorstellungen für eine Schwerpunktverlagerung der deutschen Kriegführung in den Mittelmeerraum eintraten. So rückte noch einmal der angestrebte Interessenausgleich zwischen Spanien, Vichy-Frankreich und Italien in den Fokus. Mit Hitlers Billigung wurde ein weiterer Anlauf unternommen, Madrid gegen allerlei Versprechungen für ein gemeinsames Vorgehen gegen das britische Gibraltar zu gewinnen. Darüber hinaus wurde erwogen, den Suezkanal durch Luftangriffe zu blockieren. Doch solches waren eher Wunschvorstellungen, die Hitler aufgriff, um den inzwischen kleinlaut gewordenen Mussolini im Bündnis zu halten. Mit der Schließung der beiden Zugänge zum Mittelmeer sollte dieses – so meinte er gegenüber dem von seinen eigentlichen Zielen nichts ahnenden »Achsen«-Partner – »in drei bis vier Monaten« (also noch rechtzeitig vor Beginn des Russlandfeldzuges) »zum Grab der englischen Flotte werden«.[22]

Doch aus alldem wurde natürlich nichts. Stattdessen erlebte die italienische Kriegführung ihr nächstes Debakel: Anfang Dezember 1940 waren die Briten in Nordafrika zur Offensive angetreten und warfen die italienischen Verbände nicht nur aus dem ägyptischen Grenzgebiet hinaus, in das diese im September 1940 vorgestoßen waren. Am Horizont drohte jetzt der Verlust ganz Tripolitaniens und damit der italienischen Nordafrika-Position. Der Fortbestand der »Achse« würde damit gefährdet werden, befürchtete Hitler. Dies wiederum würde seinen eigentlichen Krieg im Osten im Jahr 1941 infrage stellen. Jenes für ihn dramatische Szenario veranlasste ihn Anfang Januar, nicht nur ein deutsches Fliegerkorps in den Süden zu entsenden, sondern auch einen Panzersperrverband nach Tripolitanien. Es war die Geburtsstunde des »Deutschen Afrikakorps« unter Erwin Rommel.

Als Mitte Februar 1941 die ersten deutschen Vorausabteilungen in Tripolis eintrafen, hatten die Briten bereits ihre Offensive abgebrochen, um Truppenteile nach Griechenland zu verlegen. Dort wollte Churchill eine Abwehrfront gegen die erwartete deutsche Entlastungsoffensive für die italienische Kriegführung errichten. Doch das Unternehmen scheiterte kläglich, denn die Wehrmacht war überraschend schnell über Jugoslawien nach Griechenland vorgerückt. Am 13. April 1941 war Belgrad gefallen. Am 27. April wehte das Hakenkreuz über der Athener Akropolis. Griechenland kapitulierte. Und die Briten flohen wieder einmal vom europäischen Festland, zunächst nach Kreta und nach dessen verlustreicher Eroberung durch Görings Fallschirmjäger weiter nach Ägypten. Zigtausend Empire-Soldaten gerieten dabei in deutsche Kriegsgefangenschaft. Trotz des britischen Rückschlages erfüllte doch Churchills Krieg im Mittelmeer seinen Zweck: Er führte zur Verzettelung der deutschen Kräfte sowie zu einer Verschiebung von Hitlers Russlandfeldzug vom Mai auf den Juni 1941.

Von diesem bevorstehenden Großunternehmen wussten in der Wehrmacht nur diejenigen, die es wissen mussten. Rommel gehörte nicht dazu. Er wähnte sich an der entscheidenden Front des Krieges gegen die Briten und rückte eigenmächtig bis Tobruk und zur ägyptischen Grenze vor. Er sah seinen Vormarsch im Kontext des deutschen Balkanfeldzuges und rechnete natürlich mit Nachschub, den er aber nie erhielt. So kam er in eine problematische Lage, die gerade noch bereinigt werden konnte. Von außen betrachtet, sah es so aus, als gehörte sein Vorstoß zu einer großen koordinierten Operation der »Achse«, um die Ostmittelmeer-Position Britanniens zu Fall zu bringen. Das wurde auch im Reich geglaubt. In einem Stimmungsbericht des SD von Anfang Juni 1941 hieß es, dass »der überwiegende Teil der Bevölkerung [...] mit einem Vorstoß auf Cypern und den Suezkanal« rechne.[23] Und auch in Großbritannien nahmen sie das an.

Groß war die psychologische Wirkung auf die gesamte arabische Welt. Überall gärte es jetzt. In Ägypten formierte sich um König Faruk der Widerstand gegen die britische Herrschaft. Im Irak versuchten arabische Nationalisten um Rashid Ali al-Gailani im April, die Macht an sich zu reißen und die Briten zu verjagen. Anfang Mai kam es zu Feindseligkeiten. Viele waren davon überzeugt, dass es mit der britischen Herrschaft im Nahen Osten zu Ende gehe. Doch es war alles eher eine Fata Morgana. Hitler sah sie, was wieder einmal seine Hoffnung nährte, England lenke doch noch ein. Etwas anderes wollte er sich nicht vorstellen. Wenn die Mächte des alten Europas infolge dieses Krieges ihre Kolonialreiche verlören, könne sich niemand freuen, denn es »entstehe ein amerikanischer Imperialismus«, meinte er in diesen Wochen.[24] Während seiner Reichstagsrede im Mai 1941 hatte er einmal mehr bekräftigt, dass er den Krieg gegen England nicht gewollt habe, und jene »kleine Clique« (um Churchill) attackiert, die, getrieben von »Hass und Raffgier«, seine Bemühungen um einen Ausgleich zurückgewiesen habe.[25] Ein Friedensangebot richtete er freilich nicht an die Adresse Londons, wäre ein solches ihm doch als Schwäche ausgelegt worden.

Dies unternahm sein Stellvertreter Rudolf Heß, der – anders als die allermeisten – in der kruden rassenideologischen Welt und der daraus abgeleiteten Strategie seines Chefs zu Hause war. In einer ebenso kühnen wie wahnwitzigen Aktion flog er am 10. Mai 1941 nach Schottland, um mit jenen britischen Kreisen Kontakt aufzunehmen, die sich Hitlers Anliegen gegenüber aufgeschlossen zeigten. Der »Botengang eines Toren«,[26] wie die Friedensmission von Heß einmal treffend bezeichnet worden ist, schlug natürlich fehl. Die Umstände werden wohl nie bekannt werden, denn ein Teil der britischen Akten ist nach wie vor der Forschung nicht zugänglich. Dies lieferte freilich den Stoff für allerlei Verschwörungstheorien. Selbst Heß' Tod – viereinhalb Jahrzehnte später im Spandauer Kriegsverbrechergefängnis – wurde damit in Verbindung gebracht. Nicht Selbstmord, sondern Mord auf Anordnung der britischen Premierministerin und Churchill-Verehrerin Margret Thatcher sei es gewesen, eröffnete ein früherer Kanzler dem Autor und begründete es damit, dass ein von Michail Gorbatschow entlassener Heß – solches war seinerzeit im Gespräch – über die »wahren« Hintergründe seines Schottland-Fluges die Weltöffentlichkeit würde aufklären können.[27]

Fakt ist, dass der Heß-Flug virtuos von Churchill genutzt wurde, um Druck auf den amerikanischen Präsidenten auszuüben, damit dieser die Zusammenarbeit beider Länder weiter intensivierte. Für die kommende Koalitionskriegführung war bereits von dem britischen und amerikanischen Generalstab als erstes gemeinsames Ziel festgelegt worden, Deutschland zuerst niederzukämpfen und erst danach die Lage im pazifisch-ostasiatischen Raum zu konsolidieren, wo man mit einem Krieg gegen Japan rechnete, den Washington durch Boykottmaßnahmen und eine rigide Eindämmungspolitik geradezu heraufbeschwor. Da die Seeverbindungen im Nordatlantik als existenziell für Großbritannien angesehen wurden, sollten amerikanische Seestreitkräfte die für den Partner bestimmten Geleitzüge sichern, während die britische Flotte ihr Haupteinsatzgebiet nach wie vor im Mittelmeer haben sollte. Churchill war damit am Ziel angelangt. Einen Anlass für den Kriegseintritt der Vereinigten Staaten zu finden war einfach und damit nur noch eine Frage der Zeit, denn Zusammenstöße zwischen der deutschen Kriegsmarine und den amerikanischen Seestreitkräften waren unvermeidbar. Denn die deutsche Seekriegsleitung setzte auf die Unterbrechung der atlantischen Geleitzugwege nach Großbritannien durch die nach dem Verlust der *Bismarck* immer mehr an Bedeutung gewinnenden Unterseeboote.

Die Sowjetunion kam in den britisch-amerikanischen Planungen für den Krieg gegen Deutschland noch nicht vor. Und dennoch betrachtete man sie bereits als Partner, wusste man doch um die deutschen Angriffsvorbereitungen auf Stalins Reich, die ungläubig verfolgt wurden. Die nachrichtendienstlichen Informationen, darunter Hitlers Weisung und der Angriffstermin, der 22. Juni 1941, leiteten London und Washington nach Moskau weiter. Stalin sah darin nichts anderes als den vordergründigen Versuch, die Sowjetunion gegen Deutschland in Stellung zu bringen. Der sowjetische Diktator war sich dabei umso sicherer, als er durch seinen Londoner Topagenten Kim Philby über das Scheitern der Heß-Mission wohlinformiert war. Und dass Hitler einen Zweifrontenkrieg, das hieß einen Angriff auf sein Land ohne Beendigung des Krieges gegen Großbritannien, riskieren würde, schloss Stalin nach wie vor kategorisch aus.

Der Diktator wähnte sich in Sicherheit und blickte zuversichtlich nach vorne: Die Aufrüstung der Roten Armee für den Krieg gegen Deutschland war weit fortgeschritten. Verteidigungsminister Semjon Timoschenko und Generalstabschef Georgi Schukow arbeiteten bereits an einem Aufmarschplan, um einem Überraschungsschlag der Wehrmacht zuvorzukommen. Im Jahr 1942 würde die Sowjetunion in der Lage sein, ihn umzusetzen. Stalin war sich sicher, bis dahin Zeit zu haben. Er bemühte sich jetzt sogar, das seit dem Molotow-Besuch in Berlin eingetrübte Verhältnis zu Deutschland aufzupolieren. So wurde der im Januar 1941 unterzeichnete zweite deutsch-sowjetische Handelsvertrag aufs Peinlichste erfüllt. Noch eine Woche vor dem Beginn des Russlandfeldzuges ließ Stalin über TASS verbreiten, dass Meldungen über einen deutschen Angriff auf die Sowjetunion jeglicher Grundlage entbehrten.[28]

Nachrichten seiner Aufklärung, die den gewaltigen Aufmarsch der Wehrmacht zum Inhalt hatten, nahm Stalin zwar zur Kenntnis, maß ihnen aber kein Gewicht bei. Genauso tat er die Gerüchte von einem unmittelbar bevorstehenden Angriff, die inzwischen in ganz Europa kursierten, als bloße Desinformation ab. Sogar die Intervention Churchills, der sich zum ersten Mal persönlich an ihn wandte, ignorierte er. Nicht anders verhielten sich seine Funktionäre. Als der britische Außenminister Anthony Eden noch einmal Moskaus Botschafter in London, Iwan Maiski, informierte, kommentierte dieser: »Ein Angriff? [...] Ich kann das nicht glauben! Es wäre wahnwitzig.«[29] Wie sehr man im Kreml davon überzeugt war, dass Hitler nie und nimmer einen Zweifrontenkrieg wagen würde, verdeutlicht auch die erste Reaktion auf die Nachricht vom deutschen Angriff. Stalins ehemaliger Außenminister Litwinow erinnerte sich, dass dort »alle überzeugt [gewesen seien], die britische Flotte würde durch die Nordsee dampfen für einen mit Hitler abgesprochenen Angriff auf Leningrad und Kronstadt«. Fast ungläubig habe man zur Kenntnis genommen, dass dem nicht so war.[30] Und alles nur, weil man davon ausging, dass Hitler ein rationaler, kalt kalkulierender Machtpolitiker sei und nicht der, der er wirklich war.

Für diesen hatte sich in den zurückliegenden Monaten die jüdisch gesteuerte weltverschwörerische Feindfront gegen Deutschland – wie schon im Ersten Weltkrieg – weiter formiert. Doch der Sieg der »Achsenmächte« auf dem Balkan – so hieß es in seiner Proklamation an das deutsche Volk aus Anlass des Angriffs auf die Sowjetunion – »hat zunächst den Plan vereitelt, Deutschland in diesem Sommer in monatelange Kämpfe im Südosten zu verstricken und unterdes den Aufmarsch der sowjetrussischen Armeen [...] zu vollenden«. Nunmehr sei »die Stunde gekommen, in der es notwendig wird, diesen Komplott der jüdisch-angelsächsischen Kriegsanstifter und der ebenso jüdischen Machthaber der bolschewistischen Moskauer Zentrale entgegenzutreten«.[31]

Mit dem Russlandfeldzug sollte das verwirklicht werden, was er im Chaos der Revolutionszeit, als der »jüdische Bolschewismus« nach dem darniederliegenden Deutschland griff, verinnerlicht hatte. Sein ganzes Handeln war seitdem diesem großen Ziel unterstellt gewesen. Jetzt würde er im Zuge eines Vernichtungskrieges die »jüdisch-bolschewistische« Führungsschicht ausrotten und die slawischen »Untermenschen« dezimieren, um sie später als dumpfe Masse zu versklaven, wenn die germanischen Siedler zur großen Landnahme in den Osten zögen. Der gewaltige (Lebens-)Raum, Hitlers Indien, mit seinen reichen Rohstoffvorkommen sollte aber auch das deutsche Kontinentalreich autark machen und damit die Voraussetzung für Deutschlands Kampf gegen den verbliebenen »jüdischen Weltfeind« schaffen.

Was am 22. Juni 1941 um 3.15 Uhr in Bewegung gesetzt wurde, war eine gigantische Angriffsmaschinerie. Neben 690 000 Soldaten der Verbündeten waren mehr als drei Millionen deutsche Soldaten mit 3500 Panzern und Geschützen – gegliedert in drei Heeresgruppen – unter dem Schirm von fast 2000 Flugzeugen auf einer Frontbreite von 1500 Kilometern zur Niederwerfung der Sowjetunion angetreten. Doch noch größer war deren Kriegsmaschinerie. Sie war der der Angreifer weit überlegen, denn die Rote Armee verfügte über dreimal so viele Panzer und doppelt so viele Flugzeuge. War die Waffentechnik der deutschen ebenbürtig – bei den Panzern sogar überlegen –, so haperte es doch in der Roten Armee vor allem bei Ausbildungsstand und operativer Führung. Einzig hierin lag die Chance für die Angreifer. Es musste ihnen gelingen, den Gegner in einem neuerlichen Blitzkrieg auszumanövrieren. Und dies über riesige Räume. Bis zum Einbruch des Winters sollte die wahnwitzige Operation siegreich beendet sein und eine Linie Kaukasus–Wolga–Archangelsk erreicht werden.[32] Einen Plan B gab es nicht, denn für einen Abnutzungskampf sowohl nach Osten als auch nach Westen reichten die Möglichkeiten ohnehin nicht aus.

Die deutsche Bevölkerung hatte mit allem gerechnet, nur nicht mit einem Krieg gegen die Sowjetunion. Das irgendetwas im Busche war, blieb ihr nicht verborgen. Die tollsten Gerüchte waren umgegangen. Der SD registrierte sie: »Stalin komme demnächst nach Berlin und die Ukraine werde auf 99 Jahre gepachtet.« Es seien acht deutsche Divisionen dort. Die Truppenbewegungen der zurückliegenden Tage an den östlichen Grenzen würden in diesem Zusammenhang gesehen, hieß es in einer Meldung vom 12. Juni.[33] Als die fassungslosen Deutschen dann über den Angriff auf die Sowjetunion informiert worden waren, fragten sie sich, worin denn die Notwendigkeit für diesen Feldzug liege, war doch der Kampf an zwei Fronten das große Problem des Ersten Weltkriegs gewesen.

Dass es sich um einen Vernichtungskrieg handelte, der da begann, sah zunächst kaum jemand. Sogar braune Spitzenfunktionäre, wie Alfred Rosenberg, waren über das Wesen des Feldzuges nicht im Bilde. In einer Rede am 20. Juni hatte Hitlers Chefideologe die politischen Forderungen für den unmittelbar bevorstehenden Krieg gegen die Sowjetunion dahin gehend umrissen, dass es darauf ankommen werde, die Freiheitsbestrebungen aller Völker des Ostens »in einer klugen und zielsicheren Form wieder aufzugreifen und sie in ganz bestimmte staatliche Form zu bringen«. Staatsgebilde sollten – so Rosenberg – aus dem Riesenterritorium der Sowjetunion organisch herausgeschnitten und gegen Moskau aufgebaut werden, »um das Deutsche Reich für kommende Jahrhunderte von dem östlichen Albdruck zu befreien«.[34]

Eine solche Vorgehensweise der Deutschen erwartete man überall. In London und Washington, wo niemand Hitlers Angriff auf die Sowjetunion verstand, ging man selbstverständlich davon aus, dass der deutsche Diktator die Freiheitsbewegungen im Osten instrumentalisieren und eine Divide-et-impera-Politik betreiben würde, die zum Zusammenbruch des Sowjetregimes führen könnte. Das dachten auch die von den Sowjets unterjochten Völkerschaften. Im Baltikum wurde die einrückende Wehrmacht von der Bevölkerung daher als Befreier bejubelt. In der Ukraine war es nicht anders. Die dortigen Nationalisten um Jaroslaw Stezko und Stepan Bandera riefen sogleich einen Staat aus und setzten auf die Unterstützung Hitlers. Doch in dessen Krieg waren diese »slawischen Untermenschen« als Partner der »Herrenrasse« nicht vorgesehen.

Statt der Unabhängigkeit von der Moskauer Tyrannei, die Millionen gegen diese mobilisiert hätte, brachten Hitlers Armeen Terror und Tod. Und die Heeresführung, die bereits im Vorfeld des Russlandfeldzuges die verbrecherischen Anordnungen Hitlers, wie den Kommissarbefehl, akzeptiert hatte, trug Hitlers Vernichtungskrieg mit. Willfährig sollte sie dann auch den Mordbrand von Himmlers vier Einsatzgruppen aus Sicherheitspolizei und SD mit ihren 18 Sonder- und Einsatzkommandos im rückwärtigen Raum der Front akzeptieren. Die Wehrmacht leistete für SS und SD sogar logistische Unterstützung bei der Vernichtung von Juden, Sowjetkommissaren, Zigeunern und »sonstigen Untermenschen«.

Die militärische Führung tat dies aus einer arroganten Überheblichkeit heraus, umso mehr, da es so schien, dass die Entscheidung des Kampfes, der mit unerbittlicher Härte geführt wurde, bereits westwärts von Düna und Dnjepr erzwungen worden sei. Die überraschten und unvorbereiteten Verbände der Roten Armee, deren Luftstreitkräfte bereits in den ersten Stunden des Feldzuges weitgehend zerschlagen worden waren, wurden geradezu überrollt. Die schlechte Kampfmoral tat ein Übriges. In Massen liefen die Sowjetsoldaten zu den Deutschen über. Mehr als eine Million Gefangener und Gefallener wurden in den ersten Feldzugswochen gezählt. Halder notierte am 3. Juli 1941 selbstzufrieden, er glaube, es sei »nicht zu viel gesagt, dass der Feldzug gegen Russland innerhalb [von] vierzehn Tagen gewonnen wurde«.[35] Und ein nicht minder siegesgewisser Hitler schwelgte in Vernichtungsfantasien; Leningrad und Moskau wollte er dem Erdboden gleichmachen. Doch nicht nur das. Während der Reichsführer SS bereits einen Entwurf für einen »Generalplan Ost« zur Organisation und Ausbeutung des Riesenraumes vorlegte, beschäftigte sich Hitler bereits mit der Zeit nach »Barbarossa«. Mitte Juli schlug er dem zum japanischen Botschafter in Berlin aufgestiegenen Ōshima ein Offensivbündnis vor, das sich gegen die Vereinigten Staaten richten sollte.

Doch es kam wieder einmal alles ganz anders: Mitte Juli 1941 entwickelte sich für die Wehrmacht die Lage an der Ostfront alles andere als positiv. Die Rote Armee war im Großraum Smolensk zu Gegenoffensiven angetreten. Ihre Kampfmoral hatte sich maßgeblich verbessert, die hohe Zahl der Überläufer war schlagartig zurückgegangen, denn Hitlers Vernichtungskrieg ließ zum erbitterten Widerstand keine Alternative. Auf sowjetischer Seite wurden so bemerkenswerte Kräfte freigesetzt. Immer mehr folgten auch Stalins Aufruf zum Partisanenkrieg. Der verzweifelte Abwehrkampf eines verhassten Regimes wurde so für viele Rotarmisten, die mit den Kommunisten eigentlich nichts zu tun haben wollten, allmählich zu einem echten »Vaterländischen Krieg«, der soeben noch eine Propagandafloskel Stalins gewesen war.

Hitler musste Ende Juli der Heeresgruppe Mitte befehlen, zur Verteidigung überzugehen. Da der Feldzug unbedingt bis zum Einbruch des Winters beendet sein musste, da die Angriffsarmeen nicht für einen längeren Krieg, und schon gar nicht für einen Winterkrieg, vorbereitet waren, wurde nun alles zu einem aussichtslosen Wettlauf mit der Zeit. Keitel hielt unter dem 25. Juli 1941 fest, dass der »Führer« sich besorgt frage: »Wie viel Zeit habe ich noch, um mit Russland fertigzuwerden, und wie viel Zeit brauche ich noch?«[36] Die allmählich bei Hitler aufkommende Panik angesichts seines scheiternden Blitzkrieges zog Auseinandersetzungen über die weitere Vorgehensweise im Osten nach sich. Hitler befahl schließlich gegen die Vorstellungen des OKH, das auf Moskau vorrücken wollte, das Schwergewicht im Norden auf die Eroberung von Leningrad und im Süden auf das industrielle Donezbecken und die Krim zu legen, mit der Perspektive, zu den Erdölquellen des Kaukasus vorzustoßen.

Anfang August beendete die Heeresgruppe Mitte die Kesselschlacht von Smolensk erfolgreich. Im Norden rückte die Wehrmacht an Leningrad heran. Und im Süden erreichte sie Kiew. Doch alles gestaltete sich trotz fortgesetzter deutscher Siege ungleich zäher als erwartet und damit zu langsam. Die Ursache dafür lag auch in der katastrophalen Unterschätzung der Truppenstärke der immer kampfstärker werdenden Roten Armee. Deren Reserven schienen sich einfach nicht erschöpfen zu wollen. Ein Übriges taten die gewaltigen Räume und die damit immer länger werdenden Nachschubwege. Als Goebbels im August seinen »Führer« in dessen ostpreußischem Hauptquartier, der »Wolfschanze«, besuchte, traf er auf einen körperlich gezeichneten Hitler. Er sprach davon, den Ostfeldzug wenigstens bis zum Einbruch des Winters, der vermutlich Mitte Oktober einsetzen werde, »zu einem [...] befriedigenden Ergebnis« bringen zu wollen.[37]

In einer von ihm gebilligten »Denkschrift des OKW über die strategische Lage im Spätsommer 1941« hieß es, dass der Feldzug gegen die Sowjetunion in diesem Jahr nicht mehr zu einem siegreichen Abschluss gebracht werden könne.[38] Dies bedeutete nichts anderes als das Scheitern von Hitlers als Blitzkrieg angelegtem Feldzugsplan. Seine Konsequenz daraus war die Flucht aus der Wirklichkeit, wenn er jetzt wieder einmal den Ausgleich mit Großbritannien herbeiredete, den er durch die Niederwerfung der Sowjetunion hatte erreichen wollen. Was Hitler noch blieb, war ein unendlicher Hass gegenüber seinen Feinden. »Stalin [...], Churchill und Roosevelt sind augenblicklich die drei größten [...] Gegner der nationalsozialistischen Revolution [...] Roosevelt ist dabei zweifellos der Zynischste« unter den »Häupter[n] der großen

Weltverschwörung gegen Deutschland«, hielt Goebbels nach einem Gespräch mit Hitler fest.[39]

Roosevelt hatte soeben mit Churchill nun auch vor aller Welt auf Kriegsschiffen vor Neufundland den Schulterschluss vollzogen. Mit der Atlantik-Charta vom 14. August 1941, deren Vorverhandlungen bereits zeigten, dass Großbritannien die Rolle des Juniorpartners zugedacht war, wurden neben dem weltweiten Freihandel unter anderem die Freiheit der Meere und das Selbstbestimmungsrecht der Völker proklamiert. Roosevelt und Churchill bekundeten ihre Absicht, »nach der endgültigen Zerstörung der Nazityrannei« auf ein System kollektiver Sicherheit hinarbeiten zu wollen.[40] Die Sowjetunion kam in den globalen angelsächsischen Zukunftsüberlegungen, die den Geist von Wilsons Vierzehn-Punkte-Plan atmeten, nicht vor, war man doch bei deren Abfassung noch davon ausgegangen, dass sie dem Ansturm der deutschen Armeen nicht würde trotzen können.

Stalins Sowjetunion kämpfte in diesen blutigen Sommerwochen des Jahres 1941 um Sein oder Nichtsein. Schon Mitte Juli hatte sich der Georgier Hilfe suchend an die Westmächte gewandt, für die das kommunistische Reich ein wichtiger Faktor in diesem Krieg wurde, nachdem sich wider Erwarten herausgestellt hatte, dass sich die Rote Armee behauptete. Von Churchill forderte er die Errichtung einer zweiten Front in Nordnorwegen oder in Frankreich. Roosevelt bat er um die Lieferung von umfangreichem Kriegsgerät. Die angelsächsischen Mächte zeigten sich mehr als aufgeschlossen gegenüber dem Anliegen. Das Wissen um die Gewaltherrschaft Stalins, die vor dem Krieg Millionen von Russen das Leben gekostet hatte, wurde beiseitegeschoben. Die Bedrohung für die westliche Welt sah man von Deutschland ausgehen und nicht von der Sowjetunion. Wie Stalin nach dem Pakt mit Hitler darauf gesetzt hatte, dass sich die Westmächte im Krieg gegen Deutschland verschleißen würden und er die Ernte würde einfahren können, spekulierten Churchill und Roosevelt nun darauf, dass der Kampf der Sowjetunion gegen Deutschland helfen würde, eigenes Blut zu sparen. Und dafür waren sie willens, dem neuen Verbündeten umfassende materielle Hilfe zu gewähren und Stalins Krieg pathetisch zu verklären, wenn der britische Premierminister in einer Rundfunkansprache verkündete: »Die Sache jedes Russen, der für seinen Herd und sein Heim kämpft, ist die Sache der freien Menschen und der freien Völker in jedem Teil der Welt.«[41]

Im Jahr 1941 war die Sowjetunion noch ganz auf sich gestellt, denn es dauerte, ehe die amerikanische Hilfe anlief. Entsprechend brutal waren die Anordnungen Stalins für die Rote Armee: Kapitulation galt als Verrat an der Sowjetunion. Um dem Nachdruck zu verleihen, befahl er, die Familien von in Kriegsgefangenschaft geratenen Rotarmisten zu deportieren. Die angeordneten Maßnahmen ruinierten das Leben von Millionen unschuldiger Menschen. Der Diktator, der sich Anfang August selbst zum Oberbefehlshaber der Streitkräfte ausrief, hatte ein rigides Bestrafungsregime eingeführt, das nahezu eine Million Soldaten vor Kriegsgerichte brachte und mehr als 157 000 vor Erschießungskommandos.

Der Kampf in den Weiten Russlands erreichte so ein nie da gewesenes Maß an Grausamkeit. Gefangene wurden auf beiden Seiten meist nicht gemacht. Seitens der Wehrmacht galt das für kommunistische Partisanen ohnehin. In einem von Walter von Reichenau erlassenen Befehl, in dem den Soldaten seiner Armee befohlen wurde, gefangene Partisanen unverzüglich zu töten, hieß es: Der Soldat müsse für »die Notwendigkeit der harten, aber gerechten Sühne am jüdischen Untermenschentum volles Verständnis haben«.[42] Der Befehl wurde von Hitler als vorbildlich bezeichnet und von anderen übernommen. Mochte es bei der Wehrmacht noch hie und da Skrupel gegeben haben, so steigerte sich der Mordbrand von SS und SD hinter den Fronten in einen regelrechten Blutrausch.

Der Diktator ließ angesichts seines drohenden Scheiterns die allerletzten Rücksichten gegenüber dem Judentum in seinem Machtbereich fallen und leitete bereits dessen Vernichtung ein, als sich im September für ihn – wie ein Fingerzeig der »Vorsehung« – doch noch die vermeintliche Chance auftat, den sowjetischen Koloss zu Fall zu bringen. Sieg auf Sieg schien den erfolgreichen Abschluss von »Barbarossa« vor Einbruch des Winters doch noch in greifbare Nähe zu rücken. In der Kesselschlacht von Kiew, das Ende September fiel, wurden fünf sowjetische Armeen mit einer Million Soldaten vernichtend geschlagen. Schon Anfang des Monats war es gelungen, Estland zu nehmen und Leningrad einzuschließen. Durch eine Großoffensive auf Moskau sollte nun die Entscheidung erzwungen werden, wie es Halder bereits Wochen zuvor gefordert hatte. Zwei Millionen Soldaten und 2000 Panzer wurden für das »Unternehmen Taifun« bei der Heeresgruppe Mitte zusammengezogen. Am 2. Oktober 1941 begann der Angriff. Kurz darauf wurde in der Kesselschlacht von Wjasma und Brjansk die Rote Armee vernichtend geschlagen. 150 Kilometer trennten die deutschen Panzerspitzen von Moskau, wo man den einbalsamierten Leichnam Lenins aus dem Mausoleum am Roten Platz evakuierte.

Hitlers Glaube war zurückgekehrt. Siegesgewiss verkündete er, dass der Gegner gebrochen sei. Er wähnte sich am ganz großen Ziel. Eine Kapitulation Moskaus beabsichtige er nicht anzunehmen, erklärte er gegenüber seiner Umgebung, in Siegesfantasien schwelgend. Gegenüber seinem Sekretär Martin Bormann meinte Hitler, dass sie mit der Ausrottung des »jüdischen Bolschewismus« »eine Tat für die Menschheit« vollbrächten, »von deren Bedeutung sich unsere Männer draußen noch gar keine Vorstellung machen können«.[43] Im Begriff, seinem nationalsozialistischen Reich die Ausgangsposition für den Endkampf gegen die letzte große Bastion des »internationalen Judentums« zu verschaffen, meinte er an anderer Stelle: »Sind wir die Herren in Europa, dann haben wir die dominierende Stellung in der Welt.« In seiner Hochstimmung verlor sogar für ihn der so sehr herbeigewünschte Ausgleich mit den Engländern an Bedeutung, auch wenn er annahm, dass die Briten wohl schlau genug seien und »zu uns« gingen. »Heute interessiert mich nicht mehr England, sondern nur der noch, welcher dahintersteht«, sagte Hitler und meinte damit die Juden Amerikas.[44]

Den weiteren Vormarsch auf Moskau verzögerte zunächst der Schlamm des russischen Herbstes. Die Rollbahnen nach Osten hatten sich binnen kürzester Zeit in morastige, grundlose Wege verwandelt. Für Hitler war dies alles nur eine Unterbrechung auf dem Weg zum Sieg, den – wie Halder sagte – »uns in diesem Kriege keine Macht der Erde mehr entreißen« könne.[45] Man wartete also auf den Frost, um dem »bolschewistischen Monster« den Todesstoß versetzen zu können. Dass es nach den verheerenden Niederlagen noch nennenswerten Widerstand würde leisten können, damit rechnete niemand mehr auf deutscher Seite. Dennoch waren es Wochen höchster Anspannung, bis am 19. November 1941 nach dem Abklingen der Schlammperiode die zweite Phase der Schlacht um Moskau begann. Für eine Umfassungsoperation reichten die Kräfte nicht. Deshalb war vorgesehen, frontal auf die sowjetische Hauptstadt vorzurücken.

Jäh zerstoben allerdings innerhalb weniger Tage die deutschen Hoffnungen. Denn die Rote Armee leistete aller Erwartung zum Trotz erbitterten Widerstand. Zu ihrem Verbündeten wurde der Wintereinbruch, denn das deutsche Ostheer kämpfte in Sommerausrüstung. Am 1. Dezember 1941 meldete Fedor von Bock, dass der Zeitpunkt sehr nahe gerückt sei, »in dem die Kraft der Truppe völlig erschöpft ist«.[46] Vier Tage später befahl er nach Rücksprache mit dem Führerhauptquartier die Einstellung des Vormarsches. Am 6. Dezember kündigte sich dann die Katastrophe an. Denn unter dem Oberbefehl Schukows, des späteren Eroberers von Berlin, waren die Sowjets zur Gegenoffensive angetreten. Es waren für den Winterkampf bestens ausgerüstete sibirische Divisionen. Stalin hatte sie an die Front werfen können, weil ihm aus Tokio zuverlässig gemeldet worden war, dass die japanische Expansion auf den pazifischen Raum zielen würde.

So scheiterte der deutsche Russlandfeldzug vor den Toren Moskaus, die goldenen Kuppeln des Kremls bereits in Sichtweite. Schuld daran war nicht »General Winter« mit seinen 42 Grad unter null, wie es die nationalsozialistische Propaganda bald glauben machen wollte. Zu groß waren die Räume und die materielle Überlegenheit des katastrophal unterschätzten Gegners. Entscheidend aber war die Anlage des Feldzugs als rassenideologischer Vernichtungskrieg. Sie verhinderte von vornherein antibolschewistische Bündnisse mit den unterdrückten Völkern Russlands. Und sie setzte erst die Widerstandskraft der Roten Armee frei und schweißte Stalins auf Repression und Terror basierendes Vielvölkergefängnis »Sowjetunion« zu einer Nation zusammen. Welche Ironie der Geschichte!

Vor Moskau wurde jedoch nicht nur der Russlandfeldzug, sondern auch der Zweite Weltkrieg endgültig entschieden. Im Bewusstsein seines Scheiterns floh Hitler jetzt wiederum nach vorne, indem er den »Welt[end]kampf« gegen die »jüdische« Börsengroßmacht, gegen die »Amerikanische Union«, einleitete, den seinen ursprünglichen Vorstellungen zufolge einmal spätere Generationen zusammen mit den Briten hätten führen sollen. Der Krieg Japans gegen die Vereinigten Staaten, der mit der Operation der kaiserlich-japanischen Marine gegen den amerikanischen Flottenstützpunkt Pearl Harbor auf Hawaii begann, bot ihm die Möglichkeit dazu. Er bot ihm aber auch die Möglichkeit, den Eindruck zu vermitteln, er habe das Heft des Handelns noch in der Hand. Tatsächlich war seine Kriegserklärung, die am 11. Dezember 1941 erging, die Tat eines in den Abgrund Stürzenden, der noch viele in diesen mit hinunterreißen wollte.

9 Der Völkermord an den Juden

Noch einmal: Wie konnte das geschehen?

Der Ursprung des Völkermords an den europäischen Juden liegt in der chaotischen Zeit nach dem Ersten Weltkrieg, in der sich Hitlers rassenideologische Weltanschauung formte. Seit 1919/20 war sein ganzes hasserfülltes Trachten von der Idee geleitet, die Nation befinde sich im Würgegriff des Judentums. Mehr noch: Die Auseinandersetzung mit diesem war für ihn ein »Weltkampf«[1] um Sein oder Nichtsein, an dessen Ende »Deutschland entweder Weltmacht oder überhaupt nicht sein« würde[2]. Daran änderte sich nichts, als er dann die große politische Bühne betrat und schließlich Reichskanzler wurde. Nur, er hatte sich jetzt eine rassenideologische Zurückhaltung auferlegt. Das hieß, er nahm taktische Rücksichten, zunächst auf die Befindlichkeit der Deutschen, dann auf seine konservativen Partner und auf das Bild seines Dritten Reiches in der Welt. Es bedeutete aber keineswegs, dass er von seinen rassenideologischen Vorstellungen samt seiner eliminatorischen Absicht gegenüber den Juden abgerückt wäre. Doch implizierte dies automatisch auch deren physische Vernichtung, von der er als Kopf der bedeutungslosen Splitterpartei NSDAP geschrieben und gesprochen hatte?

Als Hitler nach Hindenburgs Tod in den Besitz der totalen Macht gelangte, ließ er Zug um Zug seine Maske fallen. Die

Zeit der taktischen Rücksichtnahmen war nun vorüber. Dabei zeigt sich für die Folgezeit eine bemerkenswerte Wechselwirkung, die einmal mehr die obsessiv-manische rassenideologische Durchdringung seiner Person verdeutlicht. Nämlich immer, wenn Hitler, der ohnehin von der Vorstellung gepeinigt wurde, die Zeit arbeite gegen ihn, die vermeintliche Bedrohung durch das »internationale Judentum« zunehmen sah beziehungsweise wenn er bei der Umsetzung seiner politisch-strategischen Maßnahmen zur Eindämmung desselben Rückschläge hinnehmen musste, radikalisierte und beschleunigte er die Maßnahmen gegenüber den Juden. Ersteres war offenbar der Fall, nachdem Stalin mit dem Weltkongress der Komintern im Juli 1935 gegen den Faschismus und damit gegen Hitlers Nationalsozialismus mobilgemacht hatte. Denn unübersehbar ist der zeitliche Zusammenhang mit den wenige Wochen danach ergangenen Nürnberger Rassegesetzen, die Hitler auf dem Reichsparteitag ankündigte.

Neben der systematisch vorangetriebenen Ausgrenzung und Isolierung der deutschen Juden rückte allmählich bei Hitler infolge von Stalins Engagement im Spanischen Bürgerkrieg und der damit einhergehenden manischen Einkreisungsängste die »Entfernung« der Ende 1936 in Deutschland noch lebenden 394 000 Juden im Sinne ihrer Austreibung in den Mittelpunkt. Im November 1937 hielt Goebbels nach einem Gespräch mit ihm fest: »Die Juden müssen aus Deutschland, ja aus ganz Europa heraus. Das dauert noch eine Zeit, aber geschehen wird und muss das. Der Führer ist fest entschlossen dazu.«[3]

Mit dem Anschluss Österreichs, mit dem 200 000 Juden zur Reichsbevölkerung hinzukamen, wurde die Emigration massiv vorangetrieben. Rosenberg wies er an, »die Judenauswanderung aus Deutschland weiterhin mit allen Mitteln zu fördern«, wobei der Strom der Auswanderung in erster Linie nach Palästina zu lenken sei,[4] wo sich zionistische Organisationen anschickten, einen jüdischen Staat zu errichten. Bald wurde diese vom »Judenreferat« des SD-Hauptamts organisiert, das mit allen Mitteln – einschließlich Gewaltanwendung und Erpressung – die Zwangsaussiedlung nach vorangegangener Enteignung vorantrieb. Um das Verfahren zu beschleunigen, richtete der Leiter des »Judenreferats«, ein gewisser Adolf Eichmann, im August 1938 in Wien eine »Zentralstelle für jüdische Auswanderung« ein, die wiederum eng mit jüdischen Organisationen der Ostmark, wie Österreich damals genannt wurde, zusammenarbeitete. Gleichzeitig kooperierten Sicherheitspolizei und SD, die zunehmend die Zuständigkeit in der »Judenfrage« an sich zogen, mit zionistischen Repräsentanten aus Palästina.

Doch das Kalkül Hitlers, die Juden auf diesem Weg loszuwerden, sollte nicht aufgehen, denn die Zionisten stießen mit der Ansiedlung der Juden in Palästina bald auf den Widerstand der Araber. Dies wiederum zog die Intervention der britischen Mandatsmacht nach sich, die nun ihrerseits die jüdische Zuwanderung drosselte und die illegalen Einwanderer bereits auf See abfing. Nach und nach schlossen bald auch die übrigen Länder ihre Grenzen für die deutschen Juden oder reduzierten ihre Aufnahmekontingente. Die von Washington im Juli 1938 nach Évian am Genfer See einberufene Flüchtlingskonferenz, zu der 32 Staaten ihre Delegierten entsandt hatten, änderte daran so gut wie nichts. Selbst die Vereinigten Staaten, die nach Palästina die meisten jüdischen Emigranten aufgenommen hatten, zeigten sich in Évian nicht bereit, ihre strengen Einwanderungsbestimmungen zu lockern. Wer als deutscher Jude dort einwandern wollte, brauchte ein untadeliges polizeiliches Führungszeugnis, das er von den Behörden im Reich inzwischen nicht mehr erhielt. Und auch diejenigen Juden, die sich illegal ins Ausland absetzen wollten, konnten dies nicht mehr über offizielle Grenzübergänge tun, denn das rote »J« im Reisepass, das aufgrund einer Intervention der Schweiz den deutschen Juden in das Dokument gestempelt wurde, wies sie als Flüchtlinge aus. Und solche waren nicht erwünscht, wohl auch deshalb, um die Austreibung nicht mittelbar zu unterstützen.

Golda Meir, die spätere Ministerpräsidentin Israels, die in Évian als Vertreterin einer zionistischen Organisation dabei war, schrieb darüber: »Es war ein schreckliches Erlebnis, [...] zuzusehen, wie die Delegierten sich nacheinander erhoben und erklärten, sie hätten gern eine beträchtliche Zahl von Flüchtlingen aufgenommen, seien aber dazu bedauerlicherweise nicht imstande. Nur wer Ähnliches durchgemacht hat, kann verstehen, welche Gefühle mich in Évian erfüllten – eine Mischung aus Kummer, Wut, Frustration und Grauen.«[5] Doch die Retrospektive im Wissen um das Geschehene und der damalige Blickwinkel sind zweierlei. Unter den Konferenzteilnehmern überstieg es sicherlich die Vorstellungskraft, wozu Hitler in seinem Rassenwahn noch fähig sein würde. Und Rassismus gab es damals überall auf dem Globus, insbesondere auch in dem Land, das Évian initiiert hatte.

Hitler kommentierte das Ergebnis der Konferenz Mitte September 1938: »Jetzt aber, da [...] die Nation nicht mehr gewillt ist, sich von diesen Parasiten aussaugen zu lassen, jammert man darüber. Aber nicht, um nun endlich in diesen demokratischen Ländern die heuchlerische Frage durch eine hilfreiche Tat zu ersetzen, sondern im Gegensatz, um eiskalt zu versichern, dass dort selbstverständlich kein Platz sei!«[6] Da die Vertreibung der Juden aus Deutschland – bis zum Herbst 1938 hatten etwa 205 000 das Reich verlassen – aufgrund der schwindenden Aufnahmebereitschaft des Auslands schwieriger wurde, zog das bei Hitler eine innere Radikalisierung nach sich, die auch zu seinem Entschluss beigetragen haben dürfte, die verhasste Tschechoslowakei zu vernichten. Doch dies wurde durch die Münchner Konferenz und die Regelung der Sudetenfrage vereitelt. Für den unter Zeitdruck stehenden Hitler bedeutete dies eine schwere Niederlage, die seine innere Radikalisierung gegen die Juden in seinem Machtbereich weiter forcierte. In diesem Zusammenhang ist die Nacht-

und-Nebel-Aktion zur Austreibung von 17000 im Reich lebenden polnischen Juden Ende Oktober 1938, aber auch die Reichspogromnacht am 9./10. November desselben Jahres zu sehen. Es war dies der »Beginn einer neuen deutschen Haltung in der Judenfrage«, wie der *Völkische Beobachter* hinausposaunte.[7] Mit dieser »neuen Haltung« sollte aus der Sicht Hitlers Dynamik in die Sache gebracht werden. Er wollte damit die Juden einschüchtern, sie zum Verlassen des Landes nötigen – eines Landes, das möglichst schnell »judenfrei« werden sollte.

Doch hierfür brauchte Hitler das Ausland, das nach wie vor wenig Anstalten machte, Juden aus Deutschland aufzunehmen. Insofern war das Pogrom vor allem auch an die Adresse der potenziellen Aufnahmeländer gerichtet – sozusagen als Drohung, dass er vor nichts zurückschrecken würde, wenn sie ihre Haltung nicht änderten. »Es geht nicht mehr anders. Er will auch den anderen Staaten sagen: Was redet ihr immer von den Juden? – Nehmt sie!«, beschreibt Göring Hitlers Intention nach einem Gespräch mit ihm.[8] Der frühe Mitstreiter, der von Hitler mit der »Lösung der Judenfrage« beauftragt wurde, setzte im November 1938 nicht nur auf den innenpolitischen Terror gegen die deutschen Juden, sondern wurde auch zum Motor ihrer Zwangsaussiedlung.

Nachdem schon in der SS Kolumbien, Ecuador und Venezuela als mögliche Ziele ihrer Aussiedlung diskutiert worden waren, rückte schließlich Madagaskar in den Mittelpunkt der Überlegungen. Schon im Vorfeld der Flüchtlingskonferenz von Évian hatte Rosenberg vorgeschlagen, die Insel im Indischen Ozean als Auswanderungsland für Juden vorzusehen. Madagaskar sei groß genug, habe subtropisches Klima und gehöre Frankreich, das die Emanzipation der Juden begonnen habe. Daraufhin wurde unter Beteiligung von Reichsbankpräsident Hjalmar Schacht ein Plan ausgearbeitet. Danach sollte die Emigration mit einer durch das jüdische Vermögen in Deutschland abgesicherten internationalen Anleihe finanziert werden und in einem Zeitraum von drei bis fünf Jahren die erwerbsfähigen Juden und deren Angehörige auf Madagaskar angesiedelt werden.

Ende Dezember 1938 verhandelte Schacht auf Anordnung Hitlers in London über den Plan zur Finanzierung der Aussiedlung. Nachdem die Verhandlungen erfolgversprechend angelaufen waren, wurde der Reichsbankpräsident von Hitler zum »Sonderbeauftragten für die Förderung der jüdischen Auswanderung« ernannt. Das Begonnene erfuhr jedoch bereits am 20. Januar 1939 einen schweren Rückschlag. An diesem Tag kam es nämlich zwischen Schacht und Hitler zu einem Streit über die Finanzpolitik, in dessen Folge Ersterer als Reichsbankpräsident entlassen wurde. Der verärgerte Hitler lehnte es nun auch ab, das jüdische Vermögen zur Absicherung der Anleihe freizugeben, mit der die Emigration der Juden finanziert werden sollte. Die Zuständigkeit für die »Durchführung der jüdischen Auswanderung aus dem gesamten Reichsgebiet« ging im Januar 1939 auf die Gestapo und damit auf Reinhard Heydrich über. Im folgenden Monat entstand in Berlin eine »Reichszentrale für jüdische Auswanderung«. Heydrich war nunmehr die Schlüsselfigur der nationalsozialistischen Rassenpolitik geworden.

Die Probleme mit der Auswanderung, aber auch die Erkenntnis, bei einem Ausgreifen nach Osten alsbald mit Millionen Juden konfrontiert zu sein, hatten den getriebenen Hitler eine neue Stufe der Eskalation seiner Judenpolitik einleiten lassen. Er war nunmehr darauf fixiert, die Frage der deutschen Juden im größeren Zusammenhang im Ostraum, dem Ziel seiner Expansion, einer Lösung zukommen zu lassen. Wie diese aussehen könnte, brachte er in seiner Rede vom 30. Januar 1939 ins Spiel, als er unverhohlen von der »Vernichtung der jüdischen Rasse« sprach, wenn diese die Welt in einen neuen Krieg führe.

Die ungeheuerlichen Äußerungen des im Krisenmodus befindlichen Hitler wurden im Ausland ganz offensichtlich nicht sonderlich ernst genommen, war er doch als Mann maßloser Tiraden bekannt. Außerdem schien die Drohung mit der Vernichtung der jüdischen Rasse außerhalb jeglicher Vorstellungskraft zu liegen. Und so stand der Westen der Tragödie der Juden weiterhin gleichgültig gegenüber. Die Situation wurde für diese noch bedrohlicher, als London im Februar 1939 die jüdische Einwanderung nach Palästina weiter drosselte und mit Blick auf die notwendige arabische Unterstützung für den Schutz des strategisch wichtigen Suezkanals seine Zusage zur Errichtung eines jüdischen Staates abschwächte, sodass die Juden jetzt nur noch illegal dorthin auswandern konnten. Dennoch verließen vom Herbst 1938 bis zum Herbst 1939 noch einmal mehr als 80 000 ihre deutsche beziehungsweise österreichische Heimat.

Mit der Zerschlagung Polens sollten die dort lebenden Juden in städtischen Gettos, vor allem in Warschau, Krakau, Lublin, Radom und Lodz, das jetzt Litzmannstadt hieß, zusammengefasst werden. Eichmann, der die systematische Vertreibung der Juden aus dem »Protektorat Böhmen und Mähren«, zu dem die »Resttschechei« geworden war, organisierte, arbeitete unterdessen an einem Plan, diese in einem polnischen »landwirtschaftlichen Reservat« in der Nähe der Kleinstadt Nisko südlich von Lublin anzusiedeln. Vorübergehend dachte Hitler daran, 300 000 »minderbemittelte Juden« aus dem »Altreich« und der Ostmark in den Raum Nisko zu deportieren. Das Projekt wurde aber von ihm aus militärstrategischen Gründen wieder verworfen. Gleichwohl hatte er die Idee eines »Judenreservats« im Generalgouvernement noch nicht aufgegeben, wo seit Ende Oktober für Juden Zwangsarbeit ebenso Pflicht wurde wie das Tragen eines gelben Davidsterns an der Kleidung.

Wie sehr Hitlers Judenpolitik und Kriegführung in einer Wechselwirkung zueinander standen, verdeutlicht seine Aufgeschlossenheit gegenüber dem vom Reichsführer SS im Frühjahr 1940 noch einmal ins Spiel gebrachten Madagaskar-

Plan. Ende Mai erläuterte Himmler ihm das Vorhaben, wäre es doch der mildeste und beste Weg, da man »die bolschewistische Methode der physischen Ausrottung eines Volkes aus innerer Überzeugung als ungermanisch und unmöglich« ablehne.[9] Hitler stimmte unter dem Eindruck des triumphalen Verlaufs des Westfeldzugs der weiteren Verfolgung des Plans durch SS und Auswärtiges Amt zu, der im Verlaufe des gesamten Sommers 1940 die Überlegungen über die Zukunft der deutschen Juden dominierte. Mitte August notierte Goebbels nach einem Treffen mit Hitler: »Die Juden wollen wir später mal nach Madagaskar verfrachten. Dort können auch sie sich ihren eigenen Staat aufbauen.«[10] Doch das Unternehmen verlief im Sande, war es doch an ein erwartetes Einlenken Großbritanniens geknüpft, das mit seiner Flotte die Seewege beherrschte.

Solange Hitler immer noch auf einen wie auch immer gearteten Ausgleich mit Großbritannien hoffte, war er offensichtlich von dem Gedanken getragen, die Juden in seinem Machtbereich möglicherweise einmal als »Faustpfand« gebrauchen zu können. Das änderte sich erst, als sich bereits Ende Juli 1941 das Scheitern seines Blitz- und Vernichtungskrieges gegen die Sowjetunion und damit seines gesamten Kriegsplans abzeichnete. Hitler eskalierte jetzt seinen Kampf an der Rassenfront. Die letzte in seinem Weltbild existierende Möglichkeit, die systematische Ermordung der Juden, rückte nun zunehmend in den Fokus des Rassenideologen. Es war dabei gewiss kein Zufall, dass Heydrich, der Chef des Reichssicherheitshauptamtes, am 31. Juli 1941, einen Tag nachdem Hitler der Heeresgruppe Mitte vorübergehend den Übergang zur Verteidigung hatte befehlen müssen, damit beauftragt wurde, »alle erforderlichen Vorbereitungen in organisatorischer, sachlicher und materieller Hinsicht zu treffen für eine Gesamtlösung der Judenfrage im deutschen Einflussgebiet in Europa«. Darüber hinaus wurde der Chef des Reichssicherheitshauptamtes angewiesen, »in Bälde einen Gesamtentwurf

[...] zur Durchführung der angestrebten Endlösung [...] vorzulegen«.[11]

Parallel zu den Vorbereitungen für die »Endlösung« wurde hinter den russischen Fronten der mit Feldzugsbeginn begonnene Mordbrand der Einsatzgruppen auf jüdische Frauen und Kinder ausgeweitet. Himmler erklärte am 14. August: »Man wolle nicht noch einmal wie in Polen den Fehler begehen, die Juden in Gettos zu sammeln. Dies seien nur Brutstätten für Seuchen und Krankheiten.«[12] Die Abschlachtung der Juden nahm nunmehr ein nie da gewesenes Ausmaß an, ob in Kamenez-Podolski, Schitomir oder bei Kiew, wo in der Schlucht von Babi Jar innerhalb dreier Septembertage 35 000 Juden erschossen wurden. Einer der Beteiligten berichtete nach dem Krieg: »Die Juden mussten ihre Kleider ablegen, es türmten sich große Haufen auf. Anschließend mussten sie zum Grubenrand gehen und sich hinlegen. Sie wurden dann erschossen [...] Sie gingen alle gefasst in den Tod. Es wurde nicht geschrien und nicht gejammert [...] Wir bekamen damals Schnaps in großen Mengen, damit wir besser die ganze abscheuliche Sache überstehen konnten.«[13] Einer Meldung der Einsatzgruppe A zufolge wurden allein von ihr bis zum 15. Oktober 1941 118 430 Juden und 3387 »Kommunisten« liquidiert. Bis zum Jahresende sollte die Zahl der so von den Einsatzgruppen Ermordeten auf eine halbe Million ansteigen.

Zu den vorrangigen Maßnahmen zur »Endlösung« sollte es gehören, dass »möglichst bald das Altreich und das Protektorat von Westen nach Osten von Juden geleert und befreit werde«.[14] Nachdem schon etwa 750 000 Polen jüdischen und nicht jüdischen Glaubens aus den zum Reich geschlagenen annektierten Ostgebieten ins Generalgouvernement deportiert worden waren, sollten nun bis Ende 1941 etwa 60 000 deutsche Juden ins Wartheland, genauer gesagt ins Litzmannstädter Großgetto, verschoben werden, um von dort bald weiter nach Osten gebracht zu werden. Der erste Deportationsbefehl aus der Reichshauptstadt, in der etwa noch 70 000

Juden lebten – im »Altreich« und in der Ostmark waren es noch annähernd 300 000 –, erging am 14. Oktober 1941. Zusammengestellt wurden die Deportationslisten in Berlin – wie überall – von der Gestapo unter Mitwirkung der dazu per Verordnung verpflichteten jüdischen Gemeindeverwaltung.

Zwischen dem 16. Oktober und dem 13. November trafen in Litzmannstadt mehr als 20 000 Juden aus dem Reichsgebiet und dem Protektorat ein, vor allem aus Berlin, Köln, Wien und Prag. »Es war unglaublich«, erinnerte sich eine Gettobewohnerin, »sie kamen an, sehr gut gekleidet, sahen gut aus, sauber, mit ganz wenigen Habseligkeiten. Wir hatten uns mit der Zeit mit dem Mangel zurechtgefunden. Aber für sie kam alles völlig unvorbereitet, der Hunger, die Überfüllung, das schmutzige Wasser. Sie waren einen anderen Lebensstandard gewöhnt, und so starben sie in größerer Zahl als die Alteingesessenen.«[15] In dem ummauerten Großgetto lebten sie zu Hunderttausenden – oder besser: Sie mussten zusammengepfercht wie die Tiere vegetieren. Nicht nur die Unterernährung, sondern auch Seuchen führten zu wohlkalkuliert hohen Sterblichkeitsraten. Doch die schwerpunktmäßige Zusammenführung der Juden aus dem Reich in Litzmannstadt gelang nur zu einem Teil, denn gesetzliche Regelungen, die Interventionen aus der Industrie, insbesondere aus den kriegswichtigen Rüstungsbetrieben, die jüdische Facharbeiter für unabkömmlich erklärten, aber auch »sentimentale Widerstände«, wie Goebbels beklagte, standen dem entgegen.

Etwa zur gleichen Zeit, zu der die Züge mit Juden aus dem »Altreich« in Richtung Litzmannstädter Getto rollten, erging von Heydrich ein Ausreiseverbot nicht nur für die deutschen, sondern für alle Juden in den deutsch besetzten Gebieten. Man wollte ihrer habhaft werden, um sie der »Endlösung« zu überantworten. Das bedeutet, dass der Befehl für die Durchführung der zweiten, also für die Mittel- und westeuropäische Phase der »Endlösung«, in deren Verlauf dieser Teil des Kontinents systematisch »gesäubert« werden sollte, zu diesem

Zeitpunkt bereits ergangen sein musste. Dies korrespondiert mit der Aussage Eichmanns während seines Jerusalemer Prozesses, wonach er »zwei oder drei Monate« nach Beginn des Russlandfeldzuges zu Heydrich beordert worden sei. Der Chef des Reichssicherheitshauptamtes habe daraufhin gesagt: »Der Führer hat die physische Vernichtung der Juden befohlen.«[16] Auch Bruno Streckenbach, ein hochrangiger Mitarbeiter des Reichsführers SS, gab nach dem Krieg an, dass Himmler und Heydrich in dieser Zeit von einem entsprechenden Befehl Hitlers gesprochen hätten, ohne darauf einzugehen, ob dieser mündlich oder schriftlich ergangen sei.[17]

Die Vorbereitungen für den Völkermord an den Juden waren demnach Ende August/Anfang September 1941 eingeleitet worden, also zu einem Zeitpunkt, da Hitler sich darüber klar geworden war, dass der Russlandfeldzug nicht mehr in diesem Jahr abgeschlossen werden konnte und damit sein gesamter Kriegsplan zu scheitern drohte. Hinzu kam, dass für den Diktator die Frontstellungen des Krieges durch das Zusammenrücken seiner Gegner zur großen »jüdischen Weltverschwörung« gegen Deutschland offenkundig geworden waren: Im August hatten Churchill und Roosevelt die Atlantik-Charta unterzeichnet. Im September 1941 hatte Letzterer einen »Schießbefehl« gegen die Schiffe der »Achsenmächte« im Bereich der nordatlantischen Geleitzugrouten erlassen. Und deren neuer Verbündeter Stalin hatte soeben die Deportation der Wolgadeutschen angeordnet, von denen Tausende liquidiert wurden. Hitler glaubte nun, als Antwort darauf die jüdische Bevölkerung Europas ausrotten zu müssen, um seinen Weltfeind durch den Entzug der biologischen Basis zu schwächen. Seiner primitiv-sozialdarwinistischen Maxime zufolge konnte es bei diesem Kampf nur einen Sieger geben. »Wir sind uns dabei im Klaren darüber, dass der Krieg nur damit enden kann, dass entweder die arischen Völker ausgerottet werden oder dass das Judentum aus Europa verschwindet«, sagte er in diesen Tagen.[18]

Mitte November 1941, als die Schlacht um Moskau begann, als der Krieg für den noch einmal Hoffnung schöpfenden Hitler damit in seine für ihn alles entscheidende Phase trat, hatte er seinen obersten Vollstrecker des Judenmordes und seinen Chefideologen regelrecht aufgepeitscht, die Sache voranzubringen. Nach dem Treffen in der Wolfschanze mit Himmler und Rosenberg am 16. November sprach der Reichsführer SS tags darauf mit Heydrich über die »Beseitigung der Juden« im Generalgouvernement.[19] Wiederum einen Tag später erklärte Rosenberg gegenüber ausgewählten Vertretern des Propagandaapparats, die besetzten sowjetischen Gebiete seien »berufen, eine Frage zu lösen, die den Völkern Europas gestellt ist: das ist die Judenfrage«. Sie könne »nur gelöst werden in einer biologischen Ausmerzung des gesamten Judentums in Europa«.[20]

Es verstört, dass die nationalsozialistischen Bürokraten, die sich anschickten, das Menschheitsverbrechen auf den Weg zu bringen, auch noch glaubten, gesetzliche Voraussetzungen für die Deportation der Juden aus dem Reichsgebiet schaffen zu müssen. Mit der »Elften Verordnung zum Reichsbürgergesetz« machte man die deutschen Juden nunmehr kurzerhand zu »Volks- und Staatsfeinden« und ermöglichte es darüber hinaus, ihnen beim Grenzübertritt die Staatsangehörigkeit zu entziehen. Erlassen wurde diese Verordnung am 25. November 1941, also kurz nachdem die ersten Transporte mit Juden aus dem »Altreich« und der Ostmark nicht mehr ins Litzmannstädter Getto, sondern direkt nach Riga, Kaunas und Minsk abgegangen waren, wo die Ankommenden – es waren mehrere Zehntausend – systematisch durch Einsatzkommandos der SS ermordet wurden. Insgesamt sollten 230 000 Menschen mosaischen Glaubens aus dem Reichsgebiet ermordet werden.

Um die Deportation und Vernichtung der Millionen europäischen Juden voranzutreiben, war Eichmann Mitte November im Auftrag des Chefs des Reichssicherheitshauptamts damit befasst worden, eine interministerielle Konferenz vorzubereiten. Sie war für den 9. Dezember 1941 vorgesehen. Doch die katastrophale Entwicklung bei der Schlacht um Moskau, der japanische Angriff auf Pearl Harbor und die deutsche Kriegserklärung an die Vereinigten Staaten forderten die ganze Aufmerksamkeit des braunen Apparats, sodass die Konferenz verschoben wurde.

Obgleich für Hitler das auslösende Moment für den Völkermord das Scheitern seines »Weltkampfs« war, musste nun die Ausweitung des Krieges zum Weltkrieg als propagandistische Begründung dafür herhalten. Goebbels notierte: »Bezüglich der Judenfrage ist der Führer entschlossen, reinen Tisch zu machen. Er hat den Juden prophezeit, dass, wenn sie noch einmal einen Weltkrieg herbeiführen würden, sie dabei ihre Vernichtung erleben würden. Das ist keine Phrase gewesen. Der Weltkrieg ist da, die Vernichtung des Judentums muss die notwendige Folge sein [...].«[21]

Elf Millionen europäischer Juden, davon fünfeinviertel Millionen im Osten, sollten für die »Endlösung« in Betracht kommen, wie Eichmann festhielt, der das Protokoll der von Heydrich anberaumten Besprechung anfertigte, die am 20. Januar 1942 am Berliner Wannsee stattfand. Zu Beginn der Konferenz gab Heydrich einen Überblick »über den bisher geführten Kampf gegen diesen Gegner«. Das Ziel sei es zunächst gewesen, »auf legale Weise den deutschen Lebensraum von Juden zu säubern«. Trotz aller Schwierigkeiten, wie »laufend verschärfte Einwanderungsbeschränkungen oder -sperren«, sei es bis zum 31. Oktober 1941 gelungen, 537 000 Juden aus dem »Altreich«, der Ostmark und dem Protektorat zur Auswanderung zu bringen.[22] An die Stelle der Auswanderung sei dann die »Evakuierung« der Juden nach dem Osten getreten. Ausgenommen davon waren – und dies sollte auch so bleiben – Juden über 65 Jahre, schwerkriegsbeschädigte Juden und solche mit Kriegsauszeichnungen. Sie sollten in das sogenannte Altersgetto Theresienstadt verbracht werden.

Im Zuge der »Endlösung« sollten nun die Juden aus dem gesamten nach ihnen zu durchkämmenden Kontinent »in geeigneter Weise im Osten zum Arbeitseinsatz kommen. In großen Arbeitskolonnen, unter Trennung der Geschlechter, werden die arbeitsfähigen Juden straßenbauend in diese Gebiete geführt, wobei zweifellos ein Großteil durch natürliche Verminderung ausfallen wird. Der allfällig endlich verbleibende Restbestand wird, da es sich bei diesem zweifellos um den widerstandsfähigsten Teil handelt, entsprechend behandelt werden müssen, da dieser, eine natürliche Auslese darstellend, bei Freilassung als Keimzelle eines neuen jüdischen Aufbaues anzusprechen ist«, hieß es in dem Eichmann-Protokoll, in dem die Sprache entschärft worden war.[23] Eichmann sagte später aus, dass in Wirklichkeit »von Töten und Eliminieren und Vernichten« gesprochen worden sei.[24]

Der auf der sogenannten Wannsee-Konferenz in seinen Grundzügen vereinbarte Ablauf des Völkermords wurde mit dem anbrechenden Frühjahr auf den Weg gebracht. Goebbels, die Stimme Hitlers, notierte Ende März 1942 einmal mehr: »Die Prophezeiung, die der Führer ihnen für die Herbeiführung eines neuen Weltkriegs mit auf den Weg gegeben hat, beginnt sich in der furchtbarsten Weise zu verwirklichen. Man darf in diesen Dingen keine Sentimentalität obwalten lassen. Die Juden würden, wenn wir uns ihrer nicht erwehren würden, uns vernichten. Es ist ein Kampf auf Leben und Tod zwischen der arischen Rasse und dem jüdischen Bazillus. Keine andere Regierung und kein anderes Regime könnte die Kraft aufbringen, diese Frage generell zu lösen. Auch hier ist der Führer der unentwegte Vorkämpfer und Wortführer einer radikalen Lösung, die nach Lage der Dinge geboten ist und deshalb unausweichlich erscheint. Gott sei Dank haben wir jetzt während des Krieges eine ganze Reihe von Möglichkeiten, die uns im Frieden verwehrt wären.«[25]

Mit diesen »Möglichkeiten« war gemeint, dass es im Schatten des Krieges und außerhalb des Reichsgebiets beziehungsweise an dessen östlichen Grenzen, im Generalgouvernement und weiter im Osten, leichter sein würde, die Vernichtung der europäischen Juden zu realisieren. Dass solches auf dem Gebiet des »Altreichs« nur schwerlich umsetzbar sein würde, lehrten nicht zuletzt die Erfahrungen mit der systematischen Tötung »lebensunwerten Lebens«. Der groß angelegten Mordaktion, die mit Kriegsbeginn »zur rassischen Auffrischung« begann, fielen 70 000 Psychiatriepatienten, darunter auch Abertausende behinderte Kinder, zum Opfer. Sie wurden in verschiedenen Euthanasiezentren mit Abgasen getötet. Doch im August 1941 musste die »T4«-Euthanasie-Aktion, die nicht geheim gehalten werden konnte, abgebrochen werden. Zu diesem Schritt hatte Hitler der Widerstand aus der katholischen Kirche gezwungen. Unter anderen hatte der Bischof von Münster, Clemens August Graf von Galen, von der Kanzel ein mutiges Wort gegen die Euthanasie erhoben, diese als Mord bezeichnet und Strafanzeige erstattet. Das zunehmende Bekanntwerden der Tötung »unwerten Lebens« führte zu einer beträchtlichen Beunruhigung in der Bevölkerung, die es angesichts des harten Kampfes der Wehrmacht an der Ostfront einzudämmen galt.

Der Ostraum war aus der Sicht der Täter nicht zuletzt deshalb für das Menschheitsverbrechen geeignet, weil in den ehemaligen westlichen Gebieten des Zarenreichs in den ersten vier Dekaden des 20. Jahrhunderts Tod und Gewalt geherrscht hatten wie nirgendwo sonst in Europa. Felix Schnell spricht von »Räumen des Schreckens« und einer »neuen Qualität der Gewalt«, die mit dem Judenpogrom von Kischinew ihren Ausgang genommen hatte und in den Pogromen während der Russischen Revolution ihren Höhepunkt fand.[26] Diesen folgte der stalinistische Terror mit seinen Millionen Toten, insbesondere in der Zeit des Holodomors, als die ukrainische Bevölkerung zu Beginn der 1930er Jahre systematisch ausgehungert wurde und Millionen starben. Da die bolschewistischen Täter oft mit den Juden gleichgesetzt wurden, herrschte in den »Räumen des Schreckens« ein ausgeprägter Antisemitismus, der allerdings auch noch andere Ursachen hatte.

Schon als die Wehrmacht mit Beginn des Russlandfeldzuges ins Baltikum, nach Weißrussland und in die Ukraine einrückte, entfesselte dies den Judenhass der Bevölkerung. Zu mehr als 50 Pogromen kam es. Nachdem sich die Sowjets unter dem Ansturm der Wehrmacht zurückgezogen und zuvor die Insassen sämtlicher Gefängnisse getötet hatten, wurden Tausende jüdische Menschen erschlagen. Dies geschah, wie zum Beispiel im galizischen Lemberg, unter den wohlwollenden Blicken der Angehörigen der Einsatzgruppen der Sicherheitspolizei und des SD, deren Kommandeure von Heydrich angewiesen wurden, »den Selbstreinigungsbestrebungen antikommunistischer und antijüdischer Kreise in den neu zu besetzenden Gebieten [...] kein Hindernis zu bereiten. Sie sind im Gegenteil, allerdings spurenlos, auszulösen, zu intensivieren, wenn erforderlich, und in die richtigen Bahnen zu lenken [...].«[27] Aus jenen einheimischen antikommunistischen und antijüdischen Kreisen sollten bald Abertausende rekrutiert werden, die halfen, den nationalsozialistischen Völkermord in die Tat umzusetzen.

Und auch weiter westwärts, im Generalgouvernement, war der Antisemitismus allgegenwärtig. Er rührte aus der Zarenzeit, lag doch dort das Ansiedlungsrayon der Juden, die oft mit dem Bolschewismus im Bunde gesehen wurden. In einer Frontstellung zu diesen stand die katholische Kirche Polens, deren Primas, Kardinal August Hlond, den Juden in einem Hirtenbrief vor dem Krieg vorwarf, sie seien »die Vorhut der Gottlosigkeit, der bolschewistischen Regierung und revolutionärer Umtriebe«.[28] Auch in der polnischen Politik war die Ablehnung des Judentums weitverbreitet. So wurden in Warschau Überlegungen angestellt, polnische Juden in Madagaskar anzusiedeln, also auf derselben Insel, die auch in den Fokus der Nationalsozialisten geraten war. Im Jahr 1937 war eine polnische Regierungskommission mit der Genehmigung von Paris auf die Insel im Indischen Ozean gereist, um dort Ansiedlungsräume zu erkunden. Im Jahr darauf verhandelte der polnische Außenminister mit seinem französischen Kollegen über die Pacht von Gebieten auf Madagaskar, um dort jährlich 30 000 jüdische Familien ansiedeln zu können. Insgesamt sollte es um eine halbe Million Menschen gehen.

In den »Bloodlands«, wie Timothy Snyder den Großraum von Polen über Weißrussland bis zur Ukraine, fern der verdunkelten deutschen Wohnstuben, nannte,[29] sollte die industrielle Vernichtung der Millionen stattfinden. Wer würde in der Heimat schon wissen, wo Belzec oder Sobibór lagen. Dorthin rollten seit dem Frühjahr 1942 die Züge aus Deutschland und dem Protektorat. In den Vernichtungslagern wurden die Ankommenden in abgedichteten Räumen mit den Abgasen von Verbrennungsmotoren auf qualvolle Weise ermordet. Auf die gleiche Weise starben hier und später im Jahr auch in Treblinka Abertausende von Juden aus dem Generalgouvernement, wo damit begonnen worden war, die Gettos zu räumen. Wegen der Vorbereitung der deutschen Sommeroffensive konzentrierten sich die Aktivitäten zunächst noch auf den Lubliner Raum. Am 19. Juli erteilte Himmler den Befehl, die »Umsiedlung« der gesamten jüdischen Bevölkerung des Generalgouvernements bis Ende 1942 abzuschließen, was nichts anderes bedeutete als deren Ermordung. Begründet wurde die geheim zu haltende Aktion, an der auch die »T4«-Euthanasie-Spezialisten teilnehmen sollten, unter anderem mit »der Sicherheit und Sauberkeit des deutschen Reiches und seiner Interessensgebiete«.[30] Der Massenmord in dem Gebiet mit der in Europa größten jüdischen Bevölkerungsdichte trug als Tarnbegriff den Vornamen von Himmlers Chefexekutor der »Endlösung«: »Aktion Reinhard«.

Der Vorzeigearier Heydrich, den Hitler im Herbst des Vorjahres neben seiner Funktion als Chef des Reichssicherheitshauptamtes zum Stellvertretenden Reichsprotektor von Böhmen und Mähren ernannt hatte, der bei den Tschechen »aufräumen« sollte, war Anfang Juni 1942 infolge eines auf ihn verübten Attentats seinen schweren Verletzungen erlegen. Mit ihm ging ein eiskalter, intellektueller Tatmensch, der ganz und gar vom Rassenkampf und seiner daraus resultierenden organisatorischen Aufgabe durchdrungen war. Göring soll einmal gesagt haben, Himmlers »Gehirn heißt Heydrich«.[31] Der Reichsführer SS erklärte, dass aus dem Attentat auf diesen die Verpflichtung erwachse, dessen Tod zu sühnen und nun »erst recht ohne Gnade und Schwäche die Feinde unseres Volkes zu vernichten«.[32] Dies sollte, wie der Reichsführer SS vor den Leitern seiner Organisation ankündigte, innerhalb eines Jahres geschehen.

Schon bevor die »Aktion Reinhard« mit Massendeportationen aus den Distrikten Radom und Warschau in die Vernichtungslager anlief, war ein Befehl zur ersten Deportation von 100000 Juden aus den besetzten Westgebieten ergangen, aus Belgien, Holland und Frankreich. Im besetzten Frankreich wurden die SS-Häscher bei ihren Judenrazzien von der einheimischen Polizei unterstützt. Um den Preis, dass französische Staatsbürger von den Deportationen verschont blieben, hatte Pierre Laval zugesagt, sämtliche staatenlosen Juden der besetzten und unbesetzten Zone – es handelte sich zumeist um Emigranten und deren Familien aus dem Reich und Österreich – für »den Abschub« bereitzustellen. Der vichyfranzösische Ministerpräsident stimmte dabei auch der Deportation der jüdischen Kinder zu. Einzig im kleinen italienisch besetzten Teil des Landes verhinderten Mussolinis Besatzungsbehörden die Verhaftung von Juden durch die französische Polizei, denn in Rom, wo man auf Drängen Hitlers einige Judengesetze erlassen hatte, wollte man von Deportationen nichts wissen.

Insgesamt 40000 Juden aus Frankreich, Holland und Belgien kamen bis September 1942 (bis Kriegsende sollten es mehr als 200000 sein), als die Transporte von dort wegen der

Anforderungen der Wehrmacht an die Eisenbahnen vorübergehend eingestellt wurden, in Sobibór, in Majdanek und vor allem in Auschwitz an, das zum Inbegriff des nationalsozialistischen Völkermordes werden sollte. Das ehemalige Lager, das ursprünglich für sowjetische Kriegsgefangene eingerichtet worden war, sollte nach Himmlers Willen der Hauptort der Massenvernichtung werden. Der Standort war von ihm ausgewählt worden, wie er einmal sagte, »wegen der verkehrstechnischen Lage und zweitens lässt sich das [...] Gebiet leicht absperren und tarnen«. Letzteres war der Fall, weil in Auschwitz, das auf zum Reich geschlagenen Gebiet lag, SS und IG-Farben ein großes Zentrum für die Erzeugung von synthetischem Treibstoff errichteten, der dringend für die Kriegführung gebraucht wurde.[33]

Im Teillager Birkenau, auf der Eisenbahnrampe, wurden die angekommenen Juden aus den Viehwaggons getrieben und von SS-Ärzten »selektiert«. Die einen wurden zur Arbeit eingeteilt, die anderen, es waren die meisten, wurden unter dem Vorwand, desinfiziert zu werden, zu den als »Bauerngehöft« getarnten Gaskammern geführt, wo man sie mit dem Blausäurepräparat »Zyklon B« ermordete. Der Kommandant von Auschwitz, Rudolf Höß, der im Vorjahr damit Versuche an sowjetischen Kriegsgefangenen unternommen hatte, schrieb 1947 darüber: »Am Gehöft angekommen, mussten sie sich ausziehen. Sie gingen auch zuerst ganz ruhig in die Räume [...] Bis dann einige doch stutzig wurden und von Ersticken, von Vernichten sprachen. Es entstand dann sofort eine Art Panik. Doch schnell wurden die noch draußen Stehenden in die Kammern hineingetrieben und [die Türen] zugeschraubt. Bei den nächsten Transporten wurde von vorneherein nach den unruhigen Geistern gefahndet und diese nicht aus den Augen gelassen. Machte sich Unruhe bemerkbar, so wurden die Unruheverbreiter unauffällig hinter das Haus geführt und dort mit dem Kleinkalibergewehr getötet, das war von den anderen nicht zu vernehmen.«[34]

Höß war der Prototyp eines Lagerkommandanten, von schlichtem Gemüt, einer, der nichts hinterfragte und gehorsamst seine Pflicht zu erfüllen glaubte. Mit einer solchen Haltung gehörte die einst verkrachte Existenz zu denen, die der SS-Führung besonders geeignet erschienen, den fabrikmäßigen Massenmord praktisch umzusetzen. So brachte es Höß zum Kommandanten des größten Vernichtungslagers. Als solcher hatte er Privilegien, bis hin zum Reitpferd und Haus. Dass die Villa, in deren Garten seine Kinder spielten, nur einen Steinwurf vom Krematorium des Stammlagers entfernt war und gleichaltrige Kinder im nahen Birkenau zusammen mit Frauen und Greisen vergast wurden, schien Höß nicht zu belasten. Er hatte sich eingerichtet in der Welt des Vernichtungslagers.

Es gehört zum schwer Fassbaren, dass die SS-Mannschaften der Vernichtungs- und Konzentrationslager und ihre Vorgesetzten ein ganz normales Leben führten. Sie feierten und pflegten die Gemeinschaft des »Ordens unter dem Totenkopf«, eine Gemeinschaft aus »reinrassigen« nordischen Menschen, die sich zusammenschweißte und Zweifel am eigenen Tun erst gar nicht aufkommen ließ, trotz des Grauens um sie herum. Solches war nur möglich, weil es im Osten vor allem um eines ging: um das eigene Überleben. Und dafür standen die Chancen ungleich besser für diejenigen, die Wach- oder Schreibstubendienst im Vernichtungslager leisteten. Die Überlebenschance eines Waffen-SS-Frontsoldaten im Russlandfeldzug war nicht sehr hoch. In einer solchen Welt war kein Platz mehr für Moral. Hinzu kam bei den Henkern, je höher sie im Rang standen, der unbedingte Glaube an die ihnen eingehämmerte simple »Wahrheit« von den Juden als den vermeintlichen Zersetzern und Zerstörern alles Deutschen.

Dem dem Bildungsbürgertum entstammenden Reichsführer SS brauchte man sie nicht einzuhämmern. Er gehörte zu den ganz wenigen in der braunen Elite der »Herrenmenschen«, die die wahnwitzige Ideologie Hitlers verstanden. Mehr noch: Er stilisierte sich zur Reinkarnation Heinrichs I., hielt an dessen Todestag alljährlich nächtliche Zwiesprache mit ihm an dessen Katafalk im Quedlinburger Dom und verlor sich in schwärmerischer Rückschau auf den alten Germanenzug gen Osten. Doch Himmler, der schon beim Hitler-Putsch dabei gewesen war, galt als pedantischer Schreibtischtäter, was ihm bei den derben Schlächtern seiner Organisation Spott einbrachte. Sein Stabschef, der SS-General Karl Wolff, berichtete nach dem Krieg, dass Himmler bei einer Mitte August 1941 nicht ohne Hintersinn für ihn »arrangierten« Erschießung von etwa 100 Menschen ins Taumeln geraten und fast umgefallen sei, nachdem ihm Gehirnmasse ans Revers seiner Uniformjacke gespritzt sei. Dennoch habe er sich »zusammengerissen« und an der Grube noch ein paar Worte zu den Schützen gesprochen, Worte von der schwierigen, aber »notwendigen Aufgabe«.[35]

Himmler war bei aller kundgetanen Überzeugung von der Richtigkeit der Judenvernichtung offenbar nicht ganz frei von Skrupeln. Als er im Juli 1942 nach Auschwitz-Birkenau kam und dort den »gesamten Vorgang der Vernichtung« bis hin zur Beseitigung der Leichen in Augenschein nahm, beklagte er, dass diese in Massengräber geworfen wurden. Er ordnete sogleich an, die sterblichen Überreste sämtlicher in Birkenau Getöteter zu exhumieren und zu verbrennen. Außerdem erging der Befehl, in Birkenau ein leistungsstarkes Krematorium zu bauen. Dem Reichsführer SS kam es also darauf an, der Nachwelt keinerlei Spuren zu hinterlassen. Offenbar war ihm ein Rest bürgerlichen Denkens geblieben, der ihm bewusst werden ließ, dass es neben seiner Wahrheit auch noch eine andere gab.

Auch bei Himmler lässt sich zeitversetzt zu Hitler so etwas wie eine innere Radikalisierung ausmachen, die mit den Rückschlägen im Krieg einherging. So setzte er die im Vorjahr verzögerte Beendigung der »Aktion Reinhard« ausgerechnet im Januar 1943, auf dem Höhepunkt der Stalingrad-Krise, mit Deportationen aus dem Warschauer Getto mit Nachdruck fort. Nachdem diese auf jüdischen Widerstand gestoßen waren, ordnete Himmler Mitte Februar 1943 dessen völlige Zerstörung an, »da wir Warschau sonst wohl niemals zur Ruhe bringen werden und das Verbrecherunwesen bei Verbleiben des Gettos nicht ausgerottet werden kann [...]«.[36] Einen Monat dauerte der ungleiche Kampf der SS gegen die jüdischen Verteidiger, die verzweifelt Widerstand leisteten. Als alles vorüber war, belief sich die Zahl der getöteten und deportierten Juden auf mehr als 56 060. Mit dem Ende des Warschauer Gettos wurden auch die übrigen Gettos im Generalgouvernement, in denen noch etwa 250 000 Juden lebten, aufgelöst und deren Bewohner in die Vernichtungslager deportiert. Insgesamt fanden etwa drei Millionen polnische Juden den Tod.

In Südosteuropa tat sich Himmler schwer, trotz aller Unterstützung von Ribbentrops Auswärtigem Amt, die Vorgaben Hitlers zu erfüllen. Abgesehen von Serbien, das früh »judenfrei« gemeldet worden war, hatten die rumänische und die bulgarische Regierung unter dem Eindruck der Anfangserfolge im Russlandfeldzug und der damit erwarteten kontinentalen Hegemonie des Reiches den deutschen Forderungen zunächst entsprochen. So wurden von Bukarest die Juden aus den zurückeroberten Gebieten Bukowina und Bessarabien in das von rumänischen Streitkräften kontrollierte Transnistrien abgeschoben, wo sie in Gettos dahinvegetieren mussten. Juden wurden zum Teil aber auch in die Ukraine getrieben, wo sie den deutschen Einsatzkommandos zum Opfer fielen. Insgesamt verloren 287 000 Juden aus Rumänien ihr Leben.

Sofia lieferte zwar etwa 12 000 Juden aus den zu Bulgarien neu dazugekommenen thrakischen und mazedonischen Gebieten aus, nicht aber diejenigen des Kernlands. Ebenso hatte Budapest trotz der persönlichen Intervention Hitlers bei Staatschef Miklós Horthy ausschließlich einige Tausend »landesfremde Juden« den in der Sowjetunion operierenden deutschen Einsatzkommandos ausgeliefert. Mit der Wende des Krieges zeigten die Regierungen dieser Länder jedoch immer weniger Neigung, dem steigenden Druck der Reichsregierung nach einer Auslieferung aller Juden nachzukommen, fürchtete man doch, dadurch separate Friedensschlüsse mit den westlichen Alliierten zu erschweren. Anders verhielten sich die Dinge in Griechenland. Von den etwa 70 000 dort lebenden Juden überlebten ganze 8500 den Völkermord.

Hatte das faschistische Regime unter Mussolini in Italien einen »Juden-Abschub« verhindert, so hatte die SS nach dessen Sturz im Herbst 1943 im schrumpfenden deutschen Machtbereich auf der Apenninenhalbinsel »freie Hand«. Himmler konnte nun auch dort die »Entjudung« in Angriff nehmen. Bereits im Oktober wurden im Zuge von Razzien in der italienischen Hauptstadt 1000 Juden durch den SD festgenommen und nach Auschwitz deportiert. Doch die vom Reichsführer SS in Italien befohlenen Aktionen führten nicht zu den erwarteten Ergebnissen, da man auch hier auf die Unterstützung der örtlichen Behörden angewiesen war. Der italienischen Marionettenregierung unter Mussolini in Salò wurde deshalb ein Gesetz diktiert, wonach alle Juden des Landes in Konzentrationslager zu übernehmen seien. Dennoch konnte sich die große Mehrheit der Juden dem Zugriff nunmehr auch der italienischen Polizeikräfte entziehen. Insgesamt wurden bis zum Oktober 1944 ungefähr 7500 italienische Juden zumeist nach Auschwitz deportiert.

Auf den Völkermord war die Weltöffentlichkeit durch westliche Zeitungs- und Rundfunkberichte längst aufmerksam geworden. Auch beim Heiligen Stuhl war das nicht anders. Der einstige päpstliche Nuntius im räterepublikanischen München, Eugenio Pacelli, der als Pius XII. im Jahre 1939 Papst geworden war, wurde im Mai 1943 über das Ausmaß des Judenmordes auf dem ehemals polnischen Staatsgebiet ins Bild gesetzt. Er verurteilte in seinen Predigten und öffentlichen

Ansprachen daraufhin den Völkermord, ohne explizit die deutsche Verantwortung anzusprechen. Der Papst schreckte vor einer flammenden Anklage gegen das Reich offenbar auch deshalb zurück, weil er darin eine Parteinahme für den Bolschewismus erblickte. Seine Haltung spiegelt sich in einer Mitteilung wider, die einer seiner engsten Mitarbeiter, Domenico Tardini, dem englischen Geschäftsträger beim Heiligen Stuhl für dessen Regierung weiterreichte. Darin hieß es: »Zwei Gefahren drohen der europäischen und christlichen Kultur. Der Nazismus und der Kommunismus. Beide sind materialistisch, antireligiös, totalitär, tyrannisch, grausam und militaristisch [...] Nur wenn der gegenwärtige Krieg beide Gefahren beseitigt, Nazismus und Kommunismus, kann Europa in der Union und Zusammenarbeit aller Länder Frieden finden.«[37] Diese Auffassung des Papstes teilten 1944 freilich weder das Weiße Haus noch Downing Street No. 10.

Gegenüber dem Schicksal von Millionen europäischer Juden zeigten Washington und London ein sonderbares Desinteresse. Neueren Forschungen zufolge war der Roosevelt-Administration bereits seit der Wannsee-Konferenz bekannt, was mit den Juden geschehen sollte. Doch dies hatte keinerlei Konsequenzen. Nur widerstrebend war Washington dem Vorstoß des britischen Außenministers Eden gefolgt. Dieser hatte auf Druck des Jüdischen Weltkongresses und der polnischen Exilregierung eine Erklärung der Vereinten Nationen vorbereitet, die schließlich dann doch von den Vereinigten Staaten, von Großbritannien, der Sowjetunion und acht Exilregierungen der von Deutschland besetzten Länder sowie dem Nationalkomitee Charles de Gaulles unterzeichnet wurde. In dem Dokument, das im Dezember 1942 über die BBC verlesen wurde, war die Rede von den Zuständen in den Konzentrationslagern, wo die Arbeitsfähigen zu Schwerstarbeit gezwungen würden, »bis sie vor Erschöpfung sterben. Die Kranken oder Schwachen lässt man an Unterkühlung oder Hunger sterben oder sie werden kaltblütig massenweise hingemordet«. Ihre Zahl schätzten die Autoren der Erklärung auf »viele Hunderttausend«.[38]

Gegenüber derlei Initiativen herrschte aufseiten der Westmächte eine gewisse Scheu. Worin die Ursachen lagen, darüber kann nur spekuliert werden. Reichte die Vorstellungskraft für das tatsächliche Ausmaß der Verbrechen nicht aus? War es der eigene Rassismus? Oder war es das Wissen, mit einem Massenmörder verbündet zu sein, der Hitler in nichts nachstand? Bei Roosevelt kam sicherlich hinzu, dass er sich dem Vorwurf der Republikaner ausgesetzt sah, er vertrete stärker die jüdischen Interessen als die der Amerikaner. So flüchtete er sich, als er gefragt wurde, was er denn gegen die nationalsozialistischen Konzentrationslager zu tun gedenke, immer wieder in die Antwort, dass es den Juden am meisten helfe, wenn der Krieg möglichst schnell gewonnen werde.

Für Hitler bedeutete die nahende Niederlage, unbedingt noch ein großes Anliegen seines Rassenkrieges gegen die europäischen Juden in die Tat umsetzen zu müssen. Es war die Ausrottung der ungarischen Juden, der sich Horthy bislang widersetzt hatte. Der fanatische Judenhasser stand dabei ganz und gar unter dem Eindruck seiner Erfahrungen aus dem Jahr 1919, also aus der Zeit der Räterepubliken. Wie in Bayern hätten sich in Ungarn »die Juden als absolute Organisatoren des bolschewistischen Umsturzes betätigt«, äußerte er.[39] Nach der Entmachtung Horthys und der Einsetzung einer Marionettenregierung und eines deutschen Generalbevollmächtigten in Budapest im Juni 1944 ließ Hitler die Aktion unverzüglich in Angriff nehmen. Geleitet wurde sie von einem »Sonderkommando Ungarn« unter der Führung Eichmanns. Die Juden wurden in Gettos zusammengetrieben und von dort per Eisenbahntransport in die Vernichtungslager gebracht. Interventionen in London und Washington, die Deportationen durch Bombenangriffe auf die Schienenwege zu erschweren, wiesen die dortigen Regierungen zurück. In einem Vermerk eines Mitarbeiters des Unterstaatssekretärs im amerikanischen Kriegsministerium John McCloy vom 23. Juni hieß es lapidar: »Abwürgen«. Als offizielle Begründung wurde verlautbart, es fehlten die operativen Fähigkeiten dazu – obgleich die U. S. Air Force immer wieder das oberschlesische Industriegebiet bombardierte.[40]

Mitte Juli 1944 wurden die Deportationen aus Ungarn beendet. Ausschlaggebend dafür waren nicht zuletzt die Interventionen des Vatikans, der Schweiz, Schwedens, Spaniens und der Türkei. Auch das Internationale Rote Kreuz unter seinem Vorsitzenden Burckhardt hatte sich erstmals eingeschaltet, nachdem man sich bislang mit dem Hinweis, man fürchte, den Zugang zu den deutschen Kriegsgefangenenlagern zu verlieren, einem solchen Schritt verweigert hatte. Bis zum Abbruch der »Judenaktion« Eichmanns wurden insgesamt 380 000 ungarische Juden ermordet. Davon starben mindestens 250 000 in Auschwitz. In der Mordfabrik kam es vor, dass an einem einzigen Tag bis zu 8000 Menschen vergast und deren Leichen, nachdem sie »ausgewertet« worden waren, in den Hochleistungskrematorien der Erfurter Firma Topf zu Asche verbrannt wurden.

Kurz bevor die Ermordung der ungarischen Juden in Auschwitz angelaufen war, hatte der Reichsführer SS in Sonthofen vor Generälen der Wehrmacht erklärt: »Sie mögen mir nachfühlen, wie schwer die Erfüllung des mir gegebenen soldatischen Befehls war, den ich befolgt und durchgeführt habe aus Gehorsam und vollster Überzeugung. Wenn Sie sagen: ›Bei Männern sehen wir das ein, nicht aber bei Kindern‹, dann darf [ich daran erinnern, dass wir] nicht berechtigt [sind], die hasserfüllten Rächer groß werden zu lassen, damit dann unsere Kinder und Enkel sich mit denen auseinandersetzen müssen, weil wir, die Väter und Großväter, zu schwach und zu feige waren und ihnen das überließen.«[41] Einige Monate zuvor hatte der Reichsführer SS in seiner berüchtigten Posener Rede vor Gau- und Reichsleitern erklärt: »Von euch werden die meisten wissen, was es heißt, wenn 100 Leichen beisammen liegen, wenn 500 daliegen und wenn 1000 daliegen. Dies durchgehalten zu haben, und dabei – abgesehen von menschlichen Ausnahmeschwächen – anständig geblieben zu sein, das hat uns hart gemacht und ist ein niemals geschriebenes und niemals zu schreibendes Ruhmesblatt unserer Geschichte […].«[42] Es ist dies wohl eines der erschütterndsten Zeugnisse, wohin ideologische Verblendung und Pflichtwahn führen können. Doch ist es auch ein Zeugnis der Selbsttäuschung, denn auch Himmler war sich nach Stalingrad letztendlich im Klaren darüber, dass dieser Krieg für Deutschland nicht mehr zu gewinnen war. Als das Ende näher rückte, suchte er des eigenen Überlebens wegen den Kontakt zum Feind, also zu denen, hinter denen auch er zeit seines politischen Wirkens das »internationale Judentum« ausgemacht hatte.

Bei Hitler führte das aus seiner Sicht erbärmliche Handeln des Reichsführers SS zu einer der größten Enttäuschungen seines Lebens. Hitler selbst blieb in seinem zwanghaften Wahn von der »jüdischen Weltverschwörung« standhaft. So »verpflichtete« er in seinem »Politischen Testament« die Nation aus seinem Bunker unter der Trümmerwüste Berlins heraus zur Fortsetzung der Rassenhygiene über seinen Tod hinaus. Es ist ein Dokument der Selbstrechtfertigung und der Schuldzuweisung. Er habe keinen Zweifel daran gelassen, heißt es dort, wer »der eigentlich Schuldige an diesem mörderischen Ringen ist: Das Judentum!«. Er habe »keinen darüber im Unklaren gelassen, dass dieses Mal nicht nur Millionen Kinder von Europäern der arischen Völker verhungern werden, nicht nur Millionen erwachsener Männer den Tod erleiden und nicht nur Hunderttausende an Frauen und Kindern in den Städten verbrannt und zu Tode bombardiert werden dürften, ohne dass der eigentlich Schuldige […] seine Schuld zu büßen hat«.[43]

Acht Tage nachdem Hitler – ehe er sich erschoss – dies diktiert hatte, endete der Zweite Weltkrieg. Ohne ihn hätte es den

Völkermord an den europäischen Juden nicht gegeben. In Friedenszeiten hatte Hitler sich mit der brutalen Austreibung der Juden aus dem Reich begnügt, die er mit ihrer Entrechtung und Enteignung hoffte beschleunigen zu können. Als der Krieg begann, plante er, sie in den Osten zu deportieren. Wie das retardierende Moment der Tragöde mutet es an, wenn er nach dem Sieg über Frankreich beiseitegelegte Pläne wiederbelebte, ihnen auf Madagaskar eine Heimstatt zu schaffen. Und erst das Scheitern im Vernichtungskrieg gegen die Sowjetunion ließ ihn enthemmt die allerletzten zivilisatorischen Normen in den Wind schlagen und den Befehl zur physischen Vernichtung der europäischen Juden geben. Mehr als sechs Millionen Juden – vier Millionen davon in den Vernichtungs- und Konzentrationslagern – wurden infolge von Hitlers Wahn im Schatten des Zweiten Weltkrieges ermordet. Stalin hatte im Namen der Befreiung des Weltproletariats zwar ungleich mehr Menschen töten lassen. Doch nie zuvor erreichte eine Maschinerie der Massenvernichtung eine solche durchgeplante Systematik. Sie war das spezifisch Deutsche am Holocaust.

10 Die Niederlage

Warum kämpfte Deutschland bis zum Untergang?

Hitlers Kriegsplan war im Dezember 1941 vor Moskau gescheitert. Damit war der Krieg bei nüchterner Betrachtung bereits entschieden, ehe er mit dem japanischen Überfall auf Pearl Harbor und der deutschen Kriegserklärung an die Vereinigten Staaten zum Zweiten Weltkrieg wurde. Bis dahin hatten etwa fünf Millionen Menschen ihr Leben verloren. Bis zur totalen Niederlage Deutschlands (und der Kapitulation Japans) dreieinhalb Jahre später starben mehr als 55 Millionen, manche sagen sogar, es seien 70 Millionen gewesen. Von den sieben Millionen Deutschen, die im Zweiten Weltkrieg umkamen, wurden zwei Drittel im letzten Kriegsjahr getötet. Und auch die Verwüstung ihres Landes erfolgte zu einem Großteil in diesem Zeitraum. Dass die Deutschen einen aussichtslosen Kampf bis zur sprichwörtlichen letzten Patrone führten, wird in der Literatur zumeist mit der Befindlichkeit der deutschen Gesellschaft und deren Gefolgschaftstreue gegenüber Hitler erklärt.[1] Weniger berücksichtigt wird, dass eine Diktatur und insbesondere eine Kriegsdiktatur ihre ganz eigenen Gesetzmäßigkeiten hat. Dazu gehört eine Intransparenz der politischen Entscheidungsprozesse, aber auch eine systematische Desinformation durch die Propaganda. Schließlich kommt der Unterdrückungsapparat hinzu. Widerstand zu leisten ist da nur noch etwas für ganz wenige, ist er doch eine Sache auf Leben und Tod.

Im Dezember 1941 blieb den Deutschen die schwieriger werdende Lage des Ostheeres nicht verborgen; dass der Vabanquespieler Hitler und seine ihm ergebenen militärischen Führer die deutschen Armeen allerdings an den Rand des Abgrunds manövriert hatten, verstand die Propaganda geschickt zu kaschieren. Der Sicherheitsdienst der SS meldete in seinen Stimmungsberichten aus dem Reich, dass die Volksgenossen angesichts des »anhaltenden hartnäckigen Widerstands der Sowjets an allen Teilen der Ostfront« und der rasant angestiegenen Verlustzahlen beunruhigt seien. An ein baldiges Ende des Russlandfeldzuges glaubte niemand mehr. »Man befürchtet, dass auch im Frühjahr des nächsten Jahres die eintretende Schneeschmelze einen weiteren Vormarsch nicht zulasse und erst im Sommer die Möglichkeit zu einer neuen Offensive gegeben sei, wodurch die Sowjets Zeit und Gelegenheit hätten, neue gut ausgerüstete Truppen in den Kampf zu werfen und ihre erlittenen schweren Materialverluste durch inzwischen eingetroffene Kriegslieferungen aus England und Amerika zu ersetzen«, hieß es unmittelbar vor Hitlers Kriegserklärung an die Vereinigten Staaten.[2] Auch wenn die Bevölkerung wenig Konkretes über die Lage wusste, so war doch ihre Einschätzung vom Fortgang des Ostfeldzuges nicht ganz unrealistisch.

An eine Niederlage in diesem Krieg wollten derweil die allerwenigsten glauben. Dagegen schien bereits der Blick auf die Landkarte zu sprechen. Über ganz Europa wehte das Hakenkreuz. Und die *Wochenschauen* versuchten mit Berichten davon, die Sorgen über die Lageentwicklung im Osten zu zerstreuen. An jener Machtausdehnung würde sich auch nichts so schnell ändern, wenn der Feind, wie in Nordafrika oder in Russland, zu Gegenoffensiven anträte, redeten sich viele Volksgenossen ein. Im Osten rechneten sie noch die Unbilden des Winters hinzu, dessen 42 Grad unter null von der nationalsozialistischen Propaganda als die eigentliche Ursache für die Probleme der dortigen Kriegführung herausgestellt wurden. Und für viele war ja noch der »Führer« da, der – so sahen sie es – die Nation in den zurückliegenden Jahren meist aus schwierigen Lagen herausgeführt habe. Dass dieser es selbst war, der diese schwierigen Lagen verursacht hatte, verdrängten sie offenbar.

Als Hitler die Flucht nach vorne antrat und am 11. Dezember 1941 den Vereinigten Staaten den Krieg erklärte, überraschte das die Deutschen – anders als bei dem für sie völlig unerwarteten Beginn des Russlandfeldzugs – nicht besonders. Es sei die »offizielle Bestätigung eines in Wirklichkeit bereits bestehenden Zustandes«, berichtete der SD über die oft registrierte Meinung der Bevölkerung.[3] Die musste sich jetzt damit abfinden, dass der Krieg ein sehr langer werden würde und auch nicht mehr zu gewinnen sei. Die Hoffnung, die den Deutschen blieb, war, dass er mit einem Arrangement der gegnerischen Parteien enden würde. Und für einen solchen Verständigungsfrieden bedurfte es militärischer Erfolge der »Achsenmächte«.

Und die wurden auf dem fernöstlichen Kriegsschauplatz erzielt. Japanische Verbände, die mit dem Angriff auf Pearl Harbor am 7. Dezember 1941 einen spektakulären ersten Paukenschlag gesetzt hatten, waren im Nordteil von Britisch-Malaya, in Hongkong, auf den Philippinen, auf Guam und Wake gelandet. Aus Thailand rückten sie an die Südspitze Birmas vor. Sie griffen nach Niederländisch-Indien, indem sie Teile Borneos besetzten. Es war ein regelrechter Siegeslauf des neuen Waffenbruders, den niemand mehr aufhalten zu können schien. Viele Volksgenossen waren davon überzeugt, dass dies nicht ohne Rückwirkungen auf die Kriegführung Londons in Europa bleiben würde. Als im Februar 1942 mit Singapur die britische Schlüsselposition in Südostasien fiel, galt das umso mehr.

Hitler klammerte sich regelrecht an die irreale Vorstellung von einem britischen Einlenken. So fabulierte er vom Ende

Churchills und vom Bruch der angelsächsischen Koalition. Die Briten würden es nicht hinnehmen und Churchill davonjagen, wenn jetzt auch noch Indien bedroht werden würde, redete er sich ein, nachdem dessen Sturz nach dem Fall Singapurs ausgeblieben war. Im OKW und im OKH, wo man ganz und gar auf die dramatische Lage an der Ostfront fixiert war, teilte man servil die Wunschvorstellungen Hitlers; zumal man sich dort für Politik nicht zuständig hielt. In der Marineführung, für die England der Hauptfeind war, erblickten sie derweil mit dem japanischen Kriegseintritt abseits jeglicher materieller Voraussetzungen irreale strategische Möglichkeiten, entwickelten weltumspannende Konzepte, ohne zu begreifen, dass ihr oberster Befehlshaber kein Jota von seiner Ost-Zielsetzung, von seinem Rassenkrieg gegen den »jüdischen Bolschewismus«, abrücken würde.

Sein starres, dogmatisches, ja letztendlich hilfloses Beharren auf seinem eigentlichen Krieg hatte ihn in der großen Ostkrise im Dezember und Januar 1941/42 jeden Gedanken an einen großräumigen Rückzug als die einzige rationale militärische Lösung des Debakels von vornherein verwerfen lassen. Gemäß seiner Maxime »Sieg oder Untergang« – wobei alles auf den Untergang hinauslief – hatte er zum Entsetzen seiner militärischen Führung stattdessen einen »fanatischen Widerstand« gefordert. Kein Fußbreit Boden dürfe geräumt werden. Und er hatte großes Glück. Denn die Ostfront hielt, und das Schicksal Napoleons, das diesen und seine Grande Armée im Jahre 1812 ereilte, konnte abgewendet werden. Dies hatte freilich weniger mit Hitler zu tun, der von Brauchitsch den Oberbefehl über das Heer übernahm und 35 Generäle austauschte, sondern mit den Fehlern des sowjetischen Oberkommandos. Dieses zersplitterte die eigenen Offensivkräfte. So waren die roten Armeen an der eineinhalbtausend Kilometer langen Front zwischen Leningrad über Moskau bis hinunter zum Asowschen Meer letztendlich an keiner Stelle stark genug, den entscheidenden Durchbruch zu erzielen. Die

Folge von alldem war, dass die deutschen Generäle einmal mehr an das »Genie« Hitlers als Feldherr glauben wollten.

Eine Vorstellung, wie es der im Osten hoffnungslos überforderten Wehrmacht gelingen sollte, nunmehr auch noch den Vereinigten Staaten standzuhalten, hatte Hitler nicht, und schon gar nicht seine Generäle. Unter militärischen Gesichtspunkten waren die Möglichkeiten der deutschen Kriegführung längst ausgeschöpft, auch wenn man sich ausrechnete, dass aufgrund des Zwei-Ozean-Krieges, den die Angloamerikaner zu bestehen hatten, mit deren Eingreifen in Europa erst 1943 zu rechnen sei. Jedem im OKW oder OKH hätte klar sein müssen, dass dieser Krieg nicht mehr zu gewinnen war, sondern die Katastrophe immer größere Dimensionen annehmen musste. Und wer aus der Generalität genau hingesehen hätte, der hätte auch bemerken müssen, dass Hitlers Vorstellung, die Engländer würden sich mit ihm doch noch arrangieren und ihm Kontinentaleuropa überlassen, wenn sie damit ihr Empire retteten, jeglicher rationalen Grundlage entbehrte. Doch für die Politik war sie ja nicht zuständig.

Eine Mischung aus falsch verstandener Treue, Opportunismus, Aufstiegsgier und eben der Hoffnung auf Hitlers »Genie« ließ das Gros der Generalstäbler weitermachen wie bisher. Der Oberste Befehlshaber der Wehrmacht gab die Richtung vor, und deren Führung hatte sie umzusetzen. Er wollte jetzt die Sowjetunion in einem »zweiten Anlauf« niederwerfen. Solches war maßlos. Gewaltige Entfernungen wurden nun mit Bleistiftstrichen überbrückt. Kräfte wurden verplant, die nur auf dem Papier existierten. Im Fokus stand jetzt der Kaukasus im fernen Süden von Stalins Riesenreich. Die Inbesitznahme der dortigen Ölquellen – so glaubte Hitler und bald auch seine willfährigen Generäle – würde für die sowjetische Kriegführung fatale Folgen haben und für die deutsche ein zentrales Problem lösen: die Ölknappheit. »Klar ist, dass die Operationen des Jahres 1942 uns an das Öl bringen müssen. Wenn dies nicht gelingt, können wir im nächsten Jahr keine

Operationen führen«, äußerte Keitel naiv,[4] so als würden die Sowjets im Falle ihres Rückzugs die Ölförderanlagen nicht zerstören.

Angesichts solcher Aufgaben tangierten die Generalstäbler die unbeschreiblichen Verbrechen und der beginnende systematische Völkermord an den Juden nicht. Dafür wähnten sie sich ja auch nicht zuständig. Das galt insbesondere auch für die Heerführer im Osten. Der barbarische Krieg, wie er auch von der Roten Armee geführt wurde, machte dies nicht allzu schwer. Für Menschlichkeit war da kein Platz. Dies ging so weit, dass die Hinrichtungen von Partisanen durch die Einsatzgruppen von den Soldaten des Ostheeres als willkommene Abwechslung empfunden und die Gehängten auf Zelluloid gebannt wurden, um es beim nächsten Fronturlaub, sofern sie ihn noch erlebten, den Angehörigen zu Hause zu zeigen.

Die »Heimatfront« stand derweil, glaubten doch die Deutschen, dies den Männern auf den fernen Kriegsschauplätzen schuldig zu sein. Der bürokratische Apparat der Diktatur funktionierte reibungslos. Dies galt auch für die Umsetzung der »Endlösung«, mit der eine ganze Reihe von Ministerien befasst war. Was mit den Juden geschehen sollte, war dort kein Geheimnis, lag doch das Eichmann-Protokoll der Wannsee-Konferenz vor, von dem 30 Exemplare existierten. Die 16. Ausfertigung war die des Auswärtigen Amts und trug die Initialen von Ribbentrops Staatssekretär Ernst von Weizsäcker. Freilich war das ein Thema, das man diskret behandelte, sodass das Ungeheuerliche zunächst noch das Herrschaftswissen einer überschaubaren Anzahl von braunen Funktionären blieb.

Die Volksgenossen, die die Austreibung der Juden miterlebten, sahen weg. Die Sorge um die eigenen Männer und Söhne an den Fronten des Krieges ließ sie das Schicksal der Deportierten verdrängen. Hinzu kam, dass in Kriegszeiten die Diktatur allgegenwärtiger geworden war. Protest wurde geahndet, Widerstand wurde mit Sabotage gleichgestellt und war lebensgefährlich geworden. Als im Oktober 1941 die Berliner Juden durch die Straßen zum Verladebahnhof Grunewald getrieben wurden, verteilten Parteileute Flugblätter, auf denen zu lesen war, dass die Juden an allem schuld seien. Wer Mitleid zeige, begehe »Volksverrat«. Widerstand, wie der des katholischen Propstes Bernhard Lichtenberg von der Berliner Sankt-Hedwigs-Kathedrale, der in seiner Predigt bekannte, das Schicksal der nach dem Osten Deportierten teilen zu wollen, um dort mit ihnen zu beten, war die Ausnahme. Er wurde im Mai 1942 wegen »Kanzelmissbrauchs« zu einer zweijährigen Haftstrafe verurteilt, später ins Konzentrationslager Dachau verbracht, wo er erkrankte. Im November 1943 verstarb der Gottesmann. Unter großer Anteilnahme der Bevölkerung wurde er in einer Prozession zum Friedhof seiner Gemeinde getragen und dort begraben.

Die Deutschen hatten im Frühjahr 1942 wieder etwas hoffnungsvoller in die Zukunft geblickt. Obgleich das Einlenken Großbritanniens ausblieb, hatte es – noch ehe die große Sommeroffensive im Osten begann – den Anschein, dass sich das Kriegsglück zugunsten der »Achsenmächte« wende. Von der Ostfront trafen im März Meldungen über neue Erfolge ein. In Nordafrika waren die Truppen des Empires auf dem Rückzug. Der Deutschen Lieblingsgeneral Rommel nahm Ende Juni 1942 das im Vorjahr hart umkämpfte Tobruk und rückte Richtung ägyptischer Grenze vor. Der atlantische Tonnagekrieg der deutschen U-Boote zeitigte beachtliche Versenkungserfolge, die die amerikanische Schiffsproduktion überstiegen. Alles – maßlos aufgebauscht von der Propaganda – fügte sich zu einem großen, scheinbar abgestimmten Szenario, das vor dem Hintergrund eines erwarteten baldigen Ausgreifens des japanischen Kaiserreichs nach Indien das britische Empire ins Wanken bringen würde (tatsächlich wendete sich mit der See- und Luftschlacht bei Midway im Juni 1942 bereits das Blatt auf dem pazifischen Kriegsschauplatz zugunsten der angelsächsischen Mächte).

Der Optimismus der Volksgenossen währte nicht lange. Die Sommeroffensive am Südabschnitt der Ostfront, das Unternehmen »Braunschweig«, das im Juni 1942 begann, zeitigte zunächst zwar beachtliche Anfangserfolge, doch der entscheidende Sieg über die Rote Armee blieb aus. Ihr Gros hatte sich an die Wolga zurückgezogen, um dort die Hauptverteidigungslinie zu errichten. Die Wehrmacht und ihre Verbündeten erzielten so beträchtliche Geländegewinne. Der nördlichere Angriffskeil näherte sich Stalingrad, der südlichere war noch weiter nach Osten vorgestoßen, erreichte das Erdölgebiet um Maikop und den Kaukasus. Die Bilder von der Hakenkreuzfahne, die deutsche Gebirgsjäger auf dem Elbrus hissten, kündeten den Volksgenossen von deutscher Machtausweitung und täuschten darüber hinweg, dass der Nachschub, sofern er überhaupt bereitstand, über die gewaltigen Entfernungen nicht hatte in ausreichendem Maße nachgeführt werden können. So war es fast zwangsläufig, dass die deutsche Sommeroffensive zu einem beispiellosen Debakel werden musste. Es war nun wie im Jahr zuvor. Die Militärs wollten den Rückzug. Der Generalstabschef des Heeres, Halder, hielt diesen Anfang November 1942 für »den einzig möglichen Entschluss«.[5] Doch Hitler entließ seinen militärischen Chefplaner. Die Maxime hieß nach wie vor »Halten um jeden Preis«.

Dies galt auch für Nordafrika. Dort war Rommels Vormarsch Anfang Juli an der El-Alamein-Stellung stecken geblieben. Jetzt im November traten die haushoch überlegenen Briten aus dieser zur Offensive an. Den Haltebefehl Hitlers – er könne der Truppe nur den einen Weg zeigen, »als den zum Sieg oder zum Tode«, telegrafierte der[6] – ignorierte der »Wüstenfuchs«, wie sie Rommel nannten. Er zog sich zurück, ohne dass dies aufgrund seiner Popularität Konsequenzen gehabt hätte, und verzögerte damit den Verlust der Nordafrika-Position der »Achsenmächte«. Dass dieser nur eine Frage der Zeit sein würde, war klar, nachdem am 8. November 1942 Amerikaner und Briten in Algerien und Marokko, also im Rücken der Front, gelandet waren.

Infolgedessen spielte sich eines der heute kaum noch beachteten Kapitel des Zweiten Weltkriegs ab. In Algerien und Marokko kämpften nämlich jetzt Franzosen gegen Amerikaner und Briten. Und das von den meisten Staaten der Welt anerkannte Vichy-Frankreich unter Marschall Pétain brach die diplomatischen Beziehungen zu den Vereinigten Staaten ab. Derselbe Pétain gestattete es François Darlan, seinem Statthalter in Nordafrika, einen geheimen Waffenstillstand mit den Angelsachsen abzuschließen. Das Doppelspiel Pétains ahnend, befahl Hitler die Besetzung Restfrankreichs, was der deutschen Öffentlichkeit einmal mehr verdeutlichte, dass sich das Blatt zugunsten der Anti-Hitler-Koalition wendete.

Doch es war die Stadt an der Wolga, die den Namen des sowjetischen Diktators trug, die in der Wahrnehmung der Welt und damit auch der deutschen Volksgenossen die Wende des Krieges markierte. Ende November 1942 wurden nämlich im Großraum Stalingrad mehr als 250 000 Mann – Deutsche, Rumänen, Italiener und Kroaten – von der Roten Armee eingeschlossen. Die Bitte des Oberbefehlshabers der 6. Armee, Friedrich Paulus, aus dem Kessel ausbrechen zu dürfen, wurde von Hitler zurückgewiesen. Er solle auf Entsatz warten. Bis dahin werde Görings Luftwaffe die Versorgung übernehmen. Beides scheiterte. Was folgte, war ein Massensterben, das mit der Kapitulation der Reste der 6. Armee endete. Mehr als 100 000 deutsche Soldaten gingen in sowjetische Gefangenschaft, von denen nur 6000 zurückkehren sollten.

Die Kapitulation rief bei Hitler tiefe Verachtung für Paulus hervor, hatte er ihn doch noch kurz vor dem Ende der Stalingrad-Schlacht zum Feldmarschall befördert, in der Erwartung, ein Feldmarschall der deutschen Wehrmacht würde sich nicht ergeben. Paulus' Handeln wurde dann auch der schockierten deutschen Öffentlichkeit zunächst verschwiegen, und auch in der mit Ausschnitten aus Wagners *Rienzi* eingerahmten Rundfunkmeldung vom 3. Februar 1943 war davon keine Rede, wenn es hieß, dass die 6. Armee »ihrem Fahneneid bis zum letzten Atemzug getreu [...] unter der vorbildlichen Führung des Generalfeldmarschalls Paulus der Übermacht des Feindes und der Ungunst der Verhältnisse erlegen [sei]. [...] Generale, Offiziere, Unteroffiziere und Mannschaften fochten Schulter an Schulter bis zur letzten Patrone. Sie starben, damit Deutschland lebe [...].«[7]

Neben solchen hohnspottenden Phrasen sollten die Deutschen nun in einer nie da gewesenen Weise mobilisiert werden, und zwar mithilfe der Propaganda. Stalingrad sollte zum Fanal werden. Es sollte den Volksgenossen in aller Brutalität die Alternative Sieg oder Untergang aufgezeigt werden, um sie für den totalen Krieg bereit zu machen. In seiner bekannten Rede im Berliner Sportpalast vom 18. Februar 1943 beschwor der Propagandaminister Stalingrad als »Alarmruf des Schicksals«.[8] Letztendlich verkehrte er damit die Katastrophe in eine positive Fügung, durch die das deutsche Volk tief geläutert worden sei. Erst das »Heldenopfer« Stalingrad machte – seiner Propaganda zufolge – den Weg frei zur Erlösung verheißenden Erkenntnis, dass nur der unerschütterliche Wille zum »totalen Krieg« und damit zum »Endsieg« führe.

Goebbels' Rede, an deren Ende er die rhetorische Frage stellte: »Wollt ihr den totalen Krieg?«, ehe er das bekannte »Nun Volk steh auf und Sturm brich los« dem handverlesenen tosenden Publikum entgegenschrie, führte dazu, dass sich die Bevölkerung, der der frenetische Beifall noch eine halbe Stunde lang über die Volksempfänger frei Haus geliefert wurde, keinerlei Illusionen mehr hingab. Ebendarin lag dann auch ihr Effekt. Im Stimmungsbericht des SD heißt es dazu: »Ihre Wirkung sei [...] ungewöhnlich groß und im Ganzen sehr günstig gewesen.« Die Volksgenossen, deren Stimmung an einem Tiefpunkt angelangt gewesen sei, hätten sich »nach einer klaren Darstellung der Lage geradezu gesehnt. Die Rede des Reichsministers Dr. Goebbels habe, trotz der sehr offenen Darstellung des Ernstes der Situation, entspannend gewirkt und die Zuversicht und das Vertrauen in die Kriegsführung erneut gestärkt.«[9]

Mag Letzteres beschönigende Rhetorik der Berichteschreiber gewesen sein, der Propagandaminister erreichte tatsächlich einen gewissen Mobilisierungseffekt, indem er die Nation mit der beinharten Wirklichkeit des Krieges konfrontierte. Die in seiner Rede vermittelten Schreckensbilder vom Wüten des »jüdisch-bolschewistischen« Feindes ließen keinen Raum mehr für Illusionen. Die Katastrophe von Stalingrad und die bald darauf folgende Einnahme von Kursk, Belgorod, Demjansk, Charkow und Rostow durch die Rote Armee wurden zur großen Herausforderung für die Deutschen – eine Herausforderung, die zunächst eine mentale sein sollte. Bis zur tatsächlichen Totalisierung des Krieges – so wie sie sich Goebbels vorstellte – sollte es noch fast eineinhalb Jahre dauern.

»Doch wo ist der Führer?«, fragten sich die Deutschen. Er hatte sich regelrecht verkrochen, was dazu führte, dass sein seit Moskau angekratzter Nimbus zunehmend verblasste. Auch von der suggestiven Kraft, die einmal in seinen Reden gelegen hatte, war wenig geblieben, wie die Aufnahme seines ersten öffentlichen Auftritts nach monatelangem Schweigen am 21. März 1943 durch die Bevölkerung zeigte. So heißt es in einem Stimmungsbericht des SD Würzburg: »Die fast leidenschaftslose Sprache, der monotone Vortrag habe sich eigenartig angehört [...] Z. T. habe der Tonfall deprimierend gewirkt.«[10] Die Schuld an der dramatischen Entwicklung lasteten die Deutschen dabei nicht primär ihm an. Sie sprachen ihn vielmehr nach wie vor auf eine merkwürdige Weise frei von all den Fehlern und dem Ungeheuerlichen, von dem sie von den Heimaturlaubern aus dem Osten erfahren hatten. Dafür machten sie andere verantwortlich – unfähige Generäle, bürokratische Parteibonzen und vor allem Himmlers SS. Auch der verblassende Hitler war immer noch so etwas wie eine Überfigur. Deshalb hofften die Deutschen darauf, dass er einen Ausweg fände. Wer sonst als er?

Die Bevölkerung, die angesichts der vielen Gefallenen und der immer härter werdenden Lebensumstände mehr denn je ein Ende dieses nicht mehr zu gewinnenden Krieges herbeisehnte, ahnte immer noch nicht, in welcher Wahnwelt ihr »Führer« gefangen war. Kein Jota wollte dieser von seiner Sieg-oder-Untergang-Doktrin abweichen. Denn er war fester denn je davon überzeugt, dass das »internationale Judentum« alles versuchen würde, um ihn und sein nationalsozialistisches Deutschland, ja Deutschland überhaupt von der politischen Landkarte zu tilgen. Als er von der Konferenz von Casablanca erfuhr, auf der Roosevelt und Churchill Mitte Januar 1943 verabredeten, dass der Krieg bis zur bedingungslosen Kapitulation Deutschlands fortgesetzt werden sollte, sah er in dem völkerrechtlichen Novum die letzte Bestätigung seiner rassenideologischen Weltsicht und damit für die Alternativlosigkeit seines »Weltkampfes«.

Und so waren auch die Friedensfühler, die Stalin bereits auf dem Höhepunkt der Schlacht von Stalingrad im Dezember 1942 und noch zwei weitere Male in den folgenden Monaten über Stockholm ausstreckte, für ihn nichts anderes als jüdisches Teufelswerk. Was der sowjetische Diktator, der die »Unconditional Surrender«-Formel von Casablanca formal mittrug, damit bezweckte, durchschaute Hitler. Er wollte mit der Sache Druck auf seine westlichen Verbündeten ausüben, denen er zutiefst misstraute, von denen er nicht ausschloss, sie würden sich doch noch mit Deutschland gegen die Sowjetunion verbünden. Dafür sprach, dass die von ihm geforderte zweite Front auf dem Kontinent auf sich warten ließ und die Sowjetunion trotz der Landung der Alliierten in Nordafrika die Hauptlast des Kampfes gegen das nationalsozialistische Deutschland trug. Mehr als zehn Millionen Menschen waren bislang auf sowjetischer Seite getötet worden, und Stalin wusste, dass es noch viele Millionen sein würden und es noch gewaltiger materieller Anstrengungen bedurfte, ehe der Sieg errungen sein würde.

Stalin fürchtete daher, dass am Ende die Sowjetunion so geschwächt sein könnte, dass ihn die kapitalistischen Mächte um die Früchte seines Kampfes bringen könnten – ebenjene kapitalistischen Mächte, die sich bei den Verhandlungen zu einem englisch-amerikanisch-sowjetischen Bündnisvertrag allen territorialen Nachkriegsforderungen Moskaus widersetzt hatten. Eine Beendigung des Kampfes hätte Stalin hingegen in die Lage versetzt, seine Armeen weit nach Westen bis zu einer ausgehandelten Demarkationslinie vorrücken zu lassen. Von dort hätten sie dann, wenn Deutschland – durch den langen Abnutzungskrieg gegen die Westmächte – keine Widerstandskraft mehr besessen hätte, nach Mitteleuropa vorstoßen können.

Hitler vermutete solches und war unbeirrbar entschlossen, seinen Kampf gegen das »internationale Judentum« bis zur letzten Patrone fortzusetzen. Er wollte die nach dem Scheitern seines Blitzkrieges gegen die Sowjetunion in Angriff genommene Auslöschung der europäischen Juden, die angesichts der sich abzeichnenden Niederlage einen immer größeren Stellenwert für ihn erhielt, zu Ende bringen. Und auch was die Führung des Vernichtungskrieges im Osten anbelangte, war er unbeirrt von seinem rassenideologisch motivierten Dogmatismus getragen, wenn er jegliche politischen Überlegungen und Initiativen, von denen es nach Stalingrad nicht wenige gab, weit von sich wies. An vorderster Stelle stand dabei die von verschiedener Seite vorgebrachte Forderung, die Völker Russlands durch weiterreichende Zugeständnisse gegen den Bolschewismus zu mobilisieren.

Was sogar unter seiner treuen Gefolgschaft Kopfschütteln hervorrief, wurde von manch einem aus den Reihen des Offizierskorps, der auf Distanz zu Hitler gegangen war, als neuerlicher Beleg dafür angesehen, dass der Oberste Befehlshaber nicht der große Feldherr war, sondern ein Fanatiker, der

Deutschland in die Katastrophe führte. So verschwor sich eine Handvoll jüngerer Offiziere gegen ihren Obersten Befehlshaber – allen voran der frühe Hitler-Gegner Henning von Tresckow, der erste Generalstabsoffizier bei der Heeresgruppe Mitte. Der christlich geprägte Offizier mit dem soldatischen Ethos hielt Hitlers Vernichtungskrieg für einen »Wahnsinn«, den Judenmord für eine Katastrophe und ließ nichts unversucht, um die Generäle und Feldmarschälle in seinem Wirkungskreis gegen den Diktator zu mobilisieren. Er scheiterte jedoch. Viele von ihnen verabscheuten zwar die begangenen Verbrechen, aber dennoch wollten sich weder Erich von Manstein noch Günther von Kluge – um zwei der namhaftesten Heerführer der Ostfront zu nennen – gegen Hitler erheben. Von Ersterem stammt der Satz »Preußische Feldmarschälle meutern nicht«.

Nach dem Zweiten Weltkrieg sollten sich diejenigen von ihnen, die überlebten, auf ihr Selbstverständnis als Offiziere zurückziehen. Ja, sie kamen tatsächlich aus einer Tradition, in der Eid, Treue und Gehorsam einen hohen Stellenwert hatten, in der die scharfe Trennung zwischen dem Politischen und dem Soldatentum fast Dogma gewesen war. Doch dies entband sie nicht von ihrer moralischen und patriotischen Pflicht, Hitler ein Ende zu bereiten. Sie wären dazu in der Lage gewesen. Doch sie warteten stattdessen kleinmütig und feige ab, wie sich die Dinge entwickelten, um am Ende auf der »richtigen Seite« zu stehen. Es ist dies ein unauslöschlich dunkler Schatten, der auf die Männer mit den roten Litzen fiel, die Hunderttausende immer weiter in einen aussichtslosen Kampf und damit in den Tod schickten und gleichzeitig die Ermordung von Millionen Juden ermöglichten.

Es gehört zu den bitteren Wahrheiten, dass es erst der Katastrophe um Stalingrad bedurfte, ehe der militärische Widerstand gegen Hitler Fahrt aufnahm. Sein erstes Zentrum war die Berliner Privatwohnung des ehemaligen Generalstabschefs des Heeres, Ludwig Beck, der sich mit einigen Gleichgesinnten schon 1938 gegen Hitler hatte erheben wollen. Beck, der ehemalige Leipziger Oberbürgermeister Carl Friedrich Goerdeler, die Offiziere Hans Oster und Erwin von Witzleben sowie einige andere standen damit zunächst allein, hatte doch die Strahlwirkung der ersten militärischen Triumphe Hitlers die allermeisten geblendet, hatte sie, wie auch den späteren Attentäter Claus Schenk Graf von Stauffenberg, die in Polen begangenen Verbrechen nicht sehen lassen. Noch nach der Wende des Krieges im Winter 1941 vor Moskau, als Hitler den Oberbefehl über das Heer selbst übernahm, hatte Stauffenberg dessen Entscheidung begrüßt und sich davon Erfolg versprochen. »Das liegt in der Natur einer derartig überragenden und willensstarken Persönlichkeit«, meinte der in Tunesien 1943 schwer verwundete Offizier,[11] der, einigermaßen wiederhergestellt, seine neue Verwendung im Berliner Bendlerblock, dem Hauptquartier des Ersatzheeres, fand.

Wenn sich die Offiziere spät gegen Hitler erhoben, dann deshalb, weil sie die Kinder des November 1918 waren. Auch sie gingen in der neu formierten Nation auf, auch ihr Denken kreiste um die Revision des großen Unrechts. In Hitler wähnten sie nicht den Rassenfanatiker, sondern den großen Revisionisten, der die Schande von Versailles tilgte und dem Militär seine herausragende Stellung im Staat zurückgab. Sie sahen im braunen Staat auch die Wiedergeburt des alten Reiches, nur moderner, durchdrungen vom Geiste eines preußischen Sozialismus, wie ihn Oswald Spengler beschrieben hatte. Der Luftwaffenoffizier Caesar von Hofacker aus dem Stab des Militärbefehlshabers Frankreich zum Beispiel wähnte in den 1930er Jahren jenen »Sozialismus der Haltung, der Schlichtheit, der Härte [...] in der Person des Führers würdevoll« vertreten.[12]

Diese Konservativen hatten auch eine Zurückdrängung der Juden befürwortet. Goerdeler sprach sich noch nach Kriegsbeginn für die Bildung eines Judenstaats in Übersee aus und mahnte, »die große Schuld der Juden« nicht zu vergessen, »die in unser öffentliches Leben eingebrochen waren in Formen, die jeder gebotenen Zurückhaltung entbehren«.[13] Tresckow meinte, dass »die anglo-amerikanische, auch jüdisch genannte, demokratisch kapitalistische Idee [...] der kommunistischen bzw. marxistischen Idee, selbst wenn sie vom besten Geist beseelt ist, Handlangerdienste leistet«.[14] Und Berthold Graf Schenk von Stauffenberg, der Bruder des Attentäters, sagte: »Auf innenpolitischem Gebiet hatten wir die Grundideen des Nationalsozialismus zum größten Teil bejaht. Der Rassegedanke erschien uns gesund und zukunftsträchtig.« Dessen Umsetzung jedoch hätten die Verschwörer »für überspitzt und übersteigert« gehalten, äußerte er,[15] der es sich, wie die meisten aus dem Offizierskorps der Wehrmacht, nicht annähernd hatte vorstellen können, welcher rassenideologischen Wahnwelt ihr Oberster Befehlshaber verfallen war.

Erst als sich die Erkenntnis ausbreitete, dass der Krieg gegen die Sowjetunion nicht mehr zu gewinnen war, und der Völkermord an den Juden immer stärker ins Bewusstsein rückte, entschlossen sich einige zu handeln. Nach Rücksprache mit Beck und Goerdeler, die lange eine Tötung Hitlers abgelehnt hatten, arrangierte Tresckow Mitte März 1943, dass sein Vetter Fabian von Schlabrendorff eine Aktentasche mit einem Sprengsatz in Hitlers Flugzeug schmuggeln konnte. Dieser sollte während des Rückflugs des »Führers« von einem Frontbesuch über den Weiten Russlands explodieren. Er tat es aber nicht, weil der Zündmechanismus im Laderaum der Maschine eingefroren war.

Neues Zentrum der Verschwörer wurde der Bendlerblock. Das Zug um Zug weiter gespannte Widerstandsnetz reichte über den Militärbefehlshaber Frankreich, Carl-Heinrich von Stülpnagel, und seinem Pariser Stab bis in die Oberkommandos der Heeresgruppen und Armeen. Doch nicht nur bis dahin. In jener Stunde der moralischen Erhebung fanden die konservativen Verschwörer auch zu den christlichen Demokraten, Sozialdemokraten und Gewerkschaftern. Es war die

Tragödie des nicht militärischen Widerstands, dass er in der totalitären Gesellschaft des Reiches keine Gegenstruktur hatte aufbauen können. Allzu lange hatte der gleichgeschaltete »Führer«-Staat mit seinen sozialen Errungenschaften, seinen außenpolitischen Erfolgen und seiner alles beherrschenden Propaganda die Massen emotional an Hitler gebunden. Und als dessen lange nachwirkender Mythos endlich zu verblassen begann, trat an seine Stelle verstärkte innenpolitische Pression, die sogar die Untergrundarbeit der Regimegegner zu ersticken drohte. Selbst vor den Toren der Kirchen und Klöster machte der Terror der Geheimen Staatspolizei längst nicht mehr halt. So musste sich der Widerstand aus den Kirchen, aus den Reihen christlicher und sozialer Demokraten, aber auch der Kommunisten auf eher symbolische Einzelaktionen, etwa die Verbreitung von Losungen und Flugblättern, beschränken, wie es auch die studentische Widerstandsgruppe der »Weißen Rose« um die Geschwister Scholl tat.

Im Kreisauer Kreis um Helmuth James Graf von Moltke, des Kriegsverwaltungsrats im OKW, fand sich schließlich eine die Grenzen von Weltanschauungen überschreitende Widerstandsgruppe zusammen. Dazu gehörten unter anderen der ehemalige sozialdemokratische Reichstagsabgeordnete Julius Leber, der Jesuitenpater Alfred Delp, der Pädagoge Adolf Reichwein und der Jurist Peter Graf Yorck von Wartenburg, der Nachkomme desjenigen preußischen Feldmarschalls, der im Jahr 1812 die preußisch-russische Konvention von Tauroggen gegen den Befehl seines Königs verantwortet hatte und damit Preußen davor bewahrte, in den Strudel der Niederlage Napoleons in Russland zu geraten. Sie alle waren Patrioten. Und sie wollten von »ihrem« Deutschland retten, was zu retten war.

Lange hatten sie auf einen Bruch der so unnatürlichen Anti-Hitler-Koalition gesetzt. Der Diplomat Ulrich von Hassell hatte im August 1943 geschrieben, dass es eigentlich nur noch »einen Kunstgriff gebe: »Entweder Russland oder den

Angloamerikanern begreiflich zu machen, dass ein erhalten bleibendes Deutschland in ihrem Interesse liegt. Ich ziehe bei diesem Mühlespiel das westliche Ziel vor, nehme aber zur Not die Verständigung mit Russland in Kauf.«[16] Das Problem für den Widerstand, der in seiner großen Mehrheit das Arrangement mit dem Westen suchte, war die Formel von der »bedingungslosen Kapitulation«, auf die sich die Anti-Hitler-Koalition in Casablanca verständigt hatte.

Die Formel stellte die Bemühungen des deutschen Widerstands unter einen denkbar ungünstigen Stern. Dennoch hatten die Hitler-Gegner nichts unversucht gelassen, um mit dem Westen Kontakt aufzunehmen, um ihn für ihre Sache zu gewinnen. Schon vor Casablanca, im Jahr 1942, hatte sich Dietrich Bonhoeffer, der Theologe der regimekritischen Bekennenden Kirche, bemüht, in Stockholm über den anglikanischen Bischof von Chichester, George Bell, Kontakte nach England zu knüpfen. Der Abwehr-Mann Bernd Gisevius nahm 1943 Verbindung mit dem amerikanischen Militärgeheimdienst OSS in der Schweiz auf, wo er mit Allen Dulles, dessen Chef, zusammentraf.

Je schlechter die Kriegslage sich aus deutscher Sicht entwickelte – im Herbst 1943 war Italien aus der »Achse« ausgeschert, auf der Apenninenhalbinsel mussten die deutschen Truppen dem alliierten Vormarsch Zug um Zug nach Norden weichen –, desto aussichtsloser wurde das Unterfangen für den Widerstand, mit Briten oder Amerikanern ins Gespräch zu kommen; denn weshalb sollten diese mit einem Gegner verhandeln, dessen Zusammenbruch nur eine Frage der Zeit sein würde. Im März 1944 reiste der Diplomat Adam von Trott zu Solz dennoch zum dritten Mal nach Stockholm, um über seinen schwedischen Mittelsmann vom *Svenska Dagbladet* einen Gesprächsfaden zu dem Juniorminister aus Churchills Kabinett, Walter Monckton, zu knüpfen.

Die Hauptfrage sei für Trott bei dem Treffen gewesen, so der Schwede, ob England auch nach einem gelungenen Umsturz die Luftangriffe auf Deutschland fortsetzen würde. Der Deutsche hob damit auf die Terrorangriffe des Strategischen Bomberkommandos der Royal Air Force unter Arthur Harris ab, das Stadt auf Stadt in Schutt und Asche legte. Mit dem Flächenangriff auf Lübeck im April 1942 hatte es begonnen. Es folgte der 1000-Bomber-Angriff auf Köln im Mai 1942. Mit Großangriffen auf Dortmund, Düsseldorf, Wuppertal, Remscheid, Essen, Nürnberg und immer wieder auf Berlin ging es weiter. Ende Juli/Anfang August 1943 war Hamburg an der Reihe. In dem verheerenden Feuersturm starben 37 000 Menschen. Es waren noch viele Städte, in denen Kinder, Frauen und Greise erstickten, verbrannten oder erschlagen wurden.

Trott meinte zu Monckton, falls das Bomber Command auch nach Hitler sein Werk fortsetzte, würde das deutsche Volk dies »so bewerten, dass England nicht gegen Hitler, sondern gegen Deutschland als solches mit der Absicht kämpfe, es vollständig zu vernichten«.[17] Die Äußerung rührte am Kern, nämlich dass es den Westalliierten weniger um die Beseitigung des nationalsozialistischen Regimes und Hitlers ging, sondern vor allem um die Ausschaltung Deutschlands als Machtfaktor in Europa. Das hatte vor allem Roosevelt und lange auch Churchill blind dafür gemacht, dass ihr Verbündeter Stalin sich doch gar nicht so sehr von Hitler unterschied und dass er alles daransetzen würde, seinen Machtbereich bis tief ins Herz des alten Kontinents auszuweiten. Dabei hätten ihnen dies die Auseinandersetzungen mit dem Georgier, bei denen die Grenzen des künftigen Polens im Mittelpunkt standen, klarmachen müssen.

Man kann sich ausmalen, welchen Anschub der deutsche Widerstand erhalten hätte, wäre da nicht die Formel von der bedingungslosen Kapitulation gewesen, wäre ihm von den Westalliierten eine Perspektive gegeben worden. Es wäre alles unendlich leichter gewesen, denn in einem solchen Fall hätten sich ihm auch die Zögerlichen angeschlossen. Man wagt es sich kaum vorzustellen, was gewesen wäre, wenn Hitler ausgeschaltet worden und ein Frieden im Westen zustande gekommen wäre. Der Spielraum Stalins in Ostmitteleuropa und Deutschland wäre entscheidend eingeengt worden. Es hätte der Ausgangspunkt für die Beendigung des Krieges auch im Osten sein können. Abermillionen Leben hätten gerettet werden können. Sie alle hätten beim Aufbauwerk mit dabei sein können.

Die Männer und Frauen des Widerstandes hatten eine Vorstellung davon, wie das Nachkriegsdeutschland aussehen sollte. Im Vorfeld des Attentats hatte Stauffenberg zusammen mit dem als Staatsoberhaupt vorgesehenen Beck, mit Goerdeler und Leber Aufrufe verfasst. Auch eine Regierungserklärung war unter seiner Mitarbeit entstanden, in der sich die Unterzeichner wohl unter dem Einfluss der Kreisauer zu einem demokratischen Sozialstaat bekannten und freie Wahlen ankündigten. Stauffenberg, der zum eigentlichen Motor des Widerstands geworden war, hatte dabei Kompromissbereitschaft gezeigt. Seine eigenen Vorstellungen von einem künftigen deutschen Staat formulierte er 1944 zusammen mit seinem Bruder Berthold und dem Freund Rudolf Fahrner in einem nicht für die Öffentlichkeit bestimmten Schwur voller Schwärmerei und pathetischer Huldigung Deutschlands. In ihren »Grundsätzen für eine deutsche Wiedergeburt« bekräftigten sie die »Sendung« des deutschen Volkes und dessen Verpflichtung, »die abendländischen Völker zu schönerem Leben zu führen«.[18]

Die Verschwörer träumten einen Traum, und sie wussten, dass es nur ein Traum bleiben würde. Ihre ausweglose Lage blockierte lange den Entschluss zur Tat. Dazu beigetragen hatte vor allem auch, dass seit Casablanca jeder Überlegung, Hitler zu beseitigen, in besonderem Maße das Odium des Landesverrats anhaftete. Dies auf sich zu nehmen erforderte eine innere Stärke, die nur wenige aufbrachten. Doch sie wollten mit dem »Aufstand des Gewissens« ein Signal hinaus in die Welt senden, dass es das andere, abendländischen Normen und zivilisatorischen Werten verpflichtete Deutschland trotz aller staatlichen Barbarei und trotz eines Hitlers dennoch gab.

Nachdem Stauffenberg im Juni 1944 zum Chef des Stabes beim Ersatzheer aufgestiegen war und damit direkten Zugang zu Hitler besaß, entschloss er sich selbst zur Tat. Wie viel das ihm, dem schwer Kriegsversehrten – es fehlten ihm ein Auge, ein Arm und zwei Finger der verbliebenen Hand –, abverlangte, zeigte sich nicht zuletzt daran, dass auch er nicht ganz frei von Zweifeln war, obgleich er alle anderen an Entschlossenheit überragte. Nach der erfolgreichen Landung der Alliierten in der Normandie Anfang Juni 1944 ließ er bei Tresckow anfragen, ob der Umsturzplan jetzt, nach der Invasion und angesichts des nahenden Ende des Krieges, überhaupt noch einen Sinn habe. Der General antwortete darauf: »Das Attentat auf Hitler muss erfolgen, um jeden Preis. Sollte es nicht gelingen, so muss trotzdem der Staatsstreich versucht werden. Denn es kommt nicht mehr auf den praktischen Zweck an, sondern darauf, dass die deutsche Widerstandsbewegung vor der Welt und vor der Geschichte unter Einsatz des Lebens den entscheidenden Wurf gewagt hat. Alles andere ist daneben gleichgültig.«[19]

Am 20. Juli 1944 explodierte die Bombe, die Stauffenberg unter dem Kartentisch in der Lagebaracke in Hitlers ostpreußischem Hauptquartier Wolfschanze deponiert hatte. Wie durch ein Wunder überlebte der Diktator auch dieses Attentat. Und auch das aus dem Bendlerblock eingeleitete Unternehmen »Walküre«, mit dem die Verschwörer die Macht an sich reißen wollten, scheiterte. Damit war der letzte Versuch fehlgeschlagen – es war der 13. gewesen, seitdem der schwäbische Möbeltischler Georg Elser am 9. November 1939 bei der alljährlichen Kundgebung im Bürgerbräukeller eine Sprengladung mit einem Zeitzünder deponiert hatte, Hitler aber die Veranstaltung entgegen seiner Gewohnheit früher verließ.

Der Wahnsinn ging also weiter. Während Churchill die Attentäter verächtlich machte, rechnete Hitler mit der »ganz kleine[n] Clique ehrgeiziger, gewissenloser und zugleich verbrecherischer, dummer Offiziere« ab.[20] Exekutiert beziehungsweise in den Tod getrieben wurden 19 Generäle, 26 Obristen und zahlreiche Ministeriale, insgesamt weit mehr als 100 Personen. Unter ihnen Claus Schenk Graf von Stauffenberg, der zusammen mit seinen Offizierskameraden Friedrich Olbricht, Albrecht Mertz von Quirnheim und Werner von Haeften noch am 20. Juli 1944 im Innenhof des Bendlerblocks unter der Salve eines Exekutionskommandos starb. Verschwörer wie Witzleben, Stülpnagel oder Moltke starben im Zuchthaus Plötzensee einen qualvollen Tod, nachdem sie vom Volksgerichtshof abgeurteilt worden waren. Sie wurden zu zweien mit *einem* Eisendraht stranguliert, wobei sie sich wippend gegenseitig erdrosselten. Hitler ließ die barbarischen Hinrichtungen filmen, um sich daran zu ergötzen. Tresckow gehörte zu denen, die den Freitod wählten. Bei Białystok sprengte er sich mit einer Gewehrgranate in die Luft. Zum Selbstmord gezwungen wurde auch der Deutschen Lieblingsgeneral Rommel. Der Generalfeldmarschall war durch ein Missverständnis mit dem Widerstand in Verbindung gebracht worden, obwohl er nie an eine Beseitigung seines »Führers« gedacht hatte. Seine Witwe legte nach dem Ende des Krieges einen besonderen Wert auf die Verbreitung dieses Sachverhalts, wollte sie doch, dass die »Ehre des Generalfeldmarschalls« gewahrt bleibe, der es als Soldat abgelehnt habe, den Weg des Widerstands zu beschreiten.[21]

Der Verschwörer Graf Yorck von Wartenburg hatte in seinem letzten Brief vor seiner Hinrichtung geschrieben: »Vielleicht kommt doch einmal die Zeit, wo man eine andere Würdigung für unsere Haltung findet, wo man nicht als Lump, sondern als Mahnender und Patriot gewertet wird.«[22] Es sollte noch lange dauern, ehe sich seine Hoffnung erfüllte, denn die Masse der Deutschen sah bei aller Kriegsmüdigkeit die Taten des Widerstands als unvereinbar mit dem soldatischen Selbstverständnis von Ehre und Treue an. Es war für sie Verrat. Aus einem SD-Abschnitt wurde sogar gemeldet, die Bevölkerung denke, »dass die Verräter schon seit langer Zeit die Absichten und Aufträge des Führers sabotiert haben« und sich die schwierige Lage an den Fronten damit erklären lasse.[23]

Verstärkt wurde die Ablehnung gegenüber den Attentätern noch, weil die nationalsozialistische Propaganda verbreitete, dass die Verschwörer mit den Feindmächten in Verbindung gestanden hätten – mit denselben Feindmächten, die nach wie vor einen gnadenlosen Bombenkrieg gegen die deutsche Zivilbevölkerung führten. Bis zum November 1944 hatte der britische Luftmarschall Harris 45 von 60 größeren Städten zerstören lassen. Nun war die Reihe an den 15 verbliebenen, darunter Nürnberg, München, Leipzig und Magdeburg. Berlin wurde ohnehin immer wieder bombardiert und glich einer Trümmerwüste. Worin sich Churchill und Stalin einig waren, nämlich dass die systematische Bombardierung der deutschen Bevölkerung deren Moral breche und somit den Krieg verkürze, bewirkte das Gegenteil. Die Deutschen an der Heimatfront rückten zusammen. Aus Hitlers viel beschworener Volksgemeinschaft war längst eine Notgemeinschaft geworden.

Durchhalten war angesagt, weitermachen, was – wie schon die Haltung gegenüber den Attentätern vom 20. Juli – in einem sonderbaren Widerspruch stand zu der Sehnsucht nach dem Ende des Krieges. Die Deutschen sahen keine Alternative zum Weitermachen. Und sie mochten an eine solche gar nicht denken in einer Lebenswirklichkeit, in der die Todesstrafe wegen »Wehrkraftzersetzung« demjenigen drohte, der defätistisch daherredete, oder besser gesagt, der einfach nur die Wahrheit sagte. Unter dem Fallbeil konnte auch enden, wer untergetauchten Juden half. Selbst die kleinsten Vergehen, wie das Hören von »Feindsendern«, wurden mit Gefängnisstrafen oder Lagerhaft geahndet. Tausende wurden so Opfer einer gnadenlosen Justiz unter der Verantwortung des Volksgerichtshof-Vorsitzenden Roland Freisler, eines fanatischen Nationalsozialisten. Im totalen Krieg, den Goebbels nach Stalingrad proklamiert hatte und der erst nach dem 20. Juli 1944 umgesetzt wurde, war Vorsicht angesagt.

Und zu dieser gehörte auch, in Sachen Judenvernichtung, von der jeder wusste, nichts gesehen und gehört zu haben. Man sprach natürlich darüber, aber nur im engsten Kreis der Familie. Schon wenn ein Bekannter dazukam, wurde das Thema gewechselt. Man verschloss auch die Augen vor dem, was sozusagen vor der eigenen Haustür geschah. Gemeint ist das Schicksal von Millionen Sklavenarbeitern des Regimes, die aus den Konzentrationslagern, aus Buchenwald, Bergen-Belsen, Flossenbürg oder Dachau – um nur einige zu nennen –, kamen und von der SS zu Tode geschunden wurden. Man vermittelte eben den Eindruck, ein ganz normaler und guter Volksgenosse zu sein.

Tatsächlich waren die Partei und Hitler, die Lichtgestalt von einst, den Deutschen inzwischen gleichgültig geworden. Letzterer war zum Schattenmann mutiert, mied er doch die Öffentlichkeit und überließ es zumeist Goebbels, zu den Deutschen zu sprechen. Dieser trat als teuflischer Aufpeitscher zunehmend in den Vordergrund. Überaus geschickt griff seine Propaganda die Themen auf, die der Bevölkerung die zu erwartenden Schrecken aufzeigten, wenn der Krieg verloren ginge. Als Henry Morgenthau, der amerikanische Finanzminister, einen Plan vorlegte, nach dem Deutschland, der »Störenfried in der Welt«, zu einem Agrarstaat zurückgeführt werden sollte,[24] war das ein »willkommenes Fressen« für Goebbels. »Roosevelt und Churchill machten sich Judas Mordplan zu eigen«[25] oder »Clemenceau noch übertroffen – 40 Millionen Deutsche zu viel«, hieß es im *Völkischen Beobachter* im September 1944.[26] Ganz gezielt hatte die nationalsozialistische Propaganda die Analogie zu Versailles beschworen und den vermeintlichen Vernichtungswillen des Judentums gegenüber dem deutschen Volk herausgestellt. Darauf konnte es nur eine Antwort geben, wurde den Deutschen suggeriert, und die lautete: Kampf bis zum letzten Atemzug.

Der schien seit September 1944 durch die von der Propaganda groß herausgestellten sogenannten »Wunderwaffen« eine neue Dimension erreicht zu haben. Tatsächlich stellte die V2 eine beträchtliche technische Innovation dar, war sie doch die erste ballistische Rakete der Welt. Ähnlich wie bei den deutschen Strahljägern hatten die Angloamerikaner dem etwas technisch Gleichwertiges nicht entgegenzusetzen (und schon gar nicht die Sowjets). Mancher Volksgenosse mochte da geneigt sein, den Sprüchen der Propaganda auf den Leim zu gehen, wonach der V2 eine kriegsentscheidende Bedeutung beizumessen sei. Tatsächlich bewirkten die Raketen, die Hitler in seinem Wahn seit Anfang September 1944 auf London schießen ließ, um die Briten in letzter Minute vielleicht doch noch zur Räson und damit zu einem Seitenwechsel zu zwingen, recht wenig. Denn sie konnten nur eine Tonne Sprengstoff tragen, und ihre Treffgenauigkeit ließ mehr als zu wünschen übrig. Ein einziger vorsintflutlich anmutender Lancaster-Bomber dagegen trug mindestens die fünffache Menge an Bomben, die meist treffgenau abgeworfen wurden. Doch davon erfuhren die Volksgenossen ja nichts. Die sahen in den *Wochenschauen* stattdessen die beeindruckenden Bilder der startenden Raketen.

Die mit den »Wunderwaffen« verbundenen letzten Hoffnungen zerstoben freilich schnell, denn sie änderten nichts daran, dass die Armeen der Anti-Hitler-Koalition weiter vorrückten. Die Hauptsorge der Deutschen galt dabei der Ostfront. Schon im April 1944 waren vom SD die Ängste der Bevölkerung registriert worden. In einem Stimmungsbericht hieß es: »Wenn die Russen so weitermachen, kommen sie auch noch nach Deutschland. Jetzt sind sie schon in Rumänien, im Generalgouvernement und an den Grenzen Ungarns und der Slowakei.«[27] Jeder, der sich sorgte, wusste um die Spur des millionenfachen Todes und der Verwüstung, die

Wehrmacht und SS durch die Sowjetunion gezogen hatten. Dass der »Ivan«, wie »der Russe« im Volksmund genannt wurde, dafür blutige Rache nehmen würde, wenn er Reichsgebiet erreichen würde, daran zweifelte niemand. Die Propaganda verstärkte noch diese Ängste, hatte sie doch während der zurückliegenden Jahre Stalins Soldaten stets als »jüdisch-bolschewistische Horden« darzustellen versucht, die nun mit der »Massenabschlachtung der Völker« begännen.[28] Hitler sprach von den »Bestien der asiatischen Steppe«.[29]

Dabei hatten die Deutschen nach der alliierten Invasion gehofft, ihr Land werde von den Westmächten besetzt werden. Amerikanische Verbände hatten aber erst im September 1944 in der Nähe Aachens Reichsgebiet erreicht, was bei der Bevölkerung im Osten des Reiches solche Hoffnungen zunichte gemacht hatte. Im November fiel die Rote Armee in Ostpreußen ein, und die düstersten Erwartungen erfüllten sich. In vorübergehend von der Wehrmacht zurückeroberten Ortschaften bot sich nämlich ein Bild des Grauens. In Nemmersdorf, das Goebbels zum endgültigen Beweis für die wahre »Fratze des Bolschewismus« heranzog, war es zu einem Massaker an den Bewohnern gekommen, das er in der *Wochenschau* eindrücklich dokumentieren ließ. Anders als SS oder die Wehrmacht, die in der Sowjetunion diszipliniert nach Dienstvorschriften selektiert und liquidiert hatten, begann auf dem Reichsgebiet jetzt eine vergewaltigende, tötende und plündernde Soldateska zu wüten. Stalin ließ dies wohlkalkuliert anordnen, um die deutsche Bevölkerung östlich von Oder und Neiße zu vertreiben. Dort sollte das Nach-Hitler-Deutschland enden, so wie er es mit Roosevelt und Churchill in Jalta festgelegt hatte.

Angesichts der Lageentwicklung an der Ostfront musste es die Deutschen erschrecken, dass Hitler Mitte Dezember 1944 seinen Großangriff – es war der letzte – im Westen gegen die Amerikaner führte. Mit der rasch gescheiterten Ardennen-Offensive wollte er einmal mehr die Lage im Westen konsolidieren, um anschließend den Endkampf gegen den »jüdischen Bolschewismus« einzuleiten. In Hitlers apokalyptischen Fantasien des beginnenden Jahres 1945 sollte dieser auf deutschem Boden geführt werden. Wie hatte er doch schon in seinem *Kampf*-Buch geschrieben: »Deutschland wird entweder Weltmacht oder überhaupt nicht sein.«[30] Die Auslöschung des eigenen Landes wollte er auch mit seinem berüchtigten »Nero-Befehl« vom März 1945 herbeiführen, als er den zurückflutenden Wehrmachtseinheiten die Zerstörung der noch bestehenden Infrastruktur befehlen wollte. Seiner Auffassung nach hatten die Deutschen sich nicht als seiner würdig erwiesen.

Doch das interessierte unter den Volksgenossen niemand mehr, als Ost- und Westfront durch Deutschland gingen und dieses zum Kriegsschauplatz geworden war. Für sie war Hitler nur noch derjenige, dessen Existenz diesen sinnlosen Krieg verlängerte. Sie befanden sich in einer Agonie, abgestumpft vom allgegenwärtigen Tod, von den gefallenen Soldaten, den umgekommenen Zivilisten oder den hingerichteten Deserteuren, die zur Abschreckung an den Bäumen hängen gelassen wurden. Die geschundenen Menschen wollten nur noch überleben. Und das war besonders schwer für die im Osten, wo im Zuge der Austreibung der Deutschen, die zwei Millionen das Leben kostete, das Morden, Vergewaltigen und Plündern der Roten Armee weiterging. Und da war noch der ebenso sinnlose, nicht enden wollende Bombenkrieg. Seit Beginn des Jahres 1945 wählten Briten und Amerikaner – um noch mehr Menschen töten zu können – gezielt Städte aus, die voller Flüchtlinge waren. In Swinemünde starben zwischen 14 000 und 20 000 und in Dresden nach neuesten Untersuchungen zwischen 22 000 und 40 000.[31] Die Royal Air Force hatte noch mit mehr als 135 000 Toten geprahlt,[32] die der gemeinsam mit der amerikanischen Air Force durchgeführte Doppelschlag gegen die sächsische Metropole, mit dem Churchill Stalin in Jalta imponieren wollte, gebracht habe. Von 600 000 Zivilisten, die bei den Flächenbombardements von Briten und Amerikanern über die Jahre hinweg ums Leben gekommen sein sollen, ist die Rede. Tatsächlich dürfte die Zahl höher gewesen sein.

Durchbrochen wurde die deutsche Agonie nur noch einmal, als am 12. April 1945 überraschend der amerikanische Präsident Roosevelt starb. Würde jetzt die so ungleiche Anti-Hitler-Koalition zerbrechen, wie damals im Siebenjährigen Krieg, als der Tod der Zarin Elisabeth die österreichisch-russische Feindkoalition gesprengt und das Preußen Friedrichs II. in letzter Stunde vor dem Untergang bewahrt hatte? Hitler klammerte sich angesichts des Endes an die Wiederholung des »Wunders des Hauses Brandenburg«. Und in der Bevölkerung fragte man sich, ob die Westmächte im Falle eines Bruchs der Anti-Hitler-Koalition die Deutschen für den Kampf gegen Stalins Sowjetunion heranziehen würden. Es wurde noch einmal viel spekuliert. Sogar von einer britisch-deutschen Armee war die Rede. Über Hitler schien die Zeit unterdessen hinwegzugehen. Nur noch Halbstarke und Kinder, die man in Uniformen steckte und mit einem Karabiner oder einer Panzerfaust in der Hand in den Kampf gegen die Russen schickte, glaubten noch an ihn. Es bewegte dann auch kaum noch jemand in Deutschland, als der Reichsrundfunk am Abend des 1. Mai 1945 die Lüge verbreitete, »dass unser Führer Adolf Hitler [...] in seinem Befehlsstand in der Reichskanzlei, bis zum letzten Atemzug gegen den Bolschewismus kämpfend, gefallen« sei.[33]

Gekämpft wurde fortan nur noch gegen die Rote Armee, die die Schlacht um die Reichshauptstadt siegreich und prestigeträchtig beendete. Am 1. Mai 1945 wehte die rote Fahne vom zerschossenen Reichstagsgebäude. Das letzte Aufgebot der Wehrmacht, der Waffen-SS und des Volkssturms hatte in den Monaten davor jeden Meter deutschen Bodens gegen die haushoch überlegenen sowjetischen Streitkräfte verteidigt. Ihr verbissener Kampf ermöglichte es Millionen Zivilisten, sich vor der Roten Armee nach Westen zu retten. Am Ende, als der Landweg versperrt war, wurden sie von den noch in deutscher Hand befindlichen Häfen im unermüdlichen Einsatz der Kriegsmarine über die Ostsee evakuiert. Die beispiellose Rettungsaktion wurde bis über die bedingungslose Kapitulation am 8. beziehungsweise 9. Mai 1945 hinaus fortgesetzt. Zum ersten Mal während des Zweiten Weltkrieges stand die Wehrmacht in diesen letzten Kriegsmonaten für die Sache der Deutschen ein und nicht für die verbrecherischen Ziele des Mannes, dessen Leichnam seine letzten Gefolgsleute im Garten der Reichskanzlei verbrannt und verscharrt hatten.

Im Westen wurde der Kampf mit Hitlers Tod im Wesentlichen eingestellt. Schon in den vorangegangenen Tagen war der Vormarsch der Westalliierten in das Herz Deutschlands – ganz anders als von diesen befürchtet – kaum noch auf Widerstand gestoßen. Der unheimliche Guerillakrieg des »Werwolfs« und die fanatisch verteidigte »Alpenfestung« hatten nur in der Goebbels'schen Propaganda existiert. Die Menschen waren glücklich, dass endlich alles vorüber war. Die Bilder vom »Führer« wurden abgehängt und die Insignien seiner Herrschaft auf den Müll geworfen. Hitler wurde schlagartig Geschichte, nicht zuletzt auch deshalb, weil die Deutschen ihn letztendlich nie verstanden hatten.

Die Deutschen waren jetzt nicht mehr die Gefangenen der braunen Diktatur und der unerbittlichen Zwänge des Krieges, aus denen es für sie kein Entrinnen gegeben hatte. Und dennoch waren sie nicht befreit worden. Sie waren jetzt die Gefangenen der neuen Umstände. Und die ließen sie ihre Hoffnungen und Erwartungen vor allem in die Angloamerikaner setzen, von denen sie annahmen, sie würden, nachdem es mit dem Nationalsozialismus ein Ende hatte, die Barbarei der Russen und die Etablierung des Sowjetsystems bis in die Mitte Europas nicht hinnehmen. Und als die Westalliierten es doch taten, arrangierte sich die Masse der Deutschen in Stalins Machtbereich eben mit den neuen Gegebenheiten, so wie sie sich immer mit den Gegebenheiten arrangiert hatten.

Hitlers zerstörerisches Erbe

»Es ist gut, wenn uns die verrinnende Zeit nicht als etwas erscheint, das uns verbraucht oder zerstört, sondern als etwas, das uns vollendet«, schrieb der französische Schriftsteller Antoine de Saint-Exupéry. Schaut man zurück auf das Dreivierteljahrhundert, das seit dem Ende des Zweiten Weltkriegs vergangen ist, so nahm die Geschichte Europas durchaus einen Lauf in diesem Sinne. Die Zeit ermöglichte es, dass aus verfeindeten Staaten befreundete wurden. Heute ist der Kontinent in einer Union in Freiheit vereint. Und die Zeit ermöglichte es sogar, dass die Überlebenden und Nachkommen des Völkermords an den Juden den Deutschen im Bewusstsein des Geschehenen die Hand reichten. Wirklichkeit wurde das auch deshalb, weil deutsche Spitzenpolitiker Bestandsgarantien für die Existenz des jüdischen Staates artikulierten, was immer die heute noch wert sein mögen. Gleichwohl haben die Deutschen Maß und Mitte im Umgang mit der nationalsozialistischen Erblast verloren. Und es hat sogar den Anschein, als würde diese immer schwerer, ja zerstörerisch auf der Nation lasten, je weiter wir uns zeitlich von Hitlers Gewaltherrschaft und von seinem Menschheitsverbrechen entfernen.

Für seine Zeitgenossen war nach dem Untergang des Dritten Reichs das soeben Erlebte kein Thema. Sie versuchten, in den Trümmern zu überleben. Die Siegermächte, die als Besatzer und nicht als Befreier empfunden wurden, verurteilten die Kriegsverbrecher und entnazifizierten die Bevölkerung, die zur Hälfte als »belastet« galt. Dies gelang nur in begrenztem Umfang. Der Publizist Eugen Kogon, Überlebender des Konzentrationslagers Buchenwald, schrieb 1949 sogar von einem Scheitern der Entnazifizierung. Er begründete dies unter anderem damit, dass es sich mit Kriegsende und dem sowjetischen Terrorregime in Mittel- und Ostdeutschland für die geschlagene Nation gezeigt habe, »dass Hitlers Geist auch in anderen lebte, nicht bloß in Deutschen; weil die Anfälligkeit der Welt für totalitäre Methoden offensichtlich geworden ist; weil Hunderttausende, ja Millionen von Deutschen erneut ihre Opfer wurden; weil das Abschreckende, das vergangen ist, unter wirren Schrecken, die gegenwärtig sind, seine Wirkung verliert […].«[1] So rechneten die Deutschen auf, verdrängten die ungeheuerlichen Verbrechen und widmeten sich ganz dem Wiederaufbau ihres Landes. Der heraufziehende Kalte Krieg machte das möglich, zumal sowohl die Westmächte als auch die Sowjets »ihre« Deutschen zunehmend für die Systemauseinandersetzung brauchten. Die Beschäftigung mit der braunen Vergangenheit oder gar deren Aufarbeitung wären da eher kontraproduktiv gewesen. Als die beiden deutschen Staaten entstanden, war es dann fast so, als hätte es Hitler gar nicht gegeben, obgleich die Folgen seiner Diktatur vor aller Augen lagen.

Erst in den späten 1950er Jahren begann im Westen die noch zaghafte Auseinandersetzung mit der moralischen Herausforderung des Dritten Reiches. Diese erfolgte zunächst nur von staatlicher Seite. Bonn, das sich mit dem Grundgesetz als Antwort auf die Hitler-Barbarei eine beispielhafte Ersatzverfassung gegeben hatte, bekannte sich, anders als Ost-Berlin, zur Pflicht, die Opfer der NS-Gewaltherrschaft materiell zu entschädigen, wie dies nach dem Luxemburger Abkommen aus dem Jahr 1952 geschah. Das historische Treffen zwischen Konrad Adenauer und David Ben Gurion im New Yorker Waldorf-Astoria-Hotel im Frühjahr 1960 markierte dann den ersten Höhepunkt auf dem langen Weg hin zu einem freundschaftlichen Verhältnis zwischen ihren Staaten.

Die Mitte der 1960er Jahre in Frankfurt am Main beginnenden Auschwitz-Prozesse sowie zuvor der Eichmann-Prozess in Jerusalem trugen dazu bei, dass die größte Erblast der Hitler-Tyrannei, der Völkermord an den Juden, allmählich Eingang in das Bewusstsein der Westdeutschen fand. Bei den Ostdeutschen war dies ganz anders. Die DDR begriff sich von Anfang an als »antifaschistischer Staat«, der sich nicht in der Verantwortung für das Dritte Reich sah. Die BRD, wie die Bundesrepublik dort genannt wurde, war dessen Rechtsnachfolger. Dort säßen die Altnazis unbehelligt in den Schlüsselpositionen von Wirtschaft und Verwaltung, beuteten die Volksmassen aus und missbrauchten sie für ihre imperialistischen Ziele. Im »demokratischen Deutschland« habe man hingegen die in der Hitler-Zeit von »Kapitalisten und ihren braunen Handlangern« verführten Volksmassen für die Sache des Sozialismus und des Friedens zurückgewonnen. Dies war in etwa das Grundmuster für den Umgang Ost-Berlins mit der jüngsten Vergangenheit. Im Sinne des Antifaschismus war dies ein rein instrumenteller Umgang, in dessen Mittelpunkt neben dem permanent propagierten antifaschistischen Selbstverständnis die offene sowie subversive Diskreditierung des in die Täterkontinuität des Hitler-Regimes gestellten Weststaats stand.

In diesem begann die eigentliche Auseinandersetzung mit Hitler und der deutschen Schuld mit dem Generationenwechsel am Ende der 1960er Jahre. Die Nachgeborenen fragten nun ihre Väter und Mütter, wie so etwas möglich gewesen sei. Die Antworten wurden zunächst von den jungen linken Intellektuellen gesucht, die unter dem Einfluss der »Frankfurter Schule« um die Sozialphilosophen Theodor W. Adorno, Max Horkheimer und Herbert Marcuse standen. Der konsequente Antifaschismus wurde nun auch für sie zum Gebot der Stunde und damit auch die radikale Umbewertung des in der Adenauer-Zeit soeben noch als der Quell des Bösen gebrandmarkten Kommunismus. Denn sei es nicht dieser Kommunismus gewesen, der unter ungeheuren Menschenopfern die Hitler-Diktatur niedergerungen habe? Und sei es nicht der Kapitalismus gewesen, der diesen Faschismus groß gemacht habe, lauteten die Fragen jener, die nun Ho Chi Minh und Mao Zedong hochleben ließen und den US-Imperialismus ebenso wie die bürgerliche Gesellschaft der Bonner Republik verdammten – manche, wie die Angehörigen der Rote Armee Fraktion, bekämpften sie später sogar mit blutigem Terror. Ausgehend von den westdeutschen Universitäten, erfolgte allmählich eine nahezu alle Felder des gesellschaftlichen Lebens tangierende Wandlung des Landes. Was als 68er-Bewegung in die Geschichte einging und in der Politik zunächst in den Ostverträgen der sozialliberalen Regierung und in einer zunehmend kritischeren Haltung gegenüber den Vereinigten Staaten seinen Ausdruck fand, bestimmte fortan den politischen Weg der Bundesrepublik.

Was das westdeutsche Geschichtsbild anbelangte, so blieb die neue Zeit nicht ohne Folgen. Sozialhistoriker wandten sich jetzt mehr und mehr dem dunkelsten Kapitel der deutschen Geschichte zu, nachdem bereits zu Beginn der 1960er Jahre der Hamburger Historiker Fritz Fischer mit seinem Buch *Griff nach der Weltmacht* die These von der deutschen Alleinschuld am Ersten Weltkrieg aufgestellt hatte.[2] Mit der Beschäftigung mit dem Nationalsozialismus einher ging seine Isolierung aus dem historischen Kontext. Die von Hannah Arendt und anderen begründete Totalitarismustheorie, die Stalinismus und Nationalsozialismus beziehungsweise Faschismus miteinander verglich und Gemeinsamkeiten herausarbeitete, sei ein Konstrukt des Kalten Krieges, mit dem die sozialistischen Länder verunglimpft werden sollten, hieß es nun. Die Ursache für Hitler sei eine nationale gewesen, eben eine deutsche, wurde bald von namhaften Sozialhistorikern konstatiert. Die Deutung ihres damaligen Wortführers Hans-Ulrich Wehler lautete in etwa so: Hitler und der Völkermord an den Juden seien das Resultat einer tief im Kaiserreich gründenden Sonderentwicklung, die vor dem Ersten Weltkrieg einen besonders aggressiven Antisemitismus hervorgebracht habe, der in dem Völkermord an den Juden seinen Höhepunkt und Abschluss gefunden habe.[3]

Solches kollidierte natürlich mit der bislang dominierenden Sichtweise der Vertreter der »Diplomatie-Geschichte«, wie der Ansatz der etablierten bürgerlichen Historiker nun verächtlich genannt wurde, weil sie die handelnden Protagonisten in den Mittelpunkt ihrer Forschungen stellten und weniger die gesellschaftlichen Strukturen. Mit dem »Historikerstreit« lieferten sich die Vertreter beider Richtungen 1986 einen intellektuellen Schlagabtausch. Dabei ging es um die Frage, ob der im deutschen Namen begangene Völkermord an den Juden singulär gewesen sei und welche Rolle dieser für ein identitätsstiftendes Geschichtsbild der Bundesrepublik spielen müsse. Auslöser war ein Aufsatz des Historikers und Philosophen Ernst Nolte, der eine Kausalität – er sprach von einem »kausalen Nexus« – zwischen den bolschewistischen Massenmorden und dem nationalsozialistischen Völkermord an den Juden herleitete und fragte: War der Klassenmord der Bolschewiki nicht das logische und faktische Prius des Rassenmords der Nationalsozialisten?[4]

Noltes Aufsatz, aber auch Beiträge anderer bürgerlicher Historiker wie Andreas Hillgruber, Klaus Hildebrand und Michael Stürmer führten zu einer Welle der Empörung unter den Sozialhistorikern und ihrer publizistischen Anhängerschaft. Von Aufrechnung, Relativierung der Schuld und dem Versuch der Restitution eines national-konservativen Geschichtsbildes zur Schaffung einer »konventionellen Identität« der Bundesrepublik war die Rede. Wortführer war dabei der Philosoph und Soziologe Jürgen Habermas. Der Vertreter der »zweiten Generation« der Frankfurter Schule forderte stattdessen eine an universellen Werten orientierte »postkonventionelle Identität« in Form eines bundesdeutschen Verfassungspatriotismus.[5]

Während sie diesseits der Mauer angesichts der nationalsozialistischen Vergangenheit über die Identität des Landes stritten und auf der Linken die deutsche Zweistaatlichkeit aufgrund der nationalsozialistischen Verbrechen als Ausdruck historischer Gerechtigkeit angesehen wurde, arbeiteten die Herrschenden jenseits davon an der ideellen Festigung des sozialistischen deutschen Staates. Unangetasteter Hauptbestandteil blieb natürlich dessen antifaschistische Legitimation und damit die gebetsmühlenartige Huldigung des antifaschistischen Kampfes und seiner Märtyrer wie Rosa Luxemburg, Karl Liebknecht oder Ernst Thälmann. Seit Anfang der 1980er Jahre traten die Bemühungen der SED hinzu, die nicht sozialistischen »progressiven«, sprich positiven Traditionen deutscher Vergangenheit, von Luther über Friedrich den Großen bis hin zu Bismarck (wegen seiner Bündnispolitik mit Russland), für die DDR zu reklamieren. Was aus der Sicht der Sozialistischen Einheitspartei den Anspruch unterstreichen sollte, der eigentliche deutsche Staat, der »deutsche Kernstaat«, zu sein, beförderte ein relativ unbeschwertes Verhältnis der Bevölkerung zu ihrem Deutschsein, das viele mit einbrachten, als 1989/90 der SED-Staat unterging und Deutschland wiedervereinigt wurde – entgegen den Vorstellungen linker Westeliten, die in der deutschen Zweistaatlichkeit nach wie vor die gerechte Buße für den Nationalsozialismus und für seine Verbrechen sahen.

Die Neu-Bundesbürger taten sich von Anfang an schwer mit dem westdeutschen Umgang mit der braunen Vergangenheit. In DDR-Zeiten wurde zwar viel vom Antifaschismus gesprochen, aber eine Aufarbeitung der dunkelsten Jahre der deutschen Geschichte gab es nicht. Und eine breite Diskussion um die These vom »Tätervolk«, von den Deutschen als den »willigen Vollstreckern« Hitlers, wie sie Mitte der 1990er Jahre aufkam, schon gar nicht. Goldhagen mit seinem Neuaufguss der Kollektivschuldthese[6] aus den frühen Nachkriegsjahren war Ausdruck einer immer stärkeren Schwerpunktverlagerung auf die Sozialgeschichtsschreibung. In dem gleichen Kontext stand auch die Wehrmachtsausstellung des Hamburger Instituts für Sozialforschung, die die Verbrechen der Wehrmacht thematisierte. Die mannigfachen nationalsozialistischen Verstrickungen deutscher Diplomaten, die nach dem Zweiten Weltkrieg weiterhin im Dienst geblieben waren, erforschte eine von Bundesaußenminister Joschka Fischer eingesetzte »Unabhängige Historikerkommission«. Deren Ergebnisse wurden unter dem Titel *Das Amt und die Vergangenheit* eineinhalb Jahrzehnte nach Goldhagens Buch veröffentlicht.[7] Die Arbeit über das Auswärtige Amt, aber auch andere Publikationen stellten jetzt Kontinuitäten von der Nazi- zur Adenauer-Zeit her, die zunehmend in Misskredit geriet und aus der Sicht linker Ideologen zu einer Art Übergangsphase zwischen Drittem Reich und dem Aufbruch am Ende der 1960er Jahre wurde.

Immer mehr wurde die deutsche Geschichte auf den Nationalsozialismus und damit auf den Holocaust reduziert. Zugespitzt ließe sich sagen, dass allmählich alles, was vorher war, zum Weg zu den Gaskammern wurde. Auschwitz, mit seinem industriellen Mord an einer Million Menschen, wurde zum Kern der deutschen Geschichte. Kategorien wie Scham und Betroffenheit ersetzten mehr als ein halbes Jahrhundert danach zunehmend den nüchternen Umgang mit ihr. Wer dies versuchte, wie der Schriftsteller Martin Walser, der im Verlaufe der Frankfurter Römerberggespräche 2002 darauf hinwies, dass nicht zuletzt das Versailler Diktat der Siegermächte des Ersten Weltkrieges eine der Ursachen für Hitlers Aufstieg zur Macht und damit auch für Auschwitz gewesen sei, musste sich von einem nicht minder prominenten Vertreter des Literaturbetriebes als »geistiger Brandstifter« geißeln lassen.[8]

Auschwitz wurde Staatsräson in Deutschland. Damit einhergehend entwickelte sich eine Erinnerungs- und Betroffenheitskultur. Der Holocaust ist seitdem zum allgegenwärtigen Begleiter des öffentlichen Lebens geworden, aber auch Ausgangspunkt einer neuen deutschen Übermoral. Und die ist links, denn die Täter waren rechts. Nach außen exportiert Deutschland diese Übermoral – freilich nur in die Länder der EU, wo man es zunehmend leid ist, bevormundet zu werden. Nach innen diktiert sie dem Bürger eine politische Korrektheit, der sich zu entziehen verdächtig macht. Solches produziert Überdruss, besonders im Osten des Landes, wo sich viele an die schwer erträglichen antifaschistischen Rituale des SED-Staates erinnert fühlen. Sie wollen insbesondere dort nicht die permanente mahnende Konfrontation mit den Verbrechen des Nationalsozialismus. Diese befördert bei vielen, und nicht nur im Osten Deutschlands, den Wunsch, dass es in ihrem Land ein wenig so ist wie in allen anderen Ländern dieser Welt, wo die Bürger stolz auf die Geschichte ihrer Nation sein dürfen.

Die Flüchtlingskrise des Jahres 2015 hat dann die bundesdeutsche Gesellschaft – wie seit der Debatte um die NATO-Nachrüstung der beginnenden 1980er Jahre nicht mehr – polarisiert, ja zerrissen. Auf der einen Seite steht das Bedürfnis nach nationaler Normalität mit einer deutschen Identität. Angesichts wachsender Zukunftsängste vor dem Hintergrund eines tiefgreifenden Wandels des Lebens und der Arbeitswelt werden die Migranten – besonders die aus dem muslimischen Kulturkreis – von vielen als Bedrohung empfunden. Auf der anderen Seite reagiert die deutsche Übermoral. Im Angesicht von Auschwitz wird dabei Fremdenfeindlichkeit allzu schnell mit Rassismus verwechselt und Patriotismus mit Nationalismus. Umso mehr ist dies der Fall, wenn sich in die Demonstrationszüge derer, die eine andere Politik wollen, immer wieder Neonazis mischen.

Um die Unzufriedenen wirbt die Partei, die die deutsche

Übermoral und die Verschiebung der politischen Mitte nach links hervorgebracht haben. Ihre führenden Vertreter gefallen sich darin zu provozieren: Asylanten und Wirtschaftsflüchtlinge werden aus ihren Reihen pauschal zu »Messermännern« und somit zu potenziellen Terroristen erklärt.[9] Hitler mit seinen verheerenden Folgen für Deutschland und die Welt wird gar als »Vogelschiss« apostrophiert und damit zur Marginalie in der deutschen Geschichte gemacht. Das Berliner Holocaust-Mahnmal wird doppeldeutig zum »Denkmal der Schande«.[10]

Die Partei tut sich denn auch schwer mit der Abgrenzung nach ganz rechts außen. Dort bilden sich mithilfe des Internets rechtsextremistische Gruppierungen, deren Feindbild diese Republik ist. Proskriptionslisten mit deren besonders verhassten Vertretern machen in diesen Kreisen die Runde. Und auch die deutschen Juden, gegen die – nicht zuletzt auch durch den Asylantenstrom aus dem Nahen Osten – Ressentiments und Vorurteile wieder zunehmen, rücken in den Fokus der selbst ernannten Erben Hitlers. Sie schrecken nicht vor blutiger Gewalt zurück. Ein »Nationalsozialistischer Untergrund« mordet gezielt Bürger mit Migrationshintergrund. Und ein einsamer, gestörter Judenhasser wird nur durch eine stabile Eichentür davon abgehalten, ein Blutbad in einer Synagogengemeinde anzurichten, die das Jom-Kippur-Fest begeht. Ein Dreivierteljahrhundert nach dem Untergang des Dritten Reiches ist auch das Wirklichkeit in Deutschland.

Diese Wirklichkeit gerät nicht nur zur permanenten Herausforderung für die Gesellschaft, sondern sie ist auch Wasser auf die Mühlen der radikalen Linken. Die SED-Erben und ihre westdeutschen Verbündeten, die sich bis heute weigern, im Zusammenhang mit der DDR von einem »Unrechtsstaat« zu sprechen, haben den antifaschistischen Kampf nach der Einheit nie aufgegeben. Unter dem Fähnlein des »Nie wieder« instrumentalisieren sie die braune Vergangenheit und die rechtsextremistischen Umtriebe der Gegenwart für die Durchsetzung ihrer politischen Ziele, für die Demontage der politischen Mitte, aus der – wie es heißt – Rassismus und Antisemitismus kämen. Dabei stößt die Antifa auf eine immer größer werdende Akzeptanz, die bis in die abzuschaffende bürgerliche Mitte reicht. Hunderte von NGOs, Stiftungen und Vereinen kämpften inzwischen mit staatlicher Unterstützung gegen »die Gefahr von rechts«, konstatiert Henryk M. Broder und resümiert: »Man könnte meinen, eine zweite Machtergreifung stehe vor der Tür und müsse mit allen Mitteln im letzten Moment verhindert werden.«[11]

Die Antifa erhält einen ungeahnten Vorschub durch die ihr ähnelnde Anti-Rassismus-Bewegung, die, von den Vereinigten Staaten kommend, auch Deutschland erfasst hat. Ist es dort die Polizeigewalt gegen Schwarze, ist es hier für viele ihrer Anhänger der Umgang mit den Migranten, der den Rassismusvorwurf rechtfertigen soll. Verbunden damit ist allzu oft der Blick zurück in die Zeit des europäischen Kolonialismus. Er wird dann als Urgrund aller heutigen Weltprobleme ausgemacht. Worin der französische Philosoph Alain Finkielkraut den »Kommunismus des 21. Jahrhunderts« wähnt, der auf einer Art Selbstgeißelung gründe und zum »Erschütterndsten und Groteskesten unserer Zeit« gehöre,[12] sieht der Medienwissenschaftler Norbert Bolz die »extremste Form der Kulturrevolution«[13] seit Mao Zedong. Der alte, weiße Mann – so Bolz – werde zum rassistischen, militaristischen, umweltzerstörenden und frauenfeindlichen Monster umgedeutet, dem der ganze Hass der Bewegung in den industrialisierten Ländern gelte.

Die Anti-Rassismus-Bewegung ist eine vielschichtige Strömung, in der allzu oft diffuse Gefühle zu unantastbaren Wahrheiten erklärt werden. Anhand dieser vermeintlichen Wahrheiten wird dann von den neuen Jakobinern schonungslos abgeurteilt. Solches ist zutiefst totalitär, ähnlich dem Denken und Handeln der radikalen Klimaaktivisten. Denn wird das Klima nicht gerettet, bedeutet das für sie das Ende der

Menschheit. Der »Klimawandel-Leugner« (man beachte die gewusst gewählte Parallele zum Wort »Auschwitz-Leugner«) wird so zum Menschheitsfeind schlechthin. Jegliche Maßnahme gegen ihn erhält damit ihre Legitimation. Die Nationalsozialisten haben unter der gleichen Prämisse den Rassenmord begangen, die Bolschewisten den Klassenmord! Für Erstere war »der Jude« die existenzielle Bedrohung für das Überleben der Menschheit, für Letztere die Klassengesellschaft mit dem Kapitalismus.

Es muss irritieren, dass sich dieser neue Totalitarismus ausgerechnet in Deutschland, im Land der Auschwitz-Staatsräson, ausbreitet und die Spaltung der Gesellschaft vertieft. Aber vielleicht ist es ja gerade diese Staatsräson, die dazu beiträgt, dass sich so viele Deutsche Bewegungen anschließen, die vorgeben, die Menschheit retten zu wollen, und diese Bewegungen den Zeitgeist und damit Politik und vor allem die Medien mitprägen? Hat Auschwitz ein Klima geschaffen, in dem – um es in den Kategorien Max Webers zu sagen – die Verantwortungsethik der Gesinnungsethik hat weichen müssen? Nicht in den Taten der rückwärtsgewandten Rechtsextremisten, so abscheulich sie auch sein mögen, sondern in der sich ausbreitenden Mentalität der »Alternativlosigkeit« und eines moralischen Rigorismus à la Saint-Just[14] liegt die Bedrohung für die demokratische Gesellschaft.

Die Geschichte ist dabei für die neuen Jakobiner zum »Waffenarsenal« geworden, in dem sich »jeder gerade so bedienen kann, wie er will«, schreibt ein Leitartikler der *Frankfurter Allgemeinen Zeitung.*[15] Ob es sich dabei um die Kolonialzeit handelt oder um den vermeintlichen deutschen Sonderweg nach Auschwitz – mit dem Griff in die Vergangenheit wird Agitation in der Gegenwart betrieben. So merken zum Beispiel Sozialhistoriker mit Blick auf die in Deutschland diagnostizierte Ausländerfeindlichkeit an, dass ja alles schon einmal so gewesen sei. Der Aufstieg des Alldeutschen Verbandes in den 1890er Jahren biete die historische Blaupause für die

Entwicklung seit 2015. Das erste Feindbild habe die Organisation, deren Antisemitismus zu Hitler geführt haben soll, in den polnischen Saisonarbeitern gesehen, die damals in großer Zahl ins Reich kamen. Heute sei es der Strom der Migranten, der die Rechte mobilisiere. Die suggerierte Fortsetzung des Ganzen liegt auf der Hand. Da hilft es wenig, wenn namhafte Historiker wie Heinrich August Winkler und Michael Wildt vor den Folgen von »inflationären historischen Parallelisierungen« warnen und zu Recht darauf hinweisen, dass mit falschen Analogien die gegenwärtige Situation der deutschen Demokratie in ein falsches Licht gerückt werde.[16] Solches verhallt in dem gegenwärtigen Klima ungehört, denn für historische Differenzierung scheint kaum noch Platz zu sein.

Überall wird inzwischen deutsche Geschichte umgeschrieben und gesäubert. Kommissionen durchforsten die Straßennamen der Städte nach vermeintlichen und wirklichen Rassisten, Antisemiten und Naziverstrickten. Anstelle deutscher Kolonialpolitiker und -forscher sollen die Straßen in Berlins Afrikanischem Viertel jetzt die Namen von Häuptlingen und Stämmen tragen, die sich der deutschen Herrschaft widersetzten. Maji-Maji statt Carl Peters, Manga Bell statt Gustav Nachtigal. Während sie in den Feuilletons der bürgerlichen Presse witzeln, wann der alte deutsche Name »Mohr« verschwinden müsse,[17] ist die Reihe bereits an den preußischen Heerführern wie Blücher, Gneisenau oder Yorck. An Hindenburg arbeiten sie sich immer noch ab. In Düsseldorf hat man einen 316 Seiten langen Bericht erstellt, in dem 79 verdächtige Personen und Orte aufgelistet werden – sauber belegt und klassifiziert. Man könnte fast meinen, das Ende der Geschichte sei gekommen, blieben nicht die Marxens, Thälmanns und Luxemburgs auf Deutschlands Straßenschildern unangetastet.

Damit korrespondiert auch die sich wandelnde Erinnerung der Deutschen an die Kapitulation am 8./9. Mai 1945. Was einmal der Tag der totalen Niederlage war, das vorläufige

Ende des 1871 ausgerufenen deutschen Nationalstaates, wurde seit Richard von Weizsäckers bekannter Rede von 1985 zum »Tag der Befreiung«. 35 Jahre später wird er ausgerechnet in Berlin als gesetzlicher Feiertag begangen. Wie geschichtslos oder – vielleicht besser – verblendet muss eine Gesellschaft eigentlich sein, wenn sie inzwischen weitgehend undifferenziert die Besetzung des Ostens Deutschlands durch eine mordende und vergewaltigende Sowjetarmee allzu oft in die Befreiungsrhetorik mit einbezieht. Auch die 40 Jahre Diktatur, die mit ihr über den östlichen Teil des Landes und des Kontinents kamen, scheinen keine Rolle mehr zu spielen angesichts der Verbrechen, die im deutschen Namen begangen wurden. Diese machen offenbar die 100 Millionen Toten vergessen, die dem von Stéphane Courtois herausgegebenen Standardwerk *Das Schwarzbuch des Kommunismus* zufolge diese Ideologie die Menschheit gekostet hat.[18]

So spricht Deutschland längst auch von der »Befreiung von Auschwitz durch die Rote Armee«. Ein Gedenktag im Januar erinnert daran. Aber ist es zulässig, von der »Befreiung« der (von der SS geräumten) Mordfabrik zu sprechen, wenn diese durch die Streitkräfte eines Regimes erfolgte, das sich in der Dimension seiner Verbrechen von den Nationalsozialisten nicht sonderlich unterschied? Ganz zu schweigen davon, dass die ehemaligen Konzentrationslager in der sowjetischen Besatzungszone von Stalin in Speziallager des NKWD umfunktioniert wurden. Wenn es in diesem Deutschland dennoch geschieht, dann zeigt dies, dass es in Wirklichkeit oft nicht mehr um die Opfer geht, sondern um die Veränderung der gegenwärtigen Gesellschaft.

Der Historiker Michael Stürmer sagte im Zuge des »Historikerstreits« einmal, »dass in geschichtslosem Land die Zukunft gewinnt, wer die Erinnerung füllt, die Begriffe prägt und die Vergangenheit deutet«.[19] Die deutsche Gegenwart gibt ihm recht, denn in der sich dramatisch wandelnden Gesellschaft negieren immer mehr die Nation. »Ich wusste mit

Deutschland nichts anzufangen und weiß es bis heute nicht«, schreibt der Vorsitzende der 20-Prozent-Partei,[20] der Bundeskanzler, zumindest aber Vizekanzler werden will. Und eine seiner Mitstreiterinnen, die ein hohes Staatsamt bekleidet, marschiert bei einem Demonstrationszug mit, bei dem die Antifa-Parole »Deutschland, du mieses Stück Scheiße« skandiert wird.[21]

Wie wird es weitergehen mit der in rasantem Tempo auseinanderdriftenden deutschen Gesellschaft? Man weiß es nicht. Doch es besteht Anlass, daran zu zweifeln, dass die deutsche Demokratie mit der Erblast, die ihr der Menschheitsverbrecher Hitler aufgebürdet hat, noch fertig wird.

Anmerkungen

Einleitung

1 Sloterdijk, Peter: *Zorn und Zeit. Politisch-psychologischer Vergleich*, Frankfurt a. M. 2006, S. 72

2 Fest, Joachim C.: *Hitler. Eine Biographie*, Berlin/München 1973, hier 2002 (weiterhin zit. als Fest, *Hitler*)

3 Ein Überblick über die Hitler-Deutungen findet sich bei: Lukacs, John: *Hitler. Geschichte und Geschichtsschreibung*, München 1997

4 Kershaw, Ian: *Hitler*, 1. Bd. *1889–1936*, 2. Bd. *1936–1945*, Stuttgart 1998/2000 (weiterhin zit. als Kershaw, *Hitler*)

5 Ullrich, Volker: *Adolf Hitler*, 1. Bd. *Die Jahre des Aufstiegs*, 2. Bd. *Die Jahre des Untergangs*, Frankfurt a. M. 2013/2018 (weiterhin zit. als Ullrich, *Hitler*)

6 Pyta, Wolfram: *Hitler. Der Künstler als Politiker und Feldherr. Eine Herrschaftsanalyse*, München 2015 (weiterhin zit. als Pyta, *Hitler*)

7 Furet, François: *Das Ende der Illusionen. Kommunismus im 20. Jahrhundert*, München 1996

8 Furet, François/Nolte, Ernst: *Feindliche Nähe. Kommunismus und Faschismus im 20. Jahrhundert. Ein Briefwechsel*, München 1998 (weiterhin zit. als Furet/Nolte, *Briefwechsel*), S. 91

9 Ebda.

10 Popper, Karl: *Die offene Gesellschaft und ihre Feinde*, in: Hubert Kiesewetter (Hrsg.): *Karl R. Popper. Gesammelte Werke*, Bd. 5, Tübingen 2003

11 Fest, *Hitler*, S. VIII

12 Dies tat zum Beispiel der damalige Leiter des Instituts für Zeitge-

schichte in München. Siehe dazu: Broszat, Martin: *Plädoyer für eine Historisierung des Nationalsozialismus*, in: *Merkur* 39 (1985), S. 273 ff.

13 Der Historikerstreit wurde eröffnet durch einen Aufsatz von Ernst Nolte in der *Frankfurter Allgemeinen Zeitung* vom 6. Juni 1986.

14 *Putin als Historiker*, in: *Frankfurter Allgemeine Zeitung* vom 30. 6. 2020

15 Hillgruber, Andreas: *Hitlers Strategie. Politik und Kriegführung*, Koblenz 1965 (weiterhin zit. als Hillgruber, *Strategie*); siehe auch: ders.: *Deutsche Großmacht und Weltpolitik im 19. und 20. Jahrhundert*, Düsseldorf 1977 (weiterhin zit. als Hillgruber, *Weltpolitik*)

1 Der Antisemitismus in Europa

1 Das komplette Zitat lautet: »Ich behaupte, dass wir die erste Rasse in der Welt sind und es für die Menschheit umso besser ist, je größere Teile der Welt wir bewohnen.« Zit. nach: Stead, William T.: *The Last Will and Testament of Cecil Rhodes*, London 1902, S. 58

2 N'Diaye, Tidiane: *Der verschleierte Völkermord. Die Geschichte des muslimischen Sklavenhandels in Afrika*, Reinbek 2010, S. 13

3 Scheel, Wilhelm: *Deutschlands Kolonien in achtzig farbenphotographischen Abbildungen*, Berlin 1914, S. 9 f.

4 In Anlehnung an Rudyard Kiplings Gedicht *The White Man's Burden* aus dem Jahr 1899

5 Herzl, Theodor: *Der Judenstaat. Versuch einer modernen Lösung der Judenfrage*, Leipzig/Wien 1896, hier zit. nach der Manesse-Ausgabe, Zürich 1988 (weiterhin zit. als Herzl, *Judenstaat*), S. 13

6 Fishman, Talya: *Becoming the People of the Talmud. Oral Torah as Written Tradition in Medieval Jewish Cultures*, Philadelphia 2011

7 Luther, Martin: *Von den Juden und ihren Lügen*. Neu bearbeitet und kommentiert von Matthias Morgenstern mit einem Geleitwort von Heinrich Bedford-Strohm, Ratsvorsitzender der EKD, Berlin 2016

8 Bernier, François: *Nouvelle division de la terre par les differentes espèces ou race d'hommes qui habitent*, in: *Journal des Scavans*, Bd. 6, 1684, S. 133–140

9 Kant, Immanuel: *Werke*. Akademie-Textausgabe, Bd. 9, *Logik, Physische Geographie, Pädagogik*, Berlin u. a. 1987, S. 316

10 Pufelska, Agnieszka: *Vernunft jenseits der Vernunft. Zur Judenfeindschaft in der Zeit der Aufklärung*, in: Hahn, Hans-Joachim/Kistenmacher, Olaf (Hrsg.): *Beschreibungsversuche der Judenfeindschaft. Zur Geschichte der Antisemitismusforschung vor 1944*. Europäisch-jüdische Studien. Beiträge, Berlin u. a. 2015, 27 ff.

11 Brumlik, Micha: *Das Gesetz ist erhaben*, in: *Die Welt* vom 7.2.2004

12 Dohm, Christian Wilhelm: *Über die bürgerliche Verbesserung der Juden*, hrsg. v. Wolf Christoph Seifert, in: ders.: *Ausgewählte Schriften*, Bd. 1, Göttingen 2015

13 Goozé, Marianne E.: *Wilhelm von Humboldt und die Judenemanzipation. Leistungen und Widersprüche*, in: *A Journal of Germanic Studies*, Vol. XLVIII, Nr. 3, September 2012, S. 317 ff., hier S. 320

14 Aus der Projektbeschreibung der Dissertation von Philipp Lenhard: *Volk oder Religion? Die Entstehung moderner jüdischer Ethnizität in Frankreich und Deutschland 1782–1848*, https.//www.igk-religioese-kulturen.uni.muenchen.de/mitglieder/ehemalige_kollegiat/lenhard/dissproj_lenhard/index.html

15 Fetscher, Iring: *Deutscher Geist und Judenhass. Judenliebe, Judenhass*, 21.1.2001, tagesspiegel.de

16 Puschner, Marco: *Antisemitismus im Kontext der Politischen Romantik*, Berlin u. a. 2008, S. 190

17 Marx, Karl: *Zur Judenfrage*, Kindle-Ausgabe 2009

18 Karl Marx an Friedrich Engels, 30.7.1862, in *Karl Marx, Friedrich Engels, Werke*, hrsg. v. Institut für Marxismus-Leninismus beim ZK der SED, Ost-Berlin 1955–81, Bd. 30, S. 257–259

19 Ebda., Bd. 6, S. 172

20 Ebda., S. 168

21 George Watson in dem Dokumentarfilm *The Soviet Story* von Edvins Snore

22 Gobineau, Arthur de: *Essai sur l'inégalitédes races humaines*, Paris 1853–55

23 Fest, *Hitler*, S. 301

24 Darwin, Charles: *Der Ursprung der Arten durch natürliche Selektion oder Die Erhaltung begünstigter Rassen im Existenzkampf*, Stuttgart 2018

25 Spencer, Herbert: *Social Statics*, London 1851

26 Benz, Wolfgang: *Antisemitismus und Antisemitismusforschung*, Version 1.0 in: Dokupedia-Zeitgeschichte, 11.2.2010, http://docupedia.de/zg/benz_antisemitismus_v1_de_2010 (weiterhin zit. als Benz, *Antisemitismus*)

27 Zit. nach: Fischer, Jens Malte: *Richard Wagners Das Judentum in der Musik. Entstehung – Kontext – Wirkung*, in: Borchmeyer, Dieter/Maayani, Ami/Vill, Susanne (Hrsg.): *Richard Wagner und die Juden*, Stuttgart/Weimar 2000, S. 35 ff., hier S. 44 f.

28 Brumlik, Micha: *Antisemitismus. 100 Seiten*, Stuttgart 2020 (weiterhin zit. als Brumlik, *Antisemitismus*), S. 64

29 Ebda.

30 Ebda.

31 Rauschning, Hermann: *Gespräche mit Hitler*, Wien 1973, S. 216

32 Chamberlain, Houston Stewart: *Die Grundlagen des neunzehnten Jahrhunderts*, München 1899

33 Ebda., S. 259

34 Verbreitet wurde diese Weltsicht in den »Ostara«-Heftchen, von denen insgesamt 89 erschienen, Rodaun/Mödling 1905 – 17.

35 Benz, *Antisemitismus*

36 Koenen, Gerd: *Die Farbe Rot. Ursprünge und Geschichte des Kommunismus*, München 2017, S. 845

37 Sammons, Jeffrey L.: *Die Protokolle der Weisen von Zion. Die Grundlage des modernen Antisemitismus – eine Fälschung*. Text und Kommentar, Göttingen 1998 (weiterhin zit. als Sammons, *Protokolle*)

38 Herzl, *Judenstaat*, S. 33

39 Hitler: *Mein Kampf. Eine kritische Edition*, 2 Bde., hrsg. v. Christian Hartmann, Thomas Vordermayer, Othmar Plöckinger u. Roman Töppel, im Auftrag des Instituts für Zeitgeschichte, München/Berlin 2016 (weiterhin zit. als *Mein Kampf*), Bd. I, S. 799 ff.

40 Zur Überlieferungsgeschichte der »Protokolle« siehe Sammons, *Protokolle*, S. 8 f.

41 Benz, *Antisemitismus*

42 Fest, *Hitler*, S. 65

43 Hamann, Brigitte: *Hitlers Wien. Lehrjahre eines Diktators*, München/Zürich 1996

44 Brumlik, *Antisemitismus*, S. 53

45 Boehlich, Walter (Hrsg.): *Der Berliner Antisemitismusstreit*, Frankfurt a. M. 1965 (weiterhin zit. als Boehlich, *Antisemitismusstreit*), S. 8

46 Jensen, Uffa: *Die Juden sind unser Unglück*, in: zeit.de, 27. 12. 2013

47 Brumlik, *Antisemitismus*, S. 51

48 Ebda.

49 Lagarde, Paul de: *Juden und Indogermanen*, 1887, zit. nach: Alexander Bein: *Der moderne Antisemitismus und seine Bedeutung für die Judenfrage*, in: *Vierteljahrshefte für Zeitgeschichte*, Jg. 6, (1958), Heft 4, S. 359, http://www.ifz.muenchen.de/heftarchiv.html

50 Brumlik, *Antisemitismus*, S. 57

51 Mommsen, Theodor: *Auch ein Wort über unser Judentum*, zit. nach: Boehlich, *Antisemitismusstreit*, S. 222

52 *Satzung des Alldeutschen Verbandes von 1897*, Bundesarchiv, R 8048/4, fol. 2 – 5

53 Röhl, John C. G.: *Wilhelm II.: Der Aufbau der persönlichen Monarchie 1888–1900*, München 2001, S. 1055

54 Ebda.

55 Claß, Heinrich (erschienen unter dem Pseudonym Daniel Frymann) (Hrsg.): *Wenn ich Kaiser wär … Politische Wahrheiten und Notwendigkeiten*, Leipzig 1912

56 Clark, Christopher: *Die Schlafwandler. Wie Europa in den Ersten Weltkrieg zog*, München 2013

57 Reuth, Ralf Georg: *Hitlers Judenhass. Klischee und Wirklichkeit*, München/Zürich 2009 (weiterhin zit. als Reuth, *Judenhass*), S. 33 f.

58 Ebda., S. 34

59 Weber, Thomas: *Hitlers erster Krieg. Der Gefreite Hitler im Weltkrieg. Mythos und Wahrheit*, Berlin 2001

60 Wiedemann, Friedrich: *Der Mann, der Feldherr werden wollte. Erlebnisse und Erfahrungen des Vorgesetzten Hitlers im I. Weltkrieg und seines späteren persönlichen Adjutanten*, Velbert/Kettwig 1964, S. 33. Siehe dazu auch Reuth, *Judenhass*, S. 37 ff.

61 Weber, Thomas: *Wie Adolf Hitler zum Nazi wurde. Vom unpolitischen Soldaten zum Autor von »Mein Kampf«*, Berlin 2016 (weiterhin zit. als Weber, *Nazi*)

2 Der Bürgerkrieg nach dem Weltkrieg

1 Koenen, Gerd: *Die Farbe Rot. Ursprünge und Geschichte des Kommunismus*, München 2017, S. 856

2 Zit. nach: Heresch, Elisabeth: *Geheimakte Parvus. Die gekaufte Revolution*, München 2000, S. 362

3 Keil, Lars-Broder/Kellerhoff, Sven Felix: *Lob der Revolution. Die Geburt der deutschen Demokratie*, Darmstadt 2018 (weiterhin zit. als Keil/Kellerhoff, *Revolution*)

4 Ebda., S. 25

5 Ebda., S. 28

6 Eich, Martin: *Als Deutschland den Frieden verlor*, in: *Frankfurter Allgemeine Zeitung* vom 3. 11. 2018

7 Zit. nach der *Vossischen Zeitung* vom 9. 11. 1918

8 Ebda., 10. 11. 1918

9 Heydecker, Joe J.: *Der große Krieg 1914–1918*, Frankfurt/Berlin 1988, S. 383

10 Hitler schreibt in *Mein Kampf* (S. 487) von einer Massenkundgebung. Da unmittelbar nach dem 19. November 1918, dem Tag der

Entlassung Hitlers aus dem Pasewalker Lazarett, eine solche nicht belegt ist, kann es sich nur um die Trauerfeierlichkeiten für die Revolutionsopfer am 20. November gehandelt haben, an denen Abertausende teilnahmen. Siehe dazu Weber, *Nazi*, S. 11 ff.

11 *Vorwärts* vom 11. 12. 1918

12 *Rote Fahne* vom 7. 12. 1918

13 Ebda., 14. 12. 1918

14 Luxemburg, Rosa: *Zur Russischen Revolution (1918)*, in: dies.: *Gesammelte Werke*, Bd. 4, Ost-Berlin 1974, S. 365

15 Keil/Kellerhoff, *Revolution*, S. 93 f.

16 Noske, Gustav: *Von Kiel bis Kapp. Zur Geschichte der deutschen Revolution*, Berlin 1920 (weiterhin zit. als Noske, *Kiel*), S. 68

17 Reuth, Ralf Georg: *Hitler. Eine politische Biographie*, München/Zürich 2003 (weiterhin zit. als Reuth, *Hitler*), S. 74

18 Zit. nach: Merz, Kai-Uwe: *Das Schreckbild. Deutschland und der Bolschewismus 1917*. 1921, Frankfurt/Berlin 1995 (weiterhin zit. als Merz, *Schreckbild*), S. 180

19 Menzel, Thomas: *Die Ermordung von Rosa Luxemburg und Karl Liebknecht*, http://www.bundesarchiv.de

20 *Vorwärts* vom 17. 1. 1919

21 Haffner, Sebastian: *Anmerkungen zu Hitler*, München 1978, S. 69 f.

22 Haffner, Sebastian: *1918/19. Eine deutsche Revolution*, Hamburg 1981, S. 208. Haffners Buch war erstmals unter dem Titel *Die verratene Revolution* (Bern 1969) erschienen.

23 Rosenberg, Arthur: *Entstehung und Geschichte der Weimarer Republik*, hrsg. u. eingeleitet v. Kurt Kersten, Frankfurt a. M. 1983 (weiterhin zit. als Rosenberg, *Weimarer Republik*)

24 Hurwicz, E.: *Die Weltexpansion des Bolschewismus. Versuch einer Prognose* (weiterhin zit. als Hurwicz, *Weltexpansion*), in: *Die Ausbreitung des Bolschewismus, Süddeutsche Monatshefte*, Leipzig/München, April 1919, S. 9

25 Ullrich, *Hitler*

26 David Zieblatt in: Schmidt, Andreas Christoph: *Musste Weimar scheitern?* RBB-Dokumentation, Erstausstrahlung 4. 2. 2019, ARD (weiterhin zit. als Schmidt, *Weimar*)

27 Rosenberg, *Weimarer Republik*, S. 24

28 Reuth, *Judenhass*, S. 82, Fotografie auf S. 88

29 Spengler, Oswald: *Preußentum und Sozialismus*, München 1919, S. 9

30 Joachimsthaler, Anton: *Hitlers Weg begann in München 1913 – 1923*, München 2000 (weiterhin zit. als Joachimsthaler, *München*), S. 238

31 Ebda., S. 202
32 *Münchner Post* vom 24./25. 3. 1923
33 Ebda.
34 Heiden, Konrad: *Adolf Hitler. Das Zeitalter der Verantwortungslosigkeit. Ein Mann gegen Europa. Die Biographie*, Berlin u. a. 2016 (weiterhin zit. als Heiden, *Hitler*), S. 127
35 Joachimsthaler, *München*, S. 187 f.
36 Kershaw, *Hitler*, Bd. 1, S. 162
37 Jochmann, Werner (Hrsg.): *Adolf Hitler. Monologe im Führerhauptquartier 1941 – 1944. Die Aufzeichnungen Heinrich Heims*, Hamburg 1980 (weiterhin zit. als Hitler, *Monologe*), 1. 2. 1942, S. 248
38 Klemperer, Victor: *Man möchte immer weinen und lachen in einem. Revolutions-Tagebuch*, Berlin 2015, 17. April 1919, S. 117
39 Eliasberg, David: *Russischer und Münchner Bolschewismus*, in: *Die Ausbreitung des Bolschewismus, Süddeutsche Monatshefte*, April 1919, S. 69
40 Rindl, Peter: *Der internationale Kommunismus*, München 1961, S. 19
41 Zit. nach: Nolte, Ernst: *Die Weimarer Republik. Demokratie zwischen Lenin und Hitler*, München 2006, S. 57
42 Das entsprechende Dokument befindet sich im Bayerischen Hauptstaatsarchiv in München (Gruko 4, Nr. 478, Bund 67, Akt 4). Siehe dazu: Reuth, *Judenhass*, S. 93 f.
43 Nahezu alle Hitler-Biografien von Fest bis Kershaw legen die Wurzeln von Hitlers Judenhass in seine frühen Wiener Jahre, so wie dieser es selbst in *Mein Kampf* hatte glauben machen wollen.
44 Noske, *Kiel*, S. 136
45 Gellinek, Christian: *Philipp Scheidemann. Eine biographische Skizze*, Köln 1994 (weiterhin zit. als Gellinek, *Scheidemann*), S. 60
46 Zit. nach: Schmidt, *Weimar*

3 Der Versailler Diktatfrieden

1 Hoeres, Peter: *Versailler Vertrag. Ein Frieden, der kein Frieden war*. Bundeszentrale für politische Bildung. Aus Politik und Zeitgeschichte, *Pariser Friedensordnung*, Jahrgang 15/2019, bpb.de (weiterhin zit. als *Friedensordnung*); der Wortlaut des Versailler Friedensvertrages ist abgedruckt in: *Versailles 1919. Aus der Sicht von Zeitzeugen*. Mit Beiträgen von Sebastian Haffner, Lloyd George, Ernst Jünger u. a., München 2002 (weiterhin zit. als *Versailles 1919*), S. 112 ff.

2 Kennan, George F.: *The Decline of Bismarck's European Order. Franco-Russian Relations 1875 – 1890*, Princeton 1979, S. 3

3 Zit. nach: Conze, Eckart: *Verhasster Vertrag. »Versailles« als Propagandawaffe gegen die Weimarer Republik*, in: *Friedensordnung*

4 Spengler, Oswald: *Der Untergang des Abendlandes. Umrisse einer Morphologie der Weltgeschichte*, München 1920

5 Solschenizyn, Alexander: *Zweihundert Jahre zusammen. Die Juden in der Sowjetunion*, München 2003, S. 135

6 So zum Beispiel auf dem Titelblatt der Zeitschrift *Welt-Echo* vom 7. 3. 1919

7 Zit. nach: Merz, *Schreckbild*, S. 182 f.

8 Keynes, John Maynard: *Die wirtschaftlichen Folgen des Friedensvertrages*, München/Leipzig 1920 (weiterhin zit. als Keynes, *Folgen*), S. 42

9 Górny, Majiej: *Die Experten*, in: *Frankfurter Allgemeine Zeitung* vom 20. 1. 2020. Siehe auch Platthaus, Andreas: *18/19. Der Krieg nach dem Krieg. Deutschland zwischen Revolution und Versailles*, Berlin 2018, S. 350 ff.

10 Schwabe, Klaus (Hrsg.): *Quellen zum Friedensschluss von Versailles*, Darmstadt 1997, S. 156

11 *Versailles 1919*, S. 222

12 Keynes, *Folgen*, S. 184 f.

13 Smuts, Jan C., Brief an Wilson vom 30. Mai 1919, in: *Versailles 1919*, S. 397

14 Nitti, Francesco: *Europa am Abgrund*, Frankfurt a. M. 1923, S. 150

15 Zit. nach: Gellinek, *Scheidemann*, S. 61

16 Groener, Wilhelm: *Aufzeichnung des Ersten Quartiermeister über die Tage in Weimar vom 18. bis zum 20. Juni 1919*, Bundesarchiv-Militärarchiv, Nachlass Schleicher, N 42/12

17 Lenin, Wladimir Iljitsch: *Ausgewählte Werke*, Bd. I, Ost-Berlin 1961, S. 713

18 Ders.: *Entlarvt ist der Friede von Versailles*, in: *Versailles 1919*, S. 380

19 Zit. nach: Keil, Lars-Broder/Kellerhoff, Sven Felix: *Deutsche Legenden. Vom »Dolchstoß« und anderen Mythen der Geschichte*, Berlin 2002, S. 33

20 Reuth, *Judenhass*, S. 106

21 Die Leitsätze der NSDAP finden sich in www.dokumentarchiv.de/wr/1920/nsdap-programm.html.

22 *Hitler: Reden, Schriften, Anordnungen, Februar 1925 bis Januar 1933*, 5 Bände (13 Teilbände), hrsg. v. Institut für Zeitgeschichte, München

u. a. 1992–98 (weiterhin zit. als Hitler, *Reden, Schriften, Anordnungen*), Bd. I.1, Dok. 6, 27. 2. 1925, S. 24
23 Siehe dazu Reuth, *Hitler*, S. 118
24 *Rote Fahne* vom 19. 10. 1920
25 Ebda., 18. 3. 1921
26 Wenzel, Otto: *1923. Die gescheiterte Deutsche Oktoberrevolution*, Münster 2003 (weiterhin zit. als Wenzel, *Oktoberrevolution*), S. 150
27 Birkelund, John P.: *Gustav Stresemann. Patriot und Staatsmann*, Hamburg/Wien 2002, S. 325
28 Wenzel, *Oktoberrevolution*, S. 201 f.
29 *Rote Fahne* vom 24. 9. 1923. Siehe auch Besymenski, Lew: *Stalin und Hitler. Das Pokerspiel der Diktatoren*, Berlin 2002, S. 35

4 Hitlers Nationalsozialismus

1 Furet/Nolte, *Briefwechsel*, S. 50 f.
2 Reuth, *Judenhass*, S. 59
3 Herzl, *Judenstaat*, S. 28
4 *Illustrated Sunday Herald* vom 8. 2. 1920. Siehe auch Reuth, *Judenhass*, S. 61
5 Solschenizyn, *Juden*, S. 136 f.
6 Pipes, Richard: *Jews and the Russian Revolution*, in: *Polin*, Vol. 9 (1999), S. 55
7 Rogalla von Bieberstein, Johannes: *Jüdischer Bolschewismus. Mythos und Realität*, Dresden 2002 (weiterhin zit. als Rogalla, *Mythos*)
8 Zit. nach: Weber, *Nazi*, S. 135
9 Zit. nach: Reuth, *Judenhass*, S. 148
10 Ebda.
11 Nevins, Michael: *Bloody Bacchanalia. The Pogroms of Proskurov and Felshtin*, S. 5, in http://www.felshtin.org/resources/bloodybaccanalia.pdf
12 *The Jewish Chronicle* vom 30. 5. 1919; Reuth, *Judenhass*, S. 150
13 Reuth, *Hitler*, S. 50
14 Mann, Thomas: *Tagebücher*, hrsg. v. Peter de Mendelsohn, Frankfurt a. M. 1959, 1. 5. 1919, S. 218 f.
15 Zit. nach: Reuth, *Judenhass*, S. 136
16 Zit. nach: Joachimsthaler, *München*, S. 237
17 Ebda., S. 243
18 Weber, *Nazi*, S. 154
19 *Auf gut deutsch* vom 14. 2. 1919

20 Weber, *Nazi*, S. 160 ff.
21 Reuth, *Judenhass*, S. 126
22 Ebda., S. 127
23 Ebda., S. 142
24 Meining, Stefan: *Ein neuer Ansturm der Antisemiten: 1919 – 1923*, in: Bokovoy, Douglas/Meining, Stefan (Hrsg.): *Versagte Heimat. Jüdisches Leben in Münchens Isarstadt 1914 – 1945*, München 1994, S. 61
25 Large, David Clay: *Hitlers München. Aufstieg und Fall der Hauptstadt der Bewegung*, München 1998, S. 156
26 Zit. nach: Weber, *Nazi*, S. 183
27 Reuth, *Judenhass*, S. 165 f.
28 Ebda., S. 166
29 Ebda., S. 158 ff.
30 Jung, Rudolf: *Der nationale Sozialismus. Seine Grundlage, sein Werden, seine Ziele*, Aussig 1919
31 http://www.documentarchiv.de/wr/1920/nsdap-programm.html
32 Maser, Werner: *Hitlers Briefe und Notizen. Sein Weltbild in handschriftlichen Dokumenten*, Graz/Stuttgart 2002, S. 224 ff.
33 Ebda., S. 225
34 *Auf gut deutsch* vom 10. 1. 1019
35 Ebda., 21. 2. 1919
36 Hitler, *Monologe*, 16./17. 1. 1942, S. 208
37 Heiden, *Hitler*, S. 119
38 Reuth, *Judenhass*, S. 144
39 Ebda., S. 142
40 Ebda.
41 Ebda., S. 144
42 http//www.documentarchiv.de/wr/1920/nsdap-programm.html
43 *Mein Kampf*, Bd. II, S. 1161
44 Reuth, *Judenhass*, S. 197
45 Zit. nach: Reuth, *Judenhass*, S. 194
46 Ford, Henry: *Der internationale Jude*, Leipzig 1921
47 Ebda., S. 34 f.
48 Reuth, *Judenhass*, S. 222
49 Jäckel, Eberhard/Kuhn, Axel (Hrsg.): *Hitler. Sämtliche Aufzeichnungen 1905 – 1925*, Stuttgart 1980 (weiterhin zit. als Jäckel/Kuhn, *Aufzeichnungen*), Dok. 578, Oktober 1923, S. 1024
50 *Mein Kampf*, Bd. I, S. 213
51 Ebda., S. 223
52 Ebda., Bd. II, S. 1739

53 Kershaw, *Hitler*, Bd. I, S. 26
54 *Mein Kampf*, Bd. I, S. 733
55 Ebda.
56 Ebda., S. 837
57 Ebda.
58 Ebda., S. 853
59 Ebda., Bd. II, S. 1657
60 Ebda, S. 1675
61 Ebda., S. 1619
62 Ebda.
63 Ebda., S. 1615
64 Ebda., Bd. I, S. 231
65 Jäckel/Kuhn, *Aufzeichnungen*, Dok. 91, 6.4.1920, S. 119 f.
66 Ebda., Dok. 129, 7.8.1920, S. 119 f.
67 Eckart, Dietrich: *Der Bolschewismus von Moses bis Lenin. Zwiegespräch zwischen Adolf Hitler und mir*, München 1924
68 Zit. nach: Nolte, Ernst: *Der Faschismus in seiner Epoche*, München 1963, S. 407
69 Hitler: *Zweites Buch. Außenpolitische Standortbestimmung nach der Reichstagswahl Juni–Juli 1928* (weiterhin zit. als Hitler, *Zweites Buch*), in: *Hitler, Reden, Schriften, Anordnungen*, S. 186

5 Hitlers Aufstieg zur Macht

1 Hitler, *Reden, Schriften, Anordnungen*, Bd. I, Dok. 6, 27.2.1925, S. 20
2 Reuth, *Hitler*, S. 198
3 Reuth, Ralf Georg: *Goebbels. Eine Biographie*, München/Zürich 2021 (weiterhin zit. als Reuth, *Goebbels*), S. 102
4 Reuth, *Hitler*, S. 200
5 Feder an Hitler, 9.9.1927, Bestand Reuth
6 *Die Tagebücher von Joseph Goebbels.* Im Auftrag des Instituts für Zeitgeschichte und mit Unterstützung des Staatlichen Archivdienstes Russlands. Hrsg. v. Elke Fröhlich u. a., 36 Bde., München u. a. 1987–2001 (weiterhin zit. als Goebbels, *Tagebücher*), Teil I, Bd. 1/II, 15.2.1926, S. 55
7 *Mein Kampf*, Bd. 2, S. 1581
8 Zit. nach: Schmidt, *Weimar*
9 Hitler, *Reden, Schriften, Anordnungen*, Bd. II,2, Dok. 237, 29.2.1928, S. 699

10 Rauschning, Hermann: *Die Revolution des Nihilismus*, Zürich/New York 1938, S. 23

11 Bayerlein, Bernhard H.: *Stalin und die Kommunistische Partei Deutschlands in der Weimarerer Republik*, in: *Der Rote Gott. Stalin und die Deutschen*, Berlin 2018, S. 15

12 Reuth, *Hitler*, S. 219

13 *Rote Fahne* vom 29. 8. 1929

14 Hitler, *Reden, Schriften, Anordnungen*, Bd. III,3, Dok. 20, 24. 2. 1930, S. 101

15 Mayer, Michael: *NSDAP und Antisemitismus 1919–1933* (weiterhin zit. als Mayer, *Antisemitismus*), in: *Münchner Wirtschaftswissenschaftliche Beiträge*, Heft Juli 2002, S. 15

16 Zit. nach: Gasser, Markus: *Die Postmoderne*, Stuttgart 1997, S. 232

17 Striefler, Christian, *Kampf um die Macht. Kommunisten und Nationalsozialisten am Ende der Weimarer Republik*, Frankfurt/Berlin 1993, S. 312

18 Ebda., S. 216

19 Goebbels, *Tagebücher*, Teil 1, 1924–1941, Bd. 1–4, München u. a. 1987 (weiterhin zit. als Goebbels, *Kaiserhof*), Bd. 2, 23. 4. 1932, S. 160. Bei der ersten vierbändigen Ausgabe der Goebbels-Tagebücher des IfZ aus dem Jahr 1987 ist auf die veröffentlichten Texte zurückgegriffen worden, die 1934 unter dem Titel *Vom Kaiserhof zur Reichskanzlei* beim Eher-Verlag in München erschienen waren.

20 Reuth, *Hitler*, S. 263 f.

21 Zit. nach: Fest, *Hitler*, S. 469

22 Kessler, Harry Graf: *Das Tagebuch*. Neunter Band 1926–1937, hrsg. v. Sabine Gruber u. Ulrich Ott, Stuttgart 2010, 27. 6. 1932, S. 452, und 12. 7. 1932, S. 461 f.

23 *Frankfurter Zeitung* vom 1. 1. 1933

24 Zit. nach: Thamer, Hans Ulrich: *Verführung und Gewalt. Deutschland 1933–1945*, Berlin 1986, S. 232

6 Reichskanzler und Führer

1 Goldhagen, Daniel Jonah: *Hitlers willige Vollstrecker. Ganz gewöhnliche Deutsche und der Holocaust*, Berlin 1996 (weiterhin zit. als Goldhagen, *Vollstrecker*)

2 Ullrich, *Hitler*, Bd. I, 419 f.

3 Domarus, Max (Hrsg.): *Hitler. Reden und Proklamationen 1932–*

1945, 2 Halbbände, Wiesbaden 1973 (weiterhin zit. als Domarus, *Hitler*), Bd. 1, 1. 2. 1933, S. 192 f.

4 Reuth, *Hitler*, S. 309

5 Ebda., S. 308

6 Goebbels, *Tagebücher*, Teil I, Bd. 2.III, 1. 2. 1933, S. 121

7 Domarus, *Hitler*, Bd. I.1, 21. 3. 1933, S. 226 ff.

8 Spengler, Oswald: *Jahre der Entscheidung*, München 1933, S. VIII

9 Besier, Gerhard: *Die Kirchen und das Dritte Reich. Spaltungen und Abwehrkämpfe 1934–1937*, Berlin/München 2001, S. 12

10 Reuth, *Hitler*, S. 321

11 *Verhandlungen des Reichstags*, VIII. Wahlperiode, Bd. 457, S. 36 ff.

12 Die Unterlagen über das Gespräch mit Egon Krenz befinden sich im Archiv des Verfassers.

13 Höhne, Hein: *Die Zeit der Illusionen*, Düsseldorf u. a. 1991, S. 87

14 Zit. nach: *Ursachen und Folgen. Vom deutschen Zusammenbruch 1918 und 1945 bis zur Staatlichen Neuordnung Deutschlands in der Gegenwart*, hrsg. v. Herbert Michaelis u. Ernst Schraepler, Berlin o. J., Bd. X, S. 166

15 Der Wortlaut der Goebbels-Rede vom 1. 7. 1934 ist abgedruckt im *Angriff* vom 2. 7. 1934. Siehe auch Reuth, *Goebbels*, S. 341

16 Kershaw, Ian: *Der Hitler-Mythos, Schriftenreihe der Vierteljahrshefte für Zeitgeschichte*, Stuttgart 1980 (weiterhin zit. als Kershaw, *Hitler-Mythos*), S. 80 f.

17 Schmitt, Carl: *Der Führer schützt das Recht. Zur Reichstagsrede Adolf Hitlers vom 13. Juli 1934*, in: *Deutsche Juristenzeitung* 15 (1934), S. 945 ff.

18 *Frankfurter Allgemeine Zeitung* vom 3. 7. 1934

19 Vereidigung der Reichswehr auf Adolf Hitler am Todestag Hindenburgs (2. August 1934) in: *Deutsche Geschichte in Dokumenten in Bildern*, https://ghdi.ghi-dc.org/print_document.cfm?document_id=1982

20 Reuth, *Goebbels*, S. 72

21 Rudolf Hess im Verlaufe seiner Rede auf dem Nürnberger Reichsparteitag am 10. September 1934; siehe *Völkischer Beobachter* vom 12. 9. 1934

22 Reuth, *Hitler*, S. 358

23 *Völkischer Beobachter* vom 11. 9. 1935

24 Hofer, Walter (Hrsg.): *Der Nationalsozialismus. Dokumente 1933–1945*, Frankfurt a. M. 1957, Dok. 160, S. 285

25 Reuth, *Hitler*, S. 366

26 Ebda.

27 Kulka, Otto Dov: *Die Nürnberger Rassegesetze und die deutsche Bevölkerung im Lichte geheimer NS-Lage- und Stimmungsberichte*, in: *Vierteljahrshefte für Zeitgeschichte*, Jg. 32 (1984), Heft 4, S. 602 f., http://www.ifz.muenchen.de/heftarchiv.html. Auch Longerich, Peter: *»Davon haben wir nichts gewusst«*, München 2006, S. 85 ff.
28 Domarus, *Hitler*, Bd. I.2, 14. 3. 1936, S. 606
29 Reuth, *Goebbels*, S. 366
30 Reuth, *Hitler*, S. 373
31 Held, Ludger: *Wenn die Olympiade vorbei ist, schlagen wir die Juden zu Brei* in: zeit.de, 1. 8. 2016
32 Lloyd George in *Daily Mail* vom 17. 9. 1936
33 *Niederschrift über die Besprechung in der Reichskanzlei am 5. November 1937 von 16.15 – 20.30* (Hoßbach-Protokoll), 10. 11. 1937, in: 1000dokumente.de
34 *Völkischer Beobachter* vom 21. 9. 1938
35 Reuth, Ralf Georg: *Kurze Geschichte des Zweiten Weltkriegs*, Berlin 2018 (weiterhin zit. als Reuth, *Zweiter Weltkrieg*), S. 69
36 Goebbels, *Tagebücher*, Teil I, Bd. 6, 1. 10. 1938, S. 122
37 Pius XI, Enzyklika *Mit brennender Sorge […] über die Lage der Katholischen Kirche im Deutschen Reich vom 14. März 1937* (Wortlaut), vatican.va
38 Domarus, *Hitler*, Bd. II.1, 30. 1. 1939, S. 1058
39 Nach Kershaw, *Hitler*, S. 28
40 Petersen, Jens: *Mussolini. Wirklichkeit und Mythos eines Diktators*, in: Bohrer, Karl Heinz (Hrsg.): *Mythos und Moderne*, Frankfurt a. M. 1983, S. 246

7 Der Hitler-Stalin-Pakt

1 Kilb, Andreas: *Putin als Historiker*, in: *Frankfurter Allgemeine Zeitung* vom 20. 6. 2020
2 Lloyd George, David: *Some Considerations for the Peace Conference (1919)*, in: Hagen Schulze/Ina Ulrike Paul (Hrsg.), *Europäische Geschichte*, München 1994, S. 226 f.
3 Domarus, *Hitler*, Bd. II.1, 21. 8. 1939, S. 1233
4 Hitler, *Zweites Buch*, S. 185
5 Zit. nach dem Dokumentarfilm *The Soviet Story* von Edvins Snore
6 Reuth, *Zweiter Weltkrieg*, S. 172
7 Hitler, *Zweites Buch*, S. 134
8 Siehe dazu: Dimitroff, Georgi: *Arbeiterklasse gegen Faschismus. VII.*

Weltkongreß der Kommunistischen Internationale, Bericht, erstattet am 2. August 1935, in: www.ml.werke.de
9 Allard, Sven: *Hitler und Stalin*, Bern/München 1974, S. 64 f.
10 Ribbentrop, Joachim von: *Zwischen London und Moskau*, Leoni am Starnberger See 1953, S. 88 f.
11 Zit. nach: Sommer, Theo: *Deutschland und Japan zwischen den Mächten 1935 – 1940*, in: *Tübinger Studien zur Geschichte und Politik*, Nr. 15, hrsg. v. Hans Rothfels u. a., Tübingen 1962, S. 34
12 Reichsgesetzblatt 1937, Teil II, Nr. 4
13 *Dokumentation. Das Geheime Abkommen zum Antikominternpakt*, in: *Vierteljahrshefte für Zeitgeschichte*, Jg. 2 (1954), Heft 2, http://www.ifz.muenchen.de/heftarchiv.html
14 Zit. nach dem Dokumentarfilm *The Soviet Story* von Edvins Snore
15 Goebbels, *Tagebücher*, Teil I, Bd. 3.II, 25. 1. 1937, S. 343
16 Hitler, *Zweites Buch*, S. 113
17 Goebbels, *Tagebücher*, Teil I, Bd. 3.II, 26. 1. 1937, S. 345
18 Ebda., Teil I, Bd. 5, 22. 12. 1937, S. 65
19 Ebda.
20 Zit. nach: Bullock, Alan: *Hitler. Eine Studie über Tyrannei*, Düsseldorf 1977, S. 366 ff.
21 Hubatsch, Walther (Hrsg.), *Hitlers Weisungen für die Kriegführung 1939 – 1945*, Koblenz 1983 (weiterhin zit. als Hubatsch, *Weisungen*), S. 17
22 Domarus, *Hitler*, Bd. II.1, 28. 4. 1938, S. 1148 ff.
23 Zit. nach: Seraphim, Hans Günther: *Die deutsch-russischen Beziehungen 1939 – 1941*, Hamburg 1949, S. 49
24 Domarus, *Hitler*, Bd. II.1, 6. 6. 1939, S. 1210
25 Burckhardt, Carl J.: *Meine Danziger Mission 1937 – 1939*, München 1960, S. 348
26 Zit. nach: Kershaw, *Hitler*, Bd. 2, S. 292
27 Reuth, *Zweiter Weltkrieg*, S. 82
28 *Akten zur Deutschen Auswärtigen Politik*, Serie D, 1937 – 1945, Baden-Baden 1950 ff. (weiterhin zit. als ADAP), Nr. 271, 25. 8. 1939, S. 239
29 ADAP, Bd. VII, Nr. 192 sowie 193, beide 22. 8. 1939, S. 167 ff.
30 Ebda., Nr. 265, S. 235
31 Hill, Leonidas E. (Hrsg.): *Die Weizsäcker-Papiere 1933 – 1950*, Berlin/Frankfurt 1974, S. 162

8 Hitlers anderer Krieg

1 *Der Prozess gegen die Hauptkriegsverbrecher vor dem internationalen Militärgerichtshof*, Nürnberg 1948 (weiterhin zit. als IMT), IMT, Bd. X, S. 583
2 Schmidt, Paul: *Statist auf diplomatischer Bühne 1923–1943*, Bonn 1950, S. 363
3 Bayerlein, Bernhard H. (Hrsg.): *Georgi Dimitroff. Tagebücher 1933–1943*, Berlin 2000, 7. 9. 1939, S. 273
4 Reuth, *Hitler*, S. 464
5 Salewski, Michael: *Die deutsche Seekriegsleitung*, 2 Bde., Frankfurt a. M. 1970 und 1973 (weiterhin zit. als Salewski, *Seekriegsleitung*), Bd. 1, S. 116
6 Hartmann, Christian: *Halder. Generalstabschef Hitlers 1938–1942*, Paderborn u. a. 1991(weiterhin zit. als Hartmann, *Halder*), S. 197
7 Warlimont, Walter: *Im Hauptquartier der deutschen Wehrmacht 39–45. Grundlagen, Formen, Gestalten*, München 1978 (weiterhin zit. als Warlimont, *Hauptquartier*), S. 112
8 Ebda., S. 114, Anm. 9
9 Lukacs, John: *Churchill und Hitler. Der Zweikampf.* 10. Mai – 31. Juli 1940, Stuttgart 1992, S. 127
10 Zoller, Albert: *Hitler privat. Erlebnisbericht einer Geheimsekretärin*, Düsseldorf 1949, S. 85
11 Churchill, Winston S.: *Der Zweite Weltkrieg*, 16 Bde., Bern u. a 1953/54 (weiterhin zit. als Churchill, *Weltkrieg*), Bd. II.1, S. 42
12 Zit. nach: Gellermann, Günther W.: *Geheime Wege zum Frieden mit England … Ausgewählte Initiativen zur Beendigung des Krieges 1940/1942*, Bonn 1995, S. 32
13 Domarus, *Hitler*, Bd. II.1, 19. 7. 1940, S. 1558
14 Hitler, *Zweites Buch*, S. 32
15 Halder, Franz: *Kriegstagebuch. Tägliche Aufzeichnungen des Chefs des Generalstabes des Heeres 1939–1942*, hrsg. v. Arbeitskreis für Wehrforschung, Bd. I–III, Stuttgart 1962–64 (weiterhin zit. als Halder, *Kriegstagebuch*), hier Bd. II, 31. 7. 1940, S. 49.
16 Hildebrandt, Klaus: *Deutsche Außenpolitik 1939–1945*, Stuttgart u. a. 1980, S. 62
17 Reuth, *Zweiter Weltkrieg*, S. 132
18 Hubatsch, *Weisungen*, S. 84
19 Kotze, Hildegard von (Hrsg.): *Heeresadjutant bei Hitler. Aufzeichnungen des Major Engel 1939–1945*, in: *Schriftenreihe der Viertel-*

jahrshefte für Zeitgeschichte, Nr. 29, Stuttgart 1974, 18.12.1940, S. 92

20 Halder, *Kriegstagebuch*, Bd. II, 28.1.1941, S. 261

21 Wegner, Bernd: *Hitlers Besuch in Finnland. Das geheime Tonbandprotokoll seiner Unterredung mit Mannerheim am 4. Juni 1942*, in: *Vierteljahrshefte für Zeitgeschichte*, 1993, S. 135

22 ADAP, Bd. XI.2, 10.11.1940, S. 538

23 Boberach, Heinz (Hrsg.): *Meldungen aus dem Reich. Die geheimen Lageberichte des Sicherheitsdienstes der SS 1938–1945*, 16 Bde., Herrsching 1984 (weiterhin zit. als *Meldungen aus dem Reich*), hier Bd. 7, Nr. 191, 5.6.1941, S. 2366

24 Hillgruber, Andreas: *Staatsmänner und Diplomaten bei Hitler*, 2 Bde., Frankfurt a. M. 1967 und 1970, hier Bd. I, 11.5.1941, S. 541

25 Hitler – *Reichstagsrede am 4.5.1941 nach dem Balkanfeldzug* (1 h 10 m), archive.org

26 Schmidt, Rainer F.: *Rudolf Heß. »Botengang eines Toren«? Der Flug nach Großbritannien vom 10. Mai 1941*, München 2000

27 Helmut Kohl zu Ralf Georg Reuth am 19.2.2004. Der damalige Altkanzler, mit dem der Autor viele Gespräche über Zeitgeschichte führte, begründete dies unter anderem damit, Margaret Thatcher, deren Vater im Dienste Churchills gestanden habe, sei eine fast schon fanatische Verehrerin des britischen Premierministers. Sie habe durch die Beseitigung von Rudolf Heß verhindern wollen, dass dieser im Falle einer sowjetisch initiierten und im Alleingang durchgesetzten Entlassung aus dem Spandauer Kriegsverbrechergefängnis das Andenken Churchills beschädigen würde.

28 Siehe dazu: Reuth, *Hitler*, S. 517

29 Gorodetsky, Gabriel (Hrsg.): *Die Maiski-Tagebücher. Ein Diplomat im Kampf gegen Hitler 1932–1943*, München 2016, 18.6.1941, S. 534

30 Ebda., S. 540

31 Domarus, *Hitler*, Bd. II.2, 22.6.1941, S. 1731

32 Hubatsch, *Weisungen*, S. 85

33 *Meldungen aus dem Reich*, Bd. 7, Nr. 193, 12.6.1941, S. 2394

34 Zit. nach: Rürup, Reinhard (Hrsg.): *Der Krieg gegen die Sowjetunion 1941–1945. Eine Dokumentation* (weiterhin zit. als Rürup, *Krieg*), Berlin 1991, S. 85

35 Halder, *Kriegstagebuch*, Bd. III, 3.7.1941, S. 38

36 Reinhardt, Klaus: *Die Wende vor Moskau. Das Scheitern der Strategie Hitlers im Winter 1941/42*, Stuttgart 1972, S. 36

37 Goebbels, *Tagebücher*, Teil II, Bd. 1, 19.8.1941, S. 262

38 Hillgruber, *Strategie*, S. 548 f.
39 Goebbels, *Tagebücher*, Teil II, Bd. 1, 24. 7. 1941, S. 116
40 Jacobsen, Hans-Adolf: *Der Weg zur Teilung der Welt. Politik und Strategie von 1939 bis 1945*, Koblenz/Bonn 1979 (weiterhin zit. als Jacobsen, *Teilung der Welt*), 14. 8. 1941, S. 157
41 Ebda., 22. 6. 1941, S. 155
42 Rürup, *Krieg*, S. 122
43 Hitler, *Monologe*, 21. 10. 1941, S. 99
44 Ebda., 26./27. 10. 1941, S. 110
45 Halder, *Kriegstagebuch*, Teil III, 19. 11. 1941, S. 295
46 Hillgruber, Andreas/Hümmelchen, Gerhard: *Chronik des Zweiten Weltkrieges. Kalendarium militärischer und politischer Ereignisse, 1939 – 45*, Düsseldorf 1978, 1. 12. 1941

9 Der Völkermord an den Juden

1 Der Begriff »Weltkampf« findet sich zum Beispiel in: Hitler, *Zweites Buch*, S. 184
2 *Mein Kampf*, Bd. II, S. 1657
3 Goebbels, *Tagebücher*, Teil I, 30. 11. 1937, S. 429
4 Reuth, *Judenhass*, S. 289
5 Wörner, Hansjörg: *Rassenwahn – Entrechtung – Mord*, in: *Zeitgeschehen. Erlebte Geschichte – Lebendige Politik*, hrsg. v. Elmar Krautkrämer u. Paul-Ludwig Weinacht, Freiburg i. Br. 1981, S. 29
6 *Völkischer Beobachter* vom 13. 9. 1938
7 Ebda. vom 8. 11. 1938
8 IMT, Bd. XXVIII, 1816-PS, S. 539
9 Jasch, Hans-Christian: *Staatssekretär Wilhelm Stuckart und die Judenpolitik: Der Mythos von der sauberen Verwaltung*, Berlin 2012, S. 294
10 Goebbels, *Tagebücher*, Teil I, Bd. 8, 17. 8. 1940, S. 276
11 Reuth, *Judenhass*, S. 304
12 Cüppers, Martin: *Wegbereiter der Shoah. Die Waffen-SS, der Kommandostab des Reichsführers-SS und die Judenvernichtung 1939 – 1945*, Darmstadt 2005, S. 183
13 Vernehmung eines Zugwachtmeisters einer Polizeikompanie, die das Erschießungsgelände absperrte, 19. 11. 1965, in: Longerich, Peter (Hrsg.): *Die Ermordung der europäischen Juden. Eine umfassende Dokumentation des Holocaust 1941 – 1945*, München 1989 (weiterhin zit. als Longerich, *Ermordung*), S. 123 f.
14 Schreiben Himmlers an den Gauleiter im Wartheland Greiser: An-

kündigung von Judentransporten aus dem Reich nach Lodz, 18.9. 1941, ebda., S. 157

15 Zit. nach: Knopp, Guido: *Holocaust*, München 2000 (weiterhin zit. als Knopp, *Holocaust*), S. 178

16 Polizeivernehmung Eichmanns zum Führerbefehl (1960), in: Longerich, *Ermordung*, S. 81

17 Reuth, *Judenhass*, S. 179

18 Domarus, *Hitler*, Bd. II.2, 30. 1. 1942, S. 1828 f.

19 *Der Dienstkalender Heinrich Himmlers 1941/42*. Im Auftrag der Forschungsstelle für Zeitgeschichte in Hamburg bearbeitet, kommentiert und eingeleitet von Peter Witte u. a., Hamburg 1999 (weiterhin zit. als Himmler, *Dienstkalender*), 17. 11. 1941, S. 265

20 Ebda., S. 262, Anm. 46

21 Goebbels, *Tagebücher*, Teil II, Bd. 2, 13. 12. 1941, S. 498

22 Niederschrift über die »Wannsee-Konferenz« (20. 1. 1942), in: Longerich, *Ermordung*, S. 83 ff.

23 Ebda., S. 87

24 Prozessvernehmung Eichmanns zur »Wannsee-Konferenz«, 24. 7. 1961, in: Longerich, *Ermordung*, S. 93

25 Goebbels, *Tagebücher*, Teil II, Bd. 3, 27. 3. 1942, S. 561

26 Schnell, Felix, *Gewalt und Gruppenmilitanz in der Ukraine 1905–1933*, Hamburg 2012

27 Fernschreiben Heydrich an die Einsatzgruppenchefs: »Selbstreinigungsaktion« in der Sowjetunion, 29. 6. 1941, in: Longerich, *Ermordung*, S. 118 f.

28 Kellerhoff, Sven Felix: *So antisemitisch war Polen vor dem Holocaust*, in: *Die Welt* vom 9. 3. 2018

29 So der Titel seines Buches *Bloodlands. Europa zwischen Hitler und Stalin*, München 2015

30 Befehl Himmlers an den HSSPF im Generalgouvernement, Krüger: »Umsiedlung«, der gesamten jüdischen Bevölkerung, 19. 7. 1942, in Longerich, *Ermordung*, S. 201

31 Haensel, Carl: *Das Gericht vertagt sich. Aus dem Tagebuch eines Nürnberger Verteidigers*, Hamburg 1950, S. 61

32 Himmler, *Dienstkalender*, S. 456, Anm. 24

33 Aufzeichnung des Kommandanten von Auschwitz Höß: Die »Endlösung der Judenfrage« im KL Auschwitz (1947), in: Longerich, *Ermordung*, S. 79

34 Aufzeichnungen des Kommandanten von Auschwitz, Rudolf Höß: Vergasungen in Auschwitz (1941), ebda., S. 379 f.

35 Heidemann, Gerd: *Recherchen und Interview in Santiago de Chile, 25.6.–3.7.1979, Gesprächspartner General a.D. Karl Wolff (ehem. SS-Oberstgruppenführer), »Partisanen«-Erschießungen in Minsk, Aug. 41*, S. 43 ff.
36 Befehl Himmlers an Krüger: Vernichtung des Warschauer Ghettos, 16.2.1943, in: Longerich, *Ermordung*, S. 222
37 Zit. nach: Albrecht, Dieter: *Der Vatikan und das Dritte Reich*, in: *Kirche im Nationalsozialismus*, hrsg. v. Geschichtsverein der Diözese Rottenburg-Stuttgart, Sigmaringen 1984, S. 42
38 news.bbc.co.uk/onthisday/hi/dates/stories/.../17/.../3547151.stm
39 Hillgruber, *Staatsmänner*, Bd. II, 5.8.1944, S. 494
40 Reuth, *Zweiter Weltkrieg*, S. 278
41 Longerich, Peter: *Der ungeschriebene Befehl. Hitler und der Weg zur »Endlösung«*, München/Zürich 2001, S. 189 f.
42 Himmler, Heinrich: *Posener Rede vom 4.10.1943*, www.nationalsozialismus.de/dokumente
43 *Adolf Hitler. Politisches Testament 1945*, in: NS-Archiv. Dokumente zum Nationalsozialismus, ns.archiv.de

10 Die Niederlage

1 Siehe dazu die einleitenden »Betrachtungen zu Hitler« bei Kershaw, *Hitler*, S. 15 ff.
2 *Meldungen aus dem Reich*, 8.12.1941, S. 3069 f.
3 Ebda., 15.12.1945, S. 3089
4 Eichholtz, Dietrich: *Geschichte der deutschen Kriegswirtschaft*, München 2013, S. 484
5 Heusinger, Adolf: *Befehl im Widerstreit*, Tübingen/Stuttgart 1950, S. 201
6 Reuth, Ralf Georg: *Rommel. Das Ende einer Legende*, München 2019 (weiterhin zit. als Reuth, *Rommel*), S. 73 f.
7 *Die Wehrmachtsberichte 1939–1945*, 3 Bde., Köln 1989, Bd. 2, 3.2.1943, S. 435 f.
8 Heiber, Helmut (Hrsg.): *Goebbels-Reden*, Bd. 2: 1939–1945, München 1972, S. 158 ff.
9 *Meldungen aus dem Reich*, 22.2.1943, S. 4831
10 Zit. nach: Kershaw, *Hitler-Mythos*, S. 170
11 Achmann, Klaus/Buhl, Hartmut: *20. Juli 1944*, Berlin u.a. 1994, S. 145
12 Reuth, Ralf Georg: *Vielleicht wird man uns einmal als Patrioten sehen* (weiterhin zit. als Reuth, *Patrioten*), in: *Welt am Sonntag*, 18.7.2004

13 Knopp, *Holocaust*, S. 325
14 Reuth, *Hitler*, S. 609
15 Ebda.
16 Reuth, *Patrioten*
17 Ebda.
18 Hoffmann, Peter: *Claus Schenk Graf von Stauffenberg und seine Brüder*, Stuttgart 2004 (weiterhin zit. als Hoffmann, *Stauffenberg*), S. 396
19 Ebda., S. 388
20 Domarus, *Hitler*, Bd. II.2, 20.7.1944, S. 2118
21 Zit. nach Reuth, *Rommel*, S. 260 f.
22 Reuth, *Patrioten*
23 *Meldungen aus dem Reich*, Bd. 17, 10.8.1944, S. 6700
24 Reuth, *Zweiter Weltkrieg*, S. 300 ff.
25 *Völkischer Beobachter* vom 26.9.1944
26 Ebda. vom 16.9.1944
27 *Meldungen aus dem Reich*, Bd. 16, 14. April 1944, S. 6489
28 *Das Reich* vom 25.2.1945
29 Zit. nach: Irving, David: *Hitlers Krieg. »Götterdämmerung« 1942–1945*, Herrsching 1988, S. 361
30 *Mein Kampf*, Bd. II, S. 1657
31 Die Zahlen der deutschen Bombenopfer sind in der Literatur höchst unterschiedlich. Fast drängt sich die Vermutung auf, dass sich dies aus den jeweiligen politischen Standorten erklärt.
32 Reuth, Ralf Georg: *Erstickt, verkohlt, zerstückelt*, in: *Welt am Sonntag* vom 6.2.2005
33 Reuth, *Zweiter Weltkrieg*, S. 344

Hitlers zerstörerisches Erbe

1 Kogon, Eugen: *Der SS-Staat. Das System der deutschen Konzentrationslager*, Frankfurt a. M. 1961, S. 403
2 Fischer, Fritz: *Griff nach der Weltmacht. Die Kriegszielpolitik des kaiserlichen Deutschland 1914/18*, Düsseldorf 1961
3 Wehler, Hans-Ulrich: *Deutsche Gesellschaftsgeschichte*, Bd. 4: *Vom Beginn des Ersten Weltkrieges bis zur Gründung der beiden deutschen Staaten 1914–1949*, München 2003
4 Nolte, Ernst: *Vergangenheit, die nicht vergehen will*, in: *Frankfurter Allgemeine Zeitung* vom 6.6.1986; siehe dazu auch: ders.: *Der europäische Bürgerkrieg 1917–1945*, München 1987
5 Habermas, Jürgen: *Eine Art Schadensabwicklung. Die apologetischen*

Tendenzen in der deutschen Zeitgeschichtsschreibung, in: *Die Zeit*, 11. Juli 1986, in: Piper, Ernst Reinhard (Hrsg.): *Historikerstreit. Die Dokumentation der Kontroverse um die Einzigartigkeit der nationalsozialistischen Judenvernichtung*, München/Zürich 1987, S. 62 – 68

6 Goldhagen, *Vollstrecker*

7 Conze, Eckart/Frei, Norbert/Hayes, Peter/Zimmermann, Moshe: *Das Amt und die Vergangenheit. Deutsche Diplomaten im Dritten Reich und in der Bundesrepublik*, München 2010

8 Reuth, *Judenhass*, S. 10

9 Gilbert, Max: *Von Parasiten und Messermännern*, in: sz.de vom 13. 9. 2019

10 Kamann, Matthias: *Was Höcke mit seiner »Denkmal der Schande«-Rede bezweckt*, in: *Die Welt* vom 18. 1. 2017

11 Broder, Henryk M.: *Nie war es leichter, Antifaschist zu sein*, in: *Die Welt* vom 2. 9. 2020

12 Bastié, Eugénie: *Es gibt keine Sühne für ihr Schuldgefühl*, in: *Die Welt* vom 15. 6. 2020

13 Bolz, Norbert: *Kant, der alte Rassist*, in: *Die Welt* vom 16. 6. 2020

14 Antoine de Saint-Just (1767 – 1994) war neben Robespierre der führende Kopf der Französischen Revolution. Unter dem Motto »Tugend und Terror« begründete er eine Schreckensherrschaft, eine Art moralischen Totalitarismus. Er starb wie Robespierre auf der Guillotine.

15 Altenbockum, Jasper von: *Am Tag von Erfurt*, in: *Frankfurter Allgemeine Zeitung* vom 6. 2. 2020

16 *Frankfurter Allgemeine Zeitung* vom 10. 2. 2020

17 Kilb, Andreas: *Blüchers Mohren*, in: *Frankfurter Allgemeine Zeitung* vom 8. 2. 2020

18 Courtois, Stéphane (Hrsg.): *Das Handbuch des Kommunismus. Geschichte. Ideen. Köpfe*, Mit dem Kapitel *Kommunismus in Deutschland* von Klaus Schröder und Jochen Staadt, München/Zürich 2010

19 Stürmer, Michael: *Geschichte in geschichtslosem Land*, in: *Frankfurter Allgemeine Zeitung* vom 25. 4. 1986

20 Habeck, Robert: *Patriotismus. Ein linkes Plädoyer*, Gütersloh 2010, Google Books-Ausgabe

21 Roth, Claudia: *Ich muss mich nicht distanzieren, nur weil die AfD das will*, in: bz.berlin.de vom 27. 5. 2018

Quellen und Literatur

Achmann, Klaus/Buhl, Hartmut: *20. Juli 1944*, Berlin u. a. 1994

Akten zur Deutschen Auswärtigen Politik 1918–1945, Serie D, 1937–1945, Baden-Baden 1950

Albrecht, Dieter: *Der Vatikan und das Dritte Reich*, in: *Kirche im Nationalsozialismus*, hrsg. v. Geschichtsverein der Diözese Rottenburg-Stuttgart, Sigmaringen 1984

Allard, Sven: *Hitler und Stalin*, Bern/München 1974

Aly, Götz u. a. (Hrsg.): *Die Verfolgung und Ermordung der europäischen Juden durch das nationalsozialistische Deutschland 1933–1945*. 14 Bde. Hrsg. im Auftrag des Bundesarchivs, des Instituts für Zeitgeschichte und des Lehrstuhls für Neuere und Neueste Geschichte an der Albert-Ludwigs-Universität Freiburg, München 2008–2017

Bayerlein, Bernhard H. (Hrsg.): *Georgi Dimitroff. Tagebücher 1933–1943*, Berlin 2000

Ders.: *Stalin und die Kommunistische Partei Deutschlands in der Weimarer Republik*, in: *Der Rote Gott. Stalin und die Deutschen*, Berlin 2018

Benz, Wolfgang: *Antisemitismus und Antisemitismusforschung*, Version 1.0 in: Dokupedia-Zeitgeschichte, 11. 2. 2010, http://docupedia.de/zg/benz_antisemitismus_v1_de_2010

Ders.: *Der Holocaust*, München 2008

Besier, Gerhard: *Die Kirchen und das Dritte Reich. Spaltungen und Abwehrkämpfe 1934–1937*, Berlin/München 2001

Besymenski, Lew: *Stalin und Hitler. Pokerspiel der Diktatoren*, Berlin 2002

Birkelund, John P.: *Gustav Stresemann. Patriot und Staatsmann*, Hamburg/Wien 2002

Boberach, Heinz (Hrsg.): *Meldungen aus dem Reich. Die geheimen Lageberichte des Sicherheitsdienstes der SS 1938–1945*, 16 Bde., Herrsching 1984

Boehlich, Walter (Hrsg.): *Der Berliner Antisemitismusstreit*, Frankfurt a.M. 1965

Brakel, Alexander: *Der Holocaust. Judenverfolgung und Völkermord*, Berlin 2008

Brumlik, Micha: *Antisemitismus. 100 Seiten*, Stuttgart 2020

Bullock, Alan: *Hitler. Eine Studie über Tyrannei*, Düsseldorf 1977

Burckhardt, Carl Jacob: *Meine Danziger Mission 1937–1939*, München 1960

Chamberlain, Houston Stewart: *Die Grundlagen des neunzehnten Jahrhunderts*, München 1899

Churchill, Winston S.: *Der Zweite Weltkrieg*, 6 Bde., Bern/München/Wien 1953/54

Ders.: *Great War Speeches. KG, OM, CH, MP. A unique Collection of the finest and most stirring speeches by one of the greatest Leaders in our time*, London 1957

Clark, Christopher: *Die Schlafwandler. Wie Europa in den Ersten Weltkrieg zog*, München 2013

Claß, Heinrich (erschienen unter dem Pseudonym Daniel Frymann) (Hrsg.): *Wenn ich Kaiser wär … Politische Wahrheiten und Notwendigkeiten*, Leipzig 1912

Conze, Eckart/Frei, Norbert/Hayes, Peter/Zimmermann, Moshe: *Das Amt und die Vergangenheit. Deutsche Diplomaten im Dritten Reich und in der Bundesrepublik*, München 2010

Courtois, Stéphane (Hrsg.): *Das Handbuch des Kommunismus. Geschichte. Ideen. Köpfe.* Mit dem Kapitel *Kommunismus in Deutschland* von Klaus Schröder und Jochen Staadt, München/Zürich 2010

Cüppers, Martin: *Wegbereiter der Shoah. Die Waffen-SS, der Kommandostab des Reichsführers-SS und die Judenvernichtung 1939–1945*, Darmstadt 2005

Darwin, Charles: *Der Ursprung der Arten durch natürliche Selektion oder Die Erhaltung begünstigter Rassen im Existenzkampf*, Stuttgart 2018

Das Dritte Reich und der Zweite Weltkrieg, hrsg. v. Militärgeschichtlichen Forschungsamt, 10 Bde., Stuttgart 1979–2008

Die Tagebücher von Joseph Goebbels. Im Auftrag des Instituts für Zeitgeschichte und mit Unterstützung des Staatlichen Archivdienstes Russlands, 36 Bde., hrsg. v. Elke Fröhlich u. a., München u. a. 1987–2008

Die Wehrmachtsberichte 1939–1945, 3 Bde., Köln 1989

Diedrich, Torsten: *Paulus. Das Trauma von Stalingrad. Eine Biographie*, Paderborn u. a. 2008

Dohm, Christian Wilhelm: *Über die bürgerliche Verbesserung der Juden*, hrsg. v. Wolf Christoph Seifert, in: Christian Wilhelm Dohm: *Ausgewählte Schriften*, Bd. 1, Göttingen 2015

Domarus, Max: *Hitler, Reden und Proklamationen 1932–1945*, 2 Halbbände, Wiesbaden 1973

Eberle, Henrik/Uhl, Mathias (Hrsg.): *Das Buch Hitler. Geheimdossier des NKWD für Josef W. Stalin.* Zusammengestellt aufgrund der Verhörprotokolle des Persönlichen Adjutanten Hitlers, Otto Günsche, und des Kammerdieners Heinz Linge, Moskau 1948/49, Bergisch Gladbach 2005

Eberle, Henrik: *Hitlers Weltkriege. Wie der Gefreite zum Feldherrn wurde*, Hamburg 2014

Eckart, Dietrich: *Der Bolschewismus von Moses bis Lenin. Zwiegespräch zwischen Adolf Hitler und mir*, München 1924

Eliasberg, David: *Russischer und Münchner Bolschewismus*, in: *Die Ausbreitung des Bolschewismus, Süddeutsche Monatshefte*, April 1919

Fest, Joachim C.: *Hitler. Eine Biographie*, Berlin/München 2002

Fischer, Fritz: *Griff nach der Weltmacht. Die Kriegszielpolitik des kaiserlichen Deutschland 1914/18*, Düsseldorf 1961

Fischer, Jens Malte: *Richard Wagners Das Judentum in der Musik. Entstehung – Kontext – Wirkung*, in: Borchmeyer, Dieter/Maayani, Ami/Vill, Susanne (Hrsg.): *Richard Wagner und die Juden*, Stuttgart/Weimar 2000

Fishman, Talya: *Becoming the People of the Talmud. Oral Torah as Written Tradition in Medieval Jewish Cultures*, Philadelphia 2011

Ford, Henry: *Der internationale Jude*, Leipzig 1921

Furet, François: *Das Ende der Illusionen. Kommunismus im 20. Jahrhundert*, München 1996

Ders./Nolte, Ernst: *Feindliche Nähe. Kommunismus und Faschismus im 20. Jahrhundert. Ein Briefwechsel*, München 1998

Gasser, Markus: *Die Postmoderne*, Stuttgart 1997

Gellermann, Günther W.: *Geheime Wege zum Frieden mit England. Ausgewählte Initiativen zur Beendigung des Krieges 1940/1942*, Bonn 1995

Gellinek, Christian: *Philipp Scheidemann. Eine biographische Skizze*, Köln/Weimar/Wien 1994

Gobineau, Arthur de: *Essai sur l'inégalitédes races humaines*, Paris 1853–55

Goldhagen, Daniel Jonah: *Hitlers willige Vollstrecker. Ganz gewöhnliche Deutsche und der Holocaust*, Berlin 1996

Goozé, Marianne E.: *Wilhelm von Humboldt und die Judenemanzipation. Leistungen und Widersprüche*, in: *A Journal of Germanic Studies*, Vol. XLVIII, No. 3, September 2012

Gorodetsky, Gabriel (Hrsg.): *Die Maiski-Tagebücher. Ein Diplomat im Kampf gegen Hitler 1932–1943*, München 2016

Haberl, Othmar Nicola: *Kommunistische Internationale*, in: *Pipers Wörterbuch zur Politik*, Bd. 4, Sozialistische Systeme, München/Zürich 1981

Haensel, Carl: *Das Gericht vertagt sich. Aus dem Tagebuch eines Nürnberger Verteidigers*, Hamburg 1950

Haffner, Sebastian: *Anmerkungen zu Hitler*, München 1978

Ders.: *1918/19. Eine deutsche Revolution*, Hamburg 1981

Ders.: *Die verratene Revolution*, Bern 1969

Halder, Franz: *Kriegstagebuch. Tägliche Aufzeichnungen des Chefs des Generalstabes des Heeres 1939–1942*, hrsg. v. Arbeitskreis für Wehrforschung, Bd. I–III, Stuttgart 1962–64

Hamann, Brigitte: *Hitlers Wien. Lehrjahre eines Diktators*, München/Zürich 1996

Hartmann, Christian: *Halder. Generalstabschef Hitlers 1938–1942*, Paderborn/München/Wien/Zürich 1991

Hassell, Ulrich von: *Die Hassel-Tagebücher 1938–1944. Aufzeichnungen vom Anderen Deutschland*, hrsg. v. Friedrich Hiller von Gaertringen, Berlin 1988

Heiber, Helmut (Hrsg.): *Goebbels-Reden, 1933–1945*, 2 Bde., München 1972

Heidemann, Gerd: *Recherchen und Interview in Santiago de Chile, 25. 6.–3. 7. 1979, Gesprächspartner General a. D. Karl Wolff (ehem. SS-Oberstgruppenführer)*

Heiden, Konrad: *Adolf Hitler. Das Zeitalter der Verantwortungslosigkeit. Ein Mann gegen Europa. Die Biographie*, Berlin u. a. 2016

Heresch, Elisabeth: *Geheimakte Parvus. Die gekaufte Revolution*, München 2000
Herzl, Theodor: *Der Judenstaat. Versuch einer modernen Lösung der Judenfrage*, Leipzig/Wien 1896
Heydecker, Joe J.: *Der große Krieg 1914–1918*, Frankfurt/Berlin 1988
Hildebrandt, Klaus: *Deutsche Außenpolitik 1939–1945*, Stuttgart/Berlin/Köln/Mainz 1980
Hill, Leonidas E. (Hrsg.): *Die Weizsäcker-Papiere 1933–1950*, Berlin/Frankfurt 1974
Hillgruber, Andreas (Hrsg.): *Staatsmänner und Diplomaten bei Hitler*; Bd. I und II, Frankfurt a. M. 1967 und 1970
Ders.: *Deutsche Großmacht- und Weltpolitik im 19. und 20. Jahrhundert*, Düsseldorf 1977
Ders.: *Hitlers Strategie. Politik und Kriegführung 1940–1941*, Koblenz 1982
Ders./Hümmelchen, Gerhard: *Chronik des Zweiten Weltkrieges. Kalendarium militärischer und politischer Ereignisse 1939–45*, Düsseldorf 1978
Hitler: *Mein Kampf. Eine kritische Edition*, 2 Bde., hrsg. v. Christian Hartmann, Thomas Vordermayer, Othmar Plöckinger, Roman Töppel, im Auftrag des Instituts für Zeitgeschichte, München/Berlin 2016
Hitler. Reden. Schriften. Anordnungen, Februar 1925 bis Januar 1933, hrsg. v. Institut für Zeitgeschichte, 5 Bände (13 Teilbände), München u. a. 1992–98
Hitlers politisches Testament. Die Bormann Diktate vom Februar und April 1945. Mit einem Essay von Hugh R. Trevor-Roper [o. O., o. J.]
Hitlers Zweites Buch. Außenpolitische Standortbestimmung nach der Reichstagswahl Juni–Juli 1928, in: *Hitler. Reden. Schriften. Anordnungen, Bd. II,a München u. a. 1995*
Hofer, Walter (Hrsg.): *Der Nationalsozialismus. Dokumente 1933–1945*, Frankfurt a. M. 1957
Hoffmann, Peter: *Claus Schenk Graf von Stauffenberg und seine Brüder*, Stuttgart 2004
Höhne, Hein: *Die Zeit der Illusionen*, Düsseldorf u. a. 1991
Hossbach, Friedrich: *Zwischen Wehrmacht und Hitler 1934–1938*, Göttingen 1965
Hubatsch, Walther: *Hitlers Weisungen für die Kriegführung 1939–1945. Dokumente des Oberkommandos der Wehrmacht*, Koblenz 1983
Hürter, Johannes (Hrsg.): *Notizen aus dem Vernichtungskrieg. Die Ostfront 1941/42 in den Aufzeichnungen des Generals Heinrici*, Darmstadt 2016

Ders.: *Hitlers Heerführer. Die deutschen Oberbefehlshaber im Krieg gegen die Sowjetunion 1941/42, Quellen und Darstellungen zur Zeitgeschichte*, hrsg. v. Institut für Zeitgeschichte, München 2006

Hurwicz, E.: *Die Weltexpansion des Bolschewismus. Versuch einer Prognose*, in: *Die Ausbreitung des Bolschewismus, Süddeutsche Monatshefte*, Leipzig/München, April 1919

Internationaler Militärgerichtshof Nürnberg (Hrsg.): *Der Prozeß gegen die Hauptkriegsverbrecher vor dem Internationalen Militärgerichtshof, Nürnberg 14. November 1945 – 1. Oktober 1946*, 24 Bde., Nürnberg 1949, Nachdruck München/Zürich 1984

Jäckel, Eberhard/Kuhn, Axel (Hrsg.): *Hitler. Sämtliche Aufzeichnungen 1905 – 1925*, Stuttgart 1980

Jacobsen, Hans-Adolf: *Der Weg zur Teilung der Welt. Politik und Strategie von 1939 bis 1945*, Koblenz/Bonn 1979

Jasch, Hans-Christian: *Staatssekretär Wilhelm Stuckart und die Judenpolitik. Der Mythos von der sauberen Verwaltung*, Berlin 2012

Joachimsthaler, Anton: *Hitlers Weg begann in München 1913 – 1923*, München 2000

Jochmann, Werner (Hrsg.): *Adolf Hitler. Monologe im Führerhauptquartier 1941 – 1944. Die Aufzeichnungen Heinrich Heims*, Hamburg 1980

Jung, Rudolf: *Der nationale Sozialismus. Seine Grundlage, sein Werden, seine Ziele*, Aussig 1919

Kant, Immanuel: *Werke*. Akademie-Textausgabe, Bd. 9, *Logik, Physische Geographie, Pädagogik*, Berlin u. a. 1987

Keil, Lars-Broder/Kellerhoff, Sven Felix: *Lob der Revolution. Die Geburt der deutschen Demokratie*, Darmstadt 2018

Dies.: *Deutsche Legenden. Vom »Dolchstoß« und anderen Mythen der Geschichte*, Berlin 2002

Kellerhoff, Sven Felix: *Die NSDAP. Eine Partei und ihre Mitglieder*, Stuttgart 2017

Ders.: *»Mein Kampf«. Die Karriere eines deutschen Buches*, Stuttgart 2015

Kennan, George F.: *The Decline of Bismarck's European Order. Franco-Russian Relations 1875 – 1890*, Princeton 1979

Kershaw, Ian: *Das Ende. Kampf bis in den Untergang – NS-Deutschland 1944/45*, München 2011

Ders: *Der Hitler-Mythos. Schriftenreihe der Vierteljahrshefte für Zeitgeschichte*, Stuttgart 1980

Ders.: *Hitler*, Bd. 1 1889 – 1936, Bd. 2 1936 – 1945, Stuttgart 1998/2000

Kessler, Harry Graf: *Das Tagebuch*. Neunter Band 1926 – 1937, hrsg. v. Sabine Gruber u. Ulrich Ott, Stuttgart 2010

Keynes, John Maynard: *Die wirtschaftlichen Folgen des Friedensvertrages*, München/Leipzig1920

Klemperer, Victor: *Man möchte immer weinen und lachen in einem. Revolutions-Tagebuch*, Berlin 2015

Koenen, Gerd: *Die Farbe Rot. Ursprünge und Geschichte des Kommunismus*, München 2017

Kogon, Eugen: *Der SS-Staat. Das System der deutschen Konzentrationslager*, Frankfurt a. M. 1961

Kolb, Eberhard: *Der Frieden von Versailles*, München 2011

Kotze, Hildegard von (Hrsg.): *Heeresadjutant bei Hitler. Aufzeichnungen des Major Engel*, in: *Schriftenreihe der Vierteljahrshefte für Zeitgeschichte*, Nr. 29 (1974)

Kulka, Otto Dov: *Die Nürnberger Rassegesetze und die deutsche Bevölkerung im Lichte geheimer NS-Lage- und Stimmungsberichte*, in: *Vierteljahrshefte für Zeitgeschichte*, Jg. 32 (1984), Heft 4, S. 602 f., http://www.ifz.muenchen.de/heftarchiv.html

Lagarde, Paul de: *Juden und Indogermanen (1887)*, in: Bein, Alexander: *Der moderne Antisemitismus und seine Bedeutung für die Judenfrage*, in: *Vierteljahrshefte für Zeitgeschichte*, Jg. 6 (1958), Heft 4, S. 359, http://www.ifz.muenchen.de/heftarchiv.html

Large, David Clay: *Hitlers München. Aufstieg und Fall der Hauptstadt der Bewegung*, München 1998

Lenin, Wladimir Iljitsch: *Ausgewählte Werke*, Bd. I, Ost-Berlin 1961

Lloyd George, David: *Some Considerations for the Peace Conference (1919)*, in: Hagen Schulze/Ina Ulrike Paul (Hrsg.), *Europäische Geschichte*, München 1994

Longerich, Peter (Hrsg.): *Die Ermordung der europäischen Juden. Eine umfassende Dokumentation des Holocaust*, München 1989

Ders.: *Heinrich Himmler*, Biographie, München 2008

Loßberg, Bernhard von: *Im Wehrmachtführungsstab*, Hamburg 1949

Lukacs, John: *Churchill und Hitler. Der Zweikampf. 10. Mai – 31. Juli 1940*, Stuttgart 1992

Ders.: *Hitler. Geschichte und Geschichtsschreibung*, München 1997

Luther, Martin: *Von den Juden und ihren Lügen*. Neu bearbeitet und kommentiert von Matthias Morgenstern mit einem Geleitwort von Heinrich Bedford-Strohm, Ratsvorsitzender der EKD, Berlin 2016

Luxemburg, Rosa: *Zur Russischen Revolution (1918)*, in: dies., *Gesammelte Werke* Bd. 4, Ost-Berlin 1974

Mann, Thomas: *Tagebücher*, hrsg. v. Peter de Mendelsohn, Frankfurt a. M. 1959

Marx, Karl: *Zur Judenfrage*, Kindle-Ausgabe 2009

Karl Marx, Friedrich Engels. Werke, hrsg. v. Institut für Marxismus-Leninismus beim ZK der SED, Ost-Berlin 1955 – 81, Bd. 30

Maser, Werner: *Hitlers Briefe und Notizen. Sein Weltbild in handschriftlichen Dokumenten*, Graz/Stuttgart 2002

Mayer, Michael: *NSDAP und Antisemitismus 1919 – 1933*, in: *Münchner Wirtschaftswissenschaftliche Beiträge*, Heft Juli 2002

Meining, Stefan: *Ein neuer Ansturm der Antisemiten: 1919 – 1923*, in: Bokovoy, Douglas/Meining, Stefan (Hrsg.), *Versagte Heimat. Jüdisches Leben in Münchens Isarstadt 1914 – 1945*, München 1994

Merz, Kai-Uwe: *Das Schreckbild. Deutschland und der Bolschewismus 1917 – 1921*, Frankfurt/Berlin 1995

Montefiore, Simon Sebag: *Stalin. Am Hof des roten Zaren*, Frankfurt a. M. 2005

Müller, Rolf-Dieter: *Der Feind steht im Osten. Hitlers geheime Pläne für einen Krieg gegen die Sowjetunion im Jahr 1939*, Berlin 2011

N'Diaye, Tidiane: *Der verschleierte Völkermord. Die Geschichte des muslimischen Sklavenhandels in Afrika*, Reinbek 2010

Neitzel, Sönke: *Abgehört. Deutsche Generäle in britischer Kriegsgefangenschaft 1942 – 1945*, Berlin 2007

Nevins, Michael: *Bloody Bacchanalia. The Pogroms of Proskurov and Felshtin*, S. 5 in: http://www.felshtin.org/resources/bloodybaccanalia.pdf

Nitti, Francesco: *Europa am Abgrund*, Frankfurt a. M. 1923

Nolte, Ernst: *Der Faschismus in seiner Epoche*, München 1963

Ders.: *Die Weimarer Republik. Demokratie zwischen Lenin und Hitler*, München 2006

Noske, Gustav: *Von Kiel bis Kapp. Zur Geschichte der deutschen Revolution*, Berlin 1920

O'Brien, Philipps: *How the War was won. Air-Sea Power and Allied Victory in World War II*, Cambridge 2015
Overy, Richard: *Der Bombenkrieg. Europa 1939–1945*, London 2014

Petersen, Jens: *Mussolini. Wirklichkeit und Mythos eines Diktators*, in: Bohrer, Karl Heinz (Hrsg.): *Mythos und Moderne*, Frankfurt a. M. 1983
Picker, Henry: *Hitlers Tischgespräche im Führerhauptquartier*, Frankfurt/Berlin 1989
Popper, Karl: *Die offene Gesellschaft und ihre Feinde*, in: Hubert Kiesewetter (Hrsg.): *Karl R. Popper. Gesammelte Werke*, Bd. 5, Tübingen 2003
Pufelska, Agnieszka: *Vernunft jenseits der Vernunft. Zur Judenfeindschaft in der Zeit der Aufklärung*, in: Hahn, Hans-Joachim/Kistenmacher, Olaf (Hrsg.): *Beschreibungsversuche der Judenfeindschaft. Zur Geschichte der Antisemitismusforschung vor 1944. Europäisch-jüdische Studien. Beiträge*, Berlin u. a. 2015
Puschner, Marco: *Antisemitismus im Kontext der Politischen Romantik*, Berlin u. a. 2008
Pyta, Wolfram: *Hitler. Der Künstler als Politiker und Feldherr. Eine Herrschaftsanalyse*, München 2015

Quinkert, Babette: *Deutsche Besatzung in der Sowjetunion 1941–1944. Vernichtungskrieg, Reaktionen, Erinnerung*, Paderborn 2014

Rauschning, Hermann: *Die Revolution des Nihilismus*, Zürich/New York 1938
Reuth, Ralf Georg: *Hitler. Eine politische Biographie*, München 2003
Ders. (Hrsg.): *Joseph Goebbels. Tagebücher 1924–1945*, 5 Bde., München/Zürich 1992
Ders.: *Entscheidung im Mittelmeer. Die südliche Peripherie Europas in der deutschen Strategie des Zweiten Weltkrieges 1940–1942*, Koblenz 1985
Ders.: *Hitlers Judenhass, Klischee und Wirklichkeit*, München/Zürich 2009
Ders.: *Kurze Geschichte des Zweiten Weltkriegs*, Berlin 2018
Ders.: *Rommel. Das Ende einer Legende*, München/Zürich 2004
Ders.: *Goebbels*, München 2021
Ribbentrop, Joachim von: *Zwischen London und Moskau*, Leoni am Starnberger See 1953
Rindl, Peter: *Der internationale Kommunismus*, München 1961

Rogalla von Bieberstein, Johannes: *Jüdischer Bolschewismus. Mythos und Realität*, Dresden 2002

Röhl, John C.G.: *Wilhelm II.: Der Aufbau der persönlichen Monarchie 1888–1900*, München 2001

Römer, Felix: *Der Kommissarbefehl. Wehrmacht und NS-Verbrechen an der Ostfront 1941/42*, Paderborn/München/Wien/Zürich 2008

Rosenberg, Arthur: *Entstehung und Geschichte der Weimarer Republik*, hrsg. u. eingeleitet v. Kurt Kersten, Frankfurt a.M. 1983

Rotte, Ralph: *Die Außen- und Friedenspolitik des Heiligen Stuhls. Eine Einführung*, Wiesbaden 2014

Rürup, Reinhard (Hrsg.): *Der Krieg gegen die Sowjetunion 1941–1945. Eine Dokumentation*, Berlin 1991

Salewski, Michael: *Die deutsche Seekriegsleitung*, 2 Bde., Frankfurt a.M. 1970 und 1973

Sammons, Jeffrey L.: *Die Protokolle der Weisen von Zion. Die Grundlage des modernen Antisemitismus – eine Fälschung. Text und Kommentar*, Göttingen 1998

Scheel, Wilhelm: *Deutschlands Kolonien in achtzig farbenphotographischen Abbildungen*, Berlin 1914

Schmidt, Paul: *Statist auf diplomatischer Bühne 1923–1945*, Bonn 1950

Schmidt, Rainer F.: *Rudolf Heß. »Botengang eines Toren«? Der Flug nach Großbritannien vom 10. Mai 1941*, München 2000

Schmitt, Carl: *Der Führer schützt das Recht. Zur Reichstagsrede Adolf Hitlers vom 13. Juli 1934*, in: *Deutsche Juristenzeitung* 15 (1934)

Schramm, Percy Ernst (Hrsg.): *Kriegstagebuch des Oberkommandos der Wehrmacht (Wehrmachtführungsstab)*, Bd. I–IV, München 1982

Schwabe, Klaus (Hrsg.): *Quellen zum Friedensschluß von Versailles*, Darmstadt 1997

Seidler, Fritz W.: *Deutscher Volkssturm. Das letzte Aufgebot 1944/45*, München/Berlin 1989

Seraphim, Hans Günther: *Die deutsch-russischen Beziehungen 1939–1941*, Hamburg 1949

Sloterdijk, Peter: *Zorn und Zeit. Politisch-psychologischer Vergleich*, Frankfurt a.M. 2006

Solschenizyn, Alexander: *Zweihundert Jahre zusammen. Die Juden in der Sowjetunion*, München 2003

Sommer, Theo: *Deutschland und Japan zwischen den Mächten 1935–1940*, in: *Tübinger Studien zur Geschichte und Politik*, Nr. 15, hrsg. v. Hans Rothfels u.a., Tübingen 1962

Speer, Albert: *Erinnerungen*, Frankfurt/Berlin/Wien 1969

Spencer, Herbert: *Social Statics*, London 1851

Spengler, Oswald: *Der Untergang des Abendlandes. Umrisse einer Morphologie der Weltgeschichte*, München 1920

Ders.: *Jahre der Entscheidung*, München 1933

Ders.: *Preußentum und Sozialismus*, München 1919

Stalin, Josef W.: *Über den Großen Vaterländischen Krieg der Sowjetunion*, Berlin 1946

Stargardt, Nicolas: *Der deutsche Krieg. 1939–1945*. Frankfurt a.M. 2015

Stead, William T.: *The Last Will and Testament of Cecil Rhodes*, London 1902

Striefler, Christian: *Kampf um die Macht. Kommunisten und Nationalsozialisten am Ende der Weimarer Republik*, Frankfurt/Berlin 1993

Thamer, Hans Ulrich: *Verführung und Gewalt. Deutschland 1933–1945*, Berlin 1986

Töppel, Roman: *Kursk 1943. Die größte Schlacht des Zweiten Weltkriegs*, Paderborn 2017

Überschär, Gerd R.: *Der deutsche Angriff auf die Sowjetunion 1941*, Darmstadt 1998

Uhl, Mathias, u.a. (Hrsg.): *Verhört. Die Befragungen deutscher Generale und Offiziere durch die sowjetischen Geheimdienste 1945–1952*, Berlin 2015

Ullrich, Volker: *Adolf Hitler*, 1. Bd. *Die Jahre des Aufstiegs*, 2. Bd. *Die Jahre des Untergangs*, Frankfurt a.M. 2013 und 2018

Ursachen und Folgen. Vom deutschen Zusammenbruch 1918 und 1945 bis zur Staatlichen Neuordnung Deutschlands in der Gegenwart, hrsg. v. Herbert Michaelis u. Ernst Schraepler, Berlin o.J., Bd. X

Versailles 1919. Aus der Sicht von Zeitzeugen. Mit Beiträgen von Sebastian Haffner, Lloyd George, Ernst Jünger u.a., München 2002

Warlimont, Walter: *Im Hauptquartier der deutschen Wehrmacht 39–45. Grundlagen, Formen, Gestalten*, München 1978

Weber, Thomas: *Hitlers erster Krieg. Der Gefreite Hitler im Weltkrieg. Mythos und Wahrheit*, Berlin 2001

Ders.: *Wie Adolf Hitler zum Nazi wurde. Vom unpolitischen Soldaten zum Autor von »Mein Kampf«*, Berlin 2016

Wegner, Bernd: *Hitlers Besuch in Finnland. Das geheime Tonprotokoll seiner Unterredung mit Mannerheim am 4. Juni 1942*, in: *Vierteljahrshefte für Zeitgeschichte* 4 (1993)

Wehler, Hans-Ulrich: *Deutsche Gesellschaftsgeschichte*, Bd. 4: *Vom Beginn des Ersten Weltkrieges bis zur Gründung der beiden deutschen Staaten 1914–1949*, München 2003

Weinberg, Gerhard L.: *Eine Welt in Waffen. Die globale Geschichte des Zweiten Weltkrieges*, Stuttgart 1995

Wenzel, Otto: *1923. Die Geschichte der deutschen Oktoberrevolution*, Münster 2003

Westemeier, Jens: *Himmlers Krieger. Joachim Peiper und die Waffen-SS in Krieg und Nachkriegszeit*, Paderborn 2012

Wiedemann, Friedrich: *Der Mann, der Feldherr werden wollte. Erlebnisse und Erfahrungen des Vorgesetzten Hitlers im I. Weltkrieg und seines späteren persönlichen Adjutanten*, Velbert/Kettwig 1964

Winkler, Heinrich August: *Geschichte des Westens. Die Zeit der Weltkriege 1914–1945*, München 2011

Witte, Peter/Wildt, Michael/Vogt, Martina: *Der Dienstkalender Heinrich Himmlers 1941/42*. Im Auftrag der Forschungsstelle für Zeitgeschichte in Hamburg bearbeitet, kommentiert u. eingeleitet v. Peter Witte u. a., Hamburg 1999

Wörner, Hansjörg: *Rassenwahn – Entrechtung – Mord*, in: *Zeitgeschehen. Erlebte Geschichte – Lebendige Politik*, hrsg. v. Elmar Krautkrämer u. Paul-Ludwig Weinacht, Freiburg i. Br. 1981

Personenregister

M

S

Y

Z